U0096415

古典文獻研究輯刊

十九編

潘美月・杜潔祥 主編

第6冊

群書校補（續）
——敦煌文獻校補（第六冊）

蕭 旭 著

國家圖書館出版品預行編目資料

群書校補（續）——敦煌文獻校補（第六冊）／蕭旭 著 -- 初版 -- 新北市：花木蘭文化出版社，2014〔民 103〕

目 4+292 面；19×26 公分

（古典文獻研究輯刊 十九編；第 6 冊）

ISBN 978-986-322-866-0（精裝）

1.敦煌學 2.校勘

011.08 103013711

古典文獻研究輯刊

十九編 第六冊 ISBN：978-986-322-866-0

群書校補（續）——敦煌文獻校補（第六冊）

作　者　蕭　旭

主　編　潘美月　杜潔祥

總 編 輯　杜潔祥

副總編輯　楊嘉樂

編　輯　許郁翎

企劃出版　北京大學文化資源研究中心

出　版　花木蘭文化出版社

社　長　高小娟

聯絡地址　235 新北市中和區中安街七二號十三樓

電話：02-2923-1455／傳眞：02-2923-1452

網　址　http://www.huamulan.tw 信箱 hml 810518@gmail.com

印　刷　普羅文化出版廣告事業

初　版　2014 年 9 月

定　價　十九編 18 冊（精裝）新台幣 32,000 元

群書校補（續）

——敦煌文獻校補（第六冊）

蕭　旭　著

目次

第六冊

第七冊

第八冊

第九冊

第十冊

第十一冊

敦煌文獻校補

敦煌變文校補（二）

《敦煌變文校注》是集大成之作，本稿除卷 8 外，皆以《校注》爲底本，對舊說未盡未確者作訂補；還對一些字面極普通，諸家皆未注意的詞語，究其源流，考其同源，此固亦語言研究之要務也。

《敦煌變文校補（一）》是對《校注》卷 1～卷 2 所收內容的校補，收錄於《群書校補》；這裏是卷 3～卷 7 的部分。另外《校注》未收而《敦煌變文集新書》所收的五篇，作爲卷 8。

隨文標注《校注》或《新書》頁碼，以便覆按。

敦煌變文校補卷三

《孔子項託相問書》校補

（1）二小兒作戲（P357）

校注：原校：「『戲』原卷作『喜』，甲卷作『虛』，依戊、辛、癸三卷改。」按：「虛」爲「戲」俗字之省。

按：「虛」爲「戲」音轉，唐代西北方言中 i 與 u 常相通假〔註 1〕。喜，讀爲嬉，《方言》卷 10：「媱、愓，遊也。江沅之閒謂戲爲媱，或謂之愓，或謂之嬉。」《切韻》：「嬉，遊也。」《墨子・號令》：「五日官，各上喜戲，居處不莊，好侵侮人者。」「喜戲」即「嬉戲」。《史記・貨殖傳》：「夫吳自闔廬、春申、王濞三人招致天下之喜遊子弟。」「喜遊」即「戲

〔註 1〕例證參見蕭旭《「首鼠兩端」解詁》。

遊」。本字爲娭，《說文》：「娭，戲也。」

（2）**金錢銀錢總不用，婆婆項託在何方（P359）**

按：汪維懋曰：「婆婆，猶言盤問、詢問之意。」〔註2〕婆、盤一音之轉耳。元・鄭光祖《王粲登樓》第2折：「我盤盤他的跟腳，把文溜他一溜。」「婆婆」即「盤盤」。P.2418《父母恩重經講經文（一）》：「佛道婆婆這個人，命終必墮阿毗獄。」「婆婆」用亦同。彼文潘校：「婆婆，疑當作『娑婆』。」〔註3〕恐未得。

（3）**夫子乘馬入山去，登山驀領（嶺）甚分方（P359）**

校注：壬卷「驀」作「陌」。

按：《慧琳音義》卷34、62引《考聲》：「驀，踰也。」《集韻》：「驀，登也。」《六書故》：「驀，超越也。今人猶言驀越、驀忽。」《龍龕手鑑》：「驀，踰也。」P.2937《太公家教》：「他籬莫驀。」羅振玉藏本「驀」作「越」。字或作趏、趌，又省作百，字又作跊、抹〔註4〕。

《晏子賦》校補

此篇已詳《〈敦煌賦〉校補》〔註5〕。茲補向校所未及者。

（1）**井水雖深裏無魚（P370）**

項校：《孔子項託相問書》：「土山無石，井水無魚。」（P2000）

按：《易・井》：「井泥不食，舊井無禽。」丁壽昌引《解故》曰：「魚，通稱禽……《易林・咸之井》、《遯之井》並云：『老河空虛，舊井無魚。』井之無禽爲無魚，漢初人已有此解矣。」〔註6〕朱駿聲亦曰：「禽，謂魚也。」〔註7〕

〔註2〕汪維懋《漢語重言詞詞典》，軍事誼文出版社1999年版，第213頁。
〔註3〕潘重規《敦煌變文集新書》，文津出版社有限公司1994年初版，第477頁。
〔註4〕參見蕭旭《「蝗蟲」名義考》。
〔註5〕蕭旭《〈敦煌賦〉校補》，收入《群書校補》，廣陵書社2011年版，第845頁。
〔註6〕丁壽昌《讀易會通》，成都古籍書店1988年版，第542頁。《易林》「老河空虛，舊井無魚」，僅見於《遯之井》，未見於《咸之井》。
〔註7〕朱駿聲《六十四卦經解》，中華書局1958年版，第208頁。

（2）黑狗趁兔，豈可不得（P370）

按：典出《戰國策・齊策三》：「韓子盧者，天下之疾犬也；東郭逡者，海內之狡兔也。韓子盧逐東郭逡，環山者三，騰山者五。兔極於前，犬廢於後。」「盧」爲黑犬名。

《燕子賦（一）》校補

此篇已詳《〈敦煌賦〉校補》〔註 8〕。茲補向校所未及者。

（1）取高頭之規，壘泥作窟（P376）

校注：取，向也。江藍生校：「取，往、向。規，疑爲「居」之同音字。」項楚校：「棁，梁上短柱。原作『規』，當是形誤字。」按：取，擇取、裁取。P.2593《開元判集》：「入鳥路以裁規，駕雲衢以聳構。」「規」指木料。

按：取，採取。規，規劃、謀度。字或作摫，《方言》卷 2：「摫，裁也。梁益之閒裂帛爲衣曰摫。」《廣韻》：「摫，裁摫。」《金剛般若論會釋》卷 3：「若以裁規，庶有鑒通。」「裁摫」即「裁規」。取高頭之規，作高處建房的構想。

（2）鷰子忽硉出頭，曲躬分疏（P377）

校注：蔣禮鴻云：「『胡硉』就是『忽硉』。」江藍生云：「忽硉，象聲詞。凡物之聲疾曰『忽硉』，字又作『忽剌』、『或六』。」項楚云：「忽硉，形容敢作敢爲不怕事的樣子。」「硉矹」爲屈曲貌。「忽硉」當即「硉矹」之倒寫。

按：忽硉，或作「兀雷」、「兀硉」、「屼崪」、「屹崪」、「崛崪」、「胡硉」、「鶻硉」，音轉作「骨碌」、「骨雷」、「忽雷」、「骨盧」、「骨鹿」、「䑩艫」、「艒艫」、「谷鹿」等，或倒作「硉兀」、「硉矹」、「崪兀」、「硉矹」、「碌矹」、「崪矹」、「敐𢻭（敊）」、「碌矻」、「鹿苦」、「鹿谷」等，形容滾圓之貌〔註 9〕。黃幼蓮謂「忽硉」是「忽伸」音轉〔註 10〕，臆說也。

〔註 8〕 蕭旭《〈敦煌賦〉校補》，收入《群書校補》，廣陵書社 2011 年版，第 850～862 頁。

〔註 9〕 參見蕭旭《敦煌寫本〈王梵志詩〉校補》，收入《群書校補》，廣陵書社 2011

（3）呪雖百種作了，鳳凰要自難謾（P377）

校注：要自，應須、必定。

項校：要自，卻是。（P510）

按：要自，猶言畢竟、終究〔註 11〕。

（4）人急燒香，狗急驀牆（P377）

校注：驀牆，越牆。

按：驀，讀爲趏，已詳《孔子項託相問書》校補。

（5）遂乃嘔喻本典（P378）

校注：喻，原錄作「嗡」。按：戊卷同，此據甲、乙兩卷改。庚卷作「倫」。徐復引《集韻》：「慍，慍惀，煩憒。」並云「慍惀」本謂心煩厭而憒亂，引申作口中說厭煩的話講，所以改從口旁。陳治文校：「『喻』爲『謰』之音近替代字。《集韻》：『嘔，一曰大笑。』『嘔喻』蓋爲『笑臉糾纏』之意。」按：皆恐未確，陳說將聯綿詞拆散，尤不可從。「嘔喻」據文義當即調說之意。

按：項楚說同徐氏〔註 12〕，而不著所出。《六書故》：「慍惀，煩悶貌。」「嘔喻」當即「渾淪」、「渾沌」之音轉，《列子·天瑞》：「氣形質具而未相離，故曰渾淪。渾淪者，言萬物相渾淪而未相離也。」其語源義爲天地初開，天之形象渾然一體，未相分離，不分明也。又音轉爲「囫圇」，亦音轉爲「糊塗」〔註 13〕。嘔喻本典，猶言胡弄本官。《集韻》：「蝹蜦，蛇行貌。」蛇無足而行，故謂之「蝹蜦」，亦與「慍惀」、「嘔喻」同源。王貞珉曰：「《龍龕手鑑》：『嘔，烏沒、烏八二反，咽也。𠿗，俗音輪。喻，俗，音衰（此字有誤）。』『嗡』當即『𠿗』別寫。」〔註 14〕黃幼蓮

年版，第 1272～1275 頁。

〔註 10〕黃幼蓮《敦煌文獻裏的俗語詞》，《浙江師範大學學報》1987 年第 3 期，第 111 頁。

〔註 11〕參見蕭旭《古書虛詞旁釋》，廣陵書社 2007 年版，第 36 頁。

〔註 12〕項楚《敦煌變文選注》，中華書局 2006 年版，第 524 頁。項氏此著明鈔暗襲別人成果不勝枚舉，本稿作校補的條目中，隨文舉出一些。

〔註 13〕參見蕭旭《淮南子校補》，花木蘭文化出版社 2014 年版，第 520～524 頁。

〔註 14〕王貞珉《讀增訂本〈敦煌變文字義通釋〉》，《文學遺產增刊》1961 年第 8 輯，第 234～235 頁。高麗本原作「𧘝」形，當即「衮」，王氏誤認其字作「衰」，

謂「嘔噏」是「誇獎」音轉〔註15〕。皆未得厥誼。

（6）你欲放鈍，為當退顛（P378）

校注：甲卷作「醍顛」，乙卷、戊卷作「腿顛」，庚卷作「退渾」。蔣禮鴻云：「『放鈍』是假作癡呆。『退顛』義不可解。」陳治文校：「『退』字疑爲『逌』之訛，『逌』與『頹』同音，《玉篇》、《廣韻》、《集韻》皆收『頹顛』一詞，訓『禿也』。『禿』在此當指『兀髮』。」江藍生校：「『顛』通『諢』，弄言。『退顛』即不弄言，猶今語『放老實』。」按：陳說必非，江說亦恐未確。

項校：放鈍，裝傻。「鈍」即愚笨之義。退顛，安分退讓（P525）。

按：退、醍、腿，並讀爲推。顛，讀爲忶、惃，《廣韻》：「忶，戶昆切，《埤蒼》云：『心悶也。』」又「惃，戶昆切，惃悶。」《集韻》：「忶、惃，心悶也，或从霓。」又「忶，心迷也。」字或作惃，《方言》卷10：「惃，惛也，楚揚謂之惃。」郭注：「惃，謂迷惛也。」《玉篇》：「惃，惽也、亂也。」《集韻》諸字同音胡昆切。俗作「渾」字，庚卷正作「渾」。黃征曰：「『顛』可能是『諢』的借音字，說笑逗樂的意思。」〔註16〕張鉉曰：「『顛』似應爲『渾』之借音字。」〔註17〕宋・孫光憲《北夢瑣言》卷1：「文宗曰：『卿渾未曉。但甘棠之義，非要笏也。』」字或作㾻、倱，《廣韻》：「㾻，癡皃。」《集韻》：「倱，倱伅，不慧也。通作渾。」俗字作「㥵」，見《正字通》。俗語「混蛋」，本字當即「惃」〔註18〕。推忶，推作糊塗、裝糊塗，與「放鈍」同義。「鈍」爲「愚鈍」義之本字，今吳方言猶有「鈍坯」、「鈍屄」之語。二句猶言你要裝癡，還是賣傻。「退顛放鈍」即《秋胡變文》之「佯癡放騃」也。王貞珉謂「退顛」即「打顛」，解爲「收拾起弄舌」〔註19〕；葉愛國校「退顛」爲「褪褌」，

故疑有誤也。《六書統》「睔」音古本切，正「袞」音，是其比。

〔註15〕黃幼蓮《敦煌文獻裏的俗語詞》，《浙江師範大學學報》1987年第3期，第110頁。此文臆說處甚多，下不復辨正。

〔註16〕黃征《〈變文字義待質錄〉考辨》，收入《敦煌語言文字學研究》，甘肅教育出版社2002年版，第67頁。

〔註17〕張鉉《〈字寶〉釋疑》，http://www.guwenzi.com/SrcShow.asp?Src_ID=512。

〔註18〕參見蕭旭《敦煌寫卷〈碎金〉補箋》，收入《群書校補》，廣陵書社2011年版，第1334頁。

〔註19〕王貞珉《讀增訂本〈敦煌變文字義通釋〉》，《文學遺產增刊》1961年第8輯，

又謂「鈍」本作「屯」，粗俗、粗野〔註20〕；黄大祥讀爲「吐諢」，意爲說玩笑話〔註21〕，並未是。

（7）今欲據法科繩，實即不敢咋呀（P379）

校注：徐復校：「《集韻》：『誀，誀訝，言戾。』『誀訝』與『咋呀』通用。」蔣禮鴻云：「《集韻》：『厏厊，不相合。』音義都相近。」按：《玉篇》有「謯訝」一詞，釋爲「訶皃」，當亦爲同一聯綿詞。

項校：咋呀，言語不合，犟嘴。亦作「厏厊」、「誀訝」、「齚齖」等（P531）。

按：諸說皆是，然猶未盡。P.3906《碎金》：「厏厊：乍迓。」字或作「痄疨」、「痄疨」、「杈枒」、「杈枒」、「扠抈」、「齇齖」、「齰齖」、「槎枒」、「槎牙」、「槎岈」、「嵯岈」、「岝岈」、「嵖岈」、「楂枒」、「槎丫」等，也倒言作「齖齰」、「寙䆽」、「寙察」、「寙窣」、「婭娽」、「婭奼」、「婭奼」、「忬作」、「厊厏」、「掗岔」、「椏杈」、「枒杈」、「牙槎」、「牙楂」、「枒槎」、「丫叉」、「椏叉」、「牙恰」、「訝掐」等，中心詞義爲「不齊」、「不平」、「不相合」〔註22〕。此文可指言語不合，也可指心裏有意見、不服。

《燕子賦（二）》校補

此篇已詳《〈敦煌賦〉校補》〔註23〕。茲補向校所未及者。

（1）追朋伴親侶，濫鳥不相過（P413）

按：濫，虛僞、虛妄。《類說》卷56引《劉貢父詩話》：「世人語虛僞者爲『何樓』，國初京師有何樓，其下所賣物皆濫者，故人以此目之。」字或作蘭，孫錦標曰：「《通俗文》：『縱失曰蘭。』今市井謂債不可復收

第235頁。原文誤「鞕」爲「鞕」。

〔註20〕葉愛國《〈敦煌文獻語言詞典〉商榷（中）》，《文史》第44輯，中華書局1998年版，第114頁。

〔註21〕黄大祥《結合現代河西方言訓釋敦煌變文的幾個詞語》，《方言》2011年第4期，第379頁。

〔註22〕參見蕭旭《敦煌寫卷〈碎金〉補箋》，收入《群書校補》，廣陵書社2011年版，第1340～1341頁。另參見蕭旭《「齟齬」考》。

〔註23〕蕭旭《〈敦煌賦〉校補》，收入《群書校補》，廣陵書社2011年版，第862～865頁。

曰爛賬，爛即蘭矣。」〔註 24〕章太炎說同，章氏又曰：「凡人縱馳無檢亦曰蘭。《列子・說符篇》：『宋有蘭子者。』注：『應劭曰：闌，妄也。』蘭與闌同。今人謂舒縱不節曰爛，爛亦蘭字也。」〔註 25〕今俗言「爛賭爛嫖」，「爛」亦縱馳無檢之義。《通俗文》見《玄應音義》卷 22、《慧琳音義》卷 48：「若蘭：又作躝，同。《通俗文》：『縱失曰蘭也。』」「蘭」當讀爲濫，由氾濫引申爲縱失也。孫氏、章氏尚未探本。《列子》張湛注：「凡人物不知生出者謂之蘭也。」殷敬順《釋文》：「《史記》注云：『無符傳出入爲闌。』應劭曰：『闌，妄也。』此所謂闌子者，是以技妄遊者也。疑蘭字與闌同。」任大椿曰：「蘭、闌古多通用。」俞樾曰：「《說文》：『𨷿，妄入宮掖也。讀若闌。』是『蘭子』之蘭即𨷿之引申義。」蘇時學曰：「『蘭子』義未詳，舊注釋蘭爲妄，亦未了了。今世俗謂無賴子爲爛仔，其義疑本於此。」〔註 26〕段玉裁曰：「𨷿，又或作蘭。」朱駿聲說同〔註 27〕。釋爲「妄」是也，但讀爲闌（𨷿）未確。蘇氏謂「爛仔」義本此，亦是。「蘭子」或作「濫仔」、「爛子」、「爛崽」，指無賴、流氓。或作「闌子」，《事類賦》卷 13 引《列子》作「闌子」，宋・魏泰《東軒筆錄》卷 9：「細民利二升之給，皆爲子養，故一境闌子無夭閼者。」李調元曰：「蜀人謂人之妄爲而無所顧恤者爲闌子。」〔註 28〕是也。錢鍾書曰：「竊意蘇說近是，『蘭子』即後世之『賴子』；李治《敬齋古今黈》卷 2『富歲子弟多賴』條、翟灝《通俗編》卷 11『賴子』條皆引《五代史・南平世家》，謂『猶言無賴』，惜未上溯《列子》之『蘭子』。宋祁《景文集》卷 48《舞熊說》『晉有蘭子者』云云，正用《列子》之字以指《五代史》所言之人。《儒林外史》第 42 回：『被幾個喇子囮著。』《紅樓夢》第 3 回：『潑辣貨，南京所謂辣子。』皆一音之轉。元曲《隔江鬭智》第 1 折周瑜曰：『那癩夫諸葛

〔註 24〕孫錦標《南通方言疏證》，轉引自許寶華、宮田一郎《漢語方言大詞典》，中華書局 1999 年版，第 1445 頁。

〔註 25〕章太炎《新方言》卷 2，收入《章太炎全集（七）》，上海人民出版社 1980 年版，第 65 頁。

〔註 26〕諸說並轉引自楊伯峻《列子集釋》，中華書局 1979 年版，第 255～256 頁。

〔註 27〕段玉裁《說文解字注》，上海古籍出版社 1981 年版，第 590 頁。朱駿聲《說文通訓定聲》，武漢市古籍書店 1983 年版，第 768 頁。

〔註 28〕李調元《卍齋璅錄》卷 8，收入《叢書集成新編》第 13 冊，新文豐出版公司 1985 年印行，第 559 頁。

亮。』癩亦賴字之變，非謂孔明患伯牛之疾也。」〔註 29〕按《新五代史・南平世家》：「俚俗語謂奪攘苟得無媿恥者爲賴子，猶言無賴也，故諸國皆目爲『高賴子』。」李治曰：「賴者，有所恃而爲善者之稱也……俗俚語謂苟得無愧恥者爲賴子，猶言無賴也。故諸國皆目從誨爲高賴子，即歐公所論。以無賴爲賴子者。當是俚俗略言之耳。」〔註 30〕李氏以「賴」爲「恃」義，非也。錢氏不辨，又從而是之。錢氏所引近代用例則皆是「濫仔」之音變。丁惟汾曰：「濫子頭，亂子頭也，蘭子頭也。擣亂之人謂之濫子頭，濫字當作亂（古音讀濫），同聲假借作蘭。《列子》云：『宋有蘭子者。』」〔註 31〕戴淮清曰：「今本地常稱無賴爲『爛仔』，此『爛』字乃『賴』字的音轉。」〔註 32〕二氏亦未得。

（2）搖頭徑野說，語裏事𠰍䙡（P413）

校注：𠰍䙡，當是爭吵之意。「𠰍」當即「諍」之換旁俗字，「諍」字敦煌寫本中多作「爭」用。

江藍生曰：《集韻》：「俓，直也，堅也。」「俓」用如今副詞「硬」……「𠰍䙡」實即「爭規」。「爭」通「諍」，義爲直言勸諫，「規」爲規勸。又可倒爲「規爭」。「爭規」本爲用言語勸諫，引申爲言語爭執、衝突，進而泛指爭吵〔註 33〕。

按：項校亦釋爲爭吵〔註 34〕。𠰍䙡，江氏謂即「爭規」之加旁字，是也；因言語以爭，故加「口」旁。但讀爲「諍規」引申爲爭吵，則牽強。爭規，當讀爲「爭歸」。梁簡文帝《傷離新體詩》：「帶堞淩城雲亂聚，排枝度葉鳥爭歸。」唐・吳融《和睦州盧中丞題茅堂》：「棟危猿競下，簷迥鳥爭歸。」此文言雀兒與燕子一邊野說一邊爭歸窠窟也。《文選・高唐賦》：「姊歸思婦。」李善註引郭璞曰：「子嶲鳥出蜀中，或曰即

〔註 29〕錢鍾書《管錐編》，中華書局 1986 年版，第 529 頁。
〔註 30〕李治《敬齋古今黈》卷 2，收入《叢書集成新編》第 8 冊，新文豐出版公司 1985 年印行，第 479 頁。
〔註 31〕丁惟汾《俚語證古》卷 3，齊魯書社 1985 年版，第 102 頁。
〔註 32〕戴淮清《漢語音轉學》，中國友誼出版社 1986 年版，第 324 頁。
〔註 33〕江藍生《〈燕子賦〉（乙）校釋拾零》，《敦煌吐魯番研究》第 1 卷，北京大學出版社 1996 年版，第 48 頁。
〔註 34〕項楚《敦煌變文選注》，中華書局 2006 年版，第 541 頁。

子規，一名姊歸。」此「規」、「歸」通借之證。王貞珉謂「𠴫䙄」即「淨規」的俗別字〔註35〕，未詳其意。徑，讀爲竟〔註36〕。下文「恒常事皀大，徑欲漫胡瓶」，亦同。《史記・滑稽傳》：「髡恐懼，俯伏而飲，不過一斗，徑醉矣。」〔註37〕《吳越春秋・勾踐伐吳外傳》：「如是三戰三北，徑至吳，圍吳於西城。」《國語・吳語》「徑」作「乃」，乃亦竟也。《宋書・五行志》：「干寶曰：『夫禁庭，尊秘之處，今賤人徑入，而門衛不覺者，宮室將虛，而下人踰之之妖也。』」《搜神記》卷7「徑」作「竟」〔註38〕。P.3765、S.5957：「理應留光萬傾，作破闇之燈；沉影三何（河），斷迷津之境。」境讀爲逕、徑；P.2058 作「逕」，S.6417 二見，亦並作「逕」。此亦徑讀爲竟之證。

（3）雀兒實嚽唸，變弄別浮沉（P413）

校注：「嚽唸」同「攢沅」等，奸猾貌。

項校：嚽唸，能說會道，喋喋不休。（P542）

按：《校注》說本蔣禮鴻〔註39〕，而不著所出。然「攢沅」之語源爲「巑岏」，本義爲山高峻貌，引申爲羞愧、難爲情之貌。字或作「攢伭」、「攢阮」、「攢抏」、「攢蚖」、「攢玩」、「躦䟓」、「儹佤」、「儹仇」、「鑽頑」，中心詞義是聚集〔註40〕。「攢沅」與「奸猾」之義既隔，且與「嚽唸」語音亦遠，蔣說可商。嚽唸，讀爲攢念。《文選》謝靈運《登臨海嶠……》：「戚戚新別心，悽悽久念攢。攢念攻別心，旦發清溪陰。」李善註引《蒼頡篇》：「攢，聚也。」呂延濟注：「聚念能攻激別離之心也。」此文嚽

〔註35〕王貞珉《讀增訂本〈敦煌變文字義通釋〉》，《文學遺產增刊》1961 年第 8 輯，第 235 頁。

〔註36〕參見徐仁甫《廣釋詞》，四川人民出版社 1981 年版，第 204 頁。

〔註37〕《記纂淵海》卷 90 引「徑」作「隨」，蓋爲臆改。

〔註38〕此例參見蕭旭《古書虛詞旁釋》，廣陵書社 2007 年版，第 136 頁。

〔註39〕蔣禮鴻《敦煌變文字義通釋》，收入《蔣禮鴻集》卷 1，浙江教育出版社 2001 年版，第 300 頁。《校注》失注出處者，後幾卷亦時有之，如第 1053 頁注：「恕那，盛多濃厚貌。」此條出自蔣禮鴻《通釋》第 354～355 頁，而蔣氏注明了「本條本徐復說」。蔣先生的治學態度嚴謹。徐復先生的說法見於《敦煌變文詞語研究》一文，《中國語文》1961 年第 8 期；收入《語言文字學叢稿》，江蘇古籍出版社 1990 年版，第 232 頁。

〔註40〕參見蕭旭《〈敦煌賦〉校補》，收入《群書校補》，廣陵書社 2011 年版，第 856 頁。

唸，猶言蓄意、存心。《山東通志》卷 35 明・王世貞《祭李于鱗文》：「小人有母，能不攢思？」「攢思」即「攢念」也。

（4）計你合慚愧，卻被怨辯之（P413）

校注：慚愧，感謝。

按：怨，讀爲冤。《說文》：「冤，屈也。」《廣雅》：「冤，曲也。」冤辯，猶言曲辯、巧辯、詭辯。《風俗通義・過譽》：「怨慝並作。」《後漢紀》卷 7「怨」作「冤」。

（5）空閒石（拾）得坐，雀兒起（豈）自專（P413）

校注：項楚校「石」爲「實」，釋「坐」爲「住」：「大概『坐』、『住』音近，意義有時而通。」按「石」應讀作「拾」。

按：石，讀爲拓，字或作摭。《說文》：「拓，拾也，陳、宋語。摭，拓或從庶。」《玉篇》：「摭，之石切，取也，拾也。拓，同上。」《方言》卷 1：「摭，取也，陳、宋之間曰摭。」《慧琳音義》卷 78：「摭採，上征亦反，撿也。」讀之石切（zhí），與「開拓」之「拓」字並非一字。《說文》：「坐，止也。」段注：「古謂跪爲啓。謂坐爲尻，爲處。尻俗作居。引申謂凡止箸爲坐。」〔註 41〕

（6）頭似獨舂鳥，身如七榼形（P413）

校注：「七」爲「柒」之省，「柒」在敦煌寫本中多用作「漆」。「七」下之字原卷作「襤」，即「褴」之減筆字。「漆褴」即黑色衣衫。袁賓校作「大榼」，釋爲大酒杯，未確。

項校：「七」乃「漆」的同音字，形容極黑。「襤」當作「䙨」，同「襤」，上衣也。「漆襤」即黑色上衣。（P547）

按：此文以「七襤」狀其形，「七襤」當校作「漆榼」，指漆過色的酒器。《御覽》卷 761 引《續齊諧記》：「王敬伯夜見一女命婢取酒，提一淥沉漆榼。」〔註 42〕「漆」之本字爲「桼」，《廣韻》：「桼，膠桼，《說文》：『木汁可以髤物。』經典通用漆。」《六書故》：「榼，盛酒器扁

〔註 41〕段玉裁《說文解字注》，上海古籍出版社 1981 年版，第 687 頁。

〔註 42〕「淥沉」即「綠沉」。沉，或云漆名也，參見宋・朱翌《猗覺寮雜記》卷上；或云精鐵也，參見宋・姚寬《西溪叢語》卷上。

搨（塌）者。」句言燕子之形如漆榼之扁塌也〔註43〕。

（7）撫國知何道，閏我永年名（P414）

項校：閏，俟考。（P549）

江藍生曰：「閏」本爲曆法術語，有「添益」義，又與「正」相對，有「僞、副、偏」義，故「閏我永年名」或即妄占（盜用）永年名之意〔註44〕。

按：閏，增添、補益。P.3808《長興四年中興殿應聖節講經文》：「壽等松椿宜閏益，福如東海要添陪。」「閏益」、「添陪」四字同義。字本作潤，《廣雅》：「潤，益也。」

（8）不能別四海，心裏戀洪牙（P414）

項校：言雖然不能脫離塵世，心裏卻戀慕隱居求仙。

按：別，讀爲徧。

（9）幽岩實快樂，山野打盤珊（P414）

校注：原校作「跚或旋」，今刪去「旋」字。

按：「盤珊」或作「媻姍」、「便姍」、「媻珊」、「盤姍」等形，與「盤旋」同源，其本義當爲迴旋貌〔註45〕。

（10）日月雖耀赫，無明照覆盆（P414）

項校：覆盆，倒扣的盆子，光明不入其中，比喻沉冤莫雪。李白《贈宣城趙太守悅》：「願借羲皇景，爲人照覆盆。」

按：典出《抱朴子・辨問》：「是責三光不照覆盆之內也。」三光，日、月、星也。

（11）窮研細諸問，豈得信虛辭（P414）

校注：徐復云：「『諸問』是問辯的意思。《說文》：『諸，辯也。辯，治也。』」按：「諸」似當爲「追」之借音字，《捉季布傳文》：「心念未能誅季布。」

〔註43〕《史記・伍子胥傳》應劭注：「取馬革爲鴟夷，鴟夷，榼形。」鴟夷以皮爲之，正扁塌之形。

〔註44〕江藍生《〈燕子賦〉（乙）校釋拾零》，《敦煌吐魯番研究》第1卷，北京大學出版社1996年版，第52頁。

〔註45〕參見蕭旭《〈說文〉「蠶姍」疏證》。

「誅」字原卷作「追」，「諸」、「誅」同音，故皆可通「追」。

按：原卷作「諸」字無疑。徐說是也。蔣冀騁謂「諸」當是重文符號「々」之誤，「々」誤爲「之」，「之」與「諸」不僅同義，而且在唐五代西北方言中還同音，故「之」又誤爲「諸」；蔣氏同時否定了兩種說法，一爲徐說，一爲「諸」、「誅」音同借用說；因疑徐說，謂《說文》「諸，辯也」之訓有疑問，引段玉裁注：「辯當作辨，判也。按辨下奪詞字。諸不訓辨，辨之詞也。詞者，意內而言外也。《白部》曰：『者，別事詞也。』諸與者音義皆同。」又引朱駿聲曰：「者亦意，辯詞也。」〔註 46〕趙家棟謂「諸問」當是「詰問」，「諸」是「詰」的形訛〔註 47〕。諸說皆未是。二君不知「諸」字段注非也。王紹蘭曰：「《釋訓》：『諸諸、便便，辯也。』許蓋本之。郭注皆言辭辯給，非判也。」徐承慶說同〔註 48〕。章太炎曰：「古人都字與諸字相通，如都察院是也。漢有都尉、都司空。都者，總辯也。辯即今辦字。段解非。」〔註 49〕張舜徽說略同〔註 50〕。馬敘倫曰：「倫按《爾雅・釋訓》：『諸諸、便便，辯也。』《莊子・天地》：『方且爲緒使。』緒爲諸之借字，是諸之本義爲辯。」〔註 51〕要之，《說文》訓「辯」本於《爾雅》，「辯」即「辦」，典籍借「都」字爲之；郭注云「辭辯給」，亦非。

（12）隨便裏許坐，悛護得勞藏（P414）

校注：悛，原卷作「捘」，義爲推，但此處應爲「悛」之換旁字。敬也，謹也。勞藏，當讀作「牢藏」。

江藍生曰：「捘」字王重民本讀作「愛」，可從。……今疑「捘」爲「擾」的誤字，而「擾」又是「愛」的增旁俗字。「愛」爲隱蔽義，「護」爲遮擋

〔註 46〕蔣冀騁《敦煌文獻研究》，湖南師範大學出版社 2005 年版，第 51～52 頁。

〔註 47〕趙家棟《〈燕子賦（二）〉中「諸問」考辨》，《中國語文》2010 年第 1 期，第 88～89 頁。

〔註 48〕王紹蘭《說文段注訂》，徐承慶《說文解字注匡謬》，並收入丁福保《說文解字詁林》，中華書局 1988 年版，第 2907 頁。

〔註 49〕王寧整理《章太炎說文解字授課筆記》，朱希祖所記錄，中華書局 2010 年版，第 103 頁。

〔註 50〕張舜徽《說文解字約注》，中州書畫社 1983 年版，第 5 卷第 15～16 頁。

〔註 51〕馬敘倫《說文解字六書疏證》，李圃主編《古文字詁林》第 2 冊，上海教育出版社 2000 年版，第 729 頁。

義，二字同義連文。項書云：「原文『勞』是『牢』字音誤，『牢藏』即牢固。」此說可商。今謂「勞」即慰勞，「勞藏」爲歇腳藏身的意思〔註 52〕。

按：「勞藏」讀爲「牢藏」是也。捘，讀爲浚，疏治也。《書・皋陶謨》：「夙夜浚明有家。」蔡沈《集傳》：「浚，治也。」下文「一冬來修理」，又「緣君修理屋」，「修理」是其誼也。

（13）雀兒漫洛荒（落謊）（P414）

校注：潘校：「『落荒』有『荒唐』、『落空』意。《廬山遠公話》：『總是信口落荒。』《燕子賦（一）》：『雀兒打硬，猶自落荒漫語。』意皆相近。《變文集》校改『荒』爲『謊』，非。」按：《龍龕手鑑》：「謊，夢言也。」又「詤，諾也。」又「諾，音洛，諾謊，狂言也。」故「落荒」、「洛荒」皆與「諾謊」同音，爲一詞異寫。

按：《校注》說本徐復，而不著所本。徐復曰：「《廣韻》：『諾，諾謊，狂言。』落荒、洛荒，皆爲『諾謊』的同音替代字。亦引申爲妄言。」〔註 53〕《說文》：「詤，夢言也。」《繫傳》：「臣鍇曰：言恍忽也。」「詤」即「謊」之古字。《集韻》、《類篇》並作「諾詤」。倒言則作「詤諾」，《龍龕手鑑》：「詤，詤諾也。」〔註 54〕

（14）一冬來修理，涴落悉皆然（P415）

校注：涴，沾染。「涴落」指窠窟污染剝落。

按：項校說同〔註 55〕。涴，疑當作「院」〔註 56〕。P.2497：「於是尋紺院，

〔註 52〕江藍生《〈燕子賦〉（乙）校釋拾零》，《敦煌吐魯番研究》第 1 卷，北京大學出版社 1996 年版，第 50～51 頁。

〔註 53〕徐復《〈廣韻〉音義箋記》，收入《徐復語言文字學晚稿》，江蘇教育出版社 2007 年版，第 187 頁。徐復《敦煌變文詞語研究》說同，《中國語文》1961 年第 8 期，收入《語言文字學叢稿》，江蘇古籍出版社 1990 年版，第 222～223 頁。

〔註 54〕《校注》所引脫一「詤」字。

〔註 55〕項楚《敦煌變文選注》，中華書局 2006 年版，第 564 頁。

〔註 56〕敦煌寫卷「阝」旁常與「氵」旁相混。P.3781《受戒方等道場祈光文》：「請帝釋垂洚道場。」「洚」即「降」。S.0343《願文》：「紅顏〔易〕念念之間，白髮變須臾之潦。」「潦」即「際」。此「阝」作「氵」之例。S.2832《願文等範本・十二月時景兼陰晴雲雪諸節》：「一點風來，即知陎暑；纖毫樹影，便欲納涼。」「陎」即「深」。S.4624《受八關齋戒文》：「第六不得著花鬘瓔珞、香油指（脂）粉塗身。」「塗」即「塗」。此「氵」作「阝」之例。以上材料錄自趙鑫曄未刊稿，謹致謝忱。

登梵堂。」P.3545：「用巡圃⿰阝宛，落草動而先驚。」「⿰阝宛」字字書未見，S.5637 同句作「院圃」，可知「⿰阝宛」是「院」字俗寫〔註 57〕。S.0474V《戊寅年算會》：「戊寅年三月十三日，都僧統、法律、徒眾就中⿰阝宛等會趙老宿、孟老宿二人，行像司丁醜斛㪷本利准先例一一聲數如後。」Φ096《雙恩記》：「伏利名，閉松⿰阝宛，長使俗塵生仰羨。」又「身無拘繫⿰阝宛清幽。」皆其例〔註 58〕。唐·白居易《宴散》：「笙歌歸院落，燈火下樓臺。」句言院落皆修理也。黃幼蓮、黃聰聰謂「涴」音「碗」或「換」，是福建南安詩山方言，「借」義；「落」是「居」義，「涴落」是「借居」〔註 59〕，非也。

《茶酒論》校補

（1）暫問茶之與酒，兩個誰有功勳（P423）

按：有，原卷 P.2718 作「要」，P.3910、S，406 作「有」。與，P.2875、S，406 同，P.3910 作「已」，借字。

（2）貴之取蘂，重之摘芽（P423）

校注：原錄「摘」作「擿」。原校：「丙、丁兩卷『擿』作『摘』，戊卷作『作』。」按：甲卷亦作「摘」，「擿」即「摘」字。

按：作，讀爲戲、扭、摣，亦取也。芽，S.406 作「牙」。

（3）單（簞）醪投河，三軍告醉（P423）

校注：醪，戊卷作「勞」。「單醪」讀作「簞醪」。

潘校：「單」應作「簞」，《文選·七命》：「簞（引者按：原作「單」。）醪投川，可使三軍告捷。』註：「《黃石公記》曰：『昔良將之用兵也，人有饋

〔註 57〕《淮南子·墜形篇》：「何謂九塞？曰太汾、澠阨、荊阮、方城、殽阪、井陘、令疵、句注、居庸。」《説文繫傳》「固」字條引「荊阮」作「荊院」，《初學記》卷 8「三關」條、《錦繡萬花谷》後集卷 6 引作「荊苑」，是其比。P.3566《二月八日逾城文》：「受（壽）等海泉如（而）深⿰阝宛。」此例「⿰阝宛」讀爲遠。

〔註 58〕《雙恩記》二例見黃征《敦煌俗字典》，上海教育出版社 2005 年版，第 524 頁。

〔註 59〕黃幼蓮《敦煌文獻裏的俗語詞》，《浙江師範大學學報》1987 年第 3 期，第 110 頁。黃聰聰《敦煌文獻裏與借貸有關的俗語詞》，《敦煌研究》2012 年第 1 期，第 115 頁。後文當即襲自前文。

一簞之醪，投河，令眾迎流而飲之。夫一簞之醪，不味一河，而三軍思爲致死者，以滋味及之也。』」（P1173）

按：勞，爲「醪」省文，《直音篇》：「醪，同『醪』。」《涅槃經疏私記》卷 6：「若從此醪，應是清勞，酒名。」「清勞」即「清醪」。「單醪投河，三軍告醉」語亦見《伍子胥變文》，項注亦引《選》註引《黃石公記》〔註 60〕。李注所引《黃石公記》，《類聚》卷 72、《御覽》卷 845 引同〔註 61〕，《御覽》卷 281、760 引《三略》略同。《御覽》卷 307 引《黃石公記》：「一簞之醪，投之於河，令士眾迎飲，三軍爲其死戰。」《呂氏春秋・察微》高誘注：「古之良將，人遺之單醪，輸之於川，與士卒從下流飲之，示不自獨周其味也。」高注蓋亦暗引《黃石公記》。此一說也。《書鈔》卷 115 注引《蔣子》：「秦穆公伐晉，及河，將軍勞之醪，唯一鍾。蹇叔乃曰：『一盃可以投河而釀也。』穆公乃一醪投河，三軍皆取飲之。」《御覽》卷 281 引《符子》：「秦穆公伐晉，及河，將勞師，而醪唯餘一鍾。蹇叔曰：『一米可投河而釀也。』穆公乃以一醪投河，三軍醉矣。」此又一說也。《呂氏春秋・順民》：「越王苦會稽之恥……有酒流之江，與民同之。」高誘注：」投醪同味。」《列女傳》卷 1：「子不聞越王勾踐之伐吳耶？客有獻醇酒一器，王使人注江之上流，使士卒飲其下流，味不及加美，而士卒戰自伍也。」此又一說也。《御覽》卷 280 引《史記》：「楚人有饋一簞醪者，楚莊王投之於河，令將士迎流而飲之，三軍皆醉。」此又一說也。蓋古有此傳說，而傳聞異辭也。「單醪」之單讀如字，《玉篇》：「單，一也。」《文選》李周翰注：「楚與晉戰，或人進王一簞酒，王欲與軍士共之，則少而不徧，乃傾酒於水上源，令眾士飲之，卒皆醉，乃感惠，盡力而戰，晉師大敗之。醪，酒也。簞（單），謂一樽也。」「單醪」即《蔣子》、《符子》之「一醪」，亦即《列女傳》之「醇酒一器」也。唐・陳子昂《爲河內王等論軍功表》：「則簞醪投河，三軍告醉。」唐・白居易《簞醪投河判》：「得甲爲將以簞醪投河，命眾飲之。」並誤作「簞」字。《文苑英華》卷 541《單醪投河判》作「單」字，不誤。

〔註 60〕項楚《敦煌變文選注》，中華書局 2006 年版，第 125 頁。

〔註 61〕「一簞」之「簞」，《類聚》卷 72 引作「單」，借字。「以滋味」之「以」，《御覽》卷 845 引誤作「非」。

（4）和死定生，神明歆氣（P423）

按：和，當爲「扣」字形誤〔註 62〕。扣，除去。《醒世恒言》卷 3：「從明日爲始，逐日將本錢扣出，餘下的積趲上去。」變文此例爲較早用例。《佛說灌頂經》卷 12：「五官料簡，除死定生。」《七佛八菩薩所說大陀羅尼神咒經》卷 2：「除死定生，滅罪增福，益算延壽。」《經律異相》卷 49 引《淨度三昧經》：「天遣善神，營護其身，移下地獄，拔除罪名，除死定生，後生天上。」諸書皆言「除死定生」，即「扣死定生」之誼也。

（5）酒食向人，終無惡意，有酒有令，人（仁）義禮智（P423）

校注：原校：「甲卷『令』作『禮』。」按：「禮」爲「令」之借音字。

按：向，讀爲饗。《說文》：「饗，鄉人飲酒也。」《儀禮·士昏禮》鄭注：「以酒食勞人曰饗。」「令」、「禮」蓋方言音變，據龐光華博士告知，二字今日語即同音。S.5475《六祖壇經》：「若實不相應，合掌令勸善。」敦博本 077「令」作「禮」，亦其例。這是一種特殊的唐五代西北方言現象，羅常培、蔣禮鴻、邵榮芬皆有討論〔註 63〕，我在考證「淒浰」、「清浰」音轉時，也有補證〔註 64〕，可以參看。此卷及 S.5475《六祖壇經》「令」皆當讀爲禮。句言有酒有禮，故接言仁義禮智也。

（6）阿你頭惱（腦），不須乾努（P423）

校注：乾努，白費勁。「努」是朝某一方相用勁之意。

項校：乾努，徒然挺出。（P574）

按：蔣禮鴻曰：「乾，白白地，徒然；沒來由，不需如此而如此。『乾努』

〔註 62〕P.2497：「乃拜首靈覺，和誠眞境。」「和」亦爲「扣」字形誤。P.3545：「和禪何（河）而一變天時。」S.5637 作「扣」。

〔註 63〕羅常培《唐五代西北方音》，商務印書館 1933 年版，第 98～99 頁。蔣禮鴻《中國俗文字學研究導言》，《杭州大學學報》1959 年第 3 期；收入《蔣禮鴻集》卷 3，浙江教育出版社 2001 年版，第 138～139 頁。邵榮芬《敦煌俗文學中的別字異文和唐五代西北方言》，《中國語文》1963 年第 3 期；收入《中國敦煌學百年文庫·語言文字卷（一）》，甘肅文化出版社 1999 年版，第 148～149 頁。

〔註 64〕蕭旭《〈玉篇〉「浰，清浰」疏證》，《傳統中國研究集刊》第 9、10 合輯，上海人民出版社 2012 年 3 月出版，第 272～275 頁。

就是白努。」〔註 65〕蔣氏未釋「努」字。乾音古寒切，空也。努，讀爲怒。乾怒，白白發火、徒然惱怒。P.2305《無常經講經文》：「日晚且須歸去，阿婆屋裏乾嗔。」「乾怒」即「乾嗔」也。P.3550《下女夫詞》：「有事速語，請莫乾羞。」唐・韓愈《感春》：「乾愁漫解坐自累，與眾異趣誰相親？」「乾羞」、「乾愁」亦其比。錢大昕曰：「乾愁，謂空愁而無益也。」〔註 66〕

（7）茶片乾喫，只糲（剺）破喉嚨（P424）

校注：糲，讀作剺，割、劃之意。

項校：原文「糲」當作「礪」，磨擦。（P584）

按：訓割，字亦作剓，《玉篇》：「剓，割也。」項說亦通。竊謂糲讀爲裂，亦備一通，古從厲從列之字多通用〔註 67〕。

敦煌變文校補卷四

《太子成道經》校補

（1）或時為王，或時〔為〕太子，〔于〕波羅奈國，是五天之城，捨身捨命，給施眾生，不作為難

校注：城，甲、乙、丁、庚、己卷作「境」。

按：北圖雲字 24 號《八相變（一）》亦作「境」，是。

（2）已上之天則極泰，已下極鬧（P434）

校注：原校：「原卷作『鬧』，甲、丁、庚卷作『闠』。」蔣禮鴻云：「『闠』字應作『闠』。」按：「闠」、「鬧」義同。

按：蔣禮鴻引《玄應音義》卷 6、14、22、23 及《法苑珠林》卷 13、34、112「憒鬧」以釋此文，至確；但蔣氏又謂「『闠』本義是市門，是喧

〔註 65〕蔣禮鴻《敦煌變文字義通釋》，收入《蔣禮鴻集》卷 1，浙江教育出版社 2001 年版，第 372 頁。

〔註 66〕錢大昕《十駕齋養新錄》卷 16，上海書店 1983 年據商務印書館 1937 年版影印，第 381 頁。

〔註 67〕參見張儒、劉毓慶《漢字通用聲素研究》，山西古籍出版社 2002 年版，第 642～643 頁。

鬧之處，變文直接當作喧鬧了」〔註 68〕，則不允。「闠」當讀爲憒，亂也。藏經中「闠鬧」、「鬧闠」、「憒鬧」是常用詞。《慧琳音義》卷77「憒丙」條引《蒼頡篇》「憒，亂也」，並指出「《訖譜》作闠，俗字」。《分別善惡報應經》卷 2：「遠離闠鬧。」《金光明最勝王經》卷3：「無作無動，遠離闠鬧，寂靜無爲，自在安樂。」二例，元、明本「闠」並作「憒」。《新華嚴經論》卷 17：「生死煩闠。」又卷 34：「明處煩闠而不亂故。」《四分律刪繁補闕行事鈔》卷 1：「或睡入定，鬧語闠亂等。」三例明顯借「闠」爲「憒」。也借「潰鬧」爲之，《十住毘婆沙論》卷 8：「在家則潰鬧，出家則閑靜。」宋、元、明、宮本「潰」並作「潰鬧」。《分別功德論》卷 4：「人間憒鬧精思不專，故隱地中七日。」宋、宮本、永樂北藏本《法苑珠林》卷 25 引作「潰鬧」。

（3）**九龍齊溫香和水，爭浴蓮花葉上身（P435）**

校注：溫，當即「使水溫熱」之意。梁粱校「溫」爲「噴」或「灑」，恐未確。

按：此文底卷爲 P.2999。溫，S.548V、S.2352V、S.4626 三卷《太子成道經》並同，S.2440《八相押坐文》作「嗢」。四卷作「溫」，圖版甚清晰，即「嗢」之誤字。曾良謂 S.2440 原卷作「嗌」，即「噴」的俗字〔註 69〕。核查圖版，此字左從「口」旁，右下部從「皿」，右上部不清，不能確認爲「嗌」字。據四卷皆作「溫」，仍當錄爲「嗢」字爲是。《押坐文》《校注》：「嗢，《說文》云『咽也』，義與文義不合。P.2999等卷《太子成道經》作『溫』，即使水溫暖之意。」郭在貽等曰：「嗢是溫的偏旁互換字，當讀爲噴。」〔註 70〕此篇下文「九龍吐水早是衩，千輪足下瑞蓮開」，日藏本《悉達太子修道因緣》：「九龍吐水早是訍，千輪足下有蓮開。」S.4480《太子成道變文》、北圖 8437《八相變》、S.2832《文樣》並言佛生時「九龍吐水」，S.5639《文樣》言佛生時「歡

〔註 68〕蔣禮鴻《敦煌變文字義通釋》，收入《蔣禮鴻集》卷 1，浙江教育出版社 2001 年版，第 338 頁。

〔註 69〕曾良《敦煌變文字詞考》，《中國語文》2006 年第 5 期，第 469 頁；收入《敦煌文獻叢札》，浙江古籍出版社 2010 年版，第 1 頁。

〔註 70〕郭在貽等《敦煌變文校議》，收入《郭在貽文集》卷 2，中華書局 2002 年版，第 464 頁。

喜園中，九龍吐灌頂之香水」。《四分律行事鈔批》卷 13：「九龍吐水，浴菩薩身。」《淨土五會念佛略法事儀讚》卷 1：「九龍吐水洗神胎，天人榮腋捧瓔孩。」是「溫」字當爲「吐」義甚明，《校注》解爲「溫熱」，非也。梁梁校「和」爲「吐」，「溫」爲「噴」或「灑」〔註 71〕，於字形無據。P.2940《齊琬文》言佛生時「天雨流芳，九龍灑濯襟之液」，S.2440《八相押坐文》：「九龍灑水早是衩，千輪足下有瑞蓮。」S.2440V《太子成道因緣》：「九龍灑水早是衩，千輪足下瑞蓮開。」《法苑珠林》卷 9：「所以神形六動，方行七步，五淨雨華，九龍灑水。」《圓悟佛果禪師語錄》卷 19：「右脇誕金軀，九龍噴香水。」《樂邦文類》卷 5：「初夏清和四月時，九龍噴水沐嬰兒。」《禪宗頌古聯珠通集》卷 2：「四月八佛降生日，指天指地稱第一。九龍噴水沐金軀，摩訶般若波羅蜜。」作「灑」作「噴」，與「吐」義亦合。《說文》：「嗢，咽也。」《玉篇》：「嗢，嗢咽也。」《六書故》：「嗢，咽聲也。」于鬯曰：「嗢謂咽之聲，音烏沒切，今人俗語猶然。」〔註 72〕「嗢」音 wà，本指咽聲，泛指喉中嗢嗢之聲。《傷寒論・辨脉法》：「若陰氣前通者，陽氣厥微，陰無所使，客氣內入，嚏而出之，聲嗢咽塞。」「嗢嗢」字或作「歆歆」、「嗗嗗」、「骨骨」，並音之轉也。《摩訶僧祇律》卷 22：「時六群比丘全呑食，嗗嗗作聲，爲世人所譏。」《玄應音義》卷 15 引作「歆歆」。P.2555《高興歌》：「讌（咽）入喉中聲嗢嗢。」S.2049《酒賦》作「嗗嗗」，P.2544《酒賦》作「骨骨」。《肘後備急方》卷 3：「治肺痿咳嗽，吐涎沫，心中嗢嗢，咽燥而不渴者。」《證類本草》卷 13：「逐寸白，散腸中嗢嗢喘息。」引申之，「嗢嗢」亦指吐聲。典籍多誤作「溫溫」、「慍慍」，《傷寒論・辨太陽病脉證并治法中》：「太陽病，過經十餘日，心下溫溫欲吐，而胸中痛。」《證類準繩》卷 43 引之，注：「按經文『溫溫』當作『嗢嗢』。」劉渡舟《校注》：「溫溫，《玉函》卷 2 作『嗢嗢』，亦通『慍慍』、『蘊蘊』，蓄積鬱結之感。」〔註 73〕劉氏謂通「慍慍」、「蘊蘊」，解爲「蓄積鬱結」，亦非也。《傷

〔註 71〕梁梁《〈太子成道經〉隨筆數則》，《敦煌研究》1986 年第 3 期，第 51 頁。
〔註 72〕于鬯《說文職墨》，收入丁福保《說文解字詁林》，中華書局 1988 年版，第 2198 頁。
〔註 73〕劉渡舟《傷寒論校注》，人民衛生出版社 1991 年版，第 110 頁。

寒論・辨少陰病脉證并治法》：「少陰病，飲食入口則吐，心中溫溫欲吐，復不能吐。」《金匱要略》卷 5：「頭眩短氣，溫溫欲吐。」《備急千金要方》卷 2：「妊娠四月，有寒，心下慍慍欲嘔。」皆其例也。由「吐聲」又引申爲吐出義。《文選・笙賦》：「援鳴笙而將吹，先嗢噦以理氣。」李善注：「嗢噦，或爲『溫穢』，謂先溫暖去其垢穢，調理其氣也。」李善以「溫穢」取義，所釋非也。《類聚》卷 44 引亦作「嗢噦」。《說文》：「噦，氣啎也。」「嗢噦」謂氣逆而吐也〔註 74〕。王筠曰：「案『嗢噦』蓋連語，謂作聲以利喉也。未必如李善所說。」〔註 75〕嗢噦猶今言清嗓子，「嗢」、「噦」皆取吐義。今吳語尙謂嘔吐爲嗢（wà），謂倒水爲滑（wà）水。

（4）魚透碧波堪上岸（賞翫），無憂花樹最宜觀（P435）

按：《玉篇》：「透，跳也。」《說文新附》：「透，跳也，過也。」字或作趏、投、趃、跾、踧〔註 76〕。

（5）無憂花樹葉敷榮，夫人緩步彼中行（P435）

按：《慧琳音義》卷 64：「敷榮：孔注《尙書》：『敷，布也。』又舒也。《韓詩》：『遍也。』」敷，讀爲蒪。《說文》：「蒪，華葉布。」《玉篇》：「蒪，花葉布。」《集韻》：「蒪，艸木莖葉舒布皃。」字或作藪，《廣韻》：「藪，花葉布也。」《類篇》：「藪、蒪，華之通名，鋪爲華皃謂之藪，干寶說。或作蒪。」P.2820：「法雨降時，頳葉重藪於紅蘂。」

（6）九龍吐水早是衩，千輪足下瑞蓮開（P435）

校注：衩，原錄作「貴」，原校：「甲卷『貴』作『叉』，庚卷作『衩』。」按：「貴」字原卷實作「賁」，蔣紹愚謂「賁」通「差」，怪也。說近是。「衩」即「竇」，又寫作「賗」……引申爲「奇異」之意。又《集韻》：「謏，異言，或作訍。」《悉達太子修道因緣》此處作「訍」，蓋與「衩」字同源也。蔣禮鴻以「叉」、「衩」爲「差」之同詞異寫，近是。

〔註 74〕《高僧傳》卷 2：「非徒失味，乃令嘔噦也。」噦亦嘔吐也。《慧琳音義》卷 61 引《韻詮》：「噦，嘔吐也。」

〔註 75〕王筠《說文解字句讀》，中華書局 1988 年版，第 49 頁。

〔註 76〕參見蕭旭《敦煌寫卷〈王梵志詩〉校補》，收入《群書校補》，廣陵書社 2011 年版，第 1271～1272 頁。

按：《校注》是也，而猶未盡。《玉篇》：「謑，異言。」《集韻》：「差，異也」。「差」、「叉」、「䞣」、「謑」、「衩」、「訍」、「䆾（䳓）」諸字並同音通用。字或作嗟，《廣韻》：「訝，嗟訝。」《增韻》：「訝，嗟訝，疑怪也。」唐・范攄《雲谿友議》卷上：「于公覽書，亦不嗟訝。」《阿彌陀經通贊疏》卷 3：「初讚功德難思，二歎化行濁世，三嗟訝成佛，四說法幽玄。」字或作謎，《廣韻》：「謎，異言。」字或作詫，《十二門論疏》卷 2：「心又詫之，復爲一緣。」《新唐書・戴至德傳》：「閱十數年，父子繼爲宰相，世詫其榮。」《朱子語類》卷 35：「他只怕人都識了，卻沒詫異。」閻崇璩曰：「『差』是『詫』的同音假借字。」〔註 77〕其說傎矣，「差」爲本字。字或作吒（咤），《朱子語類》卷 62：「若有些子咤異，便不是極精極密。」一本作「吒」。

（7）見人為惡處強攢頭，聞道講經佯不聽（P435）

校注：攢頭，湊上身去。「頭」借代全身。

按：攢頭，出頭、伸頭。《漢語大詞典》：「攢頭，伸頭鑽入。攢，通『鑽』。」《集諸經禮懺儀》卷 1：「淨土快樂無人去，地獄苦報競攢頭。」宋、元、明本「攢」作「鑽」。

（8）爛滿錦衣花璨璨，無邊神女貌螢螢（瑩瑩）（P435）

校注：「璨璨」同「燦燦」。

按：爛滿，日本龍谷大學藏本《悉達太子修道因緣》同，潘校作「爛漫」〔註 78〕。字亦作「瀾漫」、「爛熳」、「爛縵」、「爛曼」、「瀾熳」，倒言則作「漫瀾」、「漫爛」、「熳爛」、「熳瀾」、「煥爛」等形〔註 79〕。

（9）或於一日，便上彩雲樓上，謀悶之次，便乃睡著（P436）

校注：郭在貽校：「謀當讀爲迷。」

按：謀，黃征讀爲瞀〔註 80〕，心悶也。《素問・六元正紀大論》：「心熱瞀悶。」

〔註 77〕閻崇璩《敦煌變文詞語彙釋》，大東文化大學中國語大辭典編纂室資料單刊 VI，昭和 58 年版，第 45 頁。
〔註 78〕潘重規《敦煌變文集新書》，文津出版社有限公司 1994 年初版，第 538 頁。
〔註 79〕參見蕭旭《「煥爛」考》。
〔註 80〕黃征《敦煌變文俗語詞校釋》，收入《敦煌語言文字學研究》，甘肅教育出版

下文「宮中謀悶，所以不樂」，同。

（10）漸漸長大，習學人間伎藝，總乃得成（P437）

校注：伎，甲、丁卷作「遽」，借音字。

按：日本龍谷大學藏本《悉達太子修道因緣》亦作「遽」，疑讀爲㦬。《集韻》：「㦬，蠻夷歌。」又「㦬，巴人歌。」

（11）但某乙有一交言語，說與夫人，你從不從（P437）

校注：疑「交」爲「勾」之借音字，「勾」同「句」。S.1497《五更轉》：「忽若今朝降凡間，乞取一教言。」「教」字任半塘校作「交」。

按：日本龍谷大學藏本《悉達太子修道因緣》亦作「一交」。交，量詞，遍，通。字或作教，S.1497是其例。

（12）鳥鵲啄噉（P437）

按：《慧琳音義》卷1：「啄噉：上音卓，《說文》：『鳥食也。』下唐濫反，《廣雅》：『噉，食也。』《說文》作啗，或作啖，並通。」慧琳謂「啄噉」之「噉」同「啗」，誤。「噉」同「鴿」、「敁」、「敪」、「鵫」，鳥啄物也。字或作「喊」、「啗（啗）」、「飳」、「啖」〔註81〕。

（13）拔劍平四海，橫戈敵萬夫；一朝床上臥，還要兩〔人〕扶（P438）

校注：此句戊卷作「動轉要人扶」，庚卷作「動轉要兩人扶」。

按：北圖雲字24號《八相變（一）》：「拔劍平四海，橫戈敵萬夫；一朝床枕上，起臥要人扶。」皆化自《廣弘明集》卷30所載北周佚名《五苦詩》：「拔劍平四海，橫戈卻萬夫；一朝牀枕上，迴轉仰人扶。」《淨土五會念佛略法事儀讚》卷2《相觀讚文》與《八相變》同，惟「要」作「聽」，僅一字之異。

（14）父王聞說，亦與愁憂（P439）

按：與，讀爲舉，皆也。下文「大王聞知，亦皆加愁不樂」，作「皆」義同。

社2002年版，第176～177頁。

〔註81〕參見蕭旭《敦煌寫卷〈碎金〉補箋》，收入《群書校補》，廣陵書社2011年版，第1315～1316頁；又參見蕭旭《「搶」、「嗛」二字音義考》，《中國文字研究》第16輯，2012年版，第97～99頁。

（15）若能取我眼精，心里也能潘得（P439）

校注：原校：「甲、庚卷『潘』作『伴』。」

按：潘、伴，或作「判」、「拌」，本字爲㚘〔註82〕，捨棄。

《悉達太子修道因緣》校補

（1）暫舍火宅，莫喧（喧）莫鬧，聞時應福，能不能，願不願（P469）

校注：福，潘錄作「禍」，而校作「福」。此徑改。

按：改作「福」義亦未安，據文義當作「聽」字，言聽經也。《根本說一切有部毘奈耶頌》卷2：「正說伽他（陀）時，聞時應諦聽。」

（2）主憂即臣辱，不如臣則死（P470）

校注：潘校：「不如臣則死，S.2682作『主辱則臣死』。」按：作「主辱」是。

按：「不」爲「主」形誤，「如」爲「辱」音誤。《國語・越語下》：「臣聞之，爲人臣者，君憂臣勞，君辱臣死。」《史記・平準書》：「臣聞主憂臣辱。」又《越王勾踐世家》：「臣聞主憂臣勞，主辱臣死。」又《范睢傳》：「臣聞主憂臣辱，主辱臣死。」

（3）後因一日之中，遂與父王同游于王田所，以見時人耕種收刈，極甚勞力（P471）

按：P.2999《太子成道經》「因」作「於」，「以」作「政（正）」。以，猶但也、惟也〔註83〕，與「正」同義。潘氏以「所以」連文屬下句〔註84〕，誤。

（4）父王作罪父王當，太子他家不受殃。阿孃作，阿孃受，女且不肯替阿孃（P472）

按：「阿孃作」下當補「罪」字，與上文「父王作罪」一致。《太子成道經》：

〔註82〕參見蕭旭《〈李陵變文〉校補》，收入《群書校補》，廣陵書社2011年版，第1159頁。

〔註83〕參見蕭旭《古書虛詞旁釋》，廣陵書社2007年版，第6頁。

〔註84〕潘重規《敦煌變文集新書》，文津出版社有限公司1994年版，第541頁。

「阿孃作罪阿孃受，女且無因替阿孃。」肯，猶可也，能也〔註 85〕。

（5）將耶輸母子臥在床上，向下着火，應是（時）博（縛）殺（P473）

按：周紹良、潘重規等亦並校「博」爲「縛」〔註 86〕，皆非也。博，讀爲爆，同音通借，吳語讀去聲，音 bào。《說文》：「爆，灼也。」《廣雅》：「爆，爇也。」《慧琳音義》卷 79 引《文字集略》：「爆，火燒也。」俗字作爆，《集韻》：「爆，火乾也，一曰熱也，或作煿。」《龍龕手鑑》：「煿，迫於火也，與爆亦同，出《川韻》。」《齊民要術·作酢》：「有薄餅緣諸麵餅，但是燒煿者，皆得投之。」《摩訶僧祇律》卷 32：「熱沙爆身。」宋、元、明本「爆」作「暴」，宮本作「薄」。《經律異相》卷 43 引《僧祇律》：「熱沙煿身。」宋、宮本「煿」作「博」，元、明本作「搏」。《法苑珠林》卷 6：「熱沙爆身。」宋、元、宮本「爆」作「博」，明本作「搏」。《法苑珠林》卷 91 引《僧祇律》：「熱沙爔身。」宋、元、明、宮本「爔」作「薄」。《諸經要集》卷 6：「熱沙曝身。」宋、元、明、宮本「曝」作「博」。范崇高曰：「『薄』有附著、緊貼義，『曝（爆、煿）』爲曝曬或烘乾義，不及用『薄』妥帖。」〔註 87〕范氏不通假借，而又失考《集韻》，致有此誤。《佛說觀佛三昧海經》卷 5：「得一微火爆我身者，不亦快乎？」敦煌寫卷甘博 003 同，《經律異相》卷 50 亦作「爆」，宋、元、明本「曝」作「暴」。又「寧得好火，在車上坐，然火自爆？」宋本「爆」作「暴」，明本作「曝」；《經律異相》卷 50、《慈悲道場懺法》卷 4 亦作「爆」，《諸經要集》卷 18 作「暴」；《法苑珠林》卷 7 引《觀佛三昧海經》作「曝」，宋、元、宮本「曝」作「暴」。《摩登伽經》卷 1：「日光炎熾，大地斯熱，爆其母足，不能前進。」宋、元本「爆」作「曝」，明本作「暴」。「暴」、「曝」、「薄」、「博」、「搏」

〔註 85〕參見蕭旭《古書虛詞旁釋》，廣陵書社 2007 年版，第 166 頁。

〔註 86〕周紹良、白化文、李鼎霞《敦煌變文集補編》，北京大學出版社 1989 年版，第 96 頁。潘重規《敦煌變文集新書》，文津出版社有限公司 1994 年版，第 545 頁。周紹良、張涌泉、黃征《敦煌變文講經文因緣輯校》，江蘇古籍出版社 1998 年版，第 753 頁。

〔註 87〕范崇高《〈法苑珠林校注〉商議》，《古籍整理研究學刊》2014 年第 1 期，第 55 頁。

皆同音借字。「㸌」則爲同義替換字。《慧琳音義》卷 60：「熟爆：下補各反，音與博同。《廣雅》：『爆，熱也。』《考聲》云：『火乾也。』《韻英》云：『迫近火也。』或作曝，或從皮作[illegible]（駊），並音博，皆炙爆令乾也。律文從專作煿，非也。內外墳典並無此字，譯者隨意作之。」〔註 88〕此卷爲《根本說一切有部毘奈耶》卷 4《音義》，檢經文作「瓦中熟爆，以供飲酒」，宮、聖本「爆」作「煿」。「煿」即「熥」形誤。是「爆」、「曝」並與「博」同音也。慧琳則以俗字「熥」爲非。《金光明經照解》卷 1 引《僧祇律》，又臆改「爆」作「蔟」字。

（6）遂遣一走馬使赴山間，詔其師到於閤門（P475）

按：據上下文，「師」下當補「兄」字。

《太子成道吟詞》校補

校注：本篇原卷編號爲 P.2440，原卷背面寫。

按：本篇原卷編號爲 S.2440，背面寫。

（1）爛滿繡衣花燦燦，無邊神女貌螢螢（瑩瑩）（P481）

按：燦燦，原卷作「璨璨（璨璨）」。

（2）撥棹乘船過大江（P481）

按：棹，原卷作「掉」，下句「撥棹乘船過大池」亦同。

（3）聖主摩耶往後園，嬪妃彩女奏樂喧（P481）

按：喧，原卷作「暄」，借爲「喧」。當出校記。

（4）欲行三里二里時（P481）

按：二，原卷作「五」。

〔註 88〕徐時儀曰：「駊，據文意似作『駊』。」徐說是也，《妙法蓮華經玄贊》卷 6：「爆音博教反。《玉篇》：『灼也，熱也。』亦爲曝字。古作駊、曝，二形同。」正作「駊」字。徐時儀《一切經音義三種校本合刊》，上海古籍出版社 2008 年版，第 1586 頁。

《太子成道變文（二）》校補

（1）不巽（信）那神州懸（縣）人語如（而）好檢看，卻取上界金團天子到上界（P486）

校注：巽，應讀作信。潘校疑「巽」當作「選」，未確。

按：巽，讀爲㒰。《玉篇》：「㒰，息戀切，稅（悅）也。」胡吉宣曰：「『悅也』原譌『稅』，依《字典》引改。」〔註 89〕胡氏依《康熙字典》改是也，明經廠本《玉篇》正作「悅」，《五音集韻》、《字彙》亦釋作「悅也」。句言不悅其人之語也。

《太子成道變文（五）》校補

（1）于大街中絜玖從（重）綵色樓子上坐（P498）

校注：絜，原錄左從口旁。蔣禮鴻校：「『噄』應作『繫』。」按：當即「絜」之增旁字。《玉篇》：「絜，結束也。」

按：校「從」爲「重」是也，P.3350《下女夫詞》：「千從羅扇不須〔遮〕。」〔註 90〕P.3893「從」作「重」。《玉篇》「絜，結束也」，指用繩索捆束以度量大小，《管子・幼官》尹注：「絜，圍度也。」《集韻》：「絜，約束知大小也。《莊子》：『絜之百圍。』徐邈讀。」賈子《過秦論》：「度長絜大，比權量力。」絜、度、比、量同義對舉，非此文之誼也。絜當讀爲擷，P.2999《太子成道經》述此事云：「遂遣國門高縛彩樓。」「縛」字是其誼。《廣雅》：「擷，束也。」《玉篇》：「擷，束縛也。」《篆隸萬象名義》：「擷，圍係也，束也。」P.2011 王仁昫《刊謬補缺切韻》、蔣斧印本《唐韻殘卷》并云：「擷，縛。」《廣韻》：「擷，縛也。」又「擷，擷束。」《集韻》：「擷，束也。」《玄應音義》卷 12：「連擷：呼結反。《廣雅》：『擷，束也。』《埤蒼》：『圍係也。』言急束也。經文作乾，皆一也。」《慧琳音義》卷 75 同。檢經文《那先比丘經》卷 1：「譬若取香華。以縷合連擷風不能吹散。」《玄應音義》卷 13：「繫擷：呼結反。《埤蒼》：『圍係也。』《通俗文》：『束縛謂之擷。』」《慧琳音義》卷 57「繫㩦」條「擷」並作「㩦」，形之誤也。

〔註 89〕胡吉宣《玉篇校釋》，上海古籍出版社 1989 年版，第 1696 頁。

〔註 90〕「遮」字據 P.3893、S.5515 二卷補。

檢經文《佛五百弟子自說本起經》卷 1：「繫撡眾猪口。」亦作「撡」字。玄應、慧琳謂「乾」同，《廣韻》音呼骨切。「乾」爲同義字。《玉篇》：「乾，急擷。」《集韻》：「撡，束也。」又「乾，《埤倉》：『急縶（絜）縛也。』」《類篇》引作「急撡縛」。「撡」、「擷」同音。字亦作絜、契，《說文》：「係，絜束也。」《莊子・知北遊》郭象注：「絜然有形則不神。」中村不折藏敦煌寫本作「契」。此文言紮縛綵樓也。「上坐」二字當屬下句。

（2）太子並總不看（P498）

校注：原卷「並」右有刪字符。

按：原卷「並」右無刪字符。

（3）太子不樂，便別，卻回而入（P498）

校注：樂，原校：「原缺下半，疑即『寞』，當作『樂』。」按：原卷實作「豈」，似即「樂」字草書之訛。

按：此字即「豈」字缺筆。《說文》：「豈，還師振旅樂也。」引申爲喜樂、和樂之義。字或作愷，亦作凱。《爾雅》、《說文》並云：「愷，樂也。」《文選・劇秦美新》：「則覺德不愷。」而，原卷作「如」。

（4）北門見削髮潔衣凡僧，便是苦行頭子（P498）

校注：潔衣，原錄作「喫口」。按：原卷實作「㓞衣」，即「潔衣」。頭子，原錄作「䪼山」。原校：「『䪼山』疑『頭山』，未詳。」按：原卷實作「䪼子」，上字即「頭」之草書俗字。或疑當作「鷲山」，未確。

按：㓞衣，當作「染衣」。《甄正論》卷 2：「道士等自合削髮染衣，宜從緇侶。」《佛本行集經》卷 23：「染衣剃髮，出家入山。」浙敦 026《普賢菩薩說證明經》：「剃除鬚髮，假染法服。」原卷 P.2999 作「䪼山」，不作「頭子」。「頭山」是「象頭山」的省語〔註 91〕，《佛說十二遊經》卷 1 言世尊出家第四年在象頭山修行，云：「佛……四年，象頭山上，爲龍鬼神說法。」黃武松疑當作「久（鷲）山」〔註 92〕，不合句法。

〔註 91〕此趙家棟博士惠教，謹致謝忱。
〔註 92〕黃武松《〈太子成道變文〉（S.3096 卷）疑難點校釋補遺》，《敦煌研究》1991

《須大拏太子好施因緣》校補

《俄藏敦煌文獻》第 6 冊收錄Дx.00285、Дx.02150、Дx.02167、Дx.02960、Дx.03020、Дx.03123六卷拼合卷，題《須大拏太子變文》〔註93〕；黃征、張涌泉《敦煌變文校注》則題作「《須大拏太子好施因緣》」〔註94〕。

考此綴合寫卷內容見於《太子須大拏經》，文字大同。《太子須大拏經》1卷，西秦（385～431年）聖堅所譯，《大正藏》第3冊、《中華大藏經》第18冊皆收錄〔註95〕，前者據再刻高麗藏影印，後者據金藏廣勝寺本影印。文中引用，據高麗藏本，簡稱爲「今本」，如有必要，則校對它本。《敦煌變文校注》失錄、誤錄、失注、誤注頗多，亟須訂補。今依《校注》所錄作底本，《敦煌寶藏》收錄的北圖8531（字006）亦有殘卷，擬名《太子須大拏經》〔註96〕，可訂正俄藏本甚多，今取以對校，簡稱北圖殘卷本。

文中部分字形用例採自黃征《敦煌俗字典》及趙鑫曄未刊稿〔註97〕，謹此說明。

（1）（上缺）述者（P501）

校注：「述」字原卷稍模糊。「述」上本行約殘四至五字，本行之前殘去多少難以估計，今錄《經律異相》引經作爲參考：「……。」

按：核檢原卷圖版，「述者」字上尚有數十字殘文，《校注》未錄，茲補錄於下：「……何等道士八人……太子名字，流……〔不〕可校量，遠近歌誦，普惣……天人所言，應不可欺。如今太子審能……乞行蓮華象。太子即引八婆〔羅〕……八婆羅門言：我不用餘象，正欲……檀延者。」錄文作「……述者」，圖版有殘缺。「道士八人」依殘筆錄出，「天」字僅殘存「八」形，「正欲」之「欲」，僅殘存左邊「谷」字；「檀」字左旁及右上部「亠」殘去；皆據今本錄正。原卷「延」字作「[illegible]」形，《校

年第3期，第88頁。

〔註93〕《俄藏敦煌文獻》第6冊，上海古籍出版社1996年版，第179～186頁。

〔註94〕黃征、張涌泉《敦煌變文校注》，中華書局1997年版，第501～506頁。

〔註95〕《大正新修大藏經》第3冊，新文豐出版有限公司1983年影印，第418～423頁。《中華大藏經》（漢文部分）第18冊，中華書局1993年版，第955～965頁。

〔註96〕黃永武主編《敦煌寶藏》110冊，新文豐出版公司1986年初版，第521～523頁。敦煌研究院《敦煌遺書總目索引新編》擬名同，中華書局2000年版，第558頁。

〔註97〕黃征《敦煌俗字典》，上海教育出版社2005年版。

注》誤錄作「逑」〔註 98〕。《干祿字書》:「[illegible]、[illegible]:上通，下正。」《法苑珠林》卷 80 引《須大拏經》亦作「延」字。「須檀延」爲象名，《六度集經》卷 2 引《須大拏經》作「象名羅闍坙大檀」。北圖殘卷本此前有 21 行文字，所缺內容俱可考知。與此卷對應的文字北圖殘卷本作:「道士八人即行，持杖遠涉山川，詣葉波國。至太子宮門，俱柱杖〔註 99〕，翹一腳，向門而立。時守門見者，入白太子:『外有道士八人，悉皆柱杖，俱翹一腳，住。自說言:「故從遠來，欲有所乞，不敢不申。」』太子聞之，甚大歡喜，便出迎接，前爲作禮，如子見父，因相〔慰〕勞〔註 100〕，問:『何所從來？行道遙遠，得無懃苦？欲求何等但道，莫自疑慮！』道士八人言:『我聞太子好喜布施，在所求索，不逆人意。太子名字，流聞八方，上徹蒼天，下入黃泉，布施功德，不可校量，遠近歌誦，無不聞知。人說太子實不虛也。天人之子，天人所言終不欺也。如今太子審能布施不逆人意者〔註 101〕，欲從太子乞匃行蓮華上白象。』太子即引婆羅門八人至象廐中，令取一象與之。道士八人言:『我正欲得行蓮華象名須檀延者。』」今本略同，不復徵引。

（2）**太子言:「此大白象是我父王之□□□□□□□□□□，不得與卿。若以(與)卿者，令我即失□□□□□□□者，逐令出國。」**（P501）

按:原卷「不得」前有一「異」字，清晰可見，《校注》失錄。北圖殘卷本作「太子荅言:『此大白象是我父王之所愛重，王視白象如視我無異。不可以(與)卿。若與卿者，我即失父王意，或能坐象者，逐令出國。』」今本略同。缺文可據校補作「〔所愛重，王視白象如視我無〕異」。

（3）**婆羅門言:「太子若不此施，我等□□□□□□。」**

校注:此施，疑當作「布施」。

〔註 98〕陳洪《敦煌須大拏變文殘卷研究》已訂正，《蘇州大學學報》2004 年第 2 期，第 64 頁。

〔註 99〕今本《須大拏經》「柱」誤作「挂」，下同;《六度集經》卷 2、《法苑珠林》卷 80 引並作「柱」字。

〔註 100〕今本《須大拏經》亦無「慰」字，茲據《六度集經》卷 2、《法苑珠林》卷 80 引補。

〔註 101〕「能」字原寫「若」，旁改作「能」。

按：北圖殘卷本作「太子若不施此，葉波國王有行蓮花上白象名須檀延……我自空還」，今本脫此句。

（4）太子即自思惟：「我前有願，在所布施，不逆人口（意）。口口口口口口我本誓。當來何得無上平等度意？聽當以（與）之。口口口口口等之度。」（P501）

校注：「度意」費解，疑有誤。

按：北圖殘卷本作「太子即自思惟：我前有願，在所布施，不逆人意，今不與者，違我本誓。當來何得無上平等度意？聽當與之，以成我無上平等之度」，今本作「太子即自惟念：『我前有要願，在所布施，不逆人意。今不與者，違我本心。若不以此象施者，何從當得無上平等度意？聽當與之，以成我無上平等度意』」，宋、元、明本末句作「以成無上平等之度」，脫「意」字。《法苑珠林》卷 80 引《須大拏經》作「何從得成無上平等」，亦脫「意」字。原卷上缺文當作「今不與者違」五字，而非六字；下缺文當作「以成無上平」五字。「度意」非詞。度，度脫、濟度、救度。「無上平等」是藏經要旨。無上平等度者，指濟度世間之人皆以無上平等對待之。《經律異相》卷 26、41、《舊雜譬喻經》卷 2、《六度集經》卷 6 引《佛說蜜蜂王經》、《佛說無垢賢女經》卷 1、《佛說須摩提菩薩經》卷 1、《菩薩從兜術天降神母胎說廣普經》卷 6 皆有「發無上平等度意」語，「發……意」與此卷「得……意」結構相同。「當來何得」當據校作「何從當得」。《大方等大集經》卷 59：「諸菩薩問佛：『何從當得黠？」句言怎能得到平等度人之意。楊小平曰：「『度意』即『度』，又譯『到彼岸』。」〔註 102〕以「度意」爲詞，未能明其句式也。

（5）即敕左右被（鞁）象口口口口出來。太子左手持水灌象上手，右手牽象以授。口口口口象，即呪願太子。呪願已畢，乘騎白象，歡喜而去（P501）

校注：此二句《經律異相》所引經文作「左持象勒，右持金瓶。澡梵志手，慈歡授象」，故「象上手」指梵志之手。

〔註 102〕楊小平《敦煌變文疑難俗語詞考釋》，《宗教學研究》2010 年第 1 期，第 84 頁。

按：原卷「象上」作「道士」〔註 103〕，「授」下「與」字尚可辨，「乘」作「累」，《校注》皆誤錄。北圖殘卷本作「即勑左右被象金案（鞍），疾牽出來，太子左手持水藻道士手，右手牽象以授與之。八人得象，即呪願太子。呪願已畢，累騎白象，歡喜而去」，今本作「即勑左右被象金鞍，疾牽來出（出來）。太子左手持水澡道士手，右手牽象以授與之。八人得象，即呪願太子。呪願畢已，累騎白象，歡喜而去」。則缺文當補「金鞍疾牽」四字。累，《六度集經》卷 2 引作「升」，《法苑珠林》卷 80 引作「共」。「累」字是，言八人累疊共騎此白象而去也。《菩薩本緣經》卷 1 亦記此事，作「諸婆羅門既得象已，便共累騎，迴還而去」。《賢愚經》卷 13：「往至祇洹，搏蘇曼女，累騎而去。」「畢已」是六朝常用詞，已亦畢也，同義連文，原卷倒作「已畢」，亦然。《佛本行集經》卷 45：「作於如是呪願畢已，却坐一面。」亦其例。「灌」當作「藻」，形之譌也；「藻」即「澡」的增旁字。《經律異相》卷 31 亦作「澡」字。《六度集經》卷 2 記帝釋諸天釋化為梵志，求太子之妻，以試太子，與此文求白象相類，彼文言太子「以右手持水澡梵志手，左手提妻，適欲授之」，亦作「澡」字。

（6）太子□□：「卿還疾去！王若知者，便來追逐，劫奪於卿，不遂來□（願）。」□□便疾去（P501）

校注：缺文當是「願」或「意」之類，茲姑補作「願」。

按：原卷「還」作「速」，「便」上「即」字可辨，《校注》誤錄。北圖殘卷本作：「太子又囑道士言：『卿速疾去！王若知者，便能追逐劫奪於卿，不遂來意。』道士聞語，即便疾去。」今本作：「太子語道士言：『卿速疾去！王若知者，便能追逐奪卿。』時道士八人即便疾去。」缺文當是「意」字。

（7）國中諸臣聞太子布施白象與怨家，國皆□□□□□悲憂不樂（P501）

按：原卷「悲」作「[illegible]」，當是「愁」字，雖有殘缺，左上「禾」形尚清晰可辨。北圖殘卷本作：「國中諸臣聞太子布施白象與怨家，國皆大驚怖，

〔註 103〕陳洪《敦煌須大拏變文殘卷研究》已訂正，《蘇州大學學報》2004 年第 2 期，第 64 頁。

從痳（床）而墮，愁憂不樂」，今本略同，《法苑珠林》卷 80 引「怖」作「悑」。寫卷「國皆」下脫「大驚怖」三字。

（8）**諸臣聚會，共詣王所，即白王言：「太子以國口口口口寶象，用施怨家。」**（P501）

按：「國」後原卷有一殘缺字「[illegible]」，依稀可辨是「中」字。北圖殘卷本、今本并作「太子以國中却敵之寶象，布施怨家」，缺字可據補「中却敵之」四字。

（9）**臣復白王言：「今王所以得天口（下），口口口此象也。此象勝於六十象力，摧滅怨敵，欽伏四方，一切倚仗口口口口力，而今太子滅除却者，國境憑何存立？臣等了（料）量太子，口口肆意口積年口者庫藏敗散，並總空虛，白象亦以（與）怨家口口無疑口國中大禍，非是萬人主記。臣今思忖：『大王崩後，太子口口繼嗣社稷。臣恐舉國人民及其妻子皆以施以（與）人，我等終無生路。』」**（P501）

校注：「者」及上一字皆模糊不清，「者」上之字右半可辨出爲「守」。

按：原卷「摧」作「摧」，「敵」作「[illegible]」，「欽伏」旁注小字作「吟押」，「肆」作「[illegible]」，「口者」作「貯著」，「敗」作「[illegible]」，「無疑」上「死」字尚可辨。「[illegible]」爲「敿（敵）」字之誤。「貯」爲「貯」俗字。著亦貯也。「吟」爲「欽」音誤，「押」同「壓」，與「伏」同義。「[illegible]」當即「何」字〔註 104〕，《校注》大概誤認作「四」，又改作「肆」。「何意」下一字原卷殘存「[illegible]」形，當即「智」字之殘，下「智臣」之「智」作「[illegible]」，可以比勘。「[illegible]」非「敗」字，疑是「佊」字，通作「披」，披亦散也。「主記」猶言掌管，用爲名詞，指主人，敦煌文獻中也省寫作「主己」〔註 105〕。北圖殘卷本作：「今王所以得天下者，有此象也。此象勝於六十象力，摧滅怨敵，降伏四方，一切倚仗此象氣力，而今太子除滅却者，國境憑何存立，臣等了量太子，不知是何意智，

〔註 104〕敦研 235《小品般若波羅蜜經》卷 9：「[illegible]以故？」敦研 020《大般涅槃經》：「[illegible]以故？「[illegible]」、「[illegible]」即「何」，字形皆近。

〔註 105〕參見蔣禮鴻主編《敦煌文獻語言詞典》，杭州大學出版社 1994 年版，第 418 頁。

積年貯著庫藏布施，皆惣空虛，白象亦施與怨〔家〕，國破無疑，此是國中大禍，非是萬人主記。臣今思忖：『大王崩後，太子若作國主，臣恐舉國人民及其妻子皆施與人。』缺字可據補作。

（10）王聞是語，益大不樂，從床而墮，悶不識人（P501）

按：北圖殘卷本「不樂」下有「驚荒（慌）擗地」四字。今本作「王聞臣言，乃更大驚，從床而墮，悶不知人」。

（11）以水灑，良久乃蘇，二萬夫人，無不驚荒（慌）（P501）

按：北圖殘卷本「灑」下有「之」字，「驚荒」下有「皆大憂愁」四字。

（12）如今太子須加苦刑（P501）

按：北圖殘卷本作「如今太子須苦刑罰」。

（13）立有一臣〔言〕：「以腳入象廄中者當截其腳；手牽象者當截其手；眼視象者當挑其眼。」（P501）

校注：「言」字臆補。

按：原卷「立」作「中」，北圖殘卷本、今本并作「中有一臣言」。

（14）或言當斷其頭，或言身折百〔段〕（P501）

按：北圖殘卷本作「或言當斷其頭，或言身節百段」。

（15）王聞是語，□□□□□□□□□□□，不得蘇心。微聲共群□□□□□□□□□□□□□□得此 一子，自小好□（喜）……等慈悲看我……爭忍眼前見此□（等）事耳（P501）

按：原卷「王聞是語」下缺六字，此下有「哽噎無言」四字尚可辨出，但「哽噎」二字左旁「口」皆殘去；又原卷「共」作「[illegible]」，當即「告」字。《小爾雅》：「死而復生謂之蘇。」蘇心，即蘇醒。北圖殘卷本作「王聞是語，更益悲哀，悶絕倒地，小得蘇心，微聲告諸臣言：『我于先時，求天願地，得此一子，兒大，好道，憙布施，人臣等皆言苦刑我子，我不忍見，臣等慈悲，看我面孔，我先斷我命，後形（刑）我子，交（教）我全在，爭忍眼前而見此事者。』」缺字可據補作。此卷「不得蘇心」當作「小得蘇心」，言略微蘇醒也。今本作「王聞此語，甚大愁憂，語諸臣言：『兒大，好道，憙布施人，奈何禁止拘閉之也？』」

（16）汝等出言，快不當理（P501）

按：快，北圖殘卷本同，疑當作「決」。

（17）口口無太子，苦自求天地，得此一嬌兒，不忍眼前死，口諸臣等起慈悲，我之言教莫相違。乃可先殄斷我命，然後方始殺我兒（P501）

按：北圖殘卷本作：「吟云：爲宮無太子，苦自求天地，得此一嬌兒，不忍眼前死，願諸臣等起慈悲，我之顏面莫相違。乃可先頭斷我命，然後方始煞我兒。」此卷「言教」當作「顏面」，「殄」當作「頭」。「顏面」即上文「面孔」之誼。「先頭」與「然後」對舉成文。

（18）中裏有一智臣，嫌諸臣語（P501）

按：北圖殘卷本「語」作「議」。

（19）此是國之太子，王唯有是一子，愛之甚重。豈生如是噁心，苦刑害哉（P501～502）

按：北圖殘卷本作：「王唯有是一子，甚愛重之。豈生如是噁心，苦刑害耳。此是國之太子耳，不合受斯治。」原卷「哉」作「[illegible]」，當即「矣」字。

（20）遂即進步向口（前），口口言：「臣亦不敢使王太子禁止拘閉也，但乃逐出宮城，置野山中十二年，起坐伏身，經遭苦事，合生慚愧矣。」（P502）

校注：「前」字臆補。

按：句中第二個「口」，原卷爲「白」字，尚可辨出；「起」字作「[illegible]」，當即「矣」字，屬上爲句；「身」字下有一字殘缺，《校注》失脫文符號。北圖殘卷本作：「遂即進步向前，啓白王言：「臣亦不敢使王太子禁止拘閉，苦痛刑口，但逐出國，置野田山中十二年許，不見人煙，坐伏身心，當使慚愧，他自衣食不好，經遭苦事，合愍幸愛惜倉庫耳」，今本作：「大臣白王言：『臣亦不敢使大王禁止拘閉太子也，但逐令出國，置野田山中十二年許，當使慚愧。』」則前三字脫文當補「前白王」，「身」下是

「心」字，「野」下脫「田」字，「矣」爲「許」字之誤書。

（21）即遣使者召換（喚）太子（P502）

校注：換，讀作「喚」。

按：北圖殘卷本正作「喚」字，「太子」下有「就前」二字。

（22）問言：「是汝何故持我象施以（與）怨家而不通我？」（P502）

校注：通，通報，告白。

按：原卷「象」上有一字殘缺，當即「白」字；「通」作「道」，句末有「也」字。北圖殘卷本「白」字不殘，「以」作「與」，餘同原卷。今本作：「王問太子：『汝今何故，持我白象以與怨家，而不白我？』」

（23）白言：「前我以（與）王自有要誓，諸施不違人意，是以不通也。」（P502）

按：原卷「白言」前有「太子」二字，「通」作「道」。北圖殘卷本「白言」前亦有「太子」二字，「通」作「白」，上「以」作「與」，「諸施」作「諸所布施」，「違」作「逆」。今本「要誓」作「要令」，餘同北圖殘卷本。

（24）王語：「前誓要者，自謂珍寶囗囗囗。」（P502）

按：北圖殘卷本作：「王言：『前所要者，自謂珍寶許汝布施，白象何與？』」今本作：「王言：『前所要者，自謂珍寶，白象何預？』」

（25）囗囗囗言：「此皆是王之所有物，何得獨囗（施）？」（P502）

校注：缺字當爲「施」、「舍」之類，茲據前文「諸施不違人意」補作「施」。又此二句亦爲王之所言。

按：《校注》非也，此二句是太子答語。原卷「獨」字下有「[illegible]」字，當即是「惜」。北圖殘卷本作：「太子報：『此皆是王之所有物，何得獨惜？』」今本作：「太子報言：『此皆是王之所有物，何得獨不在中耶？』」則此卷缺字當分別補「太子報」、「惜」四字。

（26）王語太子：「囗囗囗囗囗囗着檀特山中十二年囗。」（P502）

校注：「年」下之字原卷模糊，茲作缺字待考。

按：原卷「着」作「著」，「年」下是「矣」之殘字。北圖殘卷本作：「王語太子：『莫住我國，徙汝著檀特山中十二年矣。』」今本「莫住我國」作「速出國去」，餘同。《法苑珠林》卷 80 引「徙」誤作「徒」。

（27）太子白王言：「於（依）王教命，我到口口口口口口微心，乃出國去。」（P502）

校注：於，讀作依。「到」字據上半殘畫錄出。

按：原卷「我到」二字不可辨識，當即「願復」二字，原卷尚存「願」字左下部件「[illegible]」，決非「我」字，則可確定也。此卷下文「願」字作「[illegible]」形，可以比勘。北圖殘卷本作：「不敢違戾大王教命，願更布施七日，[illegible]我微心，乃出國去。』」今本「命」作「令」，「更」作「復」，「[illegible]」作「展」。「[illegible]」當即「展」字變體。

（28）王言：「汝為平生布施大劇，空我國口（藏），口口口口口口以口家，速便出去，不聽口住也。」（P502）

校注：原卷「平」似「正」而「生」似「坐」。

按：原卷「平生」作「正坐」，「以口家」作「以怨家」。「以怨家」即「與怨家」。北圖殘卷本作：「汝爲正坐布施大劇，空我國藏，兼我寶象輸與怨家，速便出去，不聽汝住七日布施也。」今本作：「正坐汝布施太劇，空我國藏，失我却敵之寶，故逐汝耳。不得復住布施七日，速疾出去〔註 106〕，不聽汝也。」宋、元、明本及《法苑珠林》卷 80 引「正坐汝」並作「汝正坐」。「正坐汝」猶言正因爲你。二寫卷作「汝爲正坐」，衍「爲」字。

（29）太子白言：「不敢違口口（天命），口口口口，不復煩國家財寶，今我自有私財，願得布施盡口口（七日），口口口口。」（P502）

校注：「天命」、「七日」據《經律異相》「不敢違天命」、「願以私財更七日布施，不敢侵國」句補。

按：原卷「不復」前有「亦」字。北圖殘卷本作：「不敢煩重國家財寶，亦不違戾太（大）王教命，今我自有私財，願得布施，盡則乃去。」今本

〔註 106〕速，宋、元、明本及《法苑珠林》卷 80 引並作「促」。

作：「不敢違戾大王教令。今我自有私財，願得布施，盡之乃去。不敢復煩國家財寶。』」「不敢違」下「命」字尚可辨識，缺文當是「戾教命」三字；「願得布施盡」下當是「之（或「則」）乃去」三字。二處《校注》皆補作六字缺文，查圖版，都沒有六個字的位置。

（30）王沈口（吟）不肯（P502）

校注：「沈」下之字原卷模糊，當是「吟」字。

按：「沈」下原卷、北圖殘卷作「音」，清晰可辨，借為「吟」。

（31）二萬夫人垂淚詣王，請留太子，王即聽口（許）（P502）

校注：「許」字據《經律異相》作「使者以聞，王即聽許」補。

按：「聽」下當補「之」字。北圖殘卷本作：「二萬夫人垂淚詣王，請留太子，諸夫人曰：『長時不放住宮，直交暫住七日，盡情布施，乃令出國耳！』王即聽之。」今本作「二萬夫人共詣王所，請留太子，布施七日，乃令出國，王即聽之」。

（32）口口口口口（太子欣然，遣）左右運出私財，普告四遠，聞者悉到太子宮門。口口口口口口飲食，施以財寶，姿（恣）意而去。七日財盡，貧者口口（皆富）。口口口口（妻名曼坻）（P502）

校注：「太子欣然」據《經律異相》作「太子欣然，大施窮乏」補。「遣」字臆補。姿，讀作恣，《經律異相》作「恣意所欲」可證。「皆富」據《經律異相》「七日既竟，貧者皆富」句補。《經律異相》「貧者皆富」下接「妻名曼坻……」，茲據其首句補。

按：北圖殘卷本作：「太子即使左右普告四遠，欲要財物者，悉詣宮門，隨意布施，四方人聞口口口門，太子為設飲食，施以珍寶，恣意而去。七日財盡，貧者口口，萬人歡喜。」今本作「太子便使左右普告四遠，其有欲得財物者，悉詣宮門，隨所欲得。人有財物，不可常保，會當壞散。四方人民皆來詣門，太子為設飯食，施與珍寶，恣意而去。七日財盡，貧者得富，萬民歡樂」。則上脫文當補「太子便（或「即」）使」四字，而非五字。「飲食」上脫「太子為設」四字，而非六字。「施以」讀為「施與」。「貧者」下補「得富，萬民歡樂（或「萬人歡喜」）」六字。《校注》補「妻名曼坻」，屬下為句，非也。

（33）口（太）子即入私宮，告其妻言：「汝好住宮，孝侍口口。口口（大王）口口逐我着檀特山中十二年許。」（P502）

按：原卷「太」字可辨，不是缺文。北圖殘卷本作「太子即……口心住宮，孝侍父母，善育男女，王今逐我著檀特山中十二年」。今本作：「太子語其妻：『疾起，聽我言。大王今逐我著檀特山中十二年。』」原卷「逐我」上缺文當是「大王今」三字，

（34）妃聞是語，口口口口，口曰：「父王只唯有是一子，甚極憐愛，今作何過，口口口口（見逐深山）乎？」（P502）

校注：「見逐深山」四字斟酌《經律異相》「何罪見逐，損國尊榮，方處深山乎」之意而補。

按：原卷「過」字模糊難識。下文云「我自作過」，則補「過」字是也。北圖殘卷本作：「妃聞是語，愕然驚起，報太子曰：『父王只唯有是一子，甚憐愛之，今作何過，卒起是心，遠逐離乎？』」今本作：「妃聞太子言，愕然驚起，白太子：『有何過咎，而王乃當至是乎？』」原卷「是語」下當補作「愕然驚起，白（或「報」）」五字，「乎」上當補「卒起是心，遠逐離」七字。

（35）太子曰：「為我布施大劇，空虛國藏，口口口（下缺）」（P502）

按：「空虛國藏」下，原卷有殘文，《校注》未錄，茲補錄如下：「……家，王及傍臣悉逐我耳……使大王及諸傍〔臣〕……求道耳。太子〔言〕……虎狼猛獸，遍満……人情是汝生……長口口太子，太子尚……衣」。北圖殘卷本作：「太子告妻言：『而（爲）我布施大劇，空虛國藏，兼健寶象用施怨家。王及傍臣悉逐我耳。』曼坻言：『使國豐饒，願令大王及諸傍臣吏民大小富樂無極，但當努力共向山中求志道耳。』太子言：『人在山中恐怖之處，致難爲心。虎狼猛狩（獸），遍滿林泉；虵蜴蚊虻，[illegible][illegible]山谷〔註 107〕；噉食人肉，恐動人情，但住宮中，不可去也。』曼坻言：『太子猶尚不怕，我獨何苦？』」今本作：「太子報言：『用我布施太劇，空虛國藏，以健白象施與怨家，王及傍臣用是之故，恚共逐我耳。』曼坻言：『使國豐溢，願令大王及諸傍臣吏

〔註 107〕「[illegible][illegible]」即「壞壞」，紛亂貌；也作「擟擟」、「穰穰」、「躟躟」等形，例略。

民大小富樂無極，但當努力共於山中勤求道耳。』太子言：『人在山中恐怖之處，致難爲心。虎狼猛獸，大可畏也。』」《六度集經》卷 2 引太子語作「以吾布施，虛耗國內，名象戰寶，以施怨家，王逮群臣恚逐我耳」。《經律異相》卷 31：「吾用國名象以施怨家，王逮群臣恚逐我耳。」今本「恚」字當依二寫卷訂作「悉」，形近而譌也。敦研 312《金光明經》卷 1：「是經威德，能恚消除。」S.0778《王梵志詩集並序》：「恚皆咸臻知罪福，懃耕懇苦足糇糧。」「恚」、「恚」亦皆「悉」字之譌，是其比也。

（36）（上缺）口口（太子）言：「汝口口（本嬌）榮，何能忍是？口口口口口口口口口口口口口口（飲食）甘美，姿（恣）口所欲，悉到眼前。口口口口（今處山澤），口口口口（臥即草蓐），食即口口（果菜），飲即鹹水，唇口悉破，令人毛竪。我身苦者，我自作過，自取受之。汝奈何樂受斯苦也？」（P502）

校注：缺文據《經律異相》擬補。

按：原卷「口口榮」作「串嬌樂」，「臥即草蓐」四字尚可辨識，「竪」作「豎」，「取」作「敢」，《校注》皆誤錄、失錄。「敢」爲「取」形誤。北圖殘卷本作：「太子言：『不得！汝串嬌樂，何能忍是？汝在宮中，衣則細車（軟）〔註 108〕，止則幃帳，飲食甘美，恣口所欲，要者無求，念隨現前。今在山中，臥即草褥〔註 109〕，食即菓蓏，飲即苦水，唇口悉破，令人毛豎。我身受苦自取，汝奈何樂也。」今本「串嬌樂」作「慣憍樂」，宋、元、明本「慣」作「快」，非也。《法苑珠林》卷 80 引「慣」作「常」。「串」、「慣」古同音，是古今字〔註 110〕，並讀爲摜、遦，亦借「貫」字爲之。《爾雅》：「串、貫，習也。」《說文》：「摜，習也。《春秋傳》曰：『摜瀆鬼神。』」又「遦，習也。」黃生曰：「串，即古貫字，《爾雅》與貫同訓習，此借義。謝惠連《詩》：『聊用布親串。』言其所親識熟狎之人也……《說文》又作摜、遦二字。」

〔註 108〕寫卷「軟」殘去右旁「欠」。

〔註 109〕陳洪《敦煌須大拏變文殘卷研究》「草」誤錄作「單」，《蘇州大學學報》2004 年第 2 期，第 64 頁。

〔註 110〕參見曾良《敦煌佛經字詞與校勘研究》，廈門大學出版社 2010 年版，第 64 頁。

〔註 111〕段玉裁曰：「遺，此與《手部》摜音義同。亦假貫，或假串。《左傳》曰：『貫瀆鬼神。』《釋詁》：『貫，習也。』毛詩曰：『串夷載路。』」又「摜，此與辵部遺音義皆同。古多叚貫爲之。《昭二十六年左傳》文，今本作貫。杜曰：『貫，習也。』」〔註 112〕朱珔曰：「遺、摜、貫音義皆同，可爲通借，俗作慣。」〔註 113〕《南史·宗慤傳》：「謂客曰：『宗軍人，串噉麤食。』」《宋書》「串」作「慣」，《古今事文類聚》前集卷 24 引作「貫」。李慈銘曰：「此『串』字最古。『串』即『毌』之隸變……是古『串』、『貫』、『摜』通用。今俗訓習者作慣，非。」〔註 114〕「慣」爲俗字，李氏謂非，則拘矣。S.388《正名要錄》：「右字形雖別，音義是同，古而典者居上，今而要者居下：串、慣。」黃征曰：「按：『慣』當作『貫』，穿也。」〔註 115〕黃說非也。「嬌樂」同「憍樂」、「驕樂」，爲藏經常用詞。溽，讀爲蓐。

（37）苦與同受，生死共隨，不可以（與）君相離也（P502）

按：原卷「與」作「樂」，「君」下有「而」字。北圖殘卷本作「苦樂同受，生死相隨，不得共離而住宮也」。

（38）又是山中，寒則大寒，熱則大熱；暴風卒雨，晝夜無停；霧露霜雪，昏黑常起；雷鳴閃電，驚怖人心；走石飛沙，打人眼口。加地有疾梨（蒺藜）瓦礫，毒草惡蟲，樹木之間，不可依止（P502）

校注：電，原卷作「雹」，當是形誤字。《經律異相》作「惟彼山澤恐怖之處，虎狼害獸，難爲止矣。又有毒蟲、魍魎斃鬼、雷電霹靂、風雨雲霧，甚可怖畏」。茲據「雷電」句校改。

按：北圖殘卷本「閃雹」作「[illegible]電」，「打」作「觸」，「依止」下有「汝爭能忍〔是〕〔註 116〕，不聽我言」八字，餘同此卷。「[illegible]」即「蟾」，讀爲

〔註 111〕黃生《字詁》，黃生、黃承吉《字詁義府合按》，中華書局 1954 年版，第 18～19 頁。

〔註 112〕段玉裁《説文解字注》，上海古籍出版社 1981 年版，第 71、601 頁。

〔註 113〕朱珔《説文假借義證》，黃山書社 1997 年版，第 104 頁。

〔註 114〕李慈銘《越縵堂讀書簡端記·南史》（由雲龍輯），中華書局 2006 年版，第 257～258 頁。由輯「毋」誤作「毋」，徑正。上海書店 2000 年版亦誤作「毋」，第 306 頁。

〔註 115〕黃征《敦煌俗字典》，上海教育出版社 2005 年版，第 139 頁。

〔註 116〕「是」字據今本補。

睒，即「閃電」之「閃」的本字〔註 117〕。原卷、北圖殘卷「黑」字皆作「𠬝」，當即「旦」字〔註 118〕。今本作「……又多風雨雷電霧露，使人毛竪。寒則大寒，熱則大熱。樹木之間，不可依止。加地有蒺藜礫石毒蟲，汝何能忍是？」《六度集經》卷 2 引作「惟彼山澤恐怖之處，虎狼害獸，難爲止矣。又有毒蟲、魍魎鬁鬼、雷電霹靂、風雨雲霧，其甚可畏。寒暑過度，樹木難依，蒺藜礫石，非卿所堪」。

（39）曼坻言：「交（教）太子共我，生小以來，骨屬一般，雍寵無二？交（教）太子噉果服革，遣我受用細軟帷帳、甘美飲食？豈有是口（事）？我終不能以（與）太子相離，會當以（與）太子相隨也。」（P502）

校注：「革」字原卷略似「草」字，但據《經律異相》所寫太子著鹿皮衣，則應是「革」字，「服革」即穿皮衣。「事」字臆補。

按：原卷「寵」作「寵」，「果」作「菓」，「豈有是」下之字殘存二筆作「丷」形，雖不可識，然決非「事」字。原卷就是「草」字，《校注》所改大誤。北圖殘卷本作「交（教）太子食菓服草，遣我受用細軟帷帳、美甘飲食，豈有是▭相隨同證道果耳」，今本作「曼坻言：『我當用是細軟幃帳甘美飲食爲，而與太子別乎？我終不能相遠離也。會當與太子相隨去耳。』」《大方便佛報恩經》卷 3：「服草食果。」即「噉果服草」也，可知「草」字不誤。服，服食，服草猶言食草。《大寶積經》卷 106：「於百千劫中噉果食草。」《經律異相》卷 10：「食草噉菓，不生恐懼。」「服」字亦可解爲被服，服草猶言被服草衣也。《菩薩本緣經》卷 3：「終身長髮、草衣、食果。」《佛所行讚》卷 2：「諸長宿梵志，蓬髮服草衣。」《法句經》卷 1：「雖倮剪髮，長服草衣。」《大方廣佛華嚴經》卷 6：「被服草衣奉事火，爲化是等作導師。」《續高僧傳》卷 25：

〔註 117〕「閃電」亦作「覢電」，《玄應音義》卷 6：「掣電：昌制反。陰陽激耀也。關中名覢電，今吳人名䃴磹。」

〔註 118〕P.2299《太子成道經》：「明𠬝，召諸大臣，説此夢瑞。」S.238《金眞玉光八景飛經》：「清旦，叩齒九通。」S.2440《溫室經講唱押座文》：「明旦勑家俱詣佛。」「𠬝」、「旦」、「旦」皆即「旦」字無疑，足可比勘。S.462《金光明經果報記》：「汝但能爲所煞眾生發心願造《金光明經》四卷，得免脱。」S.0548V《太子成道經》：「非但一生如是。」「但」、「但」皆即「但」字無疑，亦足比勘。

「夜至二更，有人身服草衣，自外而至。」瘫竉，讀爲榮寵。

（40）王者以幡為幟，火者以煙為幟，婦人者以夫為幟。我□□從，依怙太子耳。太子者，我之所天。太子在國，布施□□（四遠），□□□□（我輒同願）；□□□□（今當歷險）者，我當供□□（太）子耳（P502）

校注：原卷「從」側似補「身敬」二字，因字小而模糊，故暫作缺文。《經律異相》作「吾恃太子，猶恃二親。太子在國布施四遠，吾輒同願」，故據補「四遠」、「我輒同願」。「今當歷險」據《經律異相》補。

按：原卷作「我但依怙太子耳」，《校注》誤錄「但」作「從」，且其側亦未旁補「身敬」二字。「但」字原卷作「從」形。此卷上文：「從乃逐出宮城。」S.2614《大目乾連冥間救母變文》：「但且歌，但且樂，人命由由如轉燭。」「從」、「但」即「但」，皆與「從」形近，可以比勘。今本作：「王者以幡爲幟，火者以烟爲幟，婦人者以夫爲幟，我但〔依〕怙太子耳。太子者，我之所天。太子在國時，布施四遠人，我常與太子共之。今太子遠去，若有人來乞者，我當應之云何？我聞人來求太子時，我當感死何疑？」宋、元、明本「怙」上有「依」字，《法苑珠林》卷 80 引亦有「依」字，皆與原卷合。北圖殘卷本殘存「依怙太子耳」五字。《六度集經》卷 2 引《須大拏經》作「吾恃太子，猶孩恃親。太子在國，布施四遠，吾輒同願。今當歷嶮，而猶留守榮，豈仁道哉？儻有來乞不覩所天，心之感絕，必死無疑」。寫本「供」當據今本讀爲「共」。

（41）□□□（太子言）：「□□□□□□□□□□□□我，乞兒索汝，我□□□□□□□□□□□□□□□□□心，則於汝□□□□□□□□□□□□□□□□□□□□。」曼坻（下缺）（P502）

按：原卷「太」字尚可辨出。今本作「太子言：『我好布施，不逆人意，有人從我乞兒索女者，我則不能不與之。汝若不順我言，即亂我善心，可不須去。』曼坻言：『聽隨太子在所布施莫懈，世間布施未有如太子者也。』太子言：『汝能爾者，甚大善。』」宋、元、明本作「索汝」，與原卷合。然當以今本作「女」爲是。《法苑珠林》卷 80 引作「乃至有人索我及兒女者」，雖有誤倒，然亦作「女」字。前二段缺文可據今本補足。「乞兒索女」蓋當時俗語，言求布施財物也。「曼坻」下所缺文字，也可據今本《須大拏經》考見，茲不備錄。

（此篇與陳敏合作）

《八相變（一）》校補

（1）三大僧祇願力堅，六波羅蜜行周旋（P507）

按：旋，P.2187《破魔變》作「圓」，義長。

（2）我佛觀見閻浮提眾生，業鄣深重，苦海難離，欲擬下界勞籠，拔超生死（P507）

校注：籠，甲、乙卷作「寵」（甲卷上從穴旁）。袁賓校：「『勞籠』借作『撈漉』。『撈漉』從『打撈』義引申出『救拔』義……『攡』字有『盧貢切』的讀法，疑『勞籠』與『撈攡』在口語中實爲同一個詞兒。」

按：袁說非也。都興宙解「勞（牢）籠」爲「提拔、提攜、關照、振助」〔註119〕，亦非是。勞籠，字或作撈籠，並讀爲牢籠。《建中靖國續燈錄》卷19：「言滿法界，撈籠群生。」又卷21：「祖佛撈籠不得底人，和尚如何收拾？」音轉又作「羅籠」。下面列舉三組唐宋文獻的異文材料。（a）《十牛圖頌》卷1：「呼喚不回，撈籠不住。」《圓悟佛果禪師語錄》卷2作「籠羅」，又卷4作「羅籠」。（b）《五燈會元》卷18：「撈籠不肯住，呼喚不回頭。」《宏智禪師廣錄》卷3：「撈籠不住，呼喚不回。」又卷4：「撈籠不肯住，叫喚不回頭。」《宏智禪師廣錄》卷5作「勞籠」，《五燈會元》卷7、《明州天童景德禪寺宏智覺禪師語錄》卷2、《聯燈會要》卷16、23、《正法眼藏》卷3、《萬松老人評唱天童覺和尚拈古請益錄》卷1作「牢籠」，《續古尊宿語要》卷4、《佛果擊節錄》卷1、《密菴和尚語錄》卷1、《佛果圜悟禪師碧巖錄》卷7作「羅籠」。（c）《古尊宿語錄》卷42：「撈籠萬有，提拔四生。」《僧寶正續傳》卷6、《大慧普覺禪師語錄》卷4並作「羅籠三界，提拔四生」。《大唐大慈恩寺三藏法師傳》卷9：「諒以鎔範四天，牢籠三界者矣。」「牢籠」之義，古人也

〔註119〕都興宙《敦煌變文語詞雜釋》，《青海師範大學學報》1990年第1期，第83頁。

有解釋。《慧琳音義》卷 30：「牢籠：《方言》：『牢，圈也。』《說文》：『閑（閑）也。養畜生之圈也。』《考聲》云：『籠，竹器也。』」〔註 120〕宋・智圓《金剛錍顯性錄》卷 4：「撈籠者，撈，取也，非今所用，應作牢。《韻集》云：『養牛馬欄也。』喻意可知……是故藏等四名，能牢籠於八教也。」《金剛錍》卷 1：「此之四釋，關涉五時，牢籠八教。」一本作「撈籠八教」。寫卷「勞籠」下當脫「群生」或「眾生」二字。

（3）大王見說上事，即便歸宮，處分彩女頻（嬪）妃，伴換太子，恒在左右，不離終朝（P510）

校注：蔣禮鴻云：「伴換，猶如說陪伴、追隨。」S.5949《下女夫詞》：「何方所管？何人伴換？」「換」字 S.3877 寫作「渙」。

按：蔣禮鴻又曰：「現在吳語中還有以親友聚會流連爲『盤桓』的，應是與『伴換』出於一源。」〔註 121〕《敦煌文獻語言詞典》：「《玉篇》：『伴，侶也。《詩》云：「無然伴換。」伴換，猶跋扈也。』此當是別一義。今吳語中以親友聚會流連爲『盤桓』，應與『伴換』出於一源。」〔註 122〕謂「伴換」、「盤桓」語出一源，至確；而謂《詩》「伴換」是別一義，則未得也。「伴換」又作「伴奐」、「泮奐」、「判渙」、「泮渙」、「畔換」、「畔奐」、「叛換」、「叛渙」等形，皆與「盤桓」同源，亦即「盤旋」之音轉〔註 123〕。取周旋之義，故爲陪伴、追隨；取縱弛回旋之義，故爲跋扈。向不同方向引申，故義有徑庭，非別一義也。《文心雕龍・書記》：「志氣槃桓，各含殊采。」「槃桓」即傲慢自大貌也。

（4）大王見太子愁憂不樂，更添百般細樂，萬種音聲，令遣宮內，為歡太子，太子都不入耳（P510）

按：細樂，指管弦之樂。郭在貽等曰：「『細樂』當作『戲樂』。」〔註 124〕非也。

〔註 120〕《慧琳音義》卷 83 引《說文》作「閑養牛馬圈也」，與今本同，是也。

〔註 121〕蔣禮鴻《敦煌變文字義通釋》，收入《蔣禮鴻集》卷 1，浙江教育出版社 2001 年版，第 179 頁。

〔註 122〕蔣禮鴻主編《敦煌文獻語言詞典》，杭州大學出版社 1994 年版，第 10 頁。

〔註 123〕參見蕭旭《〈說文〉「𪏭姍」疏證》。

〔註 124〕郭在貽等《敦煌變文集校議》，收入《郭在貽文集》卷 2，中華書局 2002 年版，第 237 頁。

（5）策杖低要（腰）是何人，面無光色鬢如銀（P510）

按：策，扶也〔註 125〕。

（6）推築再三，方始迴答（P510）

校注：江藍生曰：「推築，義爲手推碰提醒也。」

按：方以智曰：「推築，旁推覺之也。」〔註 126〕築字亦作箏，《集韻》：「箏，以手築物。」

（7）老翁蒙問，擢笑呵呵（P510）

校注：擢，當音霍，同「忽然」、「闔然」之「忽」、「闔」等。

按：擢，象聲詞，讀爲靃（霍），《說文》：「靃，飛聲也，雨而隻飛者，其聲靃然。」《玉篇》：「靃，亦作霍。」本指鳥飛急疾之聲，此文形容笑聲，今俗字作嚯。

（8）親自勸免（勉）（P512）

校注：乙卷作「勸面」。

按：面，讀爲偭，《說文》：「偭，勉也。」字亦作勔、僶、黽，《爾雅》：「勔，勉也。」《釋文》：「勔，字本作僶，又作黽。」《書·召誥》：「面稽天若。」又《立政》：「謀面用丕訓德。」王引之曰：「面當讀爲勔。」〔註 127〕

（9）悟身之而非久，了幻體之無常（P512）

按：「而」疑「命」形誤，上句當作「悟身命之非久」，乃與下句對舉。

（10）感文殊而垂手，接臂虛空，承我佛于河灘，達于彼岸（P513）

按：承，讀爲抍、撜，《說文》：「抍，上舉也。撜，抍或從登。」《方言》卷 13：「出休（溺）爲抍。」俗字作拯、拯，《五經文字》卷上：「拯，作拯訛。」可知「拯」爲俗字，故云訛也。《正字通》：「拯，俗拯字，從抍、拯爲正。」

〔註 125〕參見蕭旭《敦煌寫本〈黃仕強傳〉札記》，收入《群書校補》，廣陵書社 2011 年版，第 1287～1288 頁。

〔註 126〕方以智《通雅》卷 5，收入《方以智全書》第 1 冊，上海古籍出版社 1988 年版，第 237 頁。

〔註 127〕王引之《經義述聞》卷 4，江蘇古籍出版社 1985 年版，第 97 頁。

《八相變（二)》校補

（1）大王更若不信，但不始（試）看（P524）

校注：黃校：「始，疑爲『試』之音近借字。看，動詞詞尾。」入矢校：「作『但不試看』者，似文理欠通。」

按：「但不」疑當作「何不」或「但可」，「始」疑當作「自」，「看」指觀察、判斷。

《破魔變》校補

《敦煌變文集》卷 4 收《破魔變文》一篇，係由王重民據 P.2187（甲卷）、S.3491V（乙卷）校錄〔註 128〕，其後徐震堮《〈敦煌變文集〉校記補正》、《〈敦煌變文集〉校記再補》〔註 129〕，蔣禮鴻《敦煌變文字義通釋》〔註 130〕，潘重規《敦煌變文集新書》〔註 131〕，項楚《〈破魔變〉補校》、《敦煌變文選注》〔註 132〕，郭在貽、張涌泉、黃征《敦煌變文集校議》〔註 133〕，黃征、張涌泉《敦煌變文校注》〔註 134〕，黃征《〈破魔變〉殘卷考證》，各有校訂，貢獻良多。然仍未盡善，猶待補正。

〔註 128〕王重民等《敦煌變文集》，人民文學出版社 1957 年版。黃征《〈破魔變〉殘卷考證》指出俄藏Дx409、Дx410、Дx5802、Дx5853、Дx6043、Дx10737、Дx11139 是《破魔變》的殘片，參見《漢語史學報專輯》總第 3 輯，上海教育出版社 2003 年版。張新朋《〈孟姜女變文〉〈破魔變〉殘片考辨二題》指出俄藏Дx5802、Дx5853、Дx6043、Дx10737、Дx11139 是《破魔變》的殘片，參見《文獻》2010 年第 4 期。張文晚於黃文七、八年，所論反不及黃文周全。

〔註 129〕徐震堮《〈敦煌變文集〉校記補正》、《〈敦煌變文集〉校記再補》，《華東師大學報》1958 年第 1、2 期；收入鄭阿財、顏廷亮、伏俊連主編《中國敦煌學百年文庫・文學卷（二)》，甘肅文化出版社 1999 年版。

〔註 130〕蔣禮鴻《敦煌變文字義通釋》，收入《蔣禮鴻集》卷 1，浙江教育出版社 2001 年版。

〔註 131〕潘重規《敦煌變文集新書》，文津出版社有限公司 1994 年初版。

〔註 132〕項楚《〈破魔變〉補校》，《敦煌學輯刊》1986 年第 2 期；又收入《敦煌文學叢考》，上海古籍出版社 1991 年版。項楚《敦煌變文選注》，中華書局 2006 年版。

〔註 133〕郭在貽等《敦煌變文集校議》，嶽麓書社 1990 年版；又收入《郭在貽文集》卷 2，中華書局 2002 年版。

〔註 134〕黃征、張涌泉《敦煌變文校注》，中華書局 1997 年版。

（1）只昨日顋邊紅豔豔，如今頭上白絲絲（P531）

按：唐・王周《贈怤師》：「晨鑪煙裛裛，病髮霜絲絲。」宋・許景衡《寄行之》：「懸知父黨無能解，頭白絲絲面有稜。」「絲絲」並同義。絲，讀爲晳，字從白。《說文》：「晳，人色白也。」《廣雅》：「晳，白也。」俗省作從日之晳，非也。字或作斯，音轉又作鮮〔註 135〕。《詩・瓠葉》：「有兔斯首。」鄭箋：「斯，白也，今俗語斯白之字作鮮，齊、魯之間聲近斯。」王念孫曰：「斯與晳聲近而義同。」〔註 136〕《莊子・天運》：「鮮規之獸。」《釋文》：「李云：『鮮規，明貌。』一云小蟲也，一云小獸也。」鮮爲白義，規爲小頭貌。鮮規就是小白頭。朱謀㙔曰：「鮮規，局趣也。」〔註 137〕非也。音又轉爲思字，《左傳・宣公二年》：「于思于思，棄甲復來。」《釋文》引賈逵曰：「于思，白頭貌。」《詩・瓠葉》孔疏：「服虔以于思爲白頭貌，字雖異，蓋亦以思聲近鮮，故爲白頭也。」俗又借簁字爲之，清・杜濬《揚州雪》：「雪下白簁簁，人釜不可炊。」俗又有「黑絲絲」語，此則借絲爲玆（從二玄），字亦作滋，黳。《說文》：「玆，黑也，從二玄。《春秋傳》曰：『何故使吾水玆。』」今《左傳・哀公八年》作「滋」，《釋文》：「滋音玄，本又作玆，子絲反，《字林》云：『黑也。』」《玉篇》：「玆，子貍切，濁也，黑也，或作黳、滋。」P.2011 王仁昫《刊謬補缺切韻》：「黳，染黑。」《廣韻》：「黳，子之切，染黑。」《集韻》：「黳，深黑色。」唐・陸龜蒙《奉和襲美古杉》：「戰鋒新缺齾，燒岸黑黳黧。」玆本音胡涓切，與「茲」字相亂既久，音亦隨變，故《集韻》玆即變音作津之切，「黳」從玆，音子貍切、子之切，正以此故也。鳥黑爲鶿，魚黑爲鰦，其義一也。日沒山後爲嵫，亦取黑爲義。各易義符以製專字，其源則同。吳方言、江淮方言有「時梅天」一語，又云「夏至交時，小滿交梅」〔註 138〕。俗以芒種後爲入梅，十五日爲入時，迎梅送梅多雨，

〔註 135〕《書・禹貢》：「析支、渠搜。」《大戴禮記・五帝德》作「鮮支」。

〔註 136〕王念孫《廣雅疏證》，收入徐復主編《廣雅詁林》，江蘇古籍出版社 1992 年版，第 686～687 頁。

〔註 137〕朱謀㙔《駢雅》卷 2，收入《叢書集成新編》第 38 冊，新文豐出版公司 1985 年版，第 338 頁。

〔註 138〕許寶華、宮田一郎《漢語方言大詞典》記載了江淮方言，中華書局 1999 年版，第 2645、2648 頁。吳方言則我親知者。

稱爲黃梅雨、時雨；頭時七日，中時五日，末時三日。正字當作「黴黴」，「時梅」爲借音字。《說文》：「黴，〔物〕中久雨青黑。」〔註 139〕俗作霉字。以其多雨，衣物霑雨氣，多腐爛變黑，故稱爲「黴黴天」。《松江府志》卷 5 指出：「雨氣霑衣物多腐壞，故字亦從黴；夏至後半月爲時雨，時亦從黴，蒙此義也。」〔註 140〕其音既近，俗則皆借「絲」字爲之，其色有黑、白之別，此不可不辨也。明刊本《西洋記》第 23 回：「身子兒卻是你也懶絲絲，我也懶絲絲。」此「絲絲」又「施施」之借，緩行貌，故以形容懶。

（2）君不見生來死去，似蟻循還（環），為衣為食，如蠶作繭（P531）

校注：原校：「還，向疑即『垤』字的異音字。」徐校：「『脩還』乃『循環』之誤。此句言人生之生死，如蟻之旋磨。向說不可通。」按：《隋書・天文上》：「《周髀家》云：『……譬之於蟻行磨石之上，磨左旋而蟻右去，磨疾而蟻遲，故不得不隨磨以左迴焉。』」

按：徐說甚確。《聯燈會要》卷 18：「如蟻循環，如蠶作璽。」正與此卷相同。《大方廣菩薩藏文殊師利根本儀軌經》卷 9：「如輪給（汲）水，如蟻循環，而無窮盡。」〔註 141〕《廬山蓮宗寶鑑》卷 4：「往來六道，如蟻旋磨，無由出離。」

（3）直饒玉提（緹）金繡之徒，未免於一械灰燼（P531）

校注：玉提，應讀作「玉緹」。「緹」、「繡」皆指的衣服。

項校：「提」當作「題」。玉題，古代建築椽頭上的玉飾。《文選・蜀都賦》：「金鋪交映，玉題相暉。」（P590）

按：項氏早先亦謂「提」當作「緹」〔註 142〕，俞曉紅、詹緒左曰：「『提』通『緹』，緹、繡指赤繒、文繡。」〔註 143〕其說皆本徐震堮〔註 144〕，

〔註 139〕「物」字據《集韻》、《類篇》引補。

〔註 140〕《松江府志》，嘉慶二十二年明倫堂刻本。光緒刻本《重修華亭縣志》卷 23 說同。

〔註 141〕「給」當作「汲」。《大乘入楞伽經》卷 5：「如汲水輪，循環不絕。」《佛說無常經》卷 1：「循環三界內，猶如汲井輪。」

〔註 142〕項楚《〈破魔變〉補校》，《敦煌學輯刊》1986 年第 3 期，第 84 頁；收入《敦煌文學叢考》時已改校爲「題」字，上海古籍出版社 1991 年版，第 241 頁。

〔註 143〕俞曉紅、詹緒左《〈破魔變〉校注商補》，《揚州大學學報》2012 年第 1 期，

莫辨其誤，不足深責；而不著所出，殊可差異也。「緹」指赤色繒，「玉緹」不辭。項氏後來改讀爲「題」，引《蜀都賦》尤爲不當。彼文「金鋪」指金飾的鋪首，「玉題」指玉飾的椽頭，與此文不類。蔣冀騁謂「提」字不誤，提亦繡也，即今「提花枕巾」、「提花被面」的「提」字〔註145〕，甚是。明・宋應星《天工开物》卷上：「凡織花文，必用嘉湖出口出水，皆乾絲爲經，則任從提挈，不憂斷接，他省者即勉強提花，潦草而已。」明・呂坤萬曆二十五年《陳天下安危疏》：「提花染色。」玉提金繡，指飾以金玉的衣物。蔣冀騁後來又改從項說，云：「項校『提』爲『緹』，當是。緹有繡義。」〔註146〕所引「緹繡」諸例，皆是名詞，「緹」仍是赤色繒之義。後說轉爲失之。

（4）延鳳邑於千秋，保龍圖於萬歲（P531）

項校：鳳邑，即鳳城，指京城。（P595）

按：項說非也。邑，當以音近借爲扆。鳳扆，指畫有鳳凰裝飾的屏風，代指帝位。《御覽》卷 701 引《三禮圖》：「扆，縱廣八尺，畫斧文，今之屏風，則遺象也。」《周禮・天官・冢宰》鄭玄注：「後版屏風與染羽，象鳳皇羽色以爲之（飾）。」〔註147〕又考《釋名》：「扆，倚也，在後所依倚也。」是「扆」取義於依倚。P.3808《長興四年中興殿應聖節講經文》：「談經上福於龍圖，持論用資於鳳扆。」唐・王維《登降聖觀與宰臣等同望應制》：「鳳扆朝碧落，龍圖耀金鏡。」宋・宋白《三山移文》：「豈可使鳳扆寂寥，龍圖銷毀？」皆「鳳扆」與「龍圖」對舉，與此卷同，而字作本字「扆」。P.2679：「延鳳邑於千秋，保龍圖於萬代。」亦用借字「邑」。P.3269：「延鳳[illegible]於千秋，繼龍圖於萬

第 118 頁。

〔註144〕徐震堮《〈敦煌變文集〉校記再補》，《華東師大學報》1958 年第 2 期；收入鄭阿財、顏廷亮、伏俊連主編《中國敦煌學百年文庫・文學卷（二）》，甘肅文化出版社 1999 年版，第 113 頁。

〔註145〕蔣冀騁《近代漢語詞義雜考》，《古漢語研究》1989 年第 4 期，第 87 頁；又蔣冀騁《〈敦煌變文集〉校注記零》，《古籍整理研究學刊》1990 年第 4 期，第 11 頁；又參見蔣冀騁、吳福祥《近代漢語綱要》，湖南教育出版社 1997 年版，第 358～359 頁。

〔註146〕蔣冀騁《敦煌文獻研究》，湖南師範大學出版社 2005 年版，第 61 頁。

〔註147〕《御覽》卷 701 引作「以爲飾」。

歲。」「退」當即「辰」字誤書而又加「辶」旁。黃征、吳偉錄「退」爲「還」，校爲「曆」〔註 148〕，非也。《法華經大成音義》卷 1 引《啓牘故事》：「余應虬曰：『負鳳扆以當陽，位膺大寶；御羅圖而出宸，運際昌辰。』」「羅」爲「龍」之音誤。

（5）致得歲時豐稔，管境謐寧。山積糧儲於川流，價賣聲傳於井邑（P531）

校注：劉堅校：「『價』應爲『貨』。」按：「價」或爲「賈」之增旁字。

按：項校說同劉氏，皆非也。《敦煌願文集》錄 P.3173：「致得歲〔口〕豐稔，管境謐寧；山積糧儲，川流〔口口〕，價賣聲〔傳〕於井邑。」〔註 149〕當據此卷校正。我舊校云：「『歲』下缺字疑補『時』，P33『歲稔時豐』；又疑缺字在『歲』上，可補『年』字，P31、412、435『年豐歲稔』。『川流』下缺字疑補「不息」。」〔註 150〕據此卷，則舊校補「時」字爲確，「川流」上當補「於」字，屬上爲句。山積糧儲於川流，言山積之糧以水運而儲也。「價」字二卷同，當讀如字。價賣聲，指叫價賣物之聲也。

（6）伏願山南朱桂，不變四時；領（嶺）北寒梅，一枝獨秀（P531）

按：「北」字不安，涉上句「南」字而誤，當作「上」字。S.2832：「男即令問（聞）令望，寶（保）國安家；女即嶺上寒梅，一枝獨秀。」

（7）下山欲久（救）眾生苦，洗濁（濯）垢膩在熙蓮（P531）

按：敦煌文獻「久」、「救」同音通借。P.2341：「識六塵之非救，慜（愍）蒼生之沉疾。」黃征、吳偉讀救爲久〔註 151〕。

（8）〔當時〕差馬頭羅剎哲為游弈將軍，捷疾夜叉補作先鋒大將（P532）

校注：「哲」字項楚校作「暫」。按：乙卷無「哲」字。「哲」應讀作「折」，

〔註 148〕黃征、吳偉《敦煌願文集》，嶽麓書社 1995 年版，第 526 頁。
〔註 149〕黃征、吳偉《敦煌願文集》，嶽麓書社 1995 年版，第 330 頁。
〔註 150〕蕭旭《〈敦煌願文集〉校補》，收入《群書校補》，廣陵書社 2011 年版，第 988 頁。
〔註 151〕黃征、吳偉《敦煌願文集》，嶽麓書社 1995 年版，第 441 頁。

義爲「改變」、「轉任」，與下句「補」字互文。補，原錄作「保」。按：乙卷作「補」，此據改。

項楚曰：「保爲補字音訛，即委任之義。」〔註 152〕

按：「保」字不當改，項說可通。竊謂保讀爲備，與「補」同義。《山海經・大荒南經》：「登備之山。」郭璞注：「即登葆山。」《海外西經》作「登葆」，《淮南子・墬形篇》作「登保」。是其證。

（9）用𩃎雷為戰鼓，籛閃電作朱旗（P533）

校注：𩃎雷，乙卷作「雷雲」。項楚校：「《玉篇》：『𩃎，音忽，雨下也。』與雷無涉。《篇海》：『雺，音忽，雷也。』則『𩃎雷』又應寫作『雺雷』。」按：《龍龕手鏡》亦云：「雺，音忽，雷也。」「𩃎」、「雺」當同一字，亦寫作「忽」，蓋記音而已。籛閃電，原錄作「披閃雷」。按：甲卷「雷」實作「電」，乙卷作「跛規電」，「跛」與「籛」同音，故「披」當即「籛」之俗字「攱」之簡。「規」同「閃」。張金泉、王鍈皆校「披」爲「籛」。

按：《龍龕手鏡》：「雺，音忽，雺雷也。」萬曆刻本《重訂直音篇》同。《校注》引脫釋文之「雺」字。《類聚》卷 8 魏文帝《濟川賦》：「朱旗電曜，擊鼓雷鳴。」寫卷文筆與之相近。（a）項楚又云：「𩃎雷，同『忽雷』，就是雷。」〔註 153〕𩃎雷，又作「忽雷」，音轉則爲「骨雷」、「忽崋」、「忽硉」、「忽律」、「胡硉」、「鶻硉」、「兀硉」、「骨碌」等形，狀滾圓之貌。此以狀雷聲，因以指雷。「𩃎雷」的「雷」亦記音字而已。《行院聲嗽・器用》：「鼓：忽雷。」王鍈曰：「按『忽雷』本琵琶名，見唐段安節《樂府雜錄》，其所以指鼓當另有所據。《太平廣記》卷 464『骨雷』條引《洽聞記》：『鰐魚別號忽雷。』鰐魚皮可以蒙鼓，鼓稱『忽雷』或與此有關。」〔註 154〕王氏未得語源，故斷爲二橛。琵琶

〔註 152〕項楚《〈破魔變文〉補校》，收入《敦煌文學叢考》，上海古籍出版社 1991 年版，第 250 頁；又項楚《敦煌變文選注》，中華書局 2006 年版，第 608 頁。

〔註 153〕項楚《敦煌變文語詞札記》，《四川大學學報》1981 年第 2 期，收入《敦煌文學叢考》，上海古籍出版社 1991 年版，第 151～152 頁；又收入《項楚敦煌語言文學論集》，上海古籍出版社 2011 年版，第 116～117 頁；又項楚《敦煌變文選注》，中華書局 2006 年版，第 611 頁。

〔註 154〕王鍈《宋元明市語匯釋》，中華書局 2008 年版，第 52 頁。

名忽雷者，以其聲疾急而名之也。鰐魚別號忽雷者，以其滑溜而名之也。雷、鼓名忽雷者，亦以其聲響疾急滾動而名之也。還有人名忽雷、忽嵂，馬名忽雷者，取義皆同〔註 155〕。(b)「閃電」是「覢電」的記音字，亦作「睒電」，《玄應音義》卷 1、19 並云：「覢電：又作睒，同。經文作閃。閃，窺頭也。」又作「礹磹」，《玄應音義》卷 6：「掣電：關中名覢電。今吳人名礹磹。」《妙法蓮華經玄贊》卷 10 同，《慧琳音義》卷 27 作「關中〔謂〕睒電，今吳人謂礹磹」。《玄應音義》卷 9：「掣電：《十州記》云：『猛獸兩目如礹磹之光。』今吳名電爲礹磹，三輔名覢電。」吳語又稱電光爲「矆睒」，俗作「霍閃」〔註 156〕。王劭曰：「忽雷、矆睒，今謂電也。」〔註 157〕

（10）搖動日月，震撼乾坤（P533）

按：P.2187 作「震撼」，S.3491V 作「擺撼」，諸家皆失校。擺撼，猶言搖動，唐宋時口語詞。唐・韓愈《鎮州初歸》：「別來楊柳街頭樹，擺撼春風祇欲飛。」「擺撼」一作「搖弄」。唐・釋貫休《送新羅衲僧扶桑》：「六環金錫輕擺撼，萬仞雪嶠空參差。」倒言則作「撼擺」，元・吳澄《觀瀾亭銘》：「水天混茫，風力撼擺。」

（11）作啾唧聲，傳叱吒號（P533）

校注：「啾唧」、「叱吒」皆大聲貌。

按：「啾唧」本是小聲，蔣禮鴻主编《敦煌文獻語言詞典》指出此「屬反訓」〔註 158〕。P.2491《燕子賦》：「當時勤勤勸諫，拗捩不相容語。無事破羅（鑼）鳴啾唧，果然論官理府。」蔣斧印本《唐韻殘卷》：「唧，啾唧，多聲。」〔註 159〕《廣韻》：「啾，啾唧，小聲。」《集韻》：「唧，

〔註 155〕參見蕭旭《敦煌寫卷〈王梵志詩〉校補》，收入《群書校補》，廣陵書社 2011 年版，第 1272～1274 頁。

〔註 156〕參見蕭旭《俄藏敦煌寫卷Φ367〈妙法蓮華經音義〉校補》，《書目季刊》第 46 卷第 2 期，第 129～130 頁。

〔註 157〕轉引自方以智《通雅》卷 9，收入《方以智全書》第 1 冊，上海古籍出版社 1988 年版，第 363 頁。

〔註 158〕蔣禮鴻主编《敦煌文獻語言詞典》，杭州大學出版社 1994 年版，第 175 頁。

〔註 159〕蔣斧印本《唐韻殘卷》，收入周祖謨《唐五代韻書集存》，中華書局 1983 年版，第 694 頁。

啾唧，眾聲。」「啾唧」即「啾啾唧唧」之縮略詞。(a)「啾」同「噍」，聲嘶急也。《禮記・樂記》:「其哀心感者，其聲噍以殺。」鄭注:「噍，踧也。」《釋文》:「噍，謂急也。」「踧」同「蹙」，急促也。《集韻》:「噍，聲急也。《禮》:『其聲噍以殺。』徐邈讀。」又「噍，燕雀聲。《禮》:『啁噍之頃。』通作啾。」從秋從焦之字，古通用，多有急促之義〔註160〕。重言則作「噍噍」、「啾啾」，《文選・羽獵賦》:「群娭虖其中，噍噍昆鳴。」李善注:「噍與啾同。」《楚辭・離騷》:「鳴玉鸞之啾啾。」王注:「啾啾，鳴聲也。」《顏氏家訓・歸心》:「臨死，髮中但聞啾啾數千雞雛聲。」字或省作「秋秋」，《荀子・解蔽》引《詩》:「鳳凰秋秋，其翼若干，其聲若簫。」《類聚》卷99、《御覽》卷468、915引作「啾啾」。言鳳凰之鳴啾啾然，其聲若簫也。楊注:「秋秋，猶蹌蹌，蹌蹌謂舞也。」王天海曰:「秋秋，飛舞貌。」〔註161〕二氏說皆非是。《漢書・揚雄傳》《羽獵賦》:「秋秋蹌蹌入西園，切神光。」宋祁曰:「秋秋，淳化本作『啾啾』。」《文選》作「啾啾」，《古今事文類聚》前集卷37引同。李善注:「郭璞《三蒼解詁》曰:『啾啾，眾聲也。』啾或爲秋。蹌蹌，行貌。《楚辭》曰:『鳴玉鸞之啾啾。』」「蹌蹌」亦「啾啾」之音轉，古人自有此複語〔註162〕。又音轉作「鏘鏘」等形，《左傳・莊公二十二年》:「鳳凰于飛，和鳴鏘鏘。」《古樂府・隴西行》:「鳳皇鳴啾啾，一母將九雛。」「鏘鏘」即「啾啾」之音轉。方以智曰:「秋秋，蹌蹌之轉聲也。子雲《賦》:『秋秋蹌蹌。』以聲得之，猶之鏘鏘、將將、瑲瑲、鎗鎗、鶬鶬，皆鸞玉之聲也……送其聲爲啾啾。」〔註163〕顏注:「秋秋蹌蹌，騰驤之貌。」顏說非是。又音轉作「啾嘈」，《集韻》「嘈」、「噍」同音慈焦切。《晉書・潘岳傳》《藉田賦》:「簫管嘲哳以啾嘈兮。」(b)「唧唧」或作「即即」、「節節」、「嘲嘲」等形，此略〔註164〕。(c)「啾唧」亦作「啾喠」、「啾嗟」，

〔註160〕參見蕭旭《古國名「渠搜」命名考》。

〔註161〕王天海《荀子校釋》，上海古籍出版社2005年版，第839頁。

〔註162〕《淮南子・俶眞篇》:「蕭條霄雿。」「霄雿」即「蕭條」。《漢書・司馬相如傳》《上林賦》:「柴池茈虒。」又《揚雄傳》《甘泉賦》:「柴虒參差。」四者亦並同。皆其比。賦家疊用同詞，固不足怪也。

〔註163〕方以智《通雅》卷10，收入《方以智全書》第1冊，上海古籍出版社1988年版，第415～416頁。

〔註164〕參見蕭旭《〈木蘭詩〉「唧唧」正詁》，收入《群書校補》，廣陵書社2011年版，

借其音也。《可洪音義》卷 5：「啾唧，《上方經》作『啾喹』。」《玄應音義》卷 7：「啾喞：《蒼頡篇》：『眾㕦聲也。』經文作喹，怒也。喹非此義。」《慧琳音義》卷 28 引「喹」作「喹」。此卷爲《正法華經》卷 2《音義》，檢經文作「有諸惡蟲……鳴呼啾喹」，宮本作「啾唧」。《玄應音義》卷 19：「啾唧：《蒼頡篇》：『眾聲也。』謂小㕦聲也。」此卷爲《佛本行集經》卷 12《音義》，檢經文作「時有擎挾笙蹄小兒，隨從大王，啾唧戲笑」，宋、明本作「啾咲」，元本作「秋咲」。「咲」爲「秋」字之誤。又作「啾嚓」、「啾譧」，亦借其音也。《摩訶止觀》卷 8：「驅已復來，啾嚓作聲鬧人耳。」《止觀輔行搜要記》卷 8：「啾嚓者，虫鳴也。」《止觀輔行傳弘決》卷 8：「啾譧者，《楚詞》云『啾譧』，蟲鳴。又云『啾啾』，鸞聲。譧者，小語也。」其云鸞聲者，已見上引；其云蟲鳴者，今本《楚辭·招隱士》作「蟪蛄鳴兮啾啾」。《改併四聲篇海》引《餘文》：「譧，小語也。」

（12）**先鋪靉靆之雲，後降潑墨之雨**（P533）

校注：潑墨，乙〔卷〕作「撥霂」。

按：下文唱詞云「靉靆之雲空裏布，潑下黑霧似墨池」，彼文以「潑墨」描寫霧，《嘉泰普燈錄》卷 28：「濃雲潑墨忽遮山，碎雨跳珠亂入船。」亦其例。文獻皆以「潑墨」、「堆墨」描寫濃雲。此文描寫雨，故「潑墨」不可讀如字。潑墨、撥霂，並「霢霂」之音轉，也作「霡霂」，省其形則作「霡沐」，小雨貌。《爾雅》：「小雨謂之霡霂。」《釋文》：「霡，《字林》作霢，音同。」《說文》：「霢，霢霂，小雨也。」《詩·信南山》：「益之以霢霂。」毛傳：「小雨曰霢霂。」《六書故》卷 2、8 二引《詩》並作「霡沐」。《釋名》：「霢霂，小雨也。言裁霢歷霑漬，如人沐頭，惟及其上枝而根不濡也。」〔註 165〕其後說望文生義。唐·何超《晉書音義》卷中：「霡霂，陌、沐二音。」〔註 166〕P.3906《碎金》：「汗霡霂：〔音〕陌木。」〔註 167〕P.2717《碎金》：「汗霡霂：音麥木。」《倭名類聚鈔》卷 1 引《兼名苑》：「細雨一名霢霂，小雨也，麥、木二音。」《可洪音義》卷 30：「霡

第 1370～1374 頁。

〔註 165〕《埤雅》卷 2 引作「纔霂瀝霑漬，如人之沐，唯及其上支而已，根不濡也」。

〔註 166〕何超《晉書音義》，附於《晉書》，中華書局 1974 年版，第 3258 頁。

〔註 167〕S.6204、P.2058《碎金》同。

霂：上音麥，下音木。」《玄應音義》卷 22：「霡霂，音脉木，《爾雅》：『小雨謂之霡霂。』今流汗似之也。」《寶山縣續志》卷 17：「細雨不濕塵者，俗稱蓬花雨，即《詩》所謂霡霂。」〔註 168〕「霡霂」又爲「溟濛」音轉，《集韻》「溟」、「霡」同音莫狄切。《玉篇》：「溟，溟濛，小雨。」段玉裁曰：「按，霢霂者，溟濛之轉語。水部『溟』下曰：『小雨溟溟也。』『濛』下曰：『濛濛，微雨也。』」〔註 169〕郝懿行曰：「霢霂，字之雙聲，轉爲溟濛……《釋名》之說，似未免望文生訓矣。」〔註 170〕據段、郝之說，「霢霂」即「溟濛」，乃同義連文。徐氏《說文繫傳》：「臣鍇曰：臣以爲霢若人之血脈流偏，又如沐之沾濡也。」陸氏《埤雅》卷 2：「蓋霡膏潤入土，如人之脈，故曰霡也……然則霂言其上，霡言其下矣。」二氏亦皆望文生義矣。音轉又爲「[illegible]霂」、「[illegible]霂」，陳・江總《遊栖霞寺新雨》：「霡霂新雨霽，清和孟夏肇。」《廣弘明集》卷 30 作「[illegible]霂」。《法華靈驗傳》卷 1：「弘仁流汗[illegible]霂，所患都愈。」《弘贊法華傳》卷 9 作「[illegible]霂」，「[illegible]」爲「霡」形誤。音轉又爲「溟沐」，《太玄・少》：「密雨溟沐。」范望注：「雨之 1\39 細者稱溟沐。」司馬光《集注》：「溟，音脈。小宋曰：『溟沐，猶霡沐也。』」楊愼亦指出「溟沐」同「霡沐」〔註 171〕。方以智曰：「『溟沐』即『霢霂』。」〔註 172〕至若《正字通》云：「《讀書通》：『溟沐，猶《詩》霡霂。』非是。」所謂以不狂爲狂也。音轉又爲「陌目」，S.5511《降魔變文》：「忽聞說佛之名，體上汗流陌目。」蔣禮鴻曰：「『陌目』即『霢霂』……汗流和小雨形狀相似。」〔註 173〕音轉又爲「蔑蒙」、「蠛蠓」、「瞢矇」、「蔑蠓」，《廣韻》「濊」、「撥」同在「末」小韻。亂飛之小蟲、飛揚之遊氣稱爲蔑蒙。《慧琳音義》卷 69：「蠛蠓：《莊子》云：『猿之丁木，若蠛蠓于地也。』顧野王曰：『〔蠓〕，小飛蟲也。』」〔註 174〕《後漢書・張衡傳》

〔註 168〕《寶山縣續志》，民國十年鉛印本。
〔註 169〕段玉裁《說文解字注》，上海古籍出版社 1981 年版，第 573 頁。
〔註 170〕郝懿行《爾雅義疏》，上海古籍出版社 1983 年版，第 761 頁。
〔註 171〕楊愼《古音駢字》卷 5，收入《叢書集成新編》第 39 冊，新文豐出版公司 1985 年印行，第 336 頁。
〔註 172〕方以智《通雅》卷 12，收入《方以智全書》第 1 冊，上海古籍出版社 1988 年版，第 470 頁。
〔註 173〕蔣禮鴻《敦煌變文字義通釋》，收入《蔣禮鴻集》卷 1，浙江教育出版社 2001 年版，第 385 頁。
〔註 174〕《慧琳音義》卷 66 亦引《莊子》：「猨之於木，若蠛蠓於虵（地）也。」今本

《思玄賦》:「浮蔑蒙而上征。」《文選》作「蠛蠓」，五臣本作「瞢矇」。李賢注:「蔑蒙，氣也。揚雄《甘泉賦》曰:『浮蔑蒙而撇天。』」呂向注:「瞢矇，遊氣也。」《漢書・揚雄傳》《甘泉賦》:「浮蔑蠓而撇天。」《文選》、《類聚》卷39引作「蠛蠓」。晉灼曰:「蔑蠓，疾也。」〔註175〕李善注引孫炎注《爾雅》曰:「蠛蠓，蟲小於蚊。」呂向注:「蠛蠓，遊氣也。」因用以形容飛揚貌〔註176〕。《淮南子・脩務篇》:「手若蔑蒙。」高注:「蔑蒙，言其疾舉之貌。」《集韻》:「蒙，蔑蒙，飛揚貌。」《史記・司馬相如傳》《大人賦》:「蔑蒙踴躍，騰而狂趡。」《集解》引《漢書音義》:「蔑蒙，飛揚也。」倒言則作「蒙濺」、「濛濺」，《類聚》卷2晉・潘尼《苦雨賦》:「始蒙濺而徐墜，終滂霈而難禁。」《初學記》卷2引作「濛濺」。張荔生曰:「郝氏蘭皋謂『霢霂雙聲，轉爲溟濛』。案:亦謂之『溟沐』，《太玄・少》:『密雨溟沐。』亦謂之『濛濺』，潘尼《苦雨賦》:『始濛濺而徐墜。』（見《初學記》二）霢霂、溟濛、溟沐、濛濺，竝聲之轉。沈約《見庭雨應詔詩》:『霢霂裁欲垂，霏微不能注。』（亦見《初學記》）霢、霂雙聲，霏、微叠韻，相對成文。」〔註177〕音轉又爲「緜蠻」、「綿蠻」、「緡蠻」，《詩・黃鳥》:「綿蠻黃鳥，止于丘阿。」毛傳:「緜蠻，小鳥貌。」《御覽》卷56引作「綿蠻」。又「緜蠻黃鳥，止於丘隅。」《禮記・大學》引作「緡蠻」，《御覽》卷53、394引作「綿蠻」。楊愼指出「緜蠻」同「緡蠻」〔註178〕。音轉又爲「緜冪」、「綿冪」，《文選・魏都賦》:「薄戍緜冪，無異蛛蝥之網；弱卒瑣甲，無異螳蜋之衛。」李善注:「緜冪，微貌。」《御覽》卷300引作「綿冪」。音轉又爲「綿濛」，《水經注》卷24引《從征記》:「水隍多行石澗中，出藥草，饒松柏，林藿綿濛，崖壁相望。」〔註179〕音轉又爲「緜馬」、「綿馬」，

無此文，他書亦未檢得，未詳所出。

〔註175〕日本兵庫縣上野淳一藏初唐寫本亦作「疾」，殿本、局本都「疾」作「蚊」。作「疾」者是其故書，以明其語源也；作「蚊」者後人所改，以明其語義也。如舊本作「蚊」，則無由改作「疾」字。

〔註176〕我舊說以「飛揚」爲本義，則傎矣。蕭旭《淮南子校補》，花木蘭文化出版社2014年版，第653頁。

〔註177〕張說轉引自畢沅《釋名疏證》卷1，中華書局2008年版，第16頁。

〔註178〕楊愼《古音駢字》卷2，收入《叢書集成新編》第39冊，新文豐出版公司1985年印行，第331頁。

〔註179〕《御覽》卷63引同。

《爾雅》:「䅯馬，羊齒。」郭注:「草細葉，葉羅生而毛，有似羊齒。」《御覽》卷 995 引作「綿馬」。黃侃曰:「霢霂猶䅯蠻、蠛蠓也，草木又有虋蕪䅯馬，皆有小意。」〔註 180〕音轉又為「覭髳」,《集韻》「覭」、「霢」同音莫獲切。《說文》:「覭，小見也。《爾雅》曰:『覭髳，弗離。』」今本《爾雅》作「茀離」,《釋文》:「覭，音陌。髳，音蒙。」王筠曰:「小見者，覭髳猶溟濛，弗離猶迷離，皆依稀彷彿之詞，見之不瞭，故曰小也。」〔註 181〕姜亮夫曰:「霢霂，字或作『霡霂』，聲轉為『溟濛』，字亦作『溟沐』、『冥濛』、『霿霿』，倒言之則曰『濛濊』，心性不開展曰『憫默』，雨之小者曰『霢霂』，蟲之小者曰『蠛蠓』，草之叢小者曰『覭髳』，聲轉為『蔽芾』、『䅯蠻』，小人曰『媔媔』，目不明曰『瞑瞑』，其理亦通。」〔註 182〕小雨為霢霂、溟濛、濛濊，小蟲為蠛蠓，小鳥為䅯蠻，小草為䅯馬，小見為覭髳，其義一也，皆一聲之轉。郭在貽等謂「『撥』從『扌』表動作」〔註 183〕，蓋乃以「撥」為「潑倒」之義，非也。

(13）一時號令，便下天來（P533）

按:下文「號令唯聞唱殺聲」，S.3491V「號令」皆作「號領」，借字。

(14）垂煙吐炎之輩，反被自燒（P533）

校注:炎，焰。「垂」疑當作「唾」，與「吐」互文。

按:陳治文曰:「『垂』與『吹』音近，改『垂』為『吹』。」〔註 184〕「吹」字《廣韻》音昌垂切，昌母平聲支韻；「垂」字《廣韻》音是為切，禪母平聲支韻。唐五代西北方音昌母與禪母僅清濁之別，讀音幾乎相同。「炎」為「焰」之省，即「焰「之異體。《龍龕手鑑》:「炎，俗。焰，今省。爓，正。」《書・洛誥》:「無若火始燄燄。」唐石經作「炎炎」。

〔註 180〕黃侃《爾雅音訓》，上海古籍出版社 1983 年版，第 171 頁。
〔註 181〕王筠《說文解字句讀》，中華書局 1988 年版，第 324 頁。
〔註 182〕姜亮夫《詩騷聯綿字考》，收入《姜亮夫全集》卷 17，雲南人民出版社 2002 年版，第 363～364 頁。
〔註 183〕郭在貽等《敦煌變文集校議》，收入《郭在貽文集》卷 2，中華書局 2002 年版，第 242 頁。
〔註 184〕陳治文《〈敦煌變文集〉校讀小札》，收入胡竹安等編《近代漢語研究》，商務印書館 1992 年版，第 46 頁。

（15）遂向軍前親號令，火急抽兵卻歸宮（P534）

按：王鍈謂「抽」有退縮義〔註 185〕，是也，而未得語源。抽，讀爲籒、㩅、揫，縮也。《說文》：「籒，收束也。䵸，籒或從要。揫，籒或從秋手。」此卷下文「魔王見此陣勢似輸，且還抽軍，回歸天上」，亦同。「還」讀爲旋，猶言隨即〔註 186〕。「且還」即「火急」之誼。

（16）鬼神類，萬千般，變化神通氣力灘（P534）

校注：灘，乙卷作「難」。「難」當作「灘」。蔣禮鴻云：「氣力灘，就是氣力盡。《玄應音義》卷 17 引《爾雅》李巡注：『灘，單，盡也。』『單』通作『殫』。」徐復校：「『灘』是『痑』或『勯』的假字。《廣韻》：『痑，力極，他干切。』與『灘』同音。《呂氏春秋・重己》：『尾絕力勯。』高誘注：『勯，讀曰單。單，盡也。』音義亦同。」按：「灘」爲俗語詞，字有多種寫法，故不校改。郭在貽引皮日休《上眞觀》：「跁跒地力痑。」白居易《琵琶行》：「幽咽泉流水（當作冰）下灘。」皆亦其例。

按：諸說皆是，而猶未盡。潘重規曰：「『灘』當爲『難』。」〔註 187〕非是。「灘」訓力盡，本字爲殫，字亦省作單，《說文》：「殫，極盡也。」《呂氏春秋》作「勯」者，力盡之專字。《集韻》：「勯，力竭。」《御覽》卷 899 引《呂氏》作「單」，《記纂淵海》卷 98 引作「殫」。力盡則爲疲乏、勞病、喘息，義皆相因。字亦作嘽、痑，《說文》：「嘽，喘息也。《詩》曰：『嘽嘽駱馬。』」又「痑，馬病也，《詩》曰：『痑痑駱馬。』」《繫傳》：「痑，馬疲乏也。」《說文》二引《詩》，一作「嘽」，一作「痑」，實一字也。《玉篇》：「痑，力極也，《詩》云：『痑痑駱馬。』亦作嘽。」即指明是同一字。《詩・四牡》：「嘽嘽駱馬。」毛傳：「嘽嘽，喘息之貌，馬勞則喘息。」《廣雅》：「痑痑，疲也。」字或作壇，《漢書・司馬相如傳》：「衍曼流爛痑以陸離。」張揖曰：「痑，一曰罷極也。」《史記》作「壇」。字或作驒，馬勞喘息之專字。《漢書・敘傳》：「王師驒驒。」顏注引《詩》作「驒驒駱馬」。字或作癉、亶、癉、單，銀雀山漢簡《晏子》：「槖鼬（壽）不能亶其教。」今本《外

〔註 185〕王鍈《詩詞曲語辭例釋》，中華書局 1986 年版，第 38 頁；又王鍈《敦煌變文詞義補箋》，收入《語文叢稿》，中華書局 2006 年版，第 31 頁。

〔註 186〕參見楊樹達《詞詮》，中華書局 1954 年版，第 127 頁。

〔註 187〕潘重規《敦煌變文集新書》，文津出版社有限公司 1994 年初版，第 605 頁。

篇》「亶」作「殫」，《墨子・非儒下》作「盡」。《墨子・非樂上》：「君子竭股肱之力，亶其思慮之智。」《非命篇》「亶」作「殫」。《荀子・議兵》：「彼可詐者，怠慢者也，路亶者也。」楊注：「路，暴露也。亶，讀爲袒。露袒，謂上下不相覆蓋。《新序》作『落單』。」王念孫曰：「路爲羸憊也。《爾雅》云：『癉，病也。』《大雅・板篇》：『下民卒癉。』毛傳云：『癉，病也。』病亦謂羸憊也。《緇衣》引《詩》：『下民卒癉。』《釋文》癉作亶。癉、癉、亶竝通。《新序・雜事篇》作『落單』，《晏子・外篇》云：『路世之政，單事之教。』或言路亶，或言路單，或言落單，其義一而已矣。楊說皆失之。」〔註 188〕《說文》：「癉，勞病也。」段玉裁注：「《大雅》：『下民卒癉。』《釋詁》、毛傳皆云：『癉，病也。』《小雅》：『哀我癉人。』《釋詁》、毛傳曰：『癉，勞也。』許合云勞病者，如嘽訓喘息皃，幝訓車敝皃，皆單聲字也。癉或假憚，或作癉。」〔註 189〕字或作但、檀，《新序・雜事五》：「故忠臣也者，能盡善與君，而不能與陷於難。」〔註 190〕阜陽雙古堆漢簡《春秋事語》「盡」作「但」，日本寫本《群書治要》引《晏子》作「檀」〔註 191〕。字或作憚、怛，《爾雅》：「癉，勞也。」《釋文》：「癉，丁賀反，本或作憚，音同。」《集韻》：「憚，勞也，或作怛。」字亦作潬、灘、暵、灘，水盡也。《爾雅》：「潬，沙出。」《說文》：「灘，水濡而乾也，《詩》曰：『灘其乾矣。』灘，俗灘從隹。」今《詩・中穀有蓷》作「暵」，《釋文》：「暵，《說文》云：『水濡而乾也。』字作灘，又作灘，皆他安反。」

（17）**不察自家力劣，輒擬惱害如來（P534）**

校注：原校：「『察』甲卷作『剎』，據乙卷改。」

按：「剎」、「察」同音借字，不必改作。S.4571：「察那恐怕呈（程）途遠，

〔註 188〕王念孫《讀書雜志》卷 11《荀子雜志》，中國書店 1985 年版，第 45 頁；又略見《讀書雜志》卷 8《晏子春秋雜志》引王引之說，第 22 頁。

〔註 189〕段玉裁《說文解字注》，上海古籍出版社 1981 年版，第 351 頁。

〔註 190〕《論衡・定賢》略同。

〔註 191〕今本《晏子春秋・問上》（刻本《治要》卷 33 引同）、《說苑・臣術》作「納」，蓋後人所改。參見蟲魚《漢簡窺管》，http://www.gwz.fudan.edu.cn/SrcShow.asp?Src_ID=2171。

傾克（頃刻）由（猶）疑赴會遲。」S.2614《大目乾連冥間救母變文》：「羅察答言。」「察」亦皆借爲「剎」〔註 192〕。《玄應音義》卷 1：「切剎：又作擦，同。音察。」元曲《來生債》第 3 折「剎那」、《竹葉舟》楔子「荒剎」、《任風子》第 2 折「羅剎」、《張生煮海》第 1 折「古剎」，明臧晉叔《音釋》並云：「剎音察。」〔註 193〕《禮記・鄉飲酒義》：「愁之以時察。」鄭注：「察，或爲殺。」俞樾曰：「殺，本字也。察，假字也。」〔註 194〕朱駿聲說同〔註 195〕。《呂氏春秋・季秋紀》：「豺則祭獸戮禽。」高誘注：「於是月殺獸，四圍陳之，世所謂祭獸。」祭讀爲殺。《左傳・昭公元年》：「殺管叔而蔡蔡叔。」杜注：「（上）蔡，放也。」《釋文》：「上蔡字，《說文》作㮣，云：『㯻㮣散之也。』」《書・禹貢》：「二百里蔡。」孔疏引鄭康成注：「蔡之言殺。」皆其證也〔註 196〕。「惱」爲「嫍」俗字，《說文》：「嫍，有所恨也，今汝南人有所恨曰嫍。」《集韻》：「嫍，或作惱。」下文「爲復諸天相惱亂」，亦同。《廣韻》：「嫍，相嫍亂也。」正作「嫍亂」。

（18）然後端居正殿，反據香林（P534）

校注：徐校：「『林』應作『牀』，因俗體作『林』而誤。」按：甲、乙卷「香林」二字同，恐不誤……「反據香林」即歸返于香林，此四字或當在「端居正殿」之上。又敦煌寫本「牀」多作「床」，未見「林」字。

按：項校同徐，其說至確。《校注》所引「香林」四例，皆與此文不同，不可爲據。且解「反據香林」爲「歸返于香林」亦不安，「據」字失解。移「反據香林」于「端居正殿」之上，無有依據。至謂未見敦煌寫本有「林」字，則嫌武斷。郭在貽等曰：「蔣禮鴻校作『牀』，是。」〔註 197〕斯爲得之。敦研 311《修行本起經》卷下：「林臥之具，當何

〔註 192〕參見黃征、張涌泉《敦煌變文校注》，中華書局 1997 年版，第 758 頁。
〔註 193〕臧晉叔《元曲選》，中華書局 1989 年版，第 310、1042、1676、1707 頁。
〔註 194〕俞樾《群經平議》，收入王先謙《清經解續編》第 5 冊，上海書店 1988 年版，第 1156 頁。
〔註 195〕朱駿聲《說文通訓定聲》，武漢市古籍書店 1983 年版，第 670 頁。
〔註 196〕另詳參沈兼士《希殺祭古語同原考》，收入《沈兼士學術論文集》，中華書局 1986 年版，第 212～225 頁。
〔註 197〕郭在貽等《敦煌變文集校議》，收入《郭在貽文集》卷 2，中華書局 2002 年版，第 243 頁。

〈lbn="0468a17"/〉從得？」敦研 365《大般涅槃經》卷 15：「臥於菩薩所臥之牀。」敦研 108《大般涅槃經》：「轉輪王不與一切旃陀羅等〈lbn="0742a17"/〉同坐一牀。」〔註 198〕敦研 250《維摩詰經注》：「牀坐（座）：彼國牀以防蟲蛇，行者坐四禪之牀。」北魏《元璨墓誌》字作「牀」〔註 199〕。P.2530《周易》卷 3：「剝牀以辯。」皆「牀」字，形皆與「林」形近。《鹽鐵論・散不足》：「蒲子露林。」王利器校爲「露牀」〔註 200〕，亦其比也。香牀，指檀香牀或沉香牀。據，讀爲踞。《漢書・高帝紀》：「沛公方踞床，使兩女子洗……不宜踞見長者。」顏師古注：「踞，反企也。踞音據。」《東觀漢記》卷 17：「（馬）武稱疾，見政，對几據床，欲令政拜牀下。」「據」亦借字。《舊唐書・韋雲起傳》：「方質據牀，不爲之禮，左右云：『踞見權貴，恐招危禍。』」前言「據」，後言「踞」，一也。「踞見權貴」、「踞見長者」二「踞」字同義，不讀爲「倨傲」之「倨」。此卷二句言魔王先端坐於正殿，後又踞坐於香牀也。俞曉紅、詹緒左引佛典中「香林」例以證之〔註 201〕，亦無以釋「據」字，其說非也。

（19）扼腕揚眉，鋪唇叵耐（P534）

按：元・張鳴善《水仙子・譏時》：「鋪唇苫眼早三公，裸袖揎拳享萬鐘。」苫，讀爲䀡〔註 202〕。裸，讀爲捋〔註 203〕。「鋪唇」與此文同義。元・關

〔註 198〕此三例錄自黃征《敦煌俗字典》，上海教育出版社 2005 年版，第 62 頁。

〔註 199〕此二例錄自陶家駿《敦煌研究院藏佚本〈維摩詰經注〉寫卷研究》，蘇州大學 2012 年博士學位論文，第 82 頁。

〔註 200〕王利器《鹽鐵論校注》，中華書局 1992 年版，第 385 頁。

〔註 201〕俞曉紅、詹緒左《〈破魔變〉校注商補》，《揚州大學學報》2012 年第 1 期，第 121 頁。

〔註 202〕䀡眼，目垂貌。元・馬致遠《西華山陳摶高臥》第 3 折：「除睡人間總不知，空教人䀡眼舒眉。」正作「䀡眼」。《廣韻》：「䀡，目垂。」又「䀡，垂目皃。」《集韻》：「⿰鼻占，⿰鼻兼⿰鼻占，鼻垂。」二字同源，皆「耴」之分化專字。《說文》：「耴，小垂耳也。」元《古今雜劇》本《泰華山陳摶高臥》作「交人貼眼鋪眉」，脈望館本作「⿰目古眼」，「貼」、「⿰目古」皆「䀡」之形誤。元・楊瑀《山居新話》：「不言不語張左丞，鋪眉搧眼董參政。」明・康海《沜東樂府》卷 1《醉太平》：「鋪眉扇眼強開闔，甚名韁利鎖？」「搧」、「扇」乃「䀡」之借音字。

〔註 203〕元・楊景賢《劉行首》第 2 折：「揎拳捋袖行兇暴。」正作「捋」字。元・無名氏《爭報恩》第 4 折：「只見他揎拳捰袖，生情發意。」元・無名氏《神奴兒》第 1 折：「你這般揎拳攞袖爲因何？」元・無名氏《薩眞人夜斷碧桃花》

漢卿《裴度還帶》第 1 折：「一箇箇鋪眉苫眼，妝些像態。」元·戴善夫《風光好》第 2 折：「想昨日在坐上那些兒勢況，苫眼鋪眉盡都是謊。」「鋪」字義亦同，並讀爲撫，《玉篇》、《廣韻》並云：「撫，張也。」《集韻》：「撫，張也，揚也。」「鋪唇」與「扼腕、揚眉」皆狀發怒之貌。發怒則張脣出氣，專字作豧，《說文》：「豧，豕息也。」胡文英曰：「豧（音鋪）：豕臥鼻息聲也，吳中謂大睡聲曰咈（音批）豧。」〔註 204〕元·關漢卿《調風月》第 3 折：「呼的關上房門，鋪的吹滅殘燈。」「鋪」即「豧」，謂出口呼氣。范寅曰：「豧豧：『鋪』。豕息也。借喻怒歎聲。」〔註 205〕章太炎曰：「安慶、揚州皆謂發怒大息爲豧，讀如鋪。」〔註 206〕《嘉定縣續志》卷 5：「氣豧豧，俗言發怒太息也。」〔註 207〕俗言「氣呼呼」者，正字當作「豧」。今吳語尚謂氣喘息爲「打豧」、「豧氣」、「豧嗤豧嗤」。字亦作痡，《爾雅》、《說文》並云：「痡，病也。」《詩·卷耳》：「我仆痡矣。」《釋文》：「痡，本又作鋪，同。」孔疏引孫炎曰：「痡，人疲不能行之病。」蓋謂人疲氣息喘急之貌。字亦作憋、怤，《列子·力命》：「墨杘、單至、嘽咺、憋懯四人相與游於世。」張湛註：「憋懯，急速之貌。」《方言》卷 10：「鉗、疲、憋，惡也。」郭璞注：「憋怤，急性也。」「憋怤」即「憋懯」，性急之貌，亦與氣息喘急義相因〔註 208〕。《廣雅》：「南方有鳥焉，

第 3 折：「他每都叫吼吼攞袖揎拳。」「�」、「攞」音亦近。元·秦簡夫《東堂老勸破家子弟》第 4 折：「爲甚麼只古裏裸袖揎拳無事哏？」亦用借字。元·金仁傑《蕭何月下追韓信》第 4 折：「捰袖揎拳挺魁（盔）頂，破步撩衣扯劍迎。」「捰」爲「捋」形誤，參見徐沁君校點《新校元刊雜劇三十種》，中華書局 1980 年版，第 704 頁。

〔註 204〕胡文英《吳下方言考》卷 3，收入《續修四庫全書》第 195 冊，上海古籍出版社 2002 年版，第 25 頁。

〔註 205〕范寅《越諺》卷下（侯友蘭等點注），人民出版社 2006 年版，第 321 頁。范氏以「鋪」擬其音。

〔註 206〕章太炎《新方言》卷 2，收入《章太炎全集（7）》，上海人民出版社 1999 年版，第 54 頁。

〔註 207〕《嘉定縣續志》，民國十九年鉛印本。

〔註 208〕「憋懯」單言亦作「憋（㦣）」，或作「敝」、「弊」，《廣韻》：「㦣，㦣然瞋也。」《後漢書·董卓傳》：「敝腸狗態。」李賢注：「言羌胡心腸敝惡，情態如狗也。《續漢書》敝作憋。」《御覽》卷 376 引作「弊」，《通鑑》卷 59 作「憋」。字亦作嫳，《說文》：「嫳，易使怒也。」《慧琳音義》卷 26：「嫳，性急疾姤也，有作憋，亦同也。」皆急性之義。《文選·射雉賦》：「山鷩悍害，猋迅已甚。」徐爰注：「鷩雉似山雞而小……其性悍戾憋害，飛走如風之猋也。」此山雞性急，故取名爲「鷩」。《釋名》：「鷩，憋也，性急憋，不可生服，必自殺。」

三首六目，六足三翼，其名曰鷩鵂。」《玉篇》:「鶝，鶝鵂，鳥也。」「鷩（鶝）鵂」的語源即「憋怤（憋）」，其鳥以性急而得名。《山海經・南山經》作「鵜鵂」，郭璞注：「鵜鵂，急性，敝孚二音。」《御覽》卷 50 引作「鶝鵂」，引注作「憋怤兩音，急性」。「鵜」、「敞」二字乃「鶝」、「敝」形近而訛〔註 209〕，《集韻》引亦誤作「鵜」。字亦作傅，睡虎地秦簡《日書》甲種：「此大敗日，取妻，不終；蓋屋，燔；行，傅。」整理者注：「傅，疑讀爲痡。」〔註 210〕字亦作「波」，《法苑珠林》卷 7 引《三法度論經》云：「三名阿吒吒地獄，由脣動不得，唯舌得動，故作此聲。四名阿波波地獄，由舌不得動，唯脣得動，故作此聲。」「波波」即張脣出氣而作聲也。

（20）叵耐見伊今出世，應恐化盡我門徒（P534）

按：應，猶言恐怕，與「恐」同義連文。《字彙》:「應，料度之詞。」唐・釋皎然《園林》:「習家寒食會何頻，應恐流芳不待人。」唐・釋貫休《山居詩》:「應恐無人知此意，非凡非聖獨醒醒。」《眾許摩訶帝經》卷 13：「王自惟曰：『我去西門，應恐得入。』」皆其例。

（21）身掛天宮三珠（銖）服，足躡巫山一片雲（P534）

校注：原校：「『巫』甲卷作『無』，據乙卷改。」

按：「無」、「巫」同音借字，不煩改作〔註 211〕。

得其語源矣。《說文》:「瞥，過目也，一曰財（纔）見也。」即取急速爲義。《詩・采薇》《釋文》引《埤蒼》:「彆，弓末反戾也。」「彆」亦取急戾爲名。《說文》:「潎，于水中擊絮也。」《集韻》:「潎，以水擊物。」《廣雅》:「撆，擊也。」「潎」、「撆」同，又音轉爲「沸」、「拂」，皆取急戾爲義。《方言》卷 12：「潎，清也。」《集韻》:「潎，潎洌，流輕疾貌。」水急戾則清澈也，其義相因，故《方言》卷 12 又云「激，清也」、「清，激也」。胥同源也。《史記・司馬相如傳》《上林賦》:「轉騰潎洌。」《索隱》引蘇林曰：「潎洌流輕疾也。」《漢書》顏師古注、《文選》李善注並引孟康曰：「潎洌，相撇也。」皆謂水之疾激也。錢繹曰：「按潎洌皆清也。潎洌猶言澄列，李善注以潎洌爲相撇，失其義矣。」錢氏知二五，未知一十，斯未會通也。錢繹《方言箋疏》，上海古籍出版社 1984 年版，第 661 頁。

〔註 209〕敦煌寫卷中習見「敝」或從「敝」之字訛作「敞」或從「敞」，例字參見黃征《敦煌俗字典》，上海教育出版社 2005 年版，第 19 頁。

〔註 210〕《睡虎地秦墓竹簡》，文物出版社 1990 年版，第 209 頁。

〔註 211〕參見蕭旭《賈子校補》。

（22）且眼如朱盞，面似火曹（P535）

校注：朱，原錄作「珠」。按：乙卷作「朱」，此據正。「朱盞」謂鬼眼色紅而大也。火曹，乙卷作「火槽」。蔣禮鴻引《玄應音義》卷 9：「火𤊙：《說文》：『𤊙，焦也。』《蒼頡篇》：『燒木餘也。』」即木炭。「火𤊙」蓋喻臉之黑而長也。

按：朱盞，指研磨朱砂的盂盞。項楚舉《太平廣記》卷 159 引《續玄怪錄》：「兩眼赤且大，如朱盞。」字亦作「硃盞」，《太平廣記》卷 448 引《乾𦡱子》：「見一几案，上有硃盞筆硯之類。」考《玄應音義》卷 22：「《說文》：『餘木曰㶳。』即火𤊙也。」《大智度論》卷 6：「如捉火𤊙，疾轉成輪，非實。」聖本、石本「𤊙」作「槽」。《大毘盧遮那成佛經疏》卷 3：「如旋火𤊙，疾轉成輪，亦非實有。」《大日經義釋》卷 2：「如旋火㶳，疾轉成輪，亦非實有。」是「火𤊙」即「火㶳」也。

（23）身腿項縮，恰似害凍老鴟；腰曲腳長，一似過秋穀（鶻）⿰鹿鳥（P535）

校注：穀，通「鶻」。⿰鹿鳥，原錄作「鸝」，即「⿰鹿鳥」字。乙卷作「鵦」。《龍龕手鑑》：「鶻，鶻⿰鹿鳥，隨陽鳥也。」

項校：《朝野僉載》卷 4：「李昭德詈之爲『中霜穀束』。」「中霜穀束」應即此處之「過秋穀⿰鹿鳥」。（P630）

按：項說甚確，而猶未得語源。「穀束」、「穀⿰鹿鳥⿰鹿鳥、「穀鵦」、「鶻⿰鹿鳥」皆即「鷇鵌」之音轉。字亦作「鶻䴎」，《慧琳音義》卷 35：「鶻䴎，上音骨，下音鹿。隨陽鳥也。」此卷爲《蘇悉地羯羅經》卷 3《音義》，檢經文作「或聞孔雀之聲，鶻鵰、鵝、鸚鵡等吉祥鳥聲」，「鵰」爲「⿰鹿鳥」之形誤。音轉又作「鳸鵦」〔註 212〕，《抱朴子外篇・廣譬》：「蛟集鷹首，則鳸鵦不敢啄。鼠住虎側，則狸犬不敢議。」「鳸」同「雇」，音戶，又音顧。

（24）眼裏清如火，胸前瘦似魁（P535）

校注：清，原錄作「睛」。按：甲卷作「清」，乙卷作「青」。「清」即清

〔註 212〕參見趙家棟《敦煌文獻疑難字詞研究》，南京師範大學 2011 年博士學位論文，第 101 頁。

瘦之意。P.3468《兒郎偉》：「瘦病之鬼，眼如火洛（烙）。」瘻，乙卷作「瘦」。疑「瘻」爲「瘦」或「癯」之訛。「魁」字劉凱鳴校作「腹」，可不必。「魁」指羹斗或小阜之類，喻其胸瘦骨凸。

按：「清」、「青」當校作「精」或「睛」，指目珠、目瞳。吳蘊慧謂「瘻」字不誤，「魁」讀爲自（堆），小丘〔註 213〕，皆是也。乙卷作「瘦」爲形譌。眼裏精，指眼裏之目瞳。胸前瘻，指胸前之瘻瘤。二者結構一樣。俞曉紅、詹緒左謂「『瘻』當作『瘦』，與上句『清』對舉同義」〔註 214〕，亦非也。

（25）勇猛晚修（P536）

校注：原錄作「象猛脫修」。按：「脫」甲卷實作「晚」。「象」字據項楚校作「勇」。

按：項校是也。晚，當讀爲勉。勉修，猶言勤修。《法句經》卷 1：「當捨浮華，勉修道用。」《正法念處經》卷 22：「常當自勉修諸善業。」「晚」的俗字從日從勉，隋《蕭翹墓誌》即作此形，敦研 361《佛經》：「不相敬，難早臥晚起。」亦其例。

（26）身心戰灼，悚惕何安（P536）

按：戰灼，指內心的驚慌恐懼。《方言》卷 13：「灼，驚也。」字或作㣿，《廣雅》：「㣿，驚也。」王念孫曰：「灼與㣿通。」〔註 215〕《玉篇》：「㣿，憂也。」《玄應音義》卷 12：「㣿，憂懼也。」字或作勺、酌，P.3197《捉季布傳文》：「朱解忽聞稱季布，戰勺唯憂禍入門。」S.5439 同，P.3697、S.5441 作「戰灼」。又「夢見楚家猶戰勺。」S.5439 同，P.3697、P.2648、S.5441、S.1156V 作「戰酌」。字或作悼，《說文》：「悼，懼也。陳、楚謂懼曰悼。」錢大昭曰：「灼、㣿音義同。或說灼當爲悼。書傳

〔註 213〕吳蘊慧《〈敦煌變文校注〉校釋補正》，《敦煌研究》2004 年第 5 期，第 107 頁；又吳蘊慧《〈敦煌變文校注〉校釋零拾》，蘇州大學 2003 年碩士學位論文，第 25 頁。

〔註 214〕俞曉紅、詹緒左《〈破魔變〉校注商補》，《揚州大學學報》2012 年第 1 期，第 122 頁。

〔註 215〕王念孫《廣雅疏證》，收入徐復主編《廣雅詁林》，江蘇古籍出版社 1992 年版，第 66 頁。

卓、勺互通。」〔註 216〕S.328《伍子胥變文》:「江神遙聞劍吼，戰悼湧沸騰波。」字或作逴，《方言》卷 2:「逴，驚也。」吳予天曰:「逴之訓驚，逴之言悼也。」〔註 217〕吳說至確。丁惟汾曰:「逴爲嗷之同音假借。」王獻唐批語云:「逴疑即跳之本字。」〔註 218〕二氏說皆誤，華學誠已指出二說皆臆測，但華氏否認「逴」有「驚」義〔註 218〕，則亦失考。字或作棹，《慧琳音義》卷 25:「戰棹，徒弔反，動也。搖也。」胡適藏本《降魔變文》:「手駐（拄）千年靈壽杖，戰棹來迎太子前。」字或作掉，《玄應音義》卷 2:「戰掉，《字林》:『掉，搖也。』《廣雅》:『掉，振動也。』」《慧琳音義》卷 30:「戰掉，《考聲》云:『掉，動也。』賈注《國語》:『掉，搖也。』」《可洪音義》卷 11:「戰掉，徒了反，戰動也。」又卷 12:「戰掉，大了反，動也。」這種用法的「戰」亦作憚，《廣雅》:「戰，憚也。」又「憚，驚也。」《說苑・正諫》:「以戰小國，其誰能止之？」向宗魯曰:「《魯語》作『以憚小國，其誰云待之？』案：戰與憚通，止、待同義。」〔註 219〕字亦作顫，見下文。這裏附考二個錯誤說法：（a）S.3399《書儀》:「下情無任戰懼。」又「下情無任感恩惶懼。」曾良謂「惶懼」即「戰灼」，並指出「『懼』很容易因疏忽誤錄爲『懼』，實際上是『悼』的俗寫」〔註 220〕，其說得失各半。考《可洪音義》卷 2:「憂懼：音具，正作懼。」又卷 3:「不懼：音具。」又卷 8:「懼有：上音具，正作懼。」又「畏懼：其句反，正作懼。」又卷 12:「惶懼，上音惶，下音懼。」是「懼」即「懼」之形誤字，「惶懼」即「戰懼」也。胡適藏本《降魔變文》:「六師戰懼驚嗟。」是其例。（b）上引《降魔變文》「戰棹」，徐復曰:「『棹』是『掉』字的錯寫，『戰』是『戰抖』，『掉』是『顫動』。」〔註 221〕又曰:「我們看到《說文繫傳》:『顫，俗言顫掉不正。』就可決定『顫掉』是俗語詞。『戰棹』和『顫

〔註 216〕錢大昭《廣雅疏義》，收入徐復主編《廣雅詁林》，江蘇古籍出版社 1992 年版，第 66 頁。

〔註 217〕吳予天《方言注商》，上海商務印書館民國 25 年版，第 24 頁。

〔註 218〕丁惟汾《方言音釋》，齊魯書社 1985 年版，第 33 頁。

〔註 218〕華學誠《揚雄〈方言〉校釋論稿》，高等教育出版社 2011 年版，第 238 頁。

〔註 219〕向宗魯《說苑校證》，中華書局 1987 年版，第 234 頁。

〔註 220〕曾良《敦煌文獻字義雜考》，《語言研究》1998 年第 2 期，第 159 頁。

〔註 221〕徐復《敦煌變文詞語研究》，《中國語文》1961 年第 8 期；又收入《徐復語言文字學叢稿》，江蘇古籍出版社 1990 年版，第 229 頁。

掉』意義相同。」〔註 222〕蔣禮鴻曰：「『棹』是錯字，『戰棹』就是『顫掉』。」〔註 223〕二氏除謂「『棹』是錯字」稍有不安外，謂「就是『顫掉』」至確。《說文》：「顫，頭不正也。」又「掉，搖也。《春秋傳》曰：『尾大不掉。』」《廣雅》：「掉，動也。」《玉篇》：「顫，顫動也。」「顫」訓顫動，故許氏云「頭不正也」。是「顫掉」同義連文。《玄應音義》卷 15：「疢頭：《說文》：『疢，顫也。』謂顫掉不正也。顫又作戰。」玄應指出「顫」可通作「戰」。「顫掉」連文，正可以釋「戰棹」。藏經「戰掉」、「顫掉」一詞甚多，用以形容身體部位之顫抖。《修行道地經》卷 1：「其頭戰掉，視之可憎。」《過去現在因果經》卷 2：「舉身戰掉，不能自持。」《佛本行集經》卷 52：「身體憔悴，羸瘦戰掉，不能得安。」《善思童子經》卷 1：「心生恐怖，身毛悉竪，支節戰掉，不能自持。」上四例，一本皆作「顫掉」。《釋迦譜》卷 1：「舉身顫掉，不安本座。」皆其例也。「戰悼」指內心驚懼，「戰掉」指身體顫抖，二者所用雖有分別，然語源實同也。《可洪音義》卷 6、9、13、21、22 並指出：「戰悼，徒了反，正作掉。」《大寶積經》卷 103：「更增惶恐，戰悼不安。」一本作「戰掉」。是其證也。郭在貽等謂諸詞「皆一詞異寫」〔註 224〕，亦得之。項楚引蔣禮鴻說，又曰：「『戰棹』或是『戰悼』之誤，也是可能的。」〔註 225〕蔣冀騁曰：「『戰灼』、『戰悼』是同義詞，並非一詞異寫。」〔註 226〕斷爲二橛，斯皆非會通之言也。華學誠謂「戰悼」、「顫掉」與「謾台」、「謾怠」義同〔註 227〕，無有所據，古音相隔甚遠。

（此文刊於《文津學誌》第 6 輯，2013 年 8 月出版。趙家棟博士曾提過很好的修改意見，謹此致謝！）

〔註 222〕徐復《評〈敦煌變文字義通釋〉（增訂本）》，收入《徐復語言文字學叢稿》，江蘇古籍出版社 1990 年版，第 250 頁。

〔註 223〕蔣禮鴻《敦煌變文字義通釋》，收入《蔣禮鴻集》卷 1，浙江教育出版社 2001 年版，第 151 頁。

〔註 224〕郭在貽等《敦煌變文集校議》，收入《郭在貽文集》卷 2，中華書局 2002 年版，第 85 頁。

〔註 225〕項楚《敦煌變文字義續拾》，《敦煌語言文學研究》，北京大學出版社 1988 年版，第 100～101 頁。

〔註 226〕蔣冀騁《敦煌文獻研究》，湖南師範大學出版社 2005 年版，第 148 頁。

〔註 227〕華學誠《揚雄〈方言〉校釋論稿》，高等教育出版社 2011 年版，第 234 頁。

《降魔變文》校補

《敦煌變文集》卷 4 收《降魔變文》一篇，係由王重民據胡適藏本、羅振玉藏本、P.4615、P.4524、S.4398、S.5511 六個寫本校錄〔註 228〕，其後徐震堮《〈敦煌變文集〉校記補正》、《〈敦煌變文集〉校記再補》〔註 229〕，蔣禮鴻《敦煌變文字義通釋》〔註 230〕，潘重規《敦煌變文集新書》〔註 231〕，項楚、《敦煌變文選注》、《〈降魔變文〉補校》〔註 232〕，郭在貽、張涌泉、黃征《敦煌變文集校議》〔註 233〕，黃征、張涌泉《敦煌變文校注》〔註 234〕，黃征《〈降魔變文〉研究》〔註 235〕，各有校訂，貢獻良多。然仍未盡善，猶待補正。

（1）善幾策於胸衿，洞時機於即代（P553）

校注：即代，疑應讀作「積代」，謂時間之久。

項校：即代，當代。（P655）

按：項說是也，俞曉紅、詹緒左說亦同，並列舉了佛經中的 2 個例證〔註 236〕。這裏補舉敦煌文獻的用例：Дx00169+Дx00170+Дx02632V《書儀》：「形同女質，志參丈夫，即代之稀有也。」同文 S.343 作「節世希之有也」，P.2443V 作「即一大（代）之稀有也」。S.343「節世」即「即世」，「希之」當乙作「之希」。P.2915：「〔即〕世奇希，古今未有。」脫字爲「即」無疑。

〔註 228〕王重民等《敦煌變文集》，人民文學出版社 1957 年版。羅振玉藏本今藏臺北中研院傅斯年圖書館。

〔註 229〕徐震堮《〈敦煌變文集〉校記補正》、《〈敦煌變文集〉校記再補》，《華東師大學報》1958 年第 1、2 期；收入鄭阿財、顏廷亮、伏俊連主編《中國敦煌學百年文庫・文學卷（二）》，甘肅文化出版社 1999 年版。

〔註 230〕蔣禮鴻《敦煌變文字義通釋》，收入《蔣禮鴻集》卷 1，浙江教育出版社 2001 年版。

〔註 231〕潘重規《敦煌變文集新書》，文津出版社有限公司 1994 年初版。

〔註 232〕項楚《敦煌變文選注》，中華書局 2006 年版。項楚《〈降魔變文〉補校》，《敦煌研究》1986 年第 4 期。

〔註 233〕郭在貽等《敦煌變文集校議》，嶽麓書社 1990 年版；又收入《郭在貽文集》卷 2，中華書局 2002 年版。

〔註 234〕黃征、張涌泉《敦煌變文校注》，中華書局 1997 年版。

〔註 235〕黃征《〈降魔變文〉研究》，《南京師大學報》2002 年第 2 期。

〔註 236〕俞曉紅、詹緒左《〈降魔變文〉校注商補》，《安徽師範大學學報》2010 年第 1 期，第 112 頁。

（2）天仙閦塞虛空，四眾雲奔衢路（P554）

校注：蔣禮鴻校：「『閦塞』按文義也應該是闐塞，但同篇又有『平等閦然齊』的話，不知應該怎樣解釋，只能闕疑。」按：《玉篇》：「閦，眾也。」《玄應音義》卷3：「閦，文字所無，相承叉六反。」可知此字爲佛經翻譯時所創，「初六反」與「惻（側）塞」之「側」音近。故「閦塞」、「側塞」實爲同詞異字，皆即充塞遍滿之意。

項校：按《玉篇》：「閦，眾也。」則「閦塞」應爲擁擠、充塞之義。（P668）

按：陳方引《龍龕手鑑》「閦，眾也」，謂「閦塞」即「塞滿」〔註237〕，《校注》及項校，改引作更早的《玉篇》。《佛本行集經》卷29：「閦塞塡噎菩提樹前。」宋本作「側塞」。又卷30：「虛空閦塞諸天眾，百千萬億那由他。」元、明本作「閉塞」。《力莊嚴三昧經》卷1：「天蓋幢幡，閦塞周遍。」宮本脫誤作「門塞」，《可洪音義》卷8所見本作「閦塞」，云：「閦，初六反」。《佛本行集經》卷37：「爾時，恒河此彼兩岸，有於八萬四千眾類，閦然集聚。」「閦然」義亦同。「閦塞」與「閉塞」、「闐塞」同義。音轉作「畟塞」，《慧琳音義》卷24：「畟塞：上楚力反，毛詩《傳》曰：『畟畟，猶側側也。』按：畟塞，人稠也。』」又卷78：「畟塞：上音惻。」又卷79：「畟塞：上初色反。」「畟」音初色反，「閦」音初六反，一聲之轉也。S.1032《佛說如來成道經》：「大身彌輪（淪）八極，畟塞空庭。」又寫作同音的「側塞」、「堲塞」〔註238〕，《史記・秦本紀》：「（秦）昭襄王。」《索隱》：「名則，一名稷。」《御覽》卷81引《尚書中候考河命》：「舜至于下稷，榮光休至。」注：「稷，讀曰側下之側。」《初學記》卷6引《尚書中侯》：「至於下稷，赤光起。」宋均注：「稷，讀曰側。」《書鈔》卷158引同，《文選・赭白馬賦》李善注亦引宋均注：「稷，側也。」《史記・田敬仲完世家》：「齊稷下學士復盛。」《索隱》引《齊地記》：「齊城西門側，系水左右有講室，趾往往存焉。」《索隱》曰：「蓋因側系水出，故曰稷門。古側、稷音相近耳。」《易・豐》彖曰：「日中則昃。」《釋文》：「昃，如字，孟作稷。」「昃」同「側」。馬王堆帛書《陰陽十一脈灸經》甲本：「〔不〕

〔註237〕陳方《〈降魔變文〉校議》，《山西師大學報》1988年第3期，第56頁。

〔註238〕《玉篇》：「𨗉，古文廁。」從畟從則古通，另參見張儒、劉毓慶《漢字通用聲素研究》，山西古籍出版社2002年版，第68頁。

可以反稷。」乙本作「則」。此皆「側」、「畟」同音之證。《出曜經》卷7：「側塞虛空。」元、明本作「畟塞」。《方廣大莊嚴經》卷 9：「畟塞填咽菩提樹邊。」宋本作「側塞」。《佛本行經》卷 6：「測塞虛空中，雨諸天華香。」宋本作「側塞」，元、明本作「畟塞」。《集神州三寶感通錄》卷 1：「乃覩塔內畟塞僧徒合掌而立。」宋、元、明本作「充塞」，義同。《施食通覽》卷 1：「爲無量器滿其施場，畟塞周徧。」《金園集》卷 2 作「界塞」，形之誤也。《增壹阿含經》卷 18、《過去現在因果經》卷 3、《佛說長者音悅經》卷 1 並有「側塞虛空」之例，別本作「堲塞」。亦作「測塞」〔註 239〕，《法華經三大部補注》卷 10：「測塞者，測應作畟。畟畟，塞滿也。」《天台菩薩戒疏》卷 1：「第二遍時，此妙戒法測塞虛空，雲集頂上。」亦作「惻塞」，《降魔變文》下文云：「天魔億萬，惻塞虛空。」又「或現大身，惻塞虛空；或現小身，猶如芥子。」項楚曰：「『惻』當作『側』。」殊爲無謂。宋代《廣施無遮道場儀》卷 1：「不捨慈悲四弘誓，惻塞目前如雲集。」亦作「仄塞」，《廣弘明集》卷 26 梁武帝《斷酒肉文》：「仄塞虛空。」唐・顏眞卿《宋州官吏八關齋會報德記》：「法筵等供，仄塞於郊坰；贊唄香花，喧填於晝夜。」亦作「嗇塞」，P.2931《佛說阿彌陀經講經文》：「現大身而㵕塞虛空，化少身形如芥子。」《校注》：「㵕，原錄作『嗇』，校作『逼』；蔣禮鴻則疑爲『偪』字之誤。」〔註 240〕原錄作「嗇」不誤，右旁「𠻸」爲「嗇」俗字。但校作「逼」、「偪」皆未得，「嗇」當以音近借爲「側」，句意顯然與上引《降魔變文》「或現大身，惻塞虛空；或現小身，猶如芥子」相同。考《說文》：「堲，初力切，遏遮也。」《繫傳》音察色反，與「畟」音初色反正同音。《篆隸萬象名義》：「堲，叉力切，遮也。」胡文英曰：「案：堲，盈也。吳中形物之盈者曰堲，如『堲滿』、『堲尖』是也。」〔註 241〕《釋名》：「側，偪也。」《廣雅》：「仄，陋也。」皆與「塞滿」義合。蔣禮鴻指出「惻」、「堲」、「畟」是「側」、「仄」的通用借字，是也；但

〔註 239〕《正法念處經》卷 21：「側滿充遍。」宋本作「測」，元、明本作「堲」。是其證。

〔註 240〕黃征、張涌泉《敦煌變文校注》，中華書局 1997 年版，第 675 頁。

〔註 241〕胡文英《吳下方言考》卷 11，收入《續修四庫全書》第 195 冊，上海古籍出版社 2002 年版，第 98 頁。

與「逼塞」等並列爲同條〔註242〕，則未得。二者是同義而非音轉關係。「惻」、「塉」、「側」、「仄」、「畟」皆「塞」之音轉〔註243〕，「塞」即「䆲」的通用俗字。《說文》：「䆲，窒也。」又「寒，實也。」「寒」爲心之實，故從心。「側塞」就是重言形式「塞塞」的變音詞。黃侃亦指出：「䆲，同『巛』、『塉』。」又云：「巛，同『側』、『䆲』。」又云：「塉，同『巛』、『寔』。」〔註244〕又音轉作「築」，《說文》：「築，擣也。」又「擣，築也。」「築」、「擣」陰入對轉，以聲互訓。引申之，則有塡塞、塡實之義〔註245〕。《新唐書·酷吏傳》：「囚至，築其口，反接，送獄中。」《唐新語》卷12、《舊唐書》作「塞口」。《嘉泰普燈錄》卷25：「只將平生參得多解，築向肚皮袋裏。」《僧寶正續傳》卷1：「採拾言句，攢花簇錦記憶，築向肚皮裏。」今湘語、贛語猶謂塞爲「築」〔註246〕，吳方言猶有「築漏」、「築漏洞」之語〔註247〕。「築塞」同義連文，猶言堵塞、塡塞。《太平廣記》卷479引《錄異記》：「築塞其處，其害乃絕。」《朱子語類》卷108：「今法極繁，人不能變通，只管築塞在這裏。」字亦作𥳑，《集韻》、《類篇》：「𥳑，以手築物。」蒲松齡《日用俗字·飲食章第四》：「東洋多吃喉嚨齷，剩下瓶口要𥳑嚴。」〔註248〕字或作㙇，《玉篇》：「㙇，側六切，塞也。」《廣韻》、《集韻》、《類篇》同。《重訂直音

〔註242〕蔣禮鴻《敦煌變文字義通釋》，收入《蔣禮鴻集》卷1，浙江教育出版社2001年版，第351～354頁。

〔註243〕《易·井》：「爲我心惻。」馬王堆帛書本「惻」作「塞」，上博楚簡（三）本作「寒」。

〔註244〕黃侃《說文同文》，收入《說文箋識》，中華書局2006年版，第30、79、97頁。

〔註245〕《釋名》：「築，堅實稱也。」《儀禮·既夕禮》：「甸人築坅坎。」鄭玄注：「築，實土其中，堅之。」《後漢書·周紆傳》：「常築墼以自給。」楊愼曰：「劉攽《漢書刊誤》云：『墼非築所成，當作塹。』此說大謬。攽本南人，不知土墼也。《字林》：『磚未燒曰墼。』《埤蒼》：『刑（型）土爲方曰墼。』今之土磚也，以木爲模，實〔土〕其中，非築而何？」楊愼《譚苑醍醐》卷7，其說又見《丹鉛續錄》卷7，皆收入《叢書集成新編》第13冊，新文豐出版公司1985年印行，第49、144頁。《後漢書考證》卷107取其說，收入景印文淵閣《四庫全書》第253冊，臺灣商務印書館1986年初版，第503頁。

〔註246〕許寶華、宮田一郎《漢語方言大詞典》，中華書局1999年版，第6188頁。

〔註247〕許寶華、宮田一郎《漢語方言大詞典》記作同音的「捉漏」，中華書局1999年版，第4722頁。

〔註248〕蒲松齡《日用俗字》，收入《蒲松齡集》第2冊（路大荒整理），上海古籍出版社1986年版，第747頁。

篇》:「𡎺，音竹，塞也。」《可洪音義》卷 2 :「梵言阿閦，亦云阿祝。」是「閦」、「祝」音同。佛典中多用「𡎺」字，《祖庭事苑》卷 1 :「𡎺，側六切，塞也。」《古尊宿語錄》卷 15 :「大卷抄將去，𡎺向皮袋裏卜度。」《景德傳燈錄》卷 19「𡎺向」作「塞在」。《大慧普覺禪師語錄》卷 13 :「學者不識好惡，𡎺向皮袋裏將去。」又卷 16 :「是甚麼屎禪，一向𡎺在皮袋裏。」《禪林僧寶傳》卷 15 :「弛擔說偈曰 :『今朝六月六，谷泉被氣𡎺。不是上天堂，便是入地獄。』」《林間錄》卷 2「𡎺」作「足」，音謅。李實《蜀語》:「鼻塞曰𡎺。𡎺音祝。」〔註 249〕今江淮官話謂鼻塞爲「祝鼻子」〔註 250〕，湘語稱爲「𡎺鼻子」〔註 251〕，「祝」即「𡎺」的記音字。俗字亦作瘯，《龍龕手鑑》:「瘯，俗，阻六反，正作𡎺。」「瘯」是庄（莊）羽切的切音合成字〔註 252〕。至於「平等閦然齊」之「閦」，則是「琡」同音借字，就是「齊等」之誼，另詳下文。

（3）纖毫差馳，臣可得全腰領

項楚校：差馳，即「差池」，差錯。下文:「差馳有失，兩人總受萬誅。」（P675）

按:「差馳」同「差池」，不齊也，故引申有差錯之義。字亦作「柴池」等

〔註 249〕李實《蜀語》，收入《叢書集成新編》第 38 冊，新文豐出版公司 1985 年印行，第 684 頁。

〔註 250〕許寶華、宮田一郎《漢語方言大詞典》，中華書局 1999 年版，第 4487 頁。

〔註 251〕參見楊樹達《長沙方言續考》，收入《積微居小學金石論叢》卷 4，上海古籍出版社 2007 年版，第 263 頁。

〔註 252〕此說承趙家棟博士指出，可備一通。這裏補舉一些《龍龕手鑑》中「反切字」的例子如下 :「[illegible]」即丁夜反，「[illegible]」即勾夜反，「[illegible]」即名夜反，「[illegible]」即卑孕反，「[illegible]」即卑也反，「[illegible]」即名養反，「[illegible]」即名也反，「[illegible]」即亭單反，「[illegible]」即亭夜反，「[illegible]」即亭音反，「[illegible]」即亭匠反，「[illegible]」即寧吉反，「[illegible]」即寧壹反，「[illegible]」即寧也反，「[illegible]」即寧立反。皆是也，例多不備舉。《玉篇》:「[illegible]，尾孕切，出釋典。」又「[illegible]，微曳切。」亦其例。古字「微」、「尾」通用，「微曳切」即「尾曳切」，此其變例。這種現象，古人稱爲「自反」或「自切」，清人俞正燮《癸巳類稿》卷 7《反切證義》用大量篇幅專論此種現象；林語堂稱作「漢字中之拼音字」；傅定淼稱作「合音字」；友人龐光華在其博士論文中曾就此現象作過很好的歸納，並補舉了大量的上古漢語的實例，可參看。龐光華《論漢語上古音無複輔音聲母》，中國文史出版社 2005 年版，第 222～239 頁。鄭賢章僅看到《龍龕手鑑》中的例子，因謂這種現象「僅在佛經音譯中存在」，顯然是對「反切字」沒有全面的認識。鄭賢章《〈龍龕手鏡〉研究》湖南師範大學出版社 2004 年版，第 74 頁。

形，方以智曰：「茈虒，一作『傑傂』、『柴傂』、『跐豸』，音此齒。相如《賦》：『柴池茈虒。』又作『傑傂』，總言不齊貌。茈傂之聲，正因柴池，但上二字平聲，下二字上聲，故多互用。揚雄《賦》：『柴傂參差。』張衡《賦》：『增嬋娟以跐豸。』京山曰：『《後漢志》：「術氏冠差池邐迤四重。」即傑傂。』」〔註 253〕

（4）**構扇君臣，離間父子（P556）**

項校：構扇，勾結煽動。（P676）

按：構扇，亦作「勾扇」、「拘扇」、「搆閃」、「拘閃」、「構猒」、「構詃」。本卷下文：「逆臣須達爲頭首，勾扇妖訛亂政眞。」S.5647《吳再昌養男契》、S.5700《吳再昌養男契》并有「莫信閒人搆閃，左南直北」句，P.4075《養男契》作「构猒」。P.4992《馬軍氾再晟狀》：「其楊存進無子，构詃保保爲男，便是走去。」我舊說謂「閃、猒，並讀爲誗，《集韻》、《類篇》並曰：『誗，誘言。』」〔註 254〕趙家棟補充指出「『閃』有此義應爲『詀』的音借」，並舉《慧琳音義》卷 56：「閃誑，字書或作貼，同。」《玉篇》：「詀，多言。」《類篇》：「詀，巧言。」《廣韻》：「詀，被誑。譧，俗。」《集韻》：「詀，妄言。」《龍龕手鑑》：「詀，詌詀也。與謙同。」因云：「『巧語』、『多言』、『妄言』，皆與『欺哄、誘騙』相因。『詀』、『誗』、『閃』皆音義相通。」〔註 255〕趙說是也，《慧琳音義》襲自《玄應音義》卷 11。字亦作謪，《集韻》、《類篇》並曰：「謪，以言惑人。」俗字也作謙、賺、嗛，唐宋以後，文獻中言「賺哄」、「哄賺」、「賺騙」、「賺啜」者，皆取此義〔註 256〕。趙君又舉 S.4000《佛說智慧海藏經》卷下「人非人者，市道郭閃，妄言綺（引者按：原卷作「諦」）語，翻覆無信，諂媚多端……名爲『八邪』」，謂「郭閃」是「搆閃」音轉。竊謂「郭」爲「譈」同音借字，《廣韻》：「譈，譈譈，多言貌。」

〔註 253〕方以智《通雅》卷 6，收入《方以智全書》第 1 冊，上海古籍出版社 1988 年版，第 257 頁。

〔註 254〕參見蕭旭《敦煌契約文書校補》，收入《群書校補》，廣陵書社 2011 年版，第 1094～1095 頁。

〔註 255〕趙家棟《敦煌文獻疑難字詞研究》，南京師範大學 2011 年博士學位論文，第 143 頁。

〔註 256〕參見蕭旭《「賺」字「欺騙」義小考》。

《集韻》:「譢，譢譢，多言。」字或作嘓、咸，《廣韻》:「嘓，口嘓嘓煩也。」《集韻》:「嘓、咸：嘓嘓，語煩。或从或。」《東莞縣志》卷11《方言》:「今莞俗嗔人煩擾亦曰口嘓嘓，此亦古語。」〔註 257〕字或作漷，水聲之專字，《六書故》:「漷，漷漷，水聲也。」

（5）振睛怒目（P556）

按：此卷下文：「震目揚眉，張牙切齒。」又「天王回顧震睛看，二鬼迷悶而擗地。」S.328《伍子胥變文》:「振睛努目。」振、震，並讀爲瞋（眓）〔註 258〕，《說文》:「瞋，張目也。眓，祕書瞋從戌。」〔註 259〕字或作賑，《集韻》:「瞋、眓、賑：《說文》『張目也。』祕書瞋從戌從辰。」字或作眒，S.6176《箋注本切韻》:「眒，張目，式刃反。」《集韻》:「眒，張目也，或作瞋。」字或作嗔，P.2854《四天王文》:「或扼腕而靈祇開闢，或嗔目而妖媚（魅）吞聲。」P.2976《五更轉》:「被他將衣面上蓋，合眼瞑瞑不解嗔。」二例「嗔」即「瞋」〔註 260〕。字或作嗔、摃、楨，P.2418《父母恩重經講經文》:「共語高聲應對人，擬嗔嗔眼如相喫。」又「應對高聲由（猶）可怒（恕），嗔眉努眼更堪傷。」又「交招則亂發言千種，約束早嗔眉努兩肥。」S.4571《維摩詰經講經文》:「修羅展臂楨雙眼，龍神降肥努兩眉。」郭在貽等曰：「『嗔』疑爲『瞋』字別構……『楨』殆爲『瞋』字之假。」〔註 261〕P.2467《眞藏經第三》:「受報無休息，摃眼四邊張。」黃征、張涌泉謂「摃、嗔、楨的本字疑當是『瞪』」〔註 262〕，未得其源，「瞪」亦「瞋」之音轉俗字也。

〔註 257〕《東莞縣志》，民國鉛印本。

〔註 258〕參見蔣冀騁、吳福祥《近代漢語綱要》，湖南教育出版社 1997 年版，第 341 頁。

〔註 259〕段玉裁注謂祕書指緯書；丁福保謂當作「賈祕書」，指賈逵。丁聲樹考證，指出丁福保說誤。參見丁聲樹《〈說文〉引祕書爲賈逵說辨正》，《歷史語言研究所集刊》第 21 本第 1 分，第 55～61 頁。

〔註 260〕參見蕭旭《〈敦煌願文集〉校補》、《〈敦煌歌辭總編匡補〉札記》，並收入《群書校補》，廣陵書社 2011 年版，第 1026、1369 頁。

〔註 261〕郭在貽等《敦煌變文集校議》，收入《郭在貽文集》卷 2，中華書局 2002 年版，第 403 頁。

〔註 262〕黃征、張涌泉《敦煌變文校注》，中華書局 1997 年版，第 794 頁；說又見張涌泉《俗字研究與敦煌文獻的校理》，收入《敦煌文藪（下）》，新文豐出版股份有限公司 1999 年版，第 100 頁。

（6）三門樓下素（塑）金剛，院院教畫丹青像（P558）

按：「素」爲本字，俗作「塑」、「塐」。《六書故》：「康成曰：『形法定爲素。』俗作塑、塐。」章太炎曰：「《士喪禮》注：『形法定爲素。』今杭州謂凡模可以攝物就形者爲素子，又凡以土木模寫形象，通語亦謂之素。字變作塐，『塐象』是也。」〔註 263〕黃侃曰：「素，由白緻繒義引申爲白質，再引申爲製造模型，今作塐、塑。」〔註 264〕《集韻》：「塑、塐：埏土象物也，或從素，通作素。」《龍龕手鑑》：「塑、[illegible]：二或作。塐：正。埋塐形像也。」《希麟音義》卷 5：「捏塑：下乘故反，《切韻》：『以泥塑像也。』《古今奇字》作塐。《經文》作素，非。」希麟以作「素」爲非，未得字源也。「教」同「交」，猶言皆也、都也、俱也。

（7）若來此國損平人，不可開眼而蹋刺（P559）

校注：「開眼而蹋刺」當爲俗諺，形式與《燕子賦（一）》「開眼尿床」同，意即明知故犯。

項校：開眼而蹋刺，俗語，形容明知有禍，故意不避。（P701）

按：二說皆爲臆測，無有證據。郭在貽等解爲「腳蹋在荊刺上」〔註 265〕，亦未得。「蹋刺」疑「偺[illegible]」音轉，唐、宋俗語詞。《廣韻》：「偺，偺[illegible]，忽（愛）觸人也。」〔註 266〕又「[illegible]，偺[illegible]，愛觸忤人也。」〔註 267〕《集韻》：「偺，偺[illegible]，忽（愛）觸人也。」〔註 268〕又「[illegible]，偺[illegible]，

〔註 263〕章太炎《新方言》卷 2，收入《章太炎全集（7）》，上海人民出版社 1999 年版，第 30 頁。

〔註 264〕黃侃《說文段注小箋》，收入《說文箋識》，中華書局 2006 年版，第 223 頁。

〔註 265〕郭在貽等《敦煌變文集校議》，收入《郭在貽文集》卷 2，中華書局 2002 年版，第 250 頁。

〔註 266〕《鉅宋廣韻》、古逸叢書覆宋本、澤存堂本、四部叢刊巾箱本皆誤從瓜作「[illegible]」，今正。「忽」疑「愛」誤。

〔註 267〕此據《鉅宋廣韻》從爪作「[illegible]」，古逸叢書覆宋本、澤存堂本、四部叢刊巾箱本、古逸叢書覆宋本從瓜作「[illegible]」。趙少咸曰：「此『[illegible]』原誤從瓜作『[illegible]』，今正。」趙少咸《廣韻疏證》，巴蜀書社 2010 年版，第 3245 頁。

〔註 268〕此據南宋初明州刻本、潭州宋刻本、金州軍刻本、文淵閣四庫本從爪作「[illegible]」，寧波明州述古堂影宋鈔本、萬有文庫影印日本天保九年重刊顧廣圻補刻本、錢恂藏揚州使院本、曹氏楝亭本誤從瓜作「[illegible]」。

抵牾也，一曰不循理。」〔註 269〕《龍龕手鑑》：「⿰爪至，偺⿰爪至。」〔註 270〕《古尊宿語錄》卷 18：「師云：『作麼生是打靜一句？』僧云：『出頭即偺⿸厂侄（⿰爪至）。』」字或作「譗諲」，《集韻》：「譗，譗諲，言無倫脊也。」又「諲，譗諲，言無倫脊也。」《駢雅》卷 2：「譗諲，言無次也。」不循理、言無倫脊者，指言無倫次地衝撞別人，亦即觸忤人之誼。今閩語尚謂囉嗦、語無倫次爲「譗諲」〔註 271〕。記音俗字作「劄箌」、「劄窒」、「劄室」、「劄噴」，「箌」本當作「窒」，涉「劄」字類化。S.6204《碎金》：「人劄箌，知角反，知訖反。」〔註 272〕宋・趙叔向《肯綮錄・俚俗字義》：「罵人曰偺⿸厂侄（⿰爪至），音劄窒。」〔註 273〕P.3155《孔子備問書》：「世上略有十種剳（劄）窒之事。」P.2721《雜抄》作「劄室」〔註 274〕。《聯燈會要》卷 10：「師云：『幸自非言，何須譗諲？』」《拈八方珠玉集》卷 1 作「劄窒」，《天聖廣燈錄》卷 13 作「箚箌」，《建中靖國續燈錄》卷 7 作「劄噴」。「箚箌」即「劄箌」之譌。《祖庭事苑》卷 7：「剳窒，當作『譗諲』，言無倫脊也。或作『偺⿸厂侄（⿰爪至）』，抵鋙也，一曰不循理。」「剳窒」亦即「劄窒」之譌。重言則作「譗譗諲諲」，《石溪心月禪師語錄》卷 2：「譗譗諲諲，紛紛紜紜。」俗字又作「由甲」，P.2717《碎金》：「人劄箌，知角反，知訖反。由甲，同上。」P.2015《大唐刊謬補闕切韻・洽韻》：「甲，由甲。」張小豔謂《切韻》當改字頭作「由」，作「由，由甲」〔註 275〕，

〔註 269〕此據南宋初明州刻本、寧波明州述古堂影宋鈔本從爪作「⿰爪至」，潭州宋刻本、萬有文庫影印日本天保九年重刊顧廣圻補刻本、金州軍刻本、錢恂藏揚州使院本、曹氏楝亭本、文淵閣四庫本皆誤從瓜作「⿰瓜至」。

〔註 270〕早稻田大學藏本、續古逸叢書本、文淵閣四庫本、光緒壬午年樂道齋本皆收於爪部從爪作「⿰爪至」，高麗本缺。

〔註 271〕參見許寶華、宮田一郎《漢語方言大詞典》，中華書局 1999 年版，第 5830 頁。

〔註 272〕P.3906、P.2058 同。

〔註 273〕宋・趙叔向《肯綮錄》，收入《叢書集成新編》第 11 冊，新文豐出版公司 1985 年版；中國科學院圖書館藏清嘉慶南匯吳氏聽彝堂刻藝海珠塵本「⿰爪至」亦誤作「⿰瓜至」，注音作「扎室」，收入《四庫存目叢書》子部第 95 冊，北京大學出版社 1996 年版，第 793 頁。

〔註 274〕P.2721《雜抄》，P.3155《孔子備問書》，分別收入《法藏敦煌西域文獻》17、22 冊，上海古籍出版社 2001、2002 年版，第 359、51 頁。王三慶《敦煌類書》P.3155 誤錄作「劄室」，麗文文化事業股份有限公司 1993 年版，第 562 頁。

〔註 275〕張小豔《唐五代韻書與敦煌文獻的解讀》，《敦煌研究》2008 年第 5 期，第 43 頁。。

是也，其字收在《洽韻》，故字頭當作「甴（劄）」。《正字通》：「訂正《篇海》……由（甴）音札，甲音押……非俗即譌，皆可刪。」「甴音札」是，「甲音押」則誤也。倒言則作「座沓」，衝撞、衝突也。《文選・七發》：「發怒座沓，清升踰跇。」李善註：「言初發怒，礙止而涌沸。少選之頃，清者上升，遞相踰跇也。《說文》曰：『座，礙止也。』座或為底古字也，杜預《左氏傳》〔注〕曰：『底，平也。』《埤蒼》曰：『沓，釜沸出也。』」李氏拘於字形，未得厥誼。段玉裁、王筠皆取李注，朱駿聲因又謂「沓，叚借為涾」〔註 276〕，斯皆失之。「偺侄」者，是同義連文：(a) 偺之言笪也，《說文》：「笪，笞也。」字或作担（非「擔」）、撻，《廣雅》：「担、撻，擊也。」王念孫曰：「《說文》：『笪，笞也。』《玉篇》、《廣韻》竝音丁但切，笪與担同。《集韻》引《廣雅》作笪。」〔註 277〕惠棟、錢坫、高翔麟並謂「笪」同「撻」〔註 278〕。《玉篇》：「撻，笞也。」字或作搭，《廣韻》引《音譜》：「搭，打也。」字或作搭，《集韻》：「搭，擊也。」字或作搨、搶、毃，蔣斧印本《唐韻殘卷》：「搨，手打，或作搶。」〔註 279〕《集韻》：「搨，打也，或作搶。」又「毃、搶：擊也，或从手。」(b) 侄之言挃也，《淮南子・兵略篇》：「夫五指之更彈，不若卷手之一挃。」許慎注：「挃，擣也。」《廣韻》：「挃，撞挃。」字或抶，《廣雅》：「抶，搏也。」《玉篇》：「抶，挃也。」字或作銍，《賈子・勢卑》：「夫胡人於古小諸侯之所銍權而服也。」字或作擡、挃，《集韻》：「擡、挃：《博雅》：『擿也。』或省。」又「挃，擣也，通作挃。」《龍龕手鑑》：「擡，撞也，与挃同。」字或作噎、咥，《廣雅》：「噎，咄也。」《玄應音義》卷 7：「噎，怒也。」蔣斧印本《唐韻殘卷》：「噎，噎咄。」〔註 280〕P.2717《碎金》：

〔註 276〕段玉裁《說文解字注》，上海古籍出版社 1981 年版，第 445 頁。王筠《說文解字句讀》，中華書局 1988 年版，第 353 頁。朱駿聲《說文通訓定聲》，武漢市古籍書店 1983 年版，第 110 頁。

〔註 277〕王念孫《廣雅疏證》，收入徐復主編《廣雅詁林》，江蘇古籍出版社 1992 年版，第 228 頁。

〔註 278〕惠棟《讀說文記》，錢坫《說文解字斠詮》，高翔麟《說文字通》，並收入丁福保《說文解字詁林》，中華書局 1988 年版，第 4914～4915 頁。

〔註 279〕蔣斧印本《唐韻殘卷》，收入周祖謨《唐五代韻書集存》，中華書局 1983 年版，第 716～717 頁。

〔註 280〕蔣斧印本《唐韻殘卷》，收入周祖謨《唐五代韻書集存》，中華書局 1983 年版，第 706 頁。

「人嗟咄：丁列反，盧聿反。」〔註281〕《廣韻》：「嗟，嗟咄，叱呵也。」《集韻》：「嗟，嗟咄，語無節。」《龍龕手鑑》：「嗟，俗。嗟，正。嗟咄，叱呵也。」唐・元稹《有鳥》：「有鳥有鳥皆百舌，舌端百囀聲咄嗟。」舊注：「嗟，音質。」嗟謂以言語呵斥人，故字從口。本字疑爲抶、趃〔註282〕，《說文》：「抶，笞擊也。」又「趃，觸也。」（c）以言語衝撞別人，故專字從人作「偺⿰亻厔」，或從言作「諮譮」。范寅曰：「偺⿸厂侄（⿰亻厔）：『札至』，堅固。」〔註283〕姜亮夫曰：「偺⿸厂侄（⿰亻厔），《廣韻》：『忽觸人也。』音扎室，昭人有此語，曰你偺⿸厂侄（⿰亻厔）了不起，你偺⿸厂侄（⿰亻厔）得很，意猶北語之綽實，即俗所謂了不得。與『紮實』音同而義別。」〔註284〕「⿸厂侄」亦「⿰亻厔」之誤，二氏皆未能訂正。人性很戾爲「偺⿰亻厔」，器物堅固亦爲「偺⿰亻厔」，二義固相因也。俗記其音作「札實」，元・鄭光祖《梧桐樹・題情》套曲：「癡心枉做千年調，不札實似風竹搖，無投奔似風絮飄。」姜氏謂「音同義別」，猶隔一間。吳語謂「結實、牢固、強壯」爲「紮制」，又謂盛物多爲「紮制」〔註285〕。「了不得」、「盛物多」又結實之引申義。「紮制」亦「偺⿰亻厔」之記音字。變文「蹋刺」，與上句「損」言損折義相因，猶言觸忤、頂撞。開眼而蹋刺，猶言無緣無故睜眼就頂撞得罪別人也。

（8）六師聞請佛來住，心生忿怒，頰帳（漲）題高，雙眉斗豎，切齒衝牙，非常慘醋（P559）

校注：蔣禮鴻云：「慘醋：氣惱，羞愧。又『外道慘酢口燋黃』，『慘酢』就是『慘醋』，這是羞愧義。『醋』、『酢』同音，疑這二字都是『怍』的假借字。」

項校：按「慘」、「醋」皆有羞愧之義，引申爲羞惱之義。（P704）

按：讀醋（酢）爲怍（zuò），自無問題，但解爲羞愧，於文義不切。「醋」、

〔註281〕P.3906、P.2058、S.6204 脫二「反」字。

〔註282〕以上略見蕭旭《淮南子校補》，花木蘭文化出版社 2014 年版，第 479 頁。此有所補充。

〔註283〕范寅《越諺》卷中（侯友蘭等點注），人民出版社 2006 年版，第 182 頁。范氏以「札至」擬其音。

〔註284〕姜亮夫《昭通方言疏證》，收入《姜亮夫全集》卷 16，雲南人民出版社 2002 年版，第 9 頁。

〔註285〕參見許寶華、宮田一郎《漢語方言大詞典》，中華書局 1999 年版，第 503 頁。

「酢」疑當讀爲「蹙（cù）」。《爾雅》：「慘，憂也。」P.2011 王仁昫《刊謬補缺切韻》：「慘，慼。」《方言》卷 13：「傪，慆也。慆，惡也。」郭注：「慘悴惡事也。」《玉篇》：「慘，愁也。慆，悒也。悒，憂也。」《篆隸萬象名義》：「慆，悒，惡，悴。」「傪」即「慘」之借字，「慆」同「愁」、「愀」，亦即「蹙」之音轉。「慘醋（傪酢）」即「傪慆」、「慘蹙」，猶言憂愁、煩躁。唐・張彥遠《法書要錄》卷 10：「末秋初冬，必思與諸君一佳集，遣無益，快共爲樂，欲省補頃者之慘蹙也。」《太平廣記》卷 308 引唐・薛用弱《集異記》：「總憑几忽若假寐，而神色慘蹙，不類於常。」《玉泉子》作「慘慼」。字亦作「慘慼」，《廣韻》：「慘，慘慼也。」《三國志・呂蒙傳》：「（孫）權爲之慘慼。」《御覽》卷 374 謝承《後漢書》：「（趙）昱慘慼消瘦，眼不交睫。」字或作「慘戚」，漢・蘇武《答李陵詩》：「憂心常慘戚，晨風爲我悲。」字亦作「慘慽」，唐・李白《北上行》：「慘慽冰雪裏，悲號絕中腸。」《樂府詩集》卷 33 作「慘戚」。前蜀・杜光庭《散壇設醮》：「大賢明道教，慘慽憫頑夫。」

（9）從生至死，從死復生（P560）

按：至，S.5694、Дx.2510《如來成道經》並作「復」。《佛說灌頂經》卷 12：「佛告阿難：『我作佛以來，從生死復至生死，勤苦累劫，無所不經，無所不歷，無所不作，無所不爲。』」

（10）無事不作，無事不成，無所不曆（歷），無所不經

按：作，S.5694 同，Дx.2510 誤作「在」。《佛說灌頂經》亦作「作」字。

（11）二十未滿，騰越宮城（P560）

按：S.5694、Дx.2510 並作「勝越空城」，「勝」爲「騰」形譌，「空」爲「宮」音譌。《經律異相》卷 7、《釋迦譜》卷 2 言如來「騰越宮城，逃至王田」。

（12）勤苦累歲，瘦損其形（P560）

按：歲，S.5694、Дx.2510 並作「劫」，《佛說灌頂經》亦作「劫」字。「劫」指年歲久遠。瘦損，S.5694、BD09145.1 並作「損瘦」。

（13）鳥鵲巢頂，養子得成（P560）

按：項楚原校：「『鳥』當作『烏』。」〔註286〕無據。典出《僧伽羅剎所集經》卷1：「（菩薩）於彼端坐思惟不移動，鳥巢頂上，覺知鳥在頂上乳，恒恐懷怖懼卵墮落，身不移動。是時便觀察，便捨身而行，彼處不動，善慇懃力生，樂攝彼。是時鳥已生翅，已生翅未能飛，終不捨去。」黃征謂原卷作「鸟」，即「烏」〔註287〕；俞曉紅、詹緒左引《本如實性禪師景川和尚語錄》卷上「吾大覺世尊棄金輪寶位，入雪山端坐六年，蘆芽穿膝，烏鵲巢肩」爲證〔註288〕。原卷作「烏」，亦是「鳥」之誤。二氏引「烏鵲巢肩」非也，與「養子得成」不是同一典故。

（14）頭如蓬窠，項似針釘（P560）

校注：「針釘」喻頸項之細。

按：項，S.5694同，BD09145.1誤作「頂」。

（15）肋如朽屋之椽，眼如井底之星（P560）

按：朽，S.5694、BD09145.1並作「腐」。椽，S.5694同，BD09145.1誤作「椓」。《佛本行集經》卷25：「身體瘦削，無復肌膚，唯有骨皮裹身而已。眼深却（坎）陷，如井底星，遍體屈折，節節離解。」又卷49：「或復消瘦，唯有筋骨，眼目欠（坎）陷，如井底星，迷悶在地，頭髮蓬亂，塵土坌身，甚大羸瘦。」《方廣大莊嚴經》卷7：「我昔唯食一麥之時，身體羸瘦如阿斯樹，肉盡肋現如壞屋椽，脊骨連露如筇竹節，眼目欠（坎）陷如井底星，頭頂銷枯如暴乾瓠。」P.2292：「四體有同臨岸樹，雙眸無異井中星。」

（16）項背暉盈，胸題萬字，了了分明（P560～561）

按：S.5694、S.1032、BD09145.1並作「胸前萬字，了了分明。背上圓光，晃照暉盈」。是此卷脫「圓光晃照」四字也。

〔註286〕項楚《〈降魔變文〉補校》，《敦煌研究》1986年第4期，又收入《敦煌文學叢考》，上海古籍出版社1991年版，第262頁。

〔註287〕黃征《〈降魔變文〉新校》，收入《敦煌語言文字學研究》，甘肅教育出版社2002年版，第261頁。

〔註288〕俞曉紅、詹緒左《〈降魔變文〉校注商補》，《安徽師範大學學報》2010年第1期，第114頁。

（17）廣長舌相，額廣能平，師子王臆，毛螺旋生（P561）

項校：額廣能平，佛的八十種好中，第三種好是「額廣平正」。師子王臆，佛的三十二種相中，第二十一相是「胸膺方整如師子」。（P713）

校注：能，如此，恁地，參《通釋》。

按：額廣能平，S.5694 作「額廣然平」，BD09145.1 作「額廣平然」。「能」當作「然」。

當據 BD09145.1 作「額廣平然」〔註 289〕，此卷及 S.5694 誤倒。臆，S.5694、S.1032、BD09145.1 並作「頰」。《方廣大莊嚴經》卷 3 言佛三十二相之第十三相是「頰如師子」，第十六相是「前分如師子王臆」。則作「臆」作「頰」皆可。螺，S.5694、S.1032 並作「蠡」，BD09145.1 作「□」，皆爲「蠃」的俗字。《玄應音義》卷 2：「螺王：古文蠃，同。經文作□，借音耳。」莊炘曰：「□即蠡省文。」〔註 290〕

（18）如來涅而不死，槃而不生（P561）

按：S.5694、S.1032、BD09145.1 並作「如來槃而不死，涅而不生」。

（19）攪之不濁，澄之即清（P561）

按：S.5694、S.1032、BD09145.1 並作「攪之不濁，澄之不清」。此卷「即」當爲「不」字誤書。漢・張衡《髑髏賦》：「合體自然，無情無欲。澄之不清，混之不濁。」《後漢書・黃憲傳》：「叔度汪汪若千頃陂，澄之不清，淆之不濁，不可量也。」李賢注：「淆，混也。」《類聚》卷 22 引《郭泰別傳》作「澄之不清，混之不濁」，《後漢書・郭太傳》作「澄之不清，撓之不濁」，《世說新語・德行》作「澄之不清，擾之不濁」，皆狀其器量深廣，難以測度。寫卷借用漢代成句以贊佛耳。《大方廣佛華嚴經隨疏演義鈔》卷 61：「以萬頃之陂爲其量故者，蔡邕歎郭林宗云：『汪汪若萬頃之陂，既撓之不濁，亦澄之不清，言其量大也。』」此得正解。《華嚴經行願品疏》卷 8：「撓之不濁，本性淨故；澄之不清，非

〔註 289〕李文潔、林世田《〈佛說如來成道經〉與〈降魔變文〉關係之研究》已指出：「作『平然』，是。」《敦煌學輯刊》2005 年第 4 期，第 52 頁。

〔註 290〕清道光二十五年海山仙館叢書本，收入《續修四庫全書》第 198 冊，上海古籍出版社 1996 年影印，第 23 頁。

今淨故。」此解義別，非成語本義也。

（20）幽之不闇，闇之即明（P561）

按：S.5694、S.1032、BD09145.1 並作「幽復不闇，顯復不明」。下「闇」當作「顯」，「即」亦當爲「不」字誤書。

（21）高而不危，下而不頃（傾）（P561）

按：下而不頃，S.5694、BD09145.1 並作「下而不平」，S.1032 作「下而平」，脫「不」字。

（22）變江海而成蘇酪，化大地為琉璃水精（P561）

按：S.5694、S.1032、BD09145.1 並作「嘿海變成蘇酪，指地琉璃水精」。上句典出《大乘四論玄義》卷 9：「如大海之水，魚龍所依，忽成蘇酪，以濟飢者。」下句典出《修行本起經》卷 1：「典寶藏臣者，王欲得金銀、琉璃、水精、摩尼、眞珠、珊瑚、珍寶時，舉手向地，地出七寶；向水，水出七寶；向山，山出七寶；向石，石出七寶，是故名爲典寶藏臣也。」

（23）拈須彌山，即知斤兩；斫四海，變成乾坑（P561）

項校：拈，拿起。（P714）

按：S.5694、S.1032、BD09145.1 並作「捻山即知斤兩，豁海總作空坑」。「捻」同「拈」，讀爲敁，俗字亦作玷、掂、敠，謂以手稱物〔註 291〕。《道行般若經》卷 8：「須彌山稱之，尙可知斤兩。」「稱」字是其誼也。項氏原校云：「拈，當作『掂』。」〔註 292〕雖改字未允，而其義則得之，不知項氏何以放棄？下句出典待考。陳治文曰：「『斫』改爲『勺』，挹取也。」〔註 293〕備參。

〔註 291〕參見蕭旭《敦煌寫卷〈碎金〉補箋》，收入《群書校補》，廣陵書社 2011 年版，第 1311～1312 頁。

〔註 292〕項楚《〈降魔變文〉補校》，《敦煌研究》1986 年第 4 期；收入《敦煌文學叢考》，上海古籍出版社 1991 年版，第 262 頁。

〔註 293〕陳治文《〈敦煌變文集〉校讀小札》，收入胡竹安、楊耐思、蔣紹愚編《近代漢語研究》，商務印書館 1992 年版，第 47 頁。

（24）合眼萬里，開眼即停（P561）

按：S.5694、S.1032、BD09145.1 並作「瞼眼即萬里，開眼即停」。瞼，讀爲斂，閉合。道藏本《鬼谷子・反應》：「欲張反瞼。」一本作「斂」。

（25）如來將刀斫不恨恨，塗藥著不該該（P561）

校注：恨恨，當是痛苦貌。蔣禮鴻云：「『該該』就是『咍咍』、『咳咳』。」按：S.1032《佛說如來成道經》：「將刀斫不恨恨，附藥療不治治。」「治治」爲「咍咍」之訛，即可證「該該」同「咍咍」。

按：S.5694 亦作「將刀斫不恨恨，附藥療不治治」。《佛本行集經》卷 33：「若當有人，割我一臂，又以栴檀塗我一臂，此二人邊，我心平等。」《大般涅槃經》卷 3：「若有一人以刀害佛，復有一人持栴檀塗佛，佛於此二，若生等心。」《成唯識論疏抄》卷 16：「若有一類眾生，將刀斫佛右脅，如來緣之不生嗔，即是無嗔。又有一類有情，於佛左塗栴檀，如來緣之即不生貪，即是無貪。」又卷 10：「且如三念住者，且如一人在於佛尼（左）邊塗香，佛於此塗香之人亦不貪，正念正知。又有一人，於佛右邊刀斫，佛於此刀斫之人而無嗔，正念正知。又有一人，於佛身上，亦不塗香，亦不刀斫，佛於不塗香不刀斫人亦無癡。」「恨恨」當是怨恨義，而非痛苦貌。是說以刀斫之，如來不會怨恨；而以藥塗之，如來也不會感激。

（26）拾得物不歡喜，失却物不悲啼（P561）

按：失却物，S.5694、S.1032 並誤倒作「失物却」；BD09145.1 殘存「不歡喜，失物」五字，亦誤倒。

（27）二心俱一種，平等閦然齊（P561）

校注：閦，陳治文校作「珵」，義爲「齊也」。按：「珵」爲本字，俗亦作「促」、「娖」、「齪」等。《廣雅》：「珵，齊也。」王念孫云：「《漢書・申屠嘉傳》：『躖躖廉謹。』顏師古注云：『躖躖，持整之貌。』《後漢書・中山簡王傳》：『官騎百人稱娖前行。』李賢注云：『稱娖，猶齊整也。』義竝與珵同。今俗語猶謂整齊爲整珵，聲如捉。」按《洛陽伽藍記・宋雲與惠生使西域》：「有佛頂骨，方圓四寸，黃白色，下有孔，受人手指，閦然似仰蜂窠。」「閦然」與此同，亦當爲齊整貌。

按：S.5694、S.1032 並同。《校注》所引《洛陽伽藍記》見卷 5 引《道榮傳》，各本並作「閃然」，周祖謨校作「閦然」，引《廣韻》訓「眾」，楊勇從其說〔註 294〕。周校未必確，「閃然」讀爲睒然，《集韻》：「睒，視遠貌。」至謂「琡」亦作「促」、「娖」、「齪」等，則是也。茲參考蔣禮鴻說〔註 295〕，補《校注》之未盡者：《玉篇》：「琡，寸（等）也，齊也。」〔註 296〕P.2717《碎金》：「匀琡琡：側六反。」〔註 297〕《集韻》：「琡，等齊也。」《龍龕手鑑》：「琡，齊等也。」《廣韻》「琡」、「閦」同音初六切。《妙法蓮華經玄贊》卷 7：「閦音初六反，若齊作琡，直貌作矗，廉謹狀作齪，不知閦字所出。」亦指出「閦」、「琡」讀音相同。《篆隸萬象名義》：「琡，叉陸反，齊。」正與《玄應音義》音叉六反同。字或作娖，《史記・張丞相傳》：「娖娖廉謹。」《集解》引徐廣曰：「娖，一作斷，一作躖。」《索隱》：「小顏云：『持整之貌。』《漢書》作『躖躖』。斷音都亂反，義如《尚書》『斷斷猗無他技』。」「斷」爲誤字，引《尚書》非也。《通鑑》卷 253：「娖隊不发。」胡三省註：「娖，側角翻，言娖整其隊而不行也。」又卷 255：「更令修娖部伍。」胡三省註：「娖，側角翻，娖整隊伍也。」又卷 232：「東城娖隊矣。」又卷 245：「詔將士討賊有功及娖隊者。」「娖整」也倒言作「整娖」，宋・文同《壽安縣太君何氏墓誌銘》：「整娖次置，無一塵之栖。」又倒言作「稱娖」，《後漢書・光武十王傳》：「今五國各官騎百人，稱娖前行。」李賢注：「娖音楚角反。稱娖，猶齊整也。」字亦作齪，唐、宋人習言「點齪」、「整齪」，P.3633 張文徹《龍泉神劍歌》：「金風初動虜兵來，點齪干戈會將臺。」我舊說云：「點齪，讀爲拈捉，握持之義。」〔註 298〕趙家棟訂之，云：「『點齪』當爲『點娖』，『點』即點兵，『娖』有『整理、整頓』義。」〔註 299〕趙君說是。《成都文類》卷 19 唐・

〔註 294〕周祖謨《洛陽伽藍記校釋》，上海書店 2000 年版，第 221 頁；楊勇《洛陽伽藍記校箋》，中華書局 2006 年版，第 242 頁。

〔註 295〕蔣禮鴻《義府續貂》，收入《蔣禮鴻集》卷 2，浙江教育出版社 2001 年版，第 165～167 頁。

〔註 296〕「寸」爲「等」脱誤，胡吉宣《玉篇校釋》已訂正，上海古籍出版社 1989 年版，第 144 頁。

〔註 297〕P.3906、S.6204《碎金》同。

〔註 298〕蕭旭《〈敦煌詩集殘卷輯考〉補正》，收入《群書校補》，廣陵書社 2011 年版，第 886 頁。

〔註 299〕趙家棟《敦煌文獻疑難字詞研究》，南京師範大學 2011 年博士學位論文，第

牛叢《報坦綽書》：「當道已排比戰場，點齪戈甲。」《全蜀藝文志》卷28作「點齊」，以同義字易之也；清刻《雲南通志》卷29作「點齟」，非也。宋人纂修《開慶四明續志》卷5：「務在整齪舟師，訓習水軍，繕治器械。」《續資治通鑑長編》卷497：「又令秦鳳整齪其戰士及餘丁，以壎熙河會合。」〔註300〕四庫本作「整頓」，亦以同義字易之也。字或作娖、跿、碇、躖，《玉篇》：「娖，叉六切，等也。」P.2011王仁昫《刊謬補缺切韻》：「珿，初六反，齊，亦作娖。」《慧琳音義》卷35：「珿頭：楚六反，或從立作娖，《廣雅》：『珿，齊之等也。』或從石作碇，並通。」《篆隸萬象名義》：「娖，叉陸反，珿字，齊等（等）。」《集韻》：「躖，齊謹也，或作跿、娖。」又「躖，齒齊也。」《四分律行事鈔簡正記》卷9：「作戒亦有重發之理，何疑據上立珿。」「立珿」言立齊也，專字即「跿」、「娖」。字或作翪，《玉篇》：「翪，初六切。」〔註301〕《集韻》：「翪，羽齊皃。」字或作䵵，《龍龕手鑑》：「䵵，俗，初六反，齊也。」字或作趵，《集韻》：「趵，測角切，足齊皃。」齊謹、齊整爲娖，玉之齊爲珿，石之齊爲碇，足之齊爲跿、娖、趵，齒之齊爲躖，羽之齊爲翪，面之齊爲䵵，其義一也，皆取齊等之誼。今吳方言尚有「珿齊」、「準珿」、「整珿珿」、「點珿」、「珿珿齊」、「齊珿珿」、「匀珿」等言，江淮官話、中原官話亦有「整珿」之語〔註302〕。字或作捉，《北齊書·源彪傳》：「如文宗計者，不過專委王琳，淮南招募三四萬人，風俗相通，能得死力，兼令舊將淮北捉兵，足堪固守。」《隋書·周羅睺傳》：「聞公郢漢捉兵，即知揚州可得。」今吳語「捉瓦」、「捉屋」〔註303〕，「捉」即「珿」的記音字，取整頓、修整爲義。字或作促，宋·司馬光《涑水記聞》卷11：「及明，（劉）平命軍士整促甲馬，再與賊戰。」字或作擉，宋·朱翌《猗覺寮雜記》卷下：「今人辦人從行李之類，其言曰整擉，蓋用娖字，《後漢·中山簡王傳》：『宮騎百人，稱娖前行。』注：『娖，音楚角反，猶整齊也。

136頁。

〔註300〕此據光緒浙江書局刻本。

〔註301〕此據澤存堂本，胡吉宣《玉篇校釋》據《集韻》補釋文「羽齊皃」，上海古籍出版社1989年版，第5147頁。元至正二十六年南山書院刊本、元延祐二年圓沙書院刻本、早稻田大學藏和刻本、四部叢刊本《玉篇》尚殘存一「羽」字。

〔註302〕許寶華、宮田一郎《漢語方言大詞典》，中華書局1999年版，第7213頁。

〔註303〕許寶華、宮田一郎《漢語方言大詞典》，中華書局1999年版，第4722～4723頁。

行，戶郎反。』」字或作揤，元・佚名《謝金吾》第 2 折：「元戎早晚便回還，整揤金戈不暫閑。」又音轉作畟，《玄應音義》卷 16：「整畟：楚力反。畟謂正方也。」又卷 17：「畟方：楚力反。謂正方也。」《慧琳音義》卷 79 引《古今正字》：「畟方，齊整之皃也。」又卷 94：「整畟：下初色反。」《御覽》卷 791 引李膺《益州記》：「風靜水清，猶見城郭樓櫓畟然。」〔註 304〕注：「畟，音測。」《太平寰宇記》卷 75 引作「宛然」，《太平廣記》卷 456 引《窮神祕苑》亦同，蓋臆改。梁・蕭統《殿賦》：「闌檻參差，棟宇齊畟。」《續高僧傳》卷 11：「獲方石一段，縱廣徑丈，五采如錦，楞側畟然，如人所造。」

（28）分身百億，處處過齋（P561）

項校：過齋，赴齋。（P714）

按：過，S.5694、S.1032、BD09145.1 並作「赴」。「過」即今「過生日」的「過」。

（29）近日出家，學法有淺，計其功行，不曆（歷）多時（P561）

校注：有，疑當作「尚」。項楚校：「『有』當作『猶』。」

按：二說皆非。「有」讀爲「又」。陳方謂「『有』，助詞，無義」〔註 305〕，亦非。

（30）有德不假年高，無智徒勞百歲（P561）

按：《古尊宿語錄》卷 40、46 並有「有智不假年高，無智徒勞百歲」之語。「智」當作「志」。今俗語「有志不在年高，無志空活百歲」即典出於此。

（31）遂即歸家，攢眉蹙額（P561）

校注：額，原錄作「頰」，據劉凱鳴校改。

按：「蹙頰」不辭，潘重規、項楚失校。劉校雖通，然形聲不近，亦不可信。疑原卷當作「頞」，故誤錄爲「頰」。《說文》：「頞，鼻莖也。」《孟子・

〔註 304〕《後漢書・西南夷傳》李賢注引同，《搜神記》卷 20 亦同。

〔註 305〕陳方《〈降魔變文〉校議》，《山西師大學報》1988 年第 3 期，第 58 頁。

梁惠王下》：「疾首蹙頞。」孫奭疏：「頞，鼻頸也。」《慧琳音義》卷 15：「蹙頞：《孟子》云：『舉疾首摵（蹙）頞而相告也。』〔註 306〕《考聲》：『蹙，聚也，小貌也。』《蒼頡篇》云：『頞，鼻上騫也。』《說文》：『鼻莖皺也。』」《大寶積經》卷 109：「心生妬嫉爭鬪相嫌，皺眉蹙頞猶如深鉤。」

（32）眉鬱翠如青山之兩崇（重），口啹啹猶江海之廣闊（P564）

校注：項楚云：「『啹』同『呀』，張口貌。」

按：黃征將「吒啹」列入《新待質錄》〔註 307〕。黃征謂原卷作「吒啹」〔註 308〕，則項說未得。S.6551V《佛說阿彌陀經講經文》：「他家淨土人端正，釋迦世界瘦吒啹。」羅振玉藏本作「叱吒」〔註 309〕。「吒啹」爲「杈枒」、「扠抈」、「庬庌」之音變，參差不正之貌〔註 310〕。

（33）其牛乃瑩角驚天，四蹄似龍泉之劍；垂斛（胡）曳地，雙眸猶日月之明（P564）

校注：劉凱鳴校：「『驚』蓋『擎』字之訛。」按：「驚」疑即觸動之義。「瑩角」指瑩亮鋒利之角。

按：陳治文說同劉氏〔註 311〕，項楚亦括注「驚」爲「擎」，皆非也。《法華經玄贊要集》卷 24：「其牛瑩角驚天，似挺龍泉之釰（劍）；騰身擲地，如頋靈嶺之山。」亦作「驚」字。「瑩角」典出《世說新語・汰侈》：「王君夫有牛，名八百里駮，常瑩其蹄角。」後代或以「瑩角」代指牛，亦典出於《世說》。《類聚》卷 94 梁・劉孝威《辟厭青牛畫贊》：「朗陵瑩角，介葛瞻（占）聲。」〔註 312〕周・庾信《中山公許

〔註 306〕《慧琳音義》卷 75 引「摵」作「蹙」，與今本《孟子》同。

〔註 307〕黃征《敦煌變文新待質錄》，收入《敦煌語言文字學研究》，甘肅教育出版社 2002 年版，第 80 頁。

〔註 308〕黃征《〈降魔變文〉新校》，收入《敦煌語言文字學研究》，甘肅教育出版社 2002 年版，第 264 頁。

〔註 309〕參見砂岡和子《臺灣傅斯年圖書館藏〈降魔變文〉補校》，《南京師範大學文學院學報》2003 年第 2 期，第 158 頁。

〔註 310〕參見蕭旭《「齟齬」考》。

〔註 311〕陳治文《〈敦煌變文集〉校讀小札》，收入胡竹安、楊耐思、蔣紹愚編《近代漢語研究》，商務印書館 1992 年版，第 48 頁。

〔註 312〕「介葛瞻聲」典出《左傳・僖公二十九年》：「介葛盧聞牛鳴，曰：『是生三犧，皆用之矣。』」

乞酒一車未送詩》：「瑩角非難馭，椎輪稍可催。」是其例也。瑩讀爲鎣，《廣雅》：「鎣，磨也。」《慧琳音義》卷 94：「鎣飾：《博雅》云：『鎣謂之飾。』《蒼頡篇》云：『治也。』」《廣韻》：「鎣，鎣飾。」此卷上文云：「未及誠心營飾畢，六師群眾稍難當。」「營」亦借字，「營飾」即「鎣飾」。瑩其蹄角者，謂鎣飾其蹄角也。此卷瑩角驚天，謂磨鎣其角，其光澤驚天也。下文云：「磨角掘地喊連天。」「磨角」即「瑩角」正解。項楚亦讀斛爲胡（P740），是也。陳方謂「因牛頸肉狀似斛，故用斛代指」〔註 313〕，望文生義。

（34）師子乃先懾項骨，後拗脊跟，未容咀嚼，形骸粉碎（P564）

校注：懾，下文又連「剉」字。徐復校：「『懾』與『拗』對文，字當作『襵』，《廣雅》：『襵，詘也。』又『懾』亦借爲『摺』，《廣韻》：『摺，摺疊也。』又『剉』有『摺傷』之意，《說文》：『剉，折傷也。』段注：『剉與挫，音同義近。』『摺挫』連文，謂摺疊使之損傷。」蔣禮鴻校：「懾、懾剉：折斷。『懾』是『摺』的假借字。『摺剉』同義連用。」按：P.2569《兒郎偉》：「懾肋折，抽卻筋。」P.3552 同。「懾」亦拗折之意，卻與「折」字句內分用。字亦可作「攝」，《集韻》：「攝，曲折也。」《楚辭・哀時命》：「衣攝葉以儲與兮。」《補注》：「攝，曲折也。」「懾剉」宜爲同義連文。

按：這條《校注》問題較多。襵訓詘，攝訓曲折，摺訓摺疊，皆摺疊之義（「折疊」的「折」本當作「摺」），讀之涉切（zhé）；《楚辭》之「攝葉」，亦作「攝偞」，即「摺疊」之異寫，徐復、《校注》引以爲證，非此文之誼也。摺訓摧折、折斷義，讀盧合切（lā），同「拉」〔註 314〕。

〔註 313〕陳方《〈降魔變文〉校議》，《山西師大學報》1988 年第 3 期，第 58 頁。

〔註 314〕《說文》：「拉，摧也。」《玉篇》：「拉，力答切，折也。」「拉」以雙聲音轉爲「擸」、「邋」、「獵」，讀良涉切。《說文》：「邋，擠也。」段玉裁曰：「邋、拹疊韻。」錢坫曰：「擠之言折也。」《廣雅》：「擖，折也。」《廣韻》：「擸，折也。」「擖」即「擸」之譌。王念孫曰：「《太玄・止》：『車纍其俿，馬獵其蹄。』獵亦與擸通。」字亦作拹、擠、摺，疊韻之轉也。《廣韻》：「拹，虛業切，《說文》：『摺也，一曰拉也。』」《廣雅》：「擠，折也。」《玉篇》：「擠，呂闔、虛業二切，摺也。拹，同上。」《公羊傳・莊公元年》：「擠幹而殺之。」《釋文》：「擠，路合反，本又作拹，亦作拉，皆同，折聲也。」《左傳・桓公十八年》杜注：「拉公幹而殺之。」孔疏：「《莊元年公羊傳》曰：『擠幹而殺之。』《齊世家》云：『摺殺魯桓公。』擠、摺、拉音義同也。」《御覽》卷

蔣禮鴻讀攝爲摺，是摺疊義的假借，而非折斷義，其說亦不合。「攝」《集韻》音失涉切，當徑讀爲折，《廣韻》：「折，旨熱切，拗折。」又「折，常列切，斷而猶連，《說文》：『斷也。』」此卷之「攝拗」即「拗折」也。《玉篇》：「拗，拗折也。」此卷下文云「攝剉登時消化了，并骨咀嚼盡消亡」，又「頭尾攝剉不將難，下口其時先啅腦」。「攝剉」即「折挫」也。今吳語云「折腳拐子」、「折手折腳」、「折面子」、「折本」，「折」取折斷義，音 shé，正與「攝」音同。脊跟，黃征謂原卷作「脊踉」，即「脊樑」〔註315〕，是。

（35）聲雅妙而清新，姿逶迤而姝麗（P565）

項校：逶迤，姿態柔美貌。「逶迤」即「委佗」。（P744）

按：項說是也，而猶未盡。字亦作「婑媠」、「婑嫷」，《列子・楊朱篇》：「穆之後庭，比房數十，皆擇稚齒婑媠者以盈之。」《方言》卷2：「嫷，美也，南楚之外曰嫷。」郭璞注：「言婑嫷也。」音轉則爲「婀娜」、「旖旎」等語〔註316〕。

（36）池中魚躍盡〔衡〕冠，龜鱉黿鼉競投竄（P565）

校注：蔣禮鴻校：「疑『衡』是『銜』字形近之誤，『冠』是『貫』的同音通用字。」按：句中言「魚躍」，則其下難與「銜貫」相連屬，故「衡」字未必爲「銜」之訛。「衡」當通「橫」也。

按：項楚讀「衡冠」爲「銜貫」，指後魚之口銜前魚之尾〔註317〕，即本蔣說，而不著所出。陳方謂「衡」爲「衝」形誤，形容魚受驚直衝出水面的情狀〔註318〕，是也。《佛果圜悟禪師碧巖錄》卷5：「王太傅大似

371 引《公羊傳》作「拉」，今《史記・齊世家》作「拉」，《鄭世家》、《列女傳》卷7亦作「拉」，《魯世家》作「摺」。則皆徑以「搚（擠）」、「摺」讀「拉」矣。段玉裁《說文解字注》，錢坫《說文解字斠詮》，並收入丁福保《說文解字詁林》，中華書局1988年版，第2547～2548頁。王念孫《廣雅疏證》，收入徐復主編《廣雅詁林》，江蘇古籍出版社1992年版，第99頁。

〔註315〕黃征《〈降魔變文〉新校》，收入《敦煌語言文字學研究》，甘肅教育出版社2002年版，第264頁。

〔註316〕參見蕭旭《〈說文〉「委，委隨也」義疏》，收入《群書校補》，廣陵書社2011年版，第1413～1418頁。

〔註317〕項楚《敦煌變文選注》，中華書局2006年版，第745頁。

〔註318〕陳方《〈降魔變文〉校議》，《山西師大學報》1988年第3期，第59頁。

相如奪璧，直得鬚鬢衡冠。」所誤亦同。

（37）其鳥乃先啅眼睛，後嚵四竪（P565）

校注：佛經中借「啅」爲「啄」。《說文》：「嚵，小啐也。啐，小飲也。」漢黃香《九宮賦》：「粉白沙而嚵定容。」

項校：嚵，食。《九宮賦》云云。四豎，當是指四肢。（P750）

按：《龍樹菩薩勸誡王頌》卷1：「鷹鳥觜爪利，任彼啅心肝。」宋、元、明、宮本作「啄」。《三國遺事》卷2：「鳥見鏡中影，擬其得偶。乃啅其鏡而知其影，乃哀鳴而死。」《四分律行事鈔批》卷3：「若不能依教而行，如鸚鵡啅鵄腳。」皆借「啅」爲「啄」。《二諦義》卷2：「誦語鸚鵡喙鵄腳耳。」〔註319〕「喙」爲「啄」形誤。《古文苑》卷6《九宮賦》章樵註：「嚵，《說文》曰：『小啐（啐）也。』謂吸之將盡。」「四肢」不可言吸飲，故《校注》引證皆不當。項氏「嚵」訓食，蓋據《廣韻》「嚵，小食，試人食」爲說。《集韻》：「嚵，小飲。」又引《博雅》：「嚵，嘗也。」〔註320〕是「嚵」訓食指嘗食、小口吸飲，亦非此文之誼也。「嚵」當讀爲鵮，字亦作㪟、鶼、㪨、䳺〔註321〕，指鳥啄食，與「啅」同義。《廣韻》：「鵮，士咸切，鳥鵮物也。又士銜切。」《正字通》：「鵮，音讒，鳥鵮物。又㪟音謙，義同鵮。又鳥部鶼音義與㪟同。」

（38）是日六師漸冒懆，忿恨罔知無〔計〕校（P566）

校注：懆，原錄作「慘」。徐校：「『冒慘』疑即『毷氉』。」蔣禮鴻校：「《集韻》：『懆，《說文》：「愁不申也。」通作慘。』『冒懆』、『毷氉』是一個詞的兩種不同的寫法。」

按：徐、蔣說皆是，而猶不盡。「毷氉」音轉又爲「髝髞」，《玉篇殘卷》：「髝，《埤蒼》：『髝髞，嵩皀（山高貌）也。』《字指》：『髝髞，牛馬高腳。』」〔註322〕宋本《玉篇》作「髝，髝髞，高貌」。《廣韻》：「髝，郎到切，髝

〔註319〕《大藏經》卷45，新文豐出版有限公司1983年印行，第93頁。

〔註320〕今本《廣雅》無此語，王念孫《疏證》本據此補。

〔註321〕參見蕭旭《「搶」、「嗛」二字音義考》，《中國文字研究》第16輯，2012年版，第97～99頁。

〔註322〕胡吉宣《玉篇校釋》校「嵩皀」爲「山高貌」，是也，上海古籍出版社 1989

譟，麤急皃，又音牢。」《集韻》：「嘮，嘮譟，高皃，一曰性麤急。」性麤急亦取高貌之義，俗謂火性大也。P.2539《天地陰陽交歡大樂賦》：「屌空皮而皺（皺）皴，㞗無力而嘮譟。」此例指性麤急。音轉又爲「眊矂」、「眊燥」，引申爲心煩失意義。唐・李肇《唐國史補》卷下：「不捷而醉飽謂之打眊氉。」《御覽》卷 629 引作「打眊燥」，五代・王定保《唐摭言》卷 1 作「打眊矂」。《海錄碎事》卷 19 引《北里志》：「下第飲宴謂之打眊氉。」《通雅》卷 22：「打眊氉，下第也。『打眊氉』見《地理志》，即打眊矂也。」宋・楊萬里《餐霜醒酒》：「宿酒朝來醉尚殘，胸懷眊矂腹仍煩。」音轉又爲「冒掃」，《劉知遠諸宮調》：「（髯）鬚冒掃，似頦下坎熊皮。」〔註 323〕音轉又爲「暴懆」、「暴躁」、「暴燥」，《漢書・刑法志》注引孟康曰：「主暴燥舂之也。」《御覽》卷 441 引《列女傳》：「（周明都）驕行暴躁，不式上命。」元・高文秀《襄陽會》第 2 折：「你道我休暴懆，逞麄豪，掣紅光劍鋒手掿著。」《博山無異大師語錄集要》卷 4：「獰惡若虎，暴燥若猴。」音轉又爲「懊躁」，《普濟方》卷 16：「紫石英湯，治心經邪熱，虛煩懊躁。」又倒作「操暴」、「懆暴」，此卷下文：「又更化出毒龍身，口吐煙雲懷操暴。」蔣禮鴻校作「躁暴」。高文秀《襄陽會》第 2 折：「劉備云：『兀那將軍，何故如此懆暴，仗劍殺我之心也？』」陳方曰：「『冒』有蒙受之義。冒慘意即遭受慘敗。」〔註 324〕非也。

（39）**忽於眾中，化出二鬼，形容醜惡，軀貌楞曽（P566）**

校注：楞，原錄作「拐」。項楚校：「『拐』字蓋『楞』字的形訛。楞曾，指形貌兇猛、醜惡也。亦作『稜層』，如《廣弘明集》卷 29《破魔露布文》：『意氣稜層，固守方寸。』」此據校改。劉凱鳴校「拐曾」爲「怪僧」，恐未確。

按：項楚又指出「楞曾，亦作『楞層』、『稜層』」〔註 325〕。江藍生早已校作「楞層」、「稜層」〔註 326〕，此即項說所本，而抹其出處也。拐，黃征

年版，第 4286 頁。

〔註 323〕此例由趙家棟博士檢示，謹致謝忱。

〔註 324〕陳方《〈降魔變文〉校議》，《山西師大學報》1988 年第 3 期，第 59 頁。

〔註 325〕項楚《變文字義零拾》，收入《敦煌文學叢考》，上海古籍出版社 1991 年版，第 123 頁；又《敦煌變文選注》，中華書局 2006 年版，第 752 頁。

〔註 326〕江藍生《〈敦煌變文集〉校記補議》，《敦煌學輯刊》1984 年第 1 期，第 81 頁。

謂原卷作「楞」，即「楞」俗字〔註327〕。諸說皆是也，然未明其語源。《廣弘明集》卷29釋眞觀《夢賦》：「鑪飛猛焰，鑊湧驚波，楞層鐵網，萘簇灰河。」宋、元、明、宮本作「稜層」。《瑜伽師地論》卷26：「兇暴強口，形相稜層。」《玄應音義》卷22解爲：「稜層，謂形色慘烈也。」〔註328〕《念佛三昧寶王論》卷1：「幔幢已設，高倨稜層。」《慧琳音義》卷100解爲：「稜層，高舉之皃也。」《汾陽無德禪師語錄》卷1：「石塔楞層當宇宙，金鈴搖拽動人天。」此例亦高舉皃也。其同源詞有「崚嶒」、「睖瞪」、「醃艶」、「曹瞢」、「曹噌」、「懵憕」、「蘡蘡」、「殘殲」、「倰僜」、「倰蹬」、「駿騣」、「踜蹬」、「睖瞪」、「倰䉢」、「踜䞣」、「踜騰」、「倰儯」、「倰僜」，皆「酩酊」之疊韻轉語〔註329〕。本義爲不明，引申爲糊塗、惛憒、不開通貌，又引申爲病困貌，又引申爲行步踉蹌貌，又引申爲高長皃。蓋物體高長，則模糊不明也。諸義並相因相轉，不可斷爲二橛。字亦作「稜尊」，唐·李賀《聽穎師琴歌》：「竺僧前立當吾門，梵宮眞相眉稜尊。」徐復曰：「稜尊，威嚴貌。稜本字作棱，謂有棱角也。」〔註330〕徐說亦未得其源。陳方曰：「『拐曾』疑爲『拐憎』。拐，瘸，跛。此句言二鬼軀體顛跛，面目可憎。」〔註331〕非也。

（40）驢騾負重登長路，方知（之）可得比龍鱗（麟）（P566）

校注：「知」應讀作「之」……「方」皆比較之意。

按：「知」讀如字。方，猶乃也。方知，猶今言才曉得。

（41）神王叫聲如雹吼，長蛇摘樹不殘枝（P567）

按：「長蛇」疑用伊鉢羅龍王典。《法華經玄贊要集》卷13：「迦葉佛時，有一比丘，於伊蘭樹下，坐禪修道，被樹觸身，因即起嗔，析（折）其一枝。命終已後，作大龍，號伊鉢羅龍王。頭上生伊蘭樹，盤根錯節，枝葉無數。每至大風，起樹即搖動，龍頭遂裂，膿血俱出，痛苦無極。一

〔註327〕黃征《〈降魔變文〉新校》，收入《敦煌語言文字學研究》，甘肅教育出版社2002年版，第264頁。

〔註328〕《慧琳音義》卷48引同，《磧砂大藏經》本解作「謂形勢高皃也」。

〔註329〕參見蕭旭《「酩酊」考》。

〔註330〕徐復《李賀詩拾詁》，收入《徐復語言文字學晚稿》，江蘇教育出版社2007年版，第310頁。

〔註331〕陳方《〈降魔變文〉校議》，《山西師大學報》1988年第3期，第59頁。

枝尚爾，何況壞多？」《四分律開宗記》卷 3：「如鉢羅龍，以摘樹葉，罪不可懺。」

（此文與陳敏合作，刊於《東亞文獻研究》第 13 輯，2014 年 6 月出版）

《難陀出家緣起》校補

（1）彈指之間身即到，高聲門外唱家常（P590）

校注：彈指，原錄作「撣拍」而校作「彈指」。按：「撣」爲「彈」之換旁俗字，「拍」爲「指」之形訛，此徑改。

按：「撣」爲「彈」借字，不煩改作。《佛說阿闍世王經》卷 2：「應時受教，撣指頃有二萬三千床座。」宋、元、明本「撣」作「彈」。S.6659：「撣指告衆，一切咸聞。」又「同時抗手，仰天撣指。」S.4571：「只是如今撣止（指）傾（頃），一時總到法王前。」皆其例。《慧琳音義》卷 40：「撣指：經文從弓作彈，非也。」又卷 76：「撣指：宋忠注《太玄經》云：『撣，指觸也。』」慧琳謂「作彈非也」，失之。

（2）飲滿勾巡一兩杯，徐徐慢怕（拍）管弦催（P590）

校注：催，謂催酒。字亦作「嗺」，《石林燕語》：「公燕合樂，每酒行一終，伶人必唱嗺酒，然後樂作，此唐人送酒之辭。本作碎音，今多爲平聲。」

按：字亦作「膗」、「啐」，《廣韻》：「嗺，嗺送歌。」又「啐，送酒聲。」《資暇集》卷下：「三臺今之膗酒，三十拍促，曲名三臺。」自注：「膗合作啐。啐，馳送酒聲，音碎，今訛以平聲。促樂是也。」《演繁露》卷 11：「則嗺酒也，以侑酒爲義，唐人熟語也。」《通雅》卷 28：「義當用催，而別作膗、嗺，何必強引啐字？」言樂人以歌催酒也。「催」爲本字，其餘皆借字。《舊唐書·高尚傳》：「（安）祿山自唱歌以送酒。」此其事也。

（3）難陀家內飯長吹（炊），香粳玉稻滑流（留）時（P591）

校注：劉凱鳴校：「『時』疑是『食』之訛。」按：「流」通「留」，「留時」猶言移時。

按：「時」原卷 P.2324 作「时」，疑「匙」音誤。「匙」從是得聲，古「是」、

「時」通借，例不勝舉。《廣韻》「時」音市之切，禪紐平聲之部；「匙」音是支切，禪紐平聲支部。之部、支部古通轉。《五音集韻》卷1「時」、「匙」同音市之切。《古今韻會舉要》卷2：「時，市之切，音與匙同。」皆以「時」、「匙」二字同音。《御定音韻闡微》卷1：「匙，《廣韻》是支切，《集韻》常支切，今用石移切，支韻。」「石移切」就是「時」的讀音。今吳語「鑰匙」的「匙」猶讀「時」音。唐·杜甫《佐還山後寄》：「老人他日愛，正想滑流匙。」宋·曾幾《禽聲》：「有酒如淮肉如坻，何如麥飯滑流匙？」亦作「滑溜匙」，宋·洪芻《人日》：「溪毛入饌光浮筯，雲子新炊滑溜匙。」〔註332〕宋·喻良能《遣興》：「時服光搖目，香秔滑溜匙。」當「溜匙」爲詞，食具名。唐·杜甫《江閣臥病》：「溜匙兼煖腹，誰欲致盃甖？」又作「流匙」，宋·蘇轍《次韻子瞻……》：「饋食青蔬軟，流匙細粟翻。」「流（溜）匙」實是「琉璃匙」的省言，浙敦026《普賢菩薩說證明經》：「琉璃匙，白銀筯。」S.1552同，P.2136作「琉璃柢」，P.2186作「琉琉匙」〔註333〕。「琉琉」爲「琉璃」誤書，「柢」從氏得聲，亦「匙」之借字。「匙」字或作「筂」，是其比也。《雲笈七簽》卷12引《上清黃庭內景經》：「玉筂金鑰常完堅。」舊注：「筂，或爲匙也。」宋·任淵《山谷集詩注》卷16引作「匙」，《韻府群玉》卷2、19二引亦皆作「匙」。宋·鄒浩《道鄉集》卷33引作「筤」，形之誤也。唐·李商隱《日高》：「鍍鐶故錦縻輕拖，玉筂不動便門鎖。」「筂」一本作「筏」，亦誤〔註334〕。宋·李新《蕎麥》：「流匙滑玉粒，雕胡不在供。」宋·周紫芝《食新秔有感》：「但令雲子流匙滑，莫管吳儂眼下創。」宋·陸游《即事》：「穄飯流匙滑，葵羹出鬴香。」這三例倒言作「流匙滑」，可證「流匙」爲詞，而非「滑流」爲詞。

〔註332〕《甕牖閒評》卷6：「杜陵詩云：『飯抄雲子白。』蓋謂飯可以比雲子之白也，至後世則便以飯爲雲子……雲子乃神仙之食，出《漢武外傳》中。」

〔註333〕分別收入《浙藏敦煌文獻》，浙江教育出版社2000年版，第103頁；黃永武主編《敦煌寶藏》第11冊，新文豐出版公司1982～1986年初版，第567頁；《法藏敦煌西域文獻》第6、8冊，上海古籍出版社2005年版，第310、174頁。

〔註334〕參見朱鶴齡《李義山詩集注》卷2，收入景印文淵閣《四庫全書》1082冊，臺灣商務印書館1986年初版，第172頁。

（4）將身便却送寺，專怕家中妻怪（P591）

校注：寺，原錄作「如來」二字。按：原卷實作「寺」一字，此據正。

按：原卷 P.2324 作「將身便即送如來」，潘重規錄文不誤。《校注》謂原卷作「寺」字，實是看錯了原卷。

（5）（難陀）便却掃地，從東掃向西，又被西風吹向東；周圍掃，又被祇風吹四面（P591）

校注：祇，蔣禮鴻校作「旋」。按：原卷作「祗」，蔣校近是，但形、音不近，姑錄原字以待考。

按：却，原卷 P.2324 作「即」，潘重規錄文不誤。祇，蔣校作「旋」，甚確。《法華經玄贊要集》卷 9：「難陀先掃地，從西掃，東風吹；從東掃，西風吹；四向掃，旋風吹。」正作「旋」字。檢原卷作「祇」，實爲「旋」字俗寫。寫卷「方」旁、「礻」旁易混，浙敦 027《大智度論》：「十三者毛上向青色柔軟右褆。」「褆」即「旋」，正作「礻」旁。P.2807：「恩之過分，深愧周旋。」「旋」即「旋」，其右部與「祇」字右部形近。Φ096《雙恩記》：「老烏犁過旋銜蟲。」P.2237V《二月八日文》：「且逋神蹤，旋澆（繞）城闕。」「旋」、「旋」亦即「旋」。蓋「祇」、「旋」二字俗寫右部上面省去了「𠂉」形，「祇」最下面的一筆也不是「丶」，而應是「辶」的省寫，以致「祇」與「祗」同形。《魏書・地形志》梁城郡有「裋鴻」，一本作「祗鴻」，《水經注・瀠水》作「旋鴻」，「旋」字是〔註 335〕。亦「祗」、「旋」相訛之例。

（6）如來告訖見神通，將身一念便騰空（P592）

按：念，讀爲捻，聚縮也。

（7）今日前來相頂謁，只我如今便是陀（P592）

校注：前，原錄作「不」。潘校：「原卷『方』，《變文集》作『不』。」按：原卷實作「前」之草書。

按：檢原卷 P.2324 作「方」，潘重規錄作「方」不誤。方，猶言乃、才。楊

〔註 335〕參見楊守敬、熊會貞《水經注疏》卷 13，收入《續修四庫全書》第 726 冊，上海古籍出版社 2002 年版，第 671 頁。

雄謂「不」當作「古」，即「故」〔註 336〕，亦非是。

（8）若得出家修道去，菩提佛想（相）一心求（P593）

按：求，檢原卷 P.2324 作「救」，借字。

《祇園因由記》校補

（1）到水之傍，乃于水中抛出四釜黃金（P601）

校注：「抛」字義澀，疑當作「挽」。

按：抛，讀爲抱，已詳《捉季布傳文》校補。吳蘊慧解爲「扔」、「擲」〔註 337〕，非也。

（2）何故馳（遲）疑，情事不決（P602）

按：當八字一句讀。

（3）作思計已（P603）

校注：思，疑應讀作「斯」。

按：「思計」爲詞，同義連文也。

（4）忽有一樹，蔭覆大眾，上蔽日光，森聳如此（P603）

按：P.3618《秋吟一本》：「葶（亭）臺森聳鸚聲鬧，池窓（苑）深沉鴨涉（步）均。」森聳，亦作「森竦」。《玄應音義》卷 12：「森竦：上所金反，多木長皃也。下古文愯，同，先勇反。竦，上也。」《慧琳音義》卷 14：「森竦：上澀簪反，《說文》云：『多木高皃也。』或作槮。下粟勇反，《考聲》云：『上也。』《莊子》：『竦，高也。』」《大寶積經》卷 57：「流泉浴池，林木森竦。」明本作「森聳」。《續高僧傳》卷 20：「處既森竦，世號寒林。」宋、元、明本作「森聳」。森，讀爲槮，《說文》：「槮，木長皃。」《慧琳音義》卷 57：「蕭森：今作槮，同。」《周禮·考工記》鄭司農注：「掣讀爲紛容掣參之掣。」「掣參」即「蕭森」。《後漢書·馬融傳》李賢注：「摻，音所金反，與森字同。」

〔註 336〕楊雄《敦煌變文四篇補校》，《敦煌研究》1989 年第 1 期，第 93 頁。

〔註 337〕吳蘊慧《〈敦煌變文校注〉校釋零拾》，蘇州大學 2003 年碩士學位論文，第 26 頁。

此其相通之證。聳，讀爲竦，《廣雅》:「竦，上也。」

《十吉祥》校補

（1）佛為法王，人為□□（P612）

校注：缺文疑爲「法子」二字。

按：所補是也。寬政四年刊龍谷大學藏本《阿彌陀經疏》卷1正作「佛爲法王，人爲法子」。

（2）且看菩薩縱神光，照燭無私顯覆藏（P612）

按：覆，讀爲伏。下文「剖開伏藏感龍神」，又「神開伏藏」，皆作本字。

（3）十方世界未曾聞，敖豬忽爾誕龍屯（豚）（P613）

校注：敖，同「遨」。《說文》:「敖，出遊也。」

按：敖，讀爲豪。《說文》:「勢，讀若豪。」《書・旅獒》《釋文》:「獒，馬作豪。」豪豬，此指豬之健者，與專有名詞「豪豬」異。

（4）嘉瑞既萌，彰文殊候時而降。賈雞一鳴而天光洞曉，菩薩下生而大夜朗然（P613）

校注：賈，周校作「櫝」，劉凱鳴又校作「栖」，似均未諦。「賈」疑當讀作「家」。

按：趙匡華、周紹良以「賈」字下屬，讀作「櫝」〔註338〕；潘重規從其說〔註339〕。李誠則從《校注》錄文〔註340〕，一無異說。諸家皆誤，「櫝雞」無義。查看原卷Φ223圖版，所謂「賈」字，原卷實作「質」〔註341〕。寫手在應當點逗處的字下，皆著一黑點以示之。「降」字下未著黑點，「質」字恰好是行末最後一字，下一行「雞」字上有一黑點，當即斷句符號。上文「瑞應群生」亦在行末，下一行「吉運感延」

〔註338〕趙匡華錄、周紹良校《十吉祥講經文》，收入《敦煌變文論文錄》，上海古籍出版社1982年版，第878頁。周紹良、白化文、李鼎霞《敦煌變文集補編》，北京大學出版社1989年版，第105頁。

〔註339〕潘重規《敦煌變文集新書》，文津出版社有限公司1994年初版，第411頁。

〔註340〕李誠《〈十吉祥〉研究》，收入項楚、鄭阿財主編《新世紀敦煌學論集》，巴蜀書社2003年版，第128頁。

〔註341〕此字由趙家棟博士識出，謹致謝忱。

上有斷句符號黑點〔註342〕。二者正同一情況。可見原寫手以「降質」為詞。降質，猶言誕生也。Φ263＋Φ326：「受生靈跡，降質深宮。」S.6923：「賢遙而怗（貼），觀慈竟（光）而降質。」S.4992：「俄（峨）眉降質，辟（譬）月浦而呈姿。」P.2820：「即厶為稟靈喜會，降質良晨（辰）。」P.4062：「托和風而降質，承福惠以〔蒸生〕。」〔註343〕皆其例也。「雞」前脫一字，據上文「遂使神雞入夢，產育鳳雛」，或脫「神」字，然不能必也。

（5）牛生白睪（澤）（P614）

按：白澤，神獸，能言語。《唐開元占經》卷116引孫氏《瑞應圖》：「黃帝巡於東海，白澤出，能言語，達知萬物之情，以戒於民，為除災害。」S.6162、P.2682分別有《白澤精怪圖》一卷和殘卷一篇。饒宗頤認為「唐時家家戶戶有懸《白澤圖》之習俗」〔註344〕。俗字亦作「白狰」，《三寶感應要略錄》卷3：「牛生白狰。」俗字又作「白犍」，《廣清涼傳》卷1：「牛生白犍。」又作「白驛」，《阿彌陀經通贊疏》卷1：「牛生白驛。」又作「白獋」，《景德傳燈錄》卷16：「家有白獋之圖，必無如是妖怪。」明本作「白澤」。

（6）氣嘏嘏而喘月，行趚趚以〔追〕風（P614）

校注：《集韻》：「嘏，咽也。」文中似指氣急而口大張之貌。《降魔變文》：「口嘏嘏猶江海之廣闊。」

按：引《集韻》「嘏，咽也」，非其誼也。《降魔變文》原卷作「吒嘏」，引以為證，亦未得〔註345〕。嘏，當讀為閜。《說文》：「閜，大開也。」《玉篇》：「閜，大也。」《廣韻》：「閜，大裂。」字亦作閕，《玉篇》：「閕，門閉（開）也。」「閉」當作「開」，字之誤也。《集韻》：「閕，開裂也。」《史記·司馬相如傳》《上林賦》：「谽呀豁閜。」《文選》「閜」作「閕」，《索隱》引司馬彪曰：「豁閜，空虛也。」訓空虛者，亦張

〔註342〕黃永武主編《敦煌寶藏》第140冊，新文豐出版公司1986年初版，第742頁。

〔註343〕「蒸生」二字據P.3362V補。

〔註344〕饒宗頤《古秘畫之〈白澤圖〉》，收入《澄心論萃》，上海文藝出版社1996年版，第300頁。

〔註345〕「吒嘏」即「杈枒」之音轉，另詳《降魔變文》校補。

開之引申義也。引申則爲張口貌，字或作㗇，《玉篇》：「㗇，口㗇㗇也。」字或作呀、砑，《說文新附》：「呀，張口貌。」《集韻》引《說文》：「呀，張口貌。」當即《新附》文。唐・韓愈《月蝕詩》：「東方青色龍，牙角何呀呀。」一本作「砑砑」，舊注解爲「小兒忿爭聲」，蓋即張口貌之引申義。字亦作嗬、欱、呵、啞，《廣雅》：「嗬、啞，笑也。」又「欱欱、嗬嗬、呵呵、啞啞，笑也。」王念孫曰：「欱欱、呵呵，猶嗬嗬也，方俗語有輕重耳。」〔註 346〕章太炎曰：「凡亞聲語，後多轉爲可聲，如《易》云『笑言啞啞』，《廣雅》轉爲『欱欱、嗬嗬、呵呵』等語是也。」〔註 347〕《玉篇》：「欱，大張口笑也。」P.2011 王仁昫《刊謬補缺切韻》：「欱，張口。」又「欱，大笑。」P.3906《碎金》：「笑嗬嗬：呼架反。」〔註 348〕《廣韻》：「嗬，大笑也。」《集韻》：「欱，大笑，或作嗬。」《易・震》彖辭：「笑言啞啞。」《釋文》：「啞啞，馬云：『笑聲。』」《集解》引虞翻曰：「啞啞，笑且言。」又音轉作嚇、赫，P.2569《兒郎偉》：「適從遠來至宮宅，正見鬼子笑嚇嚇。」唐・佚名《占年》：「要見麥，見三白。正月三白，田公笑赫赫。」徐復曰：「咍咍，爲『呵呵』之聲轉。今語『笑哈哈』，亦『呵呵』之聲轉。」〔註 349〕皆一音之轉，張口大笑義之音轉借字。

敦煌變文校補卷五

《長興四年中興殿應聖節講經文》校補

（1）年□□日，彤庭別布於祥煙；歲歲重陽，寰海皆榮於嘉節（P617）

校注：姜亮夫謂當作「年年九日」，近是。周紹良校作「年年吉日」，恐未確。

按：楊雄謂從原卷殘存看，當作「年年今日」〔註 350〕，是也，原卷殘存

〔註 346〕王念孫《廣雅疏證》，收入徐復主編《廣雅詁林》，江蘇古籍出版社 1992 年版，第 453 頁。

〔註 347〕章太炎《新方言》卷 4，收入《章太炎全集（7）》，上海人民出版社 1999 年版，第 92 頁。

〔註 348〕S.6204《碎金》同。

〔註 349〕徐復《唐人詩文偶箋》，收入《徐復語言文字學論稿》，江蘇教育出版社 1995 年版，第 265 頁。

〔註 350〕楊雄《〈長興四年中興殿應聖節講經文〉補校》，《社科縱橫》1989 年第 1 期，下引楊說亦見此文，第 35～37 頁。

「今」字第一筆。別，讀爲徧〔註351〕，古書例證甚多，不煩舉證。周紹良曰：「『別』字殊不可通，應是『則』字或其他字之訛。」〔註352〕蔣冀騁曰：「所闕當是『年吉』二字。別，各也。」〔註353〕其說未得。

（2）信為入法之初機，智為究竟之玄術（P618）

校注：初機，當作「初基」。《雙恩記》正作「初基」。

按：《大般若波羅蜜多經般若理趣分述讚》卷1、《妙法蓮華經玄贊》卷1、《大方廣佛華嚴經隨疏演義鈔》卷17、《觀彌勒上生兜率天經贊》卷1同句亦皆作「初基」。

（3）壽等松椿宜閏益，福如東海要添陪（P618）

按：楊雄謂原卷「東」作「山」，是也。Φ263＋Φ326：「伏願福如山海，不動不移；命等江河，無枯無竭。」亦其例。郭在貽等曰：「閏當作潤，《廣雅》：『潤，益也。』『添陪』同『添倍』。」〔註354〕考《說文》：「陪，重土也。」又「倍，反也。」《廣雅》：「陪，益也。」是「陪」爲本字。

（4）牛香苒惹，魚梵虛徐（P619）

校注：劉凱鳴校：「『苒惹』不詞。今謂『苒』乃『燃』之音近而訛；『惹』爲『熱』之音近而訛。『燃熱』同義連文。」按：「苒惹」不誤，其義爲裊裊升騰貌。杜牧《望故園賦》：「長煙苒惹，寒水注灣。」是其切證。

按：項楚說同〔註355〕。杜賦之「注灣」當據四庫本校作「汪灣」。「苒惹」即「諵惹」，P.3906、P.2058、S.6204《碎金》：「相諵惹：染諾。」P.2717《碎金》：「相諵惹：而盐反，而者反。」S.619V《碎金》：「相諵惹：如盐反。」皆爲「姌嫋」音轉，《說文》：「姌，弱長皃。」又

〔註351〕姚蕾讀「別」爲「辯」，再訓爲「徧」，無此必要。姚蕾《〈敦煌變文選注〉（下冊）補校》，南京師範大學2008年碩士學位論文，第7頁。

〔註352〕周紹良《〈長興四年中興殿應聖節講經文〉校證》，收入《紹良文集》，北京古籍出版社2005年版，第1573頁。

〔註353〕蔣冀騁《敦煌文獻研究》，湖南師範大學出版社2005年版，第69頁。

〔註354〕郭在貽、張涌泉、黃征《敦煌變文集校議》，《敦煌學輯刊》1990年第1期；又收入《郭在貽文集》卷2，中華書局2002年版，第264頁。

〔註355〕項楚《敦煌變文選注》，中華書局2006年版，第1139頁。

「嫋，姸也。」「姸嫋」爲細長柔弱貌，此文及杜賦以狀香煙細弱貌。字或作「姌嫋」，《集韻》：「姸，或作姌。」《玉篇》：「姌，長皃。嫋，姌嫋，長也。」《史記・司馬相如傳》《上林賦》：「嫵媚姌嫋。」《索隱》引郭璞曰：「姌嫋，細弱也。」《文選・舞賦》：「蜲蛇姌嫋。」李善注：「姌嫋，長貌。」字或作「冉弱」，《文選・嘯賦》：「或冉弱而柔撓，或澎濞而奔壯。」李善注引《說文》：「冉弱，長貌。」字或作「苒弱」，晉・殷允《杖銘》：「杖必不橈，無取苒弱。」字或作「苒蒻」，晉・傅咸《羽扇賦》：「搖輕扇之苒蒻，手纔動而慊心。」梁簡文帝《大法頌》：「豐豹焜煌，華綬苒蒻。」字或作「苒嫋」，唐・溫庭筠《嘲春風》：「苒嫋轉鸞旗，萎蕤吹雉葆。」一本作「苒弱」。字或作「翢弱」，《廣韻》：「翢，翢弱，羽也。」P.2011 王仁昫《刊謬補缺切韻》：「翢，弱羽。」翢弱，謂羽之細弱貌也。字或作「苒若」、「冉若」，《廣弘明集》卷 30 南朝・齊・王融《法樂辭》：「金華紛苒若，瓊樹鬱青蔥。」《古樂苑》卷 37 作「冉若」，《樂府詩集》卷 78 作「冉弱」。字或作「㨎搦」，《玉篇》：「㨎，㨎搦也。」㨎搦，蓋謂握持之弱，即輕握，非緊握也。「㨎」即「拼（挏）」俗字，《說文》：「拼，並持也。」倒言又音轉作「嫋娜」，唐・白居易《柳枝》：「兩枝楊柳小樓中，嫋娜多年伴醉翁。」又作「嬝娜」，梁簡文帝《贈張纘》：「洞庭枝嬝娜，澧浦葉參差。」又作「裊娜」，唐・李白《侍從宜春苑》：「池南柳色半青青，縈煙裊娜拂綺城。」唐・余延壽《折楊柳》：「葳蕤君不見，裊娜垂來久。」《全唐詩》卷 114 作「嫋娜」。又作「褭娜」，唐・韓偓《褭娜》：「褭娜腰肢澹薄妝，六朝宮樣窄衣裳。」前蜀・牛嶠《楊柳枝》：「無端褭娜臨官路，舞送行人過一生。」「姌嫋」是同義連文，也可重言，《廣雅》：「嫋嫋、姸姸，弱也。」《列子・力命》：「今昏昏昧昧，紛紛若若，隨所爲，隨所不爲。」《漢書・佞幸傳》：「印何纍纍，綬若若邪！」顏師古注：「若若，長貌。」唐・韓偓《閒步》：「莊南縱步遊荒野，獨鳥寒煙輕惹惹。」「若若」即「惹惹」，亦即「嫋嫋」。《說文》：「冄，毛冄冄也。」《繫傳》：「冄，弱也，象毛細而下垂。」魏・王粲《迷迭賦》：「挺苒苒之柔莖。」「冄冄」、「苒苒」即「姸姸」也。字亦作「染染」，S.4571：「雪眉染染宴松巒，雲帔輕輕沾彩霧。」《校注》：「染染，疑當讀作

『冉冉』。」〔註356〕是也。

（5）普似雲雷搖海嶽，明如日月照乾坤（P619）

按：普，原卷P.3808如此，當爲「言」或「音」字誤書。S.3872《維摩詰經講經文》:「說人如電轉，言也似雲雷。」

（6）如海涌（漫）於金山，若星攢於明月（P620）

按:「涌」字自通，不煩改作。

（7）因當形不夭命，役無勞力（P620）

校注：因，徐校作「固」。又「形」字姜亮夫、周紹良校作「刑」，是。《高僧傳》、《太平廣記》引跋摩語並作「刑不夭命」，是其證。

按：諸校皆是。《北山錄》卷5、《翻譯名義集》卷1、《釋門正統》卷3正作「固當刑不夭命」。項楚謂原卷即作「固」（P1159），核原卷實作「因」，項說不確。

（8）法師所言，真為開悟明達，百譚人天之際矣（P620）

校注：徐校:「『百』字衍，『譚』下脫『盡』字。」江藍生校:「『百譚』應爲『駁彈』之誤。」按：徐校、江校似俱未確。周紹良據《高僧傳》所引「可與言天人之際矣」，謂「百譚」當作「可與譚」三字，甚確。《太平廣記》引宋文帝語作「可以（與）言天人之際矣」，亦其一證。

按：項楚說同周氏〔註357〕，而不著所出。「百譚」即「可譚」之誤，不必補「與」字，文義自通。《歷代三寶紀》卷10、《古今譯經圖紀》卷3、《開元釋教錄》卷5、《貞元新定釋教目錄》卷7、《釋門正統》卷3並作「可與談於天人之際矣」，《北山錄》卷5作「可謂談於人天之際矣」，是其確證。《翻譯名義集》卷1作「談盡於人天之際矣」，文則小變。《法苑珠林》卷22作「可與言論天人之際矣」，《護法論》卷1、《鐔津文集》卷2作「可以論天人之際矣」，《釋氏通鑑》卷4作「可論天人之際矣」，「論」亦「譚」也。

〔註356〕黃征、張涌泉《敦煌變文校注》，中華書局1997年版，第800頁。
〔註357〕項楚《敦煌變文選注》，中華書局2006年版，第1159頁。

（9）**大鵬點翅，度九萬里之山河；玉兔騰空，照十千重之宇宙**（P621）

校注：蔣冀騁校：「點，依文意當讀爲『展』。」

項楚曰：點翅，上下拍動翅膀。亦云「點翼」，貫休《偶作》：「豈不見大鵬點翼蓋十洲，是何之物嗚啾啾。」亦云「點羽」，敦煌本《維摩詰經講經文》：「公子停車馬上瞻，非（飛）禽點羽空中覷。」（P1160）

項楚又曰：「點」字不必改讀。一觸即離的動作稱爲「點」……貫休《偶作》云云〔註358〕。

按：S.457《維摩詰經講經文》《校注》引蔣冀騁說同〔註359〕；曾良亦取蔣說〔註360〕；張生漢解爲「展」，謂本字待考〔註361〕。元雜劇中「點汙」或寫作「展汙」〔註362〕，可爲蔣說佐證。竊謂《集韻》「點」有之廉切一音，讀點爲偡〔註363〕，語音更近。《玉篇》：「偡，丈減切，偡偡，齊整也。」P.2011 王仁昫《刊謬補缺切韻》：「偡，徒減反，偡然，齊整物。」《廣韻》：「偡，徒減切，偡然，齊整。」《篆隸萬象名義》：「偡，丈減反，整。」《慧琳音義》卷90：「偡猶齊整也。」P.2564《齖䶗新婦文》：「鴻鳥只思羽翼齊，點翅飛騰千萬里。」亦其例。「點翅」、「點羽」、「點翼」猶言整羽，即「羽翼齊」也。《廣韻》：「㹫，飛皃。」《集韻》：「㹫，羽齊皃。」可知羽齊即狀飛貌也。俗語「嶄齊」、「齊嶄嶄」，當作「偡」字。桂馥曰：「長短相等曰偡齊，偡聲如斬。」〔註364〕

（10）**修德修仁事莫裁，山河荒鯁宛然開**（P621）

校注：「鯁」通「梗」。「荒梗」指田地荒蕪，道路梗塞。

〔註358〕項楚《敦煌變文新校》，收入《項楚敦煌語言文學論集》，上海古籍出版社2011年版，第268頁。

〔註359〕黄征、張涌泉《敦煌變文校注》，中華書局1997年版，第800頁。

〔註360〕曾良《敦煌文獻字義通釋》，廈門大學出版社2001年版，第32頁。

〔註361〕張生漢《〈敦煌變文集校議〉議》，《河南大學學報》1996年第6期，第96頁。

〔註362〕參見徐信義《元雜劇詞句解釋的問題舉例》，收入《訓詁論叢》第3輯，文史哲出版社1997年版，第633頁。

〔註363〕P.2133《妙法蓮華經講經文》：「請佛坐禪心點點，聖賢息念坐澄澄。」趙家棟讀「點點」爲「湛湛」，是其比也。趙家棟《敦煌文獻疑難字詞研究》，南京師範大學2011年博士學位論文，第212～213頁。

〔註364〕桂馥《札樸》卷9《鄉言正字・雜言》，中華書局1992年版，第391頁。

項楚曰：「鯁」當作「梗」。荒梗，荒涼閉塞。《出三藏記集》卷 15：「路窮幽深，榛木荒梗，禽獸交横，正有一逕通行而已。」（P1166）

按：鯁讀梗是也。荒梗，猶言荒蕪。《集韻》：「梗，荒也。」《大唐大慈恩寺三藏法師傳》卷 1：「門人等哀慟荒鯁，悲不自勝。」明本作「荒梗」。此例爲引申義。亦云「蕪梗」，《宋書・武帝本紀》：「中原蕪梗。」《太平廣記》卷 58 引《魏夫人傳》：「又於臨汝水西置壇宇，歲久蕪梗，蹤跡殆平。」

（11）我皇帝去奢去泰，既掩頓於八荒；無事無為，乃朝宗于萬國

項楚曰：掩頓，覆蓋，囊括。（P1168）

按：項說無據。《方言》卷 12：「掩，止也。」《文選・上林賦》、《七發》李善注引並作「掩，息也」。字或作奄，《方言》卷 10：「奄，息也。」《廣韻》：「奄，止也。」頓亦止也。掩頓於八荒者，言止息奢泰之風俗於邊遠也。

（12）人攢丹闕千年主，風蹴輕帆萬里開（P622）

按：《希麟音義》卷 5 引《切韻》、《集韻》：「蹴，逐也。」

（13）鯨眼光生遙（搖）日月，蜃龍煙吐化樓臺（P622）

按：黄征謂原校未確，改讀「遙」爲「耀」〔註 365〕，斯皆不取。遙，讀爲昭，明也。《戰國策・燕策一》：「則莫如遙霸齊而厚尊之。」馬王堆帛書《戰國縱横家書・謂燕王章》「遙」作「招」。字或作嗂，《集韻》：「嗂，明也。」《字彙》：「嗂，音遙，明也。」晉・應貞《臨丹賦》：「倏熠高騖，皓嗂長懷。」

（14）點眼憐伊圖守護，誰知反吠主人公（P624）

校注：「點眼」費解，「點」或當讀作「展」。

項楚曰：點眼，這裏指點眼藥。（P1190）

按：項說非也。黄征曰：「『點』當爲『黠』之形近誤字。『黠眼』似爲慧眼

〔註 365〕黄征《敦煌變文疑難字詞考辨》，《文史》2001 年第 4 期，第 153 頁；又收入《敦煌語言文字學研究》，甘肅教育出版社 2002 年版，第 91 頁。

之義。」〔註366〕亦非。S.6537：「忽有不照驗約，倚巷曲街，點眼弄眉，思尋舊事，便招解脫之罪。」「點眼」義同。點，讀爲貼。P.2011 王仁昫《刊謬補缺切韻》：「貼，都念切，目垂，又下（丁）兼反。」〔註367〕《廣韻》：「貼，丁兼切，目垂，又丁念切。」《集韻》：「貼，之廉切，目垂也。」又「貼，丁兼切，目垂貌。」又「貼，都念切，目垂貌。」讀都念切，即與「點」音同。「點」亦有之廉切一音。俗字亦作䀡，《字彙補》：「䀡，丁念切，音店，目垂貌。」又譌作**瞦**，《龍龕手鏡》：「**瞦**，俗。貼，正。丁兼、丁念二反，目垂皃。」衍音則曰「瞸貼」，倒言則作「貼瞸」，唐·張鷟《遊仙窟》：「婀娜腰支細細許，瞸䀡眼子長長馨。」清鈔本有注：「瞸䀡者，女人眼長細貌。《切韻》曰：『瞸，長面貌。䀡，目垂也，丁兼反，丁念反。』」「䀡」當即「貼」形誤。《長短經·察相》引《經》曰：「貼瞸珉睫者，淫亂人也。」注：「貼，丁念切。瞸，謦念切。睫，時巾切。」又作「貼睒」，宋·許綸《馴熊嘆》：「負戴蹲踑時貼睒，忽然逸出渠亦敢。」考《玉篇》：「髻，髻鬑，鬢髮疏薄皃。」《集韻》：「髻，髻鬑，髮疏。鬑，髻鬑，髮垂。」蓋謂疏髮下垂貌。《集韻》：「黏，鰜黏，鼻垂。」又「聺，聺聑，耳垂。」皆與「瞸貼」同源。點眼，猶言垂目。《元曲選》元·馬致遠《西華山陳搏高臥》第3折：「除睡人間總不知，空教人貼眼舒眉。」《音釋》：「貼（貼），音佔。」「點眼」即「貼眼」。黃大祥謂「點眼」是河西方言，表示用目光傳遞信息或故意挑逗，義爲善待〔註368〕，斯未達通假之指也。

（15）可惜愍雞腸寸斷，豈知他是負恩禽（P624）

校注：愍，原卷作「慜」，即「愍」字異構。蔣禮鴻云：「『愍雞』就是撫養鴨兒的母雞。『愍』作撫養講。」

項楚曰：「湣」同「憫」，憐憫，愛惜，引申爲撫育之義。（P1190）

〔註366〕黃征《敦煌變文俗語詞校釋》，收入《敦煌語言文字學研究》，甘肅教育出版社2002年版，第177頁。

〔註367〕「下」爲「丁」誤書。關長龍曰：「下，《王二》作『丁』，《廣韻》同，茲據校改。」張涌泉《敦煌經部文獻合集》第6冊，中華書局2008年版，第3211頁。

〔註368〕黃大祥《結合現代河西方言訓釋敦煌變文的幾個詞語》，《方言》2011年第4期，第380頁。

按：項說非也。蔣說是，而猶未盡。愍，讀爲捪、撍。《說文》：「捪，撫也。」《玉篇》、《廣韻》作「撍，撫也」。字亦省作抿，《集韻》：「撍、抿：《說文》：『撍，撫也。』或省。」葉愛國曰：「湣：母。二字雙聲，使動用作『撫育』義。」〔註 369〕葉氏想當然耳。

《金剛般若波羅蜜經講經文》校補

（1）眼暗耳聾看即是，要身曲呂又如何（P636）

校注：要，今作「腰」。呂，《變文集》錄作「台」。潘校引《玉篇》云：「呂，脊骨也，亦作膂。」

按：潘錄作「曲呂」是，但引《玉篇》則未得。曲呂，彎曲貌，鄧鷗英謂即「曲僂」〔註 370〕，是也。又音轉作「曲律」、「痀僂」、「痀軁」、「痀瘻」、「軀僂」、「軀軁」、「傴僂」等字形〔註 371〕。項楚謂錄作「曲台」是，「台」即「鮐」〔註 372〕。「曲鮐」不辭。

（2）《還魂記》內分明說，廣異文中有吉祥（P638）

按：《新唐書·藝文志》：「戴少平《還魂記》一卷。」戴少平乃唐代人。唐·樊綽《蠻書》卷 10 引「王通明《廣異記》」，《文苑英華》卷 737、《玉海》卷 57 並載唐·顧況有《戴氏廣異記序》，爲唐代戴孚《廣異記》作序也。「廣異文」即指「《廣異記》」，亦當加書名號。二書皆唐人所作，記錄神怪之事，《講經文》乃舉時人之作以入文。

（3）百千萬億無疆福，究竟沉淪定有期（P639）

按：「定有期」當乙作「有定期」。下文「凡夫由來沒定期，秖是全由造業時」，亦「定期」連文。

（4）如水之在雍，決之即流；信之心，勸之即發菩提也（P639）

〔註 369〕葉愛國《〈敦煌文獻語言詞典〉商榷（中）》，《文史》第 44 輯，中華書局 1998 年版，第 114 頁。

〔註 370〕鄧鷗英《敦煌變文俗語詞考釋》，南京師範大學 2003 年碩士學位論文，第 30 頁。

〔註 371〕參見蕭旭《「果贏」轉語補記》。

〔註 372〕項楚《敦煌變文新校》，《敦煌學》第 25 輯，2004 年版，第 444 頁。

校注：瓮，當讀作壅。水之在壅指處於壅塞狀態的水。

按：瓮，當讀爲瓮，儲水瓶也。《說文》：「瓮，罌也。」字亦作甕，《易·井》《釋文》引鄭玄注：「甕，停水器也。」字亦作罋，《玉篇》：「罋，器也。」《廣韻》：「罋，汲器。」陳治文改「瓮」爲「罋」〔註 373〕。「信之心」當作「信之在心」，脫一「在」字。

（5）雖然萬法總皆空，依負還須立祖宗（P640）

按：依負，依恃。言還須立祖宗作依恃也。黃征校「依負」作「依舊」〔註 374〕，無據。

（6）塞謾驀（罵），世間術，莫行邪行莫徒疾（P640）

校注：塞，項楚謂相當於「相」。徒，疑當讀作「妒」。

黃征曰：「謾驀」是否爲「謾罵」的借音字尚有待考證。「徒」應爲「圖」之同音借字。「圖疾」是說希求迅疾達到目的〔註 375〕。

按：蔣冀騁亦讀「徒疾」爲「妒嫉」〔註 376〕。「謾驀」也作「漫驀」，P.2058《碎金》：「相漫驀，莫干反。」《希麟音義》卷 7 引《切韻》：「驀，謾驀也。」《聯燈會要》卷 11：「特地謾驀上流。」《天聖廣燈錄》卷 25 作「漫驀」。當讀爲「蹣驀」。「驀」爲踰越義，已詳《孔子項託相問書》校補。謾、漫，并讀爲蹣。《廣韻》「謾」、「蹣」同音母官切，云：「蹣，踰牆。」《集韻》：「蹣，踰也。」蹣驀，猶言陵越、欺凌。《錦江禪燈》卷 2 作「謾罵上流」，《集韻》「驀」一音「莫駕切」，與「罵」音同。亦同音借字。也作「蔓陌」，S.2224《究竟大悲經》卷 2：「一切眾生……好勝欺人，陵奪所愛，蔓陌師長，輕賨父母，打斫眾生。」

〔註 373〕陳治文《〈敦煌變文集〉校讀小札》，收入胡竹安、楊耐思、蔣紹愚編《近代漢語研究》，商務印書館 1992 年版，第 49 頁。

〔註 374〕黃征《敦煌變文疑難字詞考辨》，《文史》2001 年第 4 期，第 150 頁；又收入《敦煌語言文字學研究》，甘肅教育出版社 2002 年版，第 87 頁。又《敦煌俗字典》，上海教育出版社 2005 年版，第 207 頁。

〔註 375〕黃征《敦煌變文疑難字詞考辨》，《文史》2001 年第 4 期，第 153 頁；又收入《敦煌語言文字學研究》，甘肅教育出版社 2002 年版，第 91～92 頁。

〔註 376〕蔣冀騁《敦煌文獻研究》，湖南師範大學出版社 2005 年版，第 74 頁。

（7）貪趁向涅盤安處座，眾生因甚肯修行（P641）

按：「貪」字疑衍。趁向，猶言驅向、趕向。原卷作「趂向」，同。寒山詩《一人好頭肚》：「南見趂向北，西見趂向東。」《古尊宿語錄》卷38：「師云：『趂向水牯牛欄裏著。』」

（8）三千七寶施含蠢動，世世受福（P641）

校注：「施含蠢動」費解，疑當作「布施含靈蠢動」。

按：當校作「三千七寶施，含〔靈〕蠢動，世世受福」，亦可補「識」字，又可補作「含蠢〔蠕〕動」。

《佛說阿彌陀經講經文》校補

敦煌變文《佛說阿彌陀經講經文》存六個寫卷：P.2931、S.6551V、P.2955、P.2122、P.3210、北圖藏殷字62號，《敦煌變文集》校錄了前四個，《敦煌變文集新書》校錄全部六個，《敦煌變文校注》校錄了前三個。這裏爲其作校補，前三個以《校注》作底本，後三個以《新書》作底本。

《佛說阿彌陀經講經文（一）》校補

此卷編號P.2931。

（1）生滻不結周，不求於利養（P667）

校注：原校：「啓疑『滻』應作『涯』。」按：「涯」字別體作「漄」，「滻」或即「漄」之形近誤字。「生涯」指生活用品、家財產業。結周，陳治文疑「結」爲「給」之訛。袁賓謂「結周」是「繫舟」的假借字。楊雄則謂「結周」爲「結界」形訛……陳說以「結」爲「給」字之訛，堪爲卓見。「給周」乃爲同義複詞，周猶給也。

按：項楚申證袁賓說〔註377〕。「生滻」不誤，即「生產」，猶言生計。《史記·貨殖傳》：「吾治生產，猶伊尹、呂尚之謀，孫吳用兵，商鞅行法是也。」「結」或亦非誤文，《廣雅》：「結，續也。」言接續。又疑讀爲結，《廣雅》：「結，多也。」《廣韻》：「結，結多。」結周，猶言充足。

〔註377〕項楚《敦煌變文新校》，《敦煌學》第25輯，2004年版，第446頁。

（2）隨分且過時，不起於溢蕩（P667）

按：溢蕩，當讀爲「佚蕩」，猶言放縱，亦作「佚宕」、「逸蕩」、「軼蕩」，倒言則作「蕩佚」、「宕佚」、「蕩逸」、「蕩軼」。

（3）進上（止）終諸過馬勝，威驰行步與常倫（P667）

校注：威驰，當作「威儀」，與上句「進止」對偶近義，原校「威驰」爲「逶迤」，不確。與，當讀作「異」。

按：《校注》說本楊雄〔註378〕，而不著所出。「威驰」修飾「行步」。與「進止」對偶的是「行步」，而不是「威驰」。原校爲「逶迤」，甚確。逶迤行步，言行步逶迤然也。「逶迤」乃「委隨」、「委蛇」、「婀娜」之語轉，舒緩貌，舉止安詳貌〔註379〕。《佛本行集經》卷16：「或復有於太子之前，示現逶迤巧妙行步。」此例正以「逶迤」修飾「行步」，是爲確證。《大寶積經》卷 109：「行步庠序，進止逶迤。」此例互文見義，庠序亦安詳貌。言行步進止庠序逶迤也。《慧琳音義》卷15「逶迤」條引《考聲》云：「緩步徐行也。」蔣禮鴻謂「逶迤」即「委佗」，甚是；而解爲「姿容體態美麗佳妙」〔註380〕，則釋義過狹了。

（4）叨掘三明，包含八解（P669）

校注：掘，疑當讀作「屈」，竭也，盡也。

按：S.4571：「三明曉了，八解周圓。」文義當相近。叨掘，疑讀爲周足〔註381〕，猶言完備。藏經習言「具足三明」，即是其誼。

（5）磋磨口（慧）劍，斷六賊於解脫之場；張绾定弓，射四魔於菩提之路（P669）

校注：磋磨，磨礪。

〔註378〕楊雄《〈佛說阿彌陀經講經文〉補校》，《敦煌學輯刊》1987年第1期，第71頁。

〔註379〕參見蕭旭《〈說文〉「委，委隨也」義疏》，收入《群書校補》，廣陵書社2011年版，第1413～1418頁。

〔註380〕蔣禮鴻《敦煌變文字義通釋》，收入《蔣禮鴻集》卷1，浙江教育出版社2001年版，第348～349頁。

〔註381〕從刀從周之字古多通借，參見張儒、劉毓慶《漢字通用聲素研究》，山西古籍出版社2002年版，第133～134頁。

按：磋亦磨也，字或作甐，音轉又作剾〔註382〕。定弓，即「禪定弓」之省。《大智度論》卷22：「引禪定弓，放智慧箭。」尋《大毘盧遮那成佛經疏》卷1：「定弓慧箭。」亦省作「定弓」。綰，讀爲貫，實爲彎，滿張弓也。

（6）用精進馬甲冑射煩惱賊（P669）

校注：「射煩惱賊」四字疑爲衍文。

按：「馬」當作「爲」，形之譌也。下文「以念之（力）爲戈矛」，文例相同。《大方廣佛華嚴經》卷6：「勇猛精進而爲甲冑。」「射煩惱賊」四字非爲衍文。

（7）忽涌身於霄漢，頭上火焰而烋烋；或隱質於地中，足下清波而浩浩（P669）

按：涌，讀爲踊。《說文》：「踊，跳也。」《元包經》卷 3：「離炎烋烋焱烘烘。」「烋烋」音轉則爲「烔烔」、「燑燑」、「爞爞」、「融融」等形〔註383〕。

（8）菩薩聲聞皆赴會，諸天聖眾盡相摧（催）（P669）

按：摧，潘重規亦校作「催」〔註384〕，皆非也。《說文》：「摧，擠也。」《廣雅》：「摧，推也。」是其本義爲推擠、擁擠也。上文「聞道世尊居法會，諸天聖眾競推排」，文例相同，「推排」是「摧」字的確詁。

（9）龍天八部竟徘徊，合常（掌）顒顒唱善哉（P669）

校注：竟，疑爲「意」字形誤。「意徘徊」表示精神上的歡愉、快樂。

按：竟，讀爲競。S.4474：「芳草竟秀，花蕊爭開。」P.2820：「伏願紅顏永潔，比秋月而澄明；玉貌長輝，似春花而竟發。」皆是其例，寫卷中極爲常見，不勝枚舉。P.3079：「鼓樂弦歌千萬隊，相隨捧擁競徘徊。」

（10）南伴（畔）觝退北邊牛，心裏此時便驚怖（P670）

按：伴，原卷作「邊」。

〔註382〕參見蕭旭《「治魚」再考》。

〔註383〕參見蕭旭《「熱烔烔」考》。

〔註384〕潘重規《敦煌變文集新書》，文津出版社有限公司1994年初版，第140頁。

（11）陀羅國內盡知名，論鼓譚，最有聲（P670）

按：「譚」字當重，「論鼓譚譚最有聲」作一句。「論鼓」指辯論時而擊的鼓。《大智度論》卷 11：「欲求論處，故打論鼓。」「譚譚」謂鼓聲深沉也。字或作𪔠，《集韻》、《類篇》並云：「𪔠，𪔠𪔠，鼓聲。」《字彙補》：「𪔠，音覃，鼓聲。」字或作「潭潭」，宋・歐陽修《黃牛峽祠》：「潭潭村鼓隔溪聞，楚巫歌舞送迎神。」又《初至虎牙灘見江山類龍門》：「曉鼓潭潭客夢驚，虎牙灘上作船行。」字或作「覃覃」，宋・李清臣《沂山龍祠祈雨有應作》：「鬱鬱其焚蘭，覃覃其擊鼓。」〔註 385〕字或作燂，宋・李過《西谿易說・原序》引《歸藏初經》：「初釐：燂若雷之聲。」「燂」同「𪔠」，鼓聲、雷聲一也。字或作撢，《樂府詩集》卷 46《懊儂歌》：「撢如陌上鼓，許是儂歡歸。」宋・吳曾《能改齋漫錄》卷 1、《古詩紀》卷 51、《古樂苑》卷 24 引作「潭如」〔註 386〕。字或作「紞紞」，《晉書・良吏傳》：「吳人歌之曰：『紞如打五鼓，雞鳴天欲曙。』」〔註 387〕明・彭大翼曰：「紞，擊鼓聲。」又云：「紞如，更鼓聲。紞或作髧。」〔註 388〕蔣禮鴻曰：「『撢如』即『紞如』，鼓聲也……紞、撢音同也。」〔註 389〕宋・劉攽《寄老菴》：「佛香書縣縣，法鼓晨紞紞。」宋・韋驤《和立春日東風雪意偶作》：「紞紞城頭五鼓催，東風連夜逐春回。」字或作「黕黕」，宋・梅堯臣《湖州寒食陪太守南園宴》：「陰晴不定野雲密，黕黕鼓聲湖岸坳。」楊雄謂「譚」與上文「合與新來論譚」之「譚」同，即「談」字〔註 390〕，非也。

〔註 385〕以上參見蕭旭《〈史記・陳涉世家〉「沈沈」疏證》，《澳門文獻信息學刊》第 7 期，2012 年 10 月出版，第 91 頁。

〔註 386〕宋・吳曾《能改齋漫錄》石印本引仍作「撢」，墨海金壺本（叢書集成初編本即據之排印）引作「潭」。景印文淵閣《四庫全書》本引誤作「撣如」，臺灣商務印書館 1986 年初版，第 850 冊，第 506 頁。

〔註 387〕紞如，《御覽》卷 261 引誤作「紌如」，又卷 465 引誤作「纔如」，宋・費樞《廉吏傳》卷上引誤作「紛如」。

〔註 388〕彭大翼《山堂肆考》卷 73、234，收入景印文淵閣《四庫全書》第 975、978 冊，臺灣商務印書館 1986 年初版，第 399、641 頁。

〔註 389〕蔣禮鴻《義府續貂》，收入《蔣禮鴻集》卷 2，浙江教育出版社 2001 年版，第 177～178 頁。

〔註 390〕楊雄《〈佛說阿彌陀經講經文〉補校》，《敦煌學輯刊》1987 年第 1 期，第 72 頁。

《佛說阿彌陀經講經文（二）》校補

（1）掃戎虜於山川，但勞隻箭；靜妖紛（氛）於紫塞，不假絣紘（P679）

校注：絣紘，徐復讀作「弸弘」，張弦發射聲。參看《通釋》。

項楚曰：「絣」同「繃」，「紘」即繩索，「絣紘」指繃緊之弓弦（P1209）。

按：蔣禮鴻引《集韻》「弦，弸弦，弓聲，或作彋」，謂又作「弸彋」、「弸弦」〔註391〕，皆是也。《廣韻》：「彋，戶萌切，弸彋，開張也。」開張指開弓之聲。《集韻》：「弸，弸彋，弓聲。」《漢書·揚雄傳》《甘泉賦》：「帷弸彋其拂汩兮，稍暗暗而靚深。」蘇林曰：「弸音石墮井弸爾之弸。彋音宏。」孟康曰：「弸彋，風吹帷帳鼓貌。」《文選》李善注：「弸彋，風吹帷帳之聲也。」呂向注：「弸彋，聲也。」「弸彋」是二種大聲音的擬聲詞，字或作「訇訇」、「訇轟」，《廣韻》：「訇，訇訇，大聲。」唐·陸參《長城賦》：「其呼號也，怒風訇訇；其鞭朴也，血流縱橫。」宋·張詠《聲賦》：「紫塞築壘，訇轟震雷。」字或作「㤻㥏」，大怒聲，因轉爲怒貌之義。《玉篇》：「㤻，㤻㥏，好怒也。」《廣韻》：「㤻，㤻㥏，好嗔皃。」《集韻》：「㤻，㤻㥏，怒貌。」字或作「軿訇」、「砰訇」，《集韻》：「軿，軿訇，車馬聲。」《文選·西京賦》：「沸卉軿訇。」五臣本作「砰訇」。薛綜注：「軿訇，奮迅聲也。」《類聚》卷2晉·顧凱之《雷電賦》：「砰訇輪轉，儵閃羅曜。」又卷79梁·沈炯《歸魂賦》：「其水則砰訇瀄汩，或寬或疾。」字或作「砰輷」、「砰轟」，唐·歐陽詹《曲江池記》：「砰輷沸渭，神仙奏鈞天於赤水；鞺鞳敷俞，天人曳雲霓於玄都。」《宋高僧傳》卷 14：「傅翼之彪，搏攫而有知皆畏；乘風之震，砰輷而無遠不聞。」唐·陳山甫《五丁力士開蜀門賦》：「砰轟若雷。」唐·元稹《答姨兄胡靈之見寄五十韻》：「春郊才爛熳，夕鼓已砰轟。」字或作「軯轟」、「軿輷」，《正字通》：「軿輷，車馬聲。」唐·岑參《招北客文》：「復有高崖墜石兮，聲若雷之軯轟。」明·胡儼《文篇綵鸞詩》：「城中車馬聲軿輷，倚闌閣筆吟蕉栟。」「訇」表車聲之專字則作「輷」、「轟」。字或作「馮閎」，《集韻》：「馮，馮閎，大也，一曰虛廓。」《莊子·知北遊》：「彷徨乎馮閎。」郭註：「馮閎者，虛廓之謂也。」《釋文》：「閎，音宏。李云：『馮、宏，皆大也。』」字或作「淜渹」，元·宋無

〔註391〕蔣禮鴻《敦煌變文字義通釋》，收入《蔣禮鴻集》卷1，浙江教育出版社2001年版，第368頁。

《覽秦皇漢武遺蹟》：「砰磕紛鳴鼓，淛滷疾建瓴。」

（2）袈裟到（倒）拽方裙破，錫杖梯抛帽子偏（P683）

校注：「梯抛」費解，項楚校「梯」作「傍」，近是。

按：項楚又改舊說，云：「『梯』疑是『横』字之誤。」〔註 392〕趙家棟謂原卷「梯」作「㧜」，「㧜」即「挮」，讀爲擿，《說文》：「擿，一曰投也。」〔註 393〕。趙說可備一通。字亦作提（扺），棄擲也。又疑讀爲踶，《玉篇》、《廣韻》並云：「踶，踶蹋。」《集韻》：「踶，蹋也。」字亦作踶、跃，《玉篇》：「踶，蹋也。」《廣雅》：「跃，蹋也。」踶者謂足踢，提者謂手擲，皆與「抛」近義。

（3）不怕未來地獄生，如今且要肚羸垂（P684）

校注：羸垂，下垂貌。

按：所釋是也。郭在貽等又謂是「蘭單」、「郎當」之音轉〔註 394〕，蔣冀騁謂又作「累垂」〔註 395〕，亦是。字或作「纍垂」，《齊東野語》卷 7：「自腰已下，有皮纍垂蓋膝若犢鼻。」《嘉泰普燈錄》卷 30：「那箇驢，更奇異，兩耳纍垂，四腳著地。」

（4）聾者能聽，啞者能言，趺（跛）者能行，盲者能見（P684）

按：S.4537：「亦願盲者能口（見），啞者能言，聾者再聞，愚者得智。」P.2807：「亦願盲者見道，啞者能言，聾者再聞，愚者復智。」P.2915：「唯願盲者見道，啞者能言，聾者德（得）聞，愚者德（得）智。」S.1924：「見願聾者得聞音響，跛者能步能行，啞者無滯語言，愚者速逢轄惠（黠慧）。」〔註 396〕S.6667：「盲者、聾者，願見願聞；跛者、

〔註 392〕項楚《敦煌變文選注》，中華書局 2006 年版，第 1267 頁。

〔註 393〕趙家棟《敦煌文獻疑難字詞研究》，南京師範大學 2011 博士學位論文，第 89 頁。

〔註 394〕郭在貽等《敦煌變文集校議》，收入《郭在貽文集》卷 2，中華書局 2002 年版，第 287 頁。

〔註 395〕蔣冀騁《敦煌釋詞》，《湖南師大社會科學學報》1993 年第 4 期，第 122 頁；又參見蔣冀騁、吳福祥《近代漢語綱要》，湖南教育出版社 1997 年版，第 350～351 頁。

〔註 396〕黄征、吳偉《敦煌願文集》校「轄惠」爲「黠慧」，嶽麓書社 1995 年版，第

啞者，能行能語。」諸文文意並相近。「趺」原卷 S.6551V 圖版作「□」，當是「跛（跋）」字〔註 397〕。敦研 220《妙法蓮華經》卷 1：「□難陀龍王。」敦研 306《小品般若波落蜜經》卷 9：「未得阿鞞□致。」「□」、「□」即「跋」〔註 398〕，字形皆可比較。潘重規照錄字形，亦校作「跛」〔註 399〕。S.1924、S.6667 二卷正可印證。此卷作「跋」，蓋寫手誤書。《撰集百緣經》卷 2：「盲者得視，聾者得聽，啞者能言，癖者得伸。」又卷 9：「盲者得視，聾者得聽，啞者能言，躄者能行。」《佛說寶網經》卷 1：「盲者得目，聾者得聽，瘂者能言，病者得愈，跛者能行。」《佛說文殊悔過經》卷 1：「如盲〔者〕得目，聾者得聽，瘂者能言，跛者能行，塞者得通。」《佛說觀佛三昧海經》卷 4：「盲者得視，聾者得聽，啞者能言，癃跛疥癩皆得除愈。」《寶雲經》卷 1：「盲者能視，聾者能聽，瘂者能言，躄者能行。」皆足參證。「躄（癖）」亦「跛」也。中土文獻也有此語，《正統道藏・洞玄部・方法類・靈寶玉鑑》卷 34：「盲者開視，聾者發聰，啞者能言，跛者能履，攣者能伸。」又《洞眞部・本文類・太上一乘海空智藏經》卷 5：「盲者見色，聾者聽聲，瘂者能言，跛者能行。」又《洞玄部・戒律類・太上洞玄靈寶上品戒經》：「盲者見物，瘂者能言，跛者能行，聾者得聽。」此蓋晉唐諺語也。

（5）莫怪偈頌重重，切要門徒勸喜（P684）

校注：潘校：「『喜』疑當作『善』。」

按：「喜」字不誤。項楚、富世平校作「歡喜」〔註 400〕，是也。歡喜，言發歡喜心也。

（6）《花嚴經》說：「善哉童子，參善諸識，逢一淫女。」（P685）

校注：哉，當讀作「財」。諸，當讀作「知」。潘校同。

---

360 頁。

〔註 397〕曾良《敦煌文獻字義通釋》已指出，廈門大學出版社 2001 年版，第 11 頁。

〔註 398〕參見黃征《敦煌俗字典》，上海教育出版社 2005 年版，第 7 頁。

〔註 399〕潘重規《敦煌變文集新書》，文津出版社有限公司 1994 年初版，第 158 頁。

〔註 400〕項楚《敦煌變文選注》，中華書局 2006 年版，第 1279 頁；富世平《〈敦煌變文校注〉補零》，《圖書館雜誌》2004 年第 6 期，第 76 頁。

按：《校注》極是。《圓覺經大疏釋義鈔》卷 1 言善財「行詣百城者，是巡國邑，參善知識，求學法門也」，正作「知」字。《觀音經玄義記會本》卷 4、《法華經三大部補注》卷 10、《法華經玄贊決擇記》卷 2、《法華經玄贊要集》卷 7 引《華嚴經》並作「尋善知識」，《大方廣佛華嚴經》作「求善知識」，義皆同。

（7）《花嚴經》說：「淫女告童子曰：『我有一法，能度眾生，一切男子煩惱，輕者手觸我身，便成佛果；煩惱稍重者，來抱我身，共我口子，便成佛果；煩惱極重者，共我宿臥，便成道果。』」（P685）

校注：「共我口子」之「共」字於義無取，疑當作「親」（「共」字蓋涉下文「共我宿臥」而誤書）。

按：查原卷 S.6551V 圖版，原寫手誤書作「共」，復塗去，而未寫改正的字，故當作缺文處理。《校注》疑作「親」字，其義得之，其字恐未得。「親」之「親吻」義是近代出現的，唐宋時當無此用法。此字可能作「唼」或「咂」或「歍（嗚）」〔註 401〕。《大般涅槃經》卷 16：「前抱我身，嗚唼我口。」《宗鏡錄》卷 18 作「嗚咂」。文義相同。《止觀輔行傳弘決》卷 9：「嗚字應作歍，口相近也。若作嗚，嗚呼字耳。」檢東晉・佛馱跋陀羅譯《大方廣佛華嚴經》卷 50：「若有眾生執我手者，得詣一切佛剎三昧；若有眾生共我宿者，得解脫光明三昧……若有眾生阿梨宜我者，得攝一切眾生三昧；若有眾生阿眾鞞我者，得諸功德密藏三昧。」隋・智顗說、灌頂記《觀音義疏》卷 2 略同。「阿梨宜」是梵語意譯，即男女擁抱之義；「阿眾鞞」即「阿眾毗」，是禪定名，接吻之義。唐・般若《大方廣佛華嚴經》卷 15：「若有眾生暫執我手，則離貪欲，得菩薩隨順遍往一切佛剎三昧……若有眾生抱持於我，則離貪欲，得菩薩攝一切眾生恒不捨離三昧；若有眾生咂我脣吻，則離貪欲，得菩薩增長一切眾生福德藏三昧；如是一切所有眾生，來詣我所親近於我，一切皆得住離貪際，入於菩薩一切智地最勝解脫。」明本、和本「咂」作「唼」。唐・實叉難陀所譯《大方廣佛華嚴經》卷 68、《華嚴經合論》卷 102 二經略同，「咂」作「唼」。唐・澄觀《大方廣佛華嚴經疏鈔會本》卷 68、

〔註 401〕《說文》：「歍，一曰口相就。」又「𣢑，歍𣢑也。噈，俗『𣢑』。」《廣韻》：「噈，歍噈，口相就。」「嗚」亦「歍」俗字。

唐・澄觀《華嚴綱要》卷 68 亦作「唼」，唐・李通玄《新華嚴經論》卷 37 作「咂」，唐・志鴻撰述《四分律搜玄錄》卷 2 作「接」。唐・宗密述《圓覺經道場修證儀》卷 14：「且將同事攝眾生（欲度有過眾生，先以同事相攝，心既相親，方能受教），抱持斷欲婆須蜜（《華嚴》說也。乃至攝我脣吻等，皆得解脫法門）。」「接」當作「唼」，音色甲切，與「咂」同。「攝」亦音色甲切。本字爲噍，《說文》：「噍，噍也。噍，齧也。」字或作啑、𡅏、唼、歃、嚌，《玉篇》引《風俗通》：「入口曰啑。」《玄應音義》卷 6、22 并云：「唼食：古文噍，又作啑，同。子盍反。《通俗文》：『入口曰啑。』」又卷 8：「喉𡅏（唼）：又作唼，同。所甲反。《埤蒼》、《聲類》皆作唼。書亦作歃，所洽反。謂以口微吸之也。」又卷 20：「嚌食：子臘反。《說文》：『嚌，銜也。』《埤蒼》：『囓唇也。』義與唼音同。《通俗文》作啑，入口也。《莊子》作嚌，『蚊虻嚌膚』是也。」又卷 24：「啑食：古文噍，又作唼，同。《通俗文》：『入口曰啑。』」《可洪音義》卷 16：「唼，音迊。」其義爲「以口微吸」、「囓唇」，猶言吮吸，特指亲吻也。《金光明經文句》卷 1：「人見人女，天見天女，見者得見諸佛三昧。執手者得到佛刹三昧，歃者極愛三昧，抱者冥如三昧。」則作「歃」，義亦同。

（8）《花嚴經》云：「刹塵心念數可知，大海中水可飲盡，虛空可量風可計，無能說佛功德。」（P685）

校注：末句疑脫一字（疑是「無」下脫「人」字）。

項楚曰：唐實叉難陀所譯《大方廣佛華嚴經》卷 80：「「刹塵心念可數知，大海中水可飲盡，虛空可量風可繫，無能盡說佛功德。」「數可知」應作「可數知」，「計」是「繫」的同音字。第四句脫字應是「盡」字，在「能」字下〔註 402〕。

按：檢唐・般若《大方廣佛華嚴經》卷 39：「刹塵心念可數知，大海中水可飲盡，虛空可量風可繫，無人能說佛功德。」查原卷 S.6551V 圖版，「數」字旁邊有一小點，或即乙轉符號；「無」下補「人」字是，亦可於「能」下補「盡」字。

〔註 402〕項楚《敦煌變文新校》，收入《項楚敦煌語言文學論集》，上海古籍出版社 2011 年版，第 271 頁。

（9）他家淨土人端正，釋迦世界瘦吒暇（P686）

校注：此句費解。原校：「『暇』不知何字。」又「瘦」字未見字書所載，查原卷作「瘦」。項楚校云：「『釋迦』應作『娑婆』。『瘦吒暇』應與『人端正』反義對比，應是形容醜陋，則『瘦』字應是『癭』字形誤。『吒暇』應是形容癭巨大貌，俟再考。」

按：原校應作「『瘦』不知何字」。項楚又改舊說，云：「瘦叱暇，形容頸癭伸張貌。『叱』通『吒』，有伸張之義。」〔註 403〕項楚所釋「吒暇」誤。胡適藏本《降魔變文》：「眉鬱翠如青山之兩崇（重），口吒暇猶江海之廣闊。」《古尊宿語錄》卷 20：「如今箇箇口吒呀，問著烏龜喚作鼈。」「口吒暇」即「口吒呀」。「吒暇（呀）」爲「杈枒」、「扠扝」、「厏庌」之音變，張開之貌，參差不齊之貌〔註 404〕。張金泉曰：「『瘦』疑是『實』之誤書。『吒暇』音之相近，有『姹姹』、『姹妗』、『窒窀』。」〔註 405〕張氏後說得之。但張氏又繫連爲「娃冶」、「夭斜」，則恐過寬。

（10）無有欺屈（P686）

項楚曰：欺屈，欺侮。《降魔變文》：「不忿欺屈，忽然化出毒龍。」《王梵志詩》：「百姓被欺屈，三官須爲申。」

按：屈，讀爲譎。《方言》卷 3：「譎，詐也，自關而東西或曰譎。」《說文》：「譎，權詐也，益梁曰謬欺天下曰譎。」《廣雅》：「譎、詐，欺也。」《龐居士語錄》卷 2：「語汝富貴人，貧兒莫欺屈。」《聯燈會要》卷 27：「早是欺屈諸人了也。」是「欺屈」爲唐宋人俗語也。

《佛說阿彌陀經講經文（三）》校補

此卷編號 P.2955。

（1）此鳥韻口分五：一、總標羽族，二、別顯禽名，三、轉和雅音，四、詮論妙法，五、聞聲動念（P704）

按：《阿彌陀經疏》卷 1：「敘文有五：一總標羽族，二別列禽名，三囀和雅

〔註 403〕項楚《敦煌變文選注》，中華書局 2006 年版，第 1292 頁。

〔註 404〕參見蕭旭《「齟齬」考》。

〔註 405〕張金泉《變文詞義釋例初探》，收入項楚、張涌泉主編《中國敦煌學百年文庫·語言文學卷（二）》，甘肅文化出版社 1999 年版，第 127 頁。

音，四詮論妙法，五聞聲動念。」則缺文可補「文」字。

《佛說阿彌陀經講經文（四）》校補

原卷編號 P.2122，甲卷編號 P.3210，乙卷編號北圖藏殷字 62 號。此篇《敦煌變文校注》未收錄，玆以《敦煌變文集新書》作底本。乙卷未見，無從取校。

（1）劍樹刃刀霜雪白，有人見者總心寒（P175）

按：刃刀，原卷作「刃山」，《變文集》錄文不誤，當為「刀山」之誤，下文云「刀山劍樹悉摧殘」，亦其證。

（2）東西馳走苦聲高，南北交分空里叫（P175）

按：高，讀為「嚎」。字亦作「嘷」、「號」，省作「皋」。蔣冀騁曰：「『分』當作『奔』，『裏』當作『音』。」〔註 406〕前說可參，後說非也。S.4571《維摩詰經講經文》：「乾闥婆眾，吹妙曲於雲中；迦樓羅王，動簫韶於空裏。」「空里」同「空裏」，猶言空中，為變文常用詞。

（3）雖即雙林入涅槃，長在世間行教化（P176）

潘校：原卷作「槃」，變文集作「盤」。

按：甲卷作「盤」。

（4）白鶴迦陵和雅韻，共命頻迦贊苦空（P177）

按：鶴，原卷作「鸖」，即「鶴」；甲卷作「靍」，當為「靏」形誤，音借字。

（5）能者虔恭合掌著，清涼商調唱將來（P177）

按：商，原卷作「高」，甲卷作「商」。「高」字誤。「清涼商調」即「清商調」。郭在貽等謂甲卷亦作「高」，失檢；又解「高調」為「高雅之調」〔註 407〕，亦非。

（6）佛剎微塵國土中（P177）

〔註 406〕蔣冀騁《敦煌文獻研究》，湖南師範大學出版社 2005 年版，第 80 頁。

〔註 407〕郭在貽等《敦煌變文集校議》，收入《郭在貽文集》卷 2，中華書局 2002 年版，第 293 頁。

潘校：原卷作「刹」，變文集誤作「到」。

按：甲卷誤作「到」。

（7）吟，二十八天聞妙法（P177）

潘校：原卷有「吟」字，變文集誤脫。

按：甲卷誤脫「吟」字。

（8）雲擎樓閣下長空，掣拽羅衣來入會（P177）

按：原卷脫「長」字，甲卷有。當作說明。

（9）寶位常安萬萬年，海晏河清樂泰平（P177）

潘校：原卷作「泰」，變文集誤作「奏」。

按：甲卷誤脫「泰」字。

（10）六條寶階堯風扇（P177）

按：階，原卷、甲卷俱作「堦」。上文云「雙雙聖鳥玉傍堦」，亦作「堦」。

（11）太子諸王金葉茂（P177）

按：甲卷脫「金」字。

（12）病苦連綿枕席者（P177）

按：綿，甲卷誤作「線」。

（13）鐵犁耕舌灌洋銅（P177）

潘校：原卷作「灌洋銅」，變文集作「洋銅灌」。

按：甲卷作「洋銅灌」。

（14）即到食時歸本國（P177）

按：甲卷脫「時」字。

（15）能者念阿彌陀（P178）

潘校：原卷有「能者念阿彌陀」，變文集脫。

按：此六字爲小字，甲卷脫此六字。

（16）恰到齋時還本國，聽經念佛亦無防（P178）

潘校：變文集校記云：「乙卷恰作捨。」規案：原卷作「恰」，變文集誤作「恰」。

按：甲卷誤作「恰」，乙卷作「捨」亦誤。防，甲卷同，當讀爲妨。

《妙法蓮華經講經文》校補

《妙法蓮華經講經文（一）》校補

（1）思量兮未迴來由，發言兮問其所以（P706）

校注：徐校：「迴字誤，疑當作『達』。」按：「迴」當讀作「會」，是明白、領悟之意。

按：讀迴爲會，說本蔣冀騁〔註408〕，項說亦同〔註409〕，而皆不著所出。或讀爲委，此方言之音變。委猶知也，亦通。

（2）終日淩持，多般搥考（拷）（P707）

校注：淩持，折磨。「持」本有治理、要脅之義，「淩持」之持蓋取此義。原校「淩持」作「淩遲」，不必。參看《通釋》。

按：「淩持」讀爲「淩剚」，即「剹剚」，是酷刑，「剹」、「剚」皆取剖割爲義，引申則爲折磨之義〔註410〕。

（3）王居宮室，簫詔每日，豔境既多，凡情恣積，增益愆尤，足其過失（P707）

按：恣，讀爲資，資亦積蓄之義。《弘明集》卷13晉・郤超《奉法要》引《正齋經》：「意始雖微，漸相資積。」正作「資積」。

〔註408〕蔣冀騁《〈敦煌變文集〉校注拾零》，《古漢語研究》1989年第1期；又收入《敦煌文獻研究》，湖南師範大學出版社2005年版（是台版文津出版社有限公司1993年版《敦煌文書校讀研究》的修訂版），第81、121頁。上文「蒙光照，喜難才」，讀才爲裁，說亦本蔣冀騁，亦未著所出。

〔註409〕項楚《敦煌變文選注》，中華書局2006年版，第1318頁。

〔註410〕參見蕭旭《「治魚」再考》。

（4）所許《蓮經》便請說，不要如今有踴移（P708）

校注：踴移，即猶豫、遊移，說詳《通釋》。

按：蔣氏《通釋》又引《歡喜國王緣》「好道理，不思儀，記當修行莫勇伊」，謂「勇伊」同〔註411〕。項楚、黃征、張涌泉說並本蔣禮鴻〔註412〕。三氏謂又作「俑移」，舉《雙恩記》「雖切切，在遲遲，善事多摩花俑移」。諸家說是。其語源當即「猶豫」，疑惑不決貌。音轉則爲「容與」，《楚辭・離騷》：「忽吾行此流沙兮，遵赤水而容與。」游國恩曰：「按：『容與』即『猶豫』，亦即『夷猶』，躊躇不前之意。」〔註413〕《楚辭・九章・涉江》：「船容與而不進兮，淹回水而凝滯。」又音轉爲「容裔」、「溶滴」，《文選・東京賦》：「建辰旒之太常，紛焱悠以容裔。」呂向注：「容裔，從風轉薄貌。」又《洛神賦》：「六龍儼其齊首，載雲車之容裔。」劉良注：「容裔，行貌。」又《高唐賦》：「水澹澹而盤紆兮，洪波淫淫之溶滴。」張銑注：「溶滴，水之迴屈緩流之貌。」黃大宏曰：「『勇伊』二字，未見諸家解說，竊意當是『遊移』的音僞（譌），即猶豫不定、遲遲不決之意。」〔註414〕黃氏此文，前人成果全未參考，所論正確者，前人多已言及。殊爲可怪。

（5）奉事仙人，心不湇（莽）鹵，終日新（辛）懃，千秋已度（P708）

校注：湇（莽）鹵，輕率、馬虎意。北圖河字12號《父母恩重經講經文》：「乳哺三年非莽鹵。」「莽鹵」義同。陳治文謂「莽鹵」爲「憐惱」之訛（《集韻》：「憐惱，心惑。」），恐未確。

按：字或作「莽魯」，粗鄙愚拙義，引申則爲輕率、馬虎。字亦作「莽鹵」、「謗譎」、「憐惱」，倒言則作「鹵莽」、「魯莽」、「惱憐」、「譎謗」，又音轉爲「砢磨」、「孟浪」、「無慮」、「莫絡」等形〔註415〕。心不精明爲憐惱，言不精明爲謗譎，皆「莽魯」之後出分化字。陳治文謂字誤，《校

〔註411〕蔣禮鴻《敦煌變文字義通釋》，收入《蔣禮鴻集》卷1，浙江教育出版社2001年版，第328頁。

〔註412〕項楚《敦煌變文選注》，中華書局2006年版，第1336頁。黃征、張涌泉《敦煌變文校注》，中華書局1997年版，第715、954、1101頁。

〔註413〕游國恩主編《離騷纂義》，中華書局1980年版，第470頁。

〔註414〕黃大宏《〈敦煌變文集〉補校散錄》，《古籍整理研究學刊》2005年第5期，第66頁。

〔註415〕參見蕭旭《「狼抗」考》。

注》又謂陳說未確，斯皆各執一偏，未能會通也。

（6）如此辛懃能忍受，不生退屈有何緣（P709）

校注：退屈，佛教術語，退轉怠慢。下文「我也不生懈怠，殊無退敗之心」，「退敗」義同。

按：《法華經玄贊要集》卷 3：「退謂退轉，屈謂低屈。」屈，當讀爲黜。《說文》：「黜，貶下也。」《廣雅》：「黜，減也。」《玉篇》：「黜，退也，下也。」亦倒言作「屈退」，《弘明集》卷 1 牟子《理惑論》：「子所見道人，必學未洽見未博，故有屈退耳。」

（7）今朝采果來遲，只為逢於差事（P709）

校注：「差事」即奇事，說詳《通釋》。

按：差事，別的事。「差」即俗「岔」的本字。此解亦通。

《妙法蓮華經講經文（二）》校補

（1）花下愛漼（催）《南浦子》，延（筵）中偏送《剪春羅》（P719）

按：唐・崔令欽《教坊記》載曲名有「南浦子」、「剪春羅」。「剪春羅」本花草名，亦稱「剪紅羅」，借爲曲名耳。《楚辭・九歌・河伯》：「子交手兮東行，送美人兮南浦。」「南浦子」蓋情人送別之曲。

（2）篳篥調中含四諦，瑟（琵）琶聲裏韻無生（P719）

按：吳蘊慧讀「韻」爲「蘊」〔註 416〕，可取。篳篥，即「觱栗」。《說文》作「觱」，云：「觱，羌人所吹角屠觱，以驚馬也。」《繫傳》：「今之觱栗。觱栗，其聲然也。」字亦作「觱篥」，《廣韻》：「篥，觱篥，胡樂。」《集韻》：「篥，觱篥，胡人吹葭管也。」《明皇雜錄補遺》：「時梨園子弟善觱篥者，張野狐爲第一。」《樂府詩集》卷 80 引作「觱栗」，《碧鷄漫志》引作「篳篥」。字亦作「悲栗」、「悲篥」、「悲慄」，《通典》卷 144：「篳篥，本名悲篥，出於胡中，聲悲。或云儒者相傳胡人，吹角以驚馬，一名笳管，以蘆爲首，竹爲管。」《類說》卷 7《諸山記》：「管師黃坎

〔註 416〕吳蘊慧《〈敦煌變文校注〉校釋零拾》，蘇州大學 2003 年碩士學位論文，第 29 頁。

（次）姑嗓悲慄，即觱篥也。」《雲笈七籤》卷 96「觱篥」作「篳篥」。《類說》卷 16《樂府雜錄》：「觱栗，本龜茲國樂，亦曰悲栗。」字亦作「畢篥」，《朱子語類》卷 92：「畢篥，本名悲栗，言其聲之悲壯也。」字亦作「必栗」，《玄應音義》卷 19：「必栗：《纂文》云：『必栗者，羌胡樂器名也。』經文作篳篥。」《可洪音義》卷 25：「篳篥：上音必，下音栗。」「悲慄」是其語源。

（3）恨此一個形軀，難赴眾生啟請（P720）

校注：赴，當讀作「覆」，謂覆被也。

按：項楚則謂「赴」不必改讀，解爲「普應」〔註 417〕。「赴」就是「赴會」的「赴」，文中「赴……請」相應。

（4）即問色身難異逢，纔發信心便得遇（P721）

校注：異，似當讀作「以」。

按：異，讀爲冀，幸也，望也。S.5638《佛堂文》：「〔幽〕顯異其津梁，人、天資其吸（汲）引。」P.2733、P.2940、P.3262、S.5573 同句「異」皆作「冀」。

（5）慈悲菩薩心專請，大聖牟尼又所陳（P721）

按：又，讀爲有。

（6）細末堅黑栴檀（P722）

校注：末，鳩譯經、闍譯經左邊皆從米旁，蓋誤。

按：鳩譯經一本作「末」。「粖」字不誤，唐・窺基《妙法蓮華經玄贊》卷 7：「《玉篇》：『粖者亡達、亡結二反，粥糜也。』碎香如糜，故作粖；碎香如細壞土，應作抹。」《慧琳音義》卷 27 在窺基的基础上修訂，作《音妙法蓮花經》云：「粖：《玉篇》：『粖，亡達、亡結二反，粥糜也。』碎香如絮（糜）也〔註 418〕，故作粖；若如細土，應作抹。」是唐人所見，皆作「粖」字。「末」爲語源，言以細末以作糜，故名

〔註 417〕項楚《敦煌變文新校》，《敦煌學》第 25 輯，2004 年版，第 447 頁。
〔註 418〕「絮」當據《玄贊》作「糜」，徐時儀《一切經音義三種校本合刊》失校，上海古籍出版社 2008 年版，第 984 頁。

之曰粖、㳊。《中阿含經》卷 24：「腐壞碎粖。」宋、元、明本「粖」作「末」。《大集大虛空藏菩薩所問經》卷 4：「於虛空中雨細粖金。」《法苑珠林》卷 43：「以杵擣之，令成碎末。」宋本作「抹」，明、宮本作「粖」。「抹」當作「㳊」。皆其例。字或作𪏽、䬴、𪏮，此為「粖香」之專字。《玉篇》：「𪏽，小香也。」《集韻》：「䬴、𪏽、𪏮：䬴䬴，香也，或作𪏽、𪏮。」字又作䴲，《說文》：「䴲，涼州謂鬻為䴲。粖，䴲或省从末。」《玉篇》：「粖，糜也，《說文》作鬻（䴲）。」字亦省作𥼶，亦作𥹶，《集韻》：「䴲、粖、𥼶、𥹶，《說文》：『涼州謂鬻為䴲。』或從末從蔑，亦作𥹶。」字亦省作蔑，《玄應音義》卷 12：「如麵：言其碎末如麵也，經文作蔑，聲之誤也。」「麵」則音轉字，玄應必以「麵」為本字，斯未達其源也。字又省作面，P.2133《妙法蓮華經講經文（三）》：「恰如粉面一般，和水渾流不止。」《校注》引蔣禮鴻說謂「面」是「麵」的省字〔註 419〕。

（7）凡夫秋見便悅暢（P722）

校注：秋，「偢」的省旁字，今多寫作「瞅」。

按：「偢」為「傻偢不仁」之字；張錫厚校作「瞅」〔註 420〕，皆非正字。章太炎謂本字為「督」，音轉如「秋」，俗字作「瞧」，亦轉作「瞅」。《新方言》卷 2：「《說文》：『督，察也。』在目為督，在言為譙……譙亦為望……順天謂視曰譙，不分近察遠望，俗字作瞧。又謂旁睞微察曰督，音如秋。俗字作瞅，若鶖亦作鷲，夫椒亦作夫湫矣。秋、譙聲亦近，若鶖亦作揫也。」〔註 421〕俗字亦作瞅，《雍熙樂府》卷 3《端正好》：「我瞅一瞅，古都都飜了海波。」又卷 6《粉蝶兒》：「使從人眼睛瞅破。」此文「秋」即「督」音轉，下文「眾生纔若見時，心內當時悅暢」，「見」字是其誼。

（8）經內自云團估價，六殊（銖）可以買娑婆（P723）

校注：團估，同義連文，估量義。《朱子語類》卷 90：「是團量了高祖。」

〔註 419〕黃征、張涌泉《敦煌變文校注》，中華書局 1997 年版，第 735 頁。

〔註 420〕張錫厚《〈妙法蓮華經講經文〉二種》，《法音》1986 年第 3 期，第 29 頁。

〔註 421〕章太炎《新方言》卷 2，收入《章太炎全集（7）》，上海人民出版社 1999 年版，第 63 頁。

「團量」義同。

按：黃征將「團估」列入《新待質錄》〔註 422〕。團估，大致估算，猶言毛估估。今吳語猶曰「團堆估」、「團堆估估」。「團」當即「摶」之借字。《宋會要輯稿·食貨》：「每日據數撥與牛羊，先團估斤重，監視宰殺。」「團量」亦即「團估」，四庫本《朱子語類》誤作「圖量」。唐·杜希遁《大還丹金虎白龍論》：「斟酌藥名，團量火候。」「團猜」一詞，結構也相同。「團」字類化，因亦有「估量、猜度」義〔註 423〕。劉凱鳴謂「團」的本字是「彖」〔註 424〕；江藍生、曹廣順謂「團」的本字是「剸」〔註 425〕；蔣禮鴻讀團爲揣，蔣冀騁、吳福祥申證之〔註 426〕，趙家棟、付義琴說亦同〔註 427〕，皆非也。

（9）當初菩薩悟泡（胞）胎，知道終須臥土堆（P723）

按：「泡」讀如字，不當改「胞」。泡胎，言如泡幻之身也。P.2497《愈》：「但以慮妄構業，泡夢成身。」Φ101：「實是好，卒難裁，多少尊卑悟幻胎。」「泡胎」即是「幻胎」。

《妙法蓮華經講經文（三）》校補

（1）或為五色熒煌，或作輕盈晃浪（P730）

按：晃浪，讀爲「晃朗」，《文選·秋興賦》：「天晃朗以彌高兮，日悠陽而浸微。」李善注：「晃朗，明貌。杜篤《弔王子比干》曰：『霞霏尾而四除，言晃朗而高明。』」梁·江淹《赤虹賦》：「霞晃朗而下飛，日通籠而上度。」也作「爌朗」，《廣韻》：「爌，爌朗，寬明也。」亦作「爣朗」，《文選·魏都賦》：「或爣朗而拓落。」李善注：「爣朗，光明之貌。」亦作「壙埌」，《集韻》：「壙，壙埌，原野迥皃。」「壙埌」即取空明爲義。

〔註 422〕黃征《敦煌變文新待質錄》，收入《敦煌語言文字學研究》，甘肅教育出版社 2002 年版，第 80 頁。
〔註 423〕參見張相《詩詞曲語辭匯釋》，中華書局 1979 年版，第 640 頁。
〔註 424〕劉凱鳴《語詞考釋續貂》，《語文研究》1982 年第 1 輯，第 62 頁。
〔註 425〕江藍生、曹廣順《唐五代語言詞典》，上海教育出版社 1997 年版，第 361 頁。
〔註 426〕蔣冀騁、吳福祥《近代漢語綱要》，湖南教育出版社 1997 年版，第 276 頁。
〔註 427〕趙家棟、付義琴《〈敦煌變文校注〉識讀語詞散記》，《中國語文》2008 年第 3 期，第 274 頁。

（2）遊人四散還嫌晚，蝴蝶高飛恨未裁（P732）

校注：「裁」爲裁度、度量之義。

按：下文「天龍四散皆嫌晚，菩薩歸依恨不裁」。裁，減也。黃幼蓮曰：「普通話說『知』，方言說『栽（哉）』，『依』即『伊』。『依恨不栽』即『伊恨不知』。」〔註 428〕全是臆說。「歸依」爲詞，安得斷爲二橛？

（3）日影沉時須覺悟，蟾蜍出即便諮嗟（P733）

按：即，讀爲節，亦時也。

《妙法蓮華經講經文（四）》校補

（1）西面高登法座，還同搜麵一般（P742）

校注：搜麵，當讀作「溲麵」，《廣韻》：「溲，溲麵。」

按：「溲」的語源義即「搜」，指以水拌麵，故專字從水作「溲」。《釋名》：「餅，并也，溲麪使合并也。」《書鈔》卷 147、《能改齋漫錄》卷 15、《緯略》卷 10、《古今事文類聚》續集卷 17、《通鑑》卷 53 胡三省註引《釋名》「溲」皆作「搜」。晉·葛洪《肘後方備急方》卷 5：「一切毒腫，疼痛不可忍者，搜麵團，腫頭如錢大，滿中，安椒，以麵餅子蓋頭上，灸令徹痛，即立止。」唐·孫思邈《千金翼方》卷 20：「取汁搜麵，作粥食之。」

（2）若裏菜蔬三五啖，摩娑肚子飽咳咳（P742）

校注：咳咳，喜樂貌，參《通釋》。

按：《通釋》所釋各例皆確，然未引此條。此文「咳咳」與《通釋》所引各例不同，咳當讀爲「餩」，字亦作「欬」。《廣韻》：「餩，通食氣也。欬，上同。」唐·元稹《寄吳士矩端公》：「醉眼漸紛紛，酒聲頻餩餩。」是其例也。《玄應音義》卷 18：「《蒼頡篇》：『齊都謂瘷曰欬。』欬音苦代反，江南行此音也。」今吳語尚謂飽食後胃中出氣爲「餩飽」，音 gǎi 或 gài，又有「欬氣」、「欬聲」的說法，與玄應所稱江南讀苦代切相近。本字爲噫，《說文》：「噫，飽食息也。」《玄應音義》卷 14、20 引作「飽出息也」，又卷 11、18 引作「出息也」，《玉篇》、《文

〔註 428〕黃幼蓮《閩南方言與敦煌文獻研究》，《杭州師院學報》1987 年第 1 期，第 45 頁。

選・長門賦》李善注引《字林》亦并云「飽出息也」，作「出」字義長〔註 429〕。《繫傳》：「臣鍇按：《莊子》曰：『大塊噫氣，其名曰風。』烏恠反。」《莊子》見《齊物論篇》。《集韻》：「噫、欬：乙界切，《說文》：『飽食息也。』或作欬，通作餀。」「噫氣」即吳語之「欬氣」，天地所欬的氣，就是風。《素問・至眞要大論篇》：「腹脹，善噫。」馬王堆帛書《陰陽十一脈灸經》甲本同，乙本作「善意」，「意」爲「噫」省借字。善噫者，善欬氣也。宋・周去非《嶺外代答》卷 10：「既飲必噫氣。」字亦作餩、稖，《方言》卷 1：「餥，食也。陳楚之內，相謁而食麥饘謂之餥，秦晉之際、河陰之閒曰䭔餩。」《說文》：「䭔，秦人謂相謁而食麥曰䭔餩。餩，䭔餩也。」《玉篇》：「餩，饐也。」《廣韻》：「餩，飽也。䭔，䭔餩，飽也。」《集韻》：「餩、稖：《說文》：『䭔餩也，謂相謁食麥，秦人語。』或從禾。」北人食麥飯，飽而打噎，謂之餩，或曰䭔餩。字亦作垓、侅、該，俗語「咳聲嘆氣」，「咳」即謂欬氣也。洪亮吉曰：「吳俗飲食過飽，有逆氣出，呼爲垓。高誘注《淮南王書》：『垓讀如人飲食太多，以思下垓。』即此義。垓、咳古字通，亦作侅。《莊子釋文》：『飲食至咽爲侅。』」〔註 430〕高誘注見《淮南子・俶眞篇》，《莊子釋文》見《盜跖篇》。段玉裁曰：「噫，字亦作餩，見《廣雅》、《玉篇》。高注《淮南書》曰：『垓讀如人飲食太多，以思下垓之垓。』『以思下垓之垓』乃『以息上餩之餩』之誤。高注多言『心中滿該』，亦謂此也。」又曰：「『該』同『餀』。」〔註 431〕考《說文》：「該，讀若心中滿該。」段氏誤記爲高注。王筠曰：「桂氏曰：『該當作侅。』王煦曰：『侅，苦也。滿侅猶云懣侅耳。』」〔註 432〕王念孫曰：「侅者，苦也。《說文》『該』字注云：『讀若心中滿該。』義與苦竝相近。」〔註 433〕諸說以段氏爲長，章太炎說同段

〔註 429〕段玉裁、王筠即改作「出」字。段玉裁《說文解字注》，上海古籍出版社 1981 年版，第 55 頁。王筠《說文解字句讀》，中華書局 1988 年版，第 47 頁。

〔註 430〕洪亮吉《曉讀書齋雜錄》卷 1，收入《續修四庫全書》第 1155 冊，上海古籍出版社 2002 年版，第 587 頁。

〔註 431〕段玉裁《說文解字注》，上海古籍出版社 1981 年版，第 56、101 頁。

〔註 432〕王筠《說文解字句讀》，中華書局 1988 年版，第 89 頁。

〔註 433〕王念孫《廣雅疏證》，收入徐復主編《廣雅詁林》，江蘇古籍出版社 1992 年版，第 319 頁。

氏〔註 434〕。劉世昌認爲段說武斷〔註 435〕，未得其情也。音轉又作嗳，《玉篇》：「嗳，嗳氣也。」《說郛》卷 22 引蘇軾《物類相感志》：「喫西瓜，喫子不嗳。」

（3）不問高低皆與喫，好生撧劑也唱將來（P742）

校注：撧，同「絕」，《集韻》「絕」或從手作「𢺫」，「撧」即其變體。《龍龕手鑒》：「撧，手撧斷也。」「撧劑」蓋同義複詞（「劑」亦有斷割之義），謂裁取、安排也。

按：問，原卷Φ365 作「間」，讀爲「柬（揀）」〔註 436〕。《集韻》：「絕、𠠎、𢺫，斷也，或從刀從手。」《廣韻》：「𠠎，𠠎斷物也。」《龍龕手鏡》「𠠎，𠠎斷物也。」「𠠎」即「𠠎」之訛。《字彙》：「撧、𢺫，並同𠠎。」撧訓絕斷，指製作麵食的一種方法，以刀切斷或手摘斷，故字或從手作「撧（𢺫）」，或從刀作「𠠎」，皆「絕」之後出分別字。《飲膳正要》卷 1《聚珍異饌》載有「鷄頭粉撧麵」的方法〔註 437〕。劑由斷割之義，用作名詞，吳語稱爲劑子，指截成小塊的麵條。《齊民要術·造神麴並酒》：「以手團之，大小厚薄如蒸餅劑。」「餅劑」即做餅的劑子。《正統道藏·洞神部·眾術類》唐·張果《玉洞大神丹砂眞要訣》：「用藥一小豆許，並汞一兩，吸在口中，煖徹，須臾，以如麵劑子相似，見火便成白金也。」元人佚名撰《居家必用事類全集》庚集《飲食類·濕麪食品》載製作「餛飩皮」的方法云：「白麪一斤，用鹽半兩，涼水和如落索狀，頻入水，搜和如餅劑，停一時，再搜，撧爲小劑。」〔註 438〕「撧爲小劑」即此文「撧劑」確詁，猶言拗斷成小劑子〔註 439〕。今冀魯官話稱揪麵片爲「絕片」，中原官話稱揪麵片爲「𠠎𠠎片兒」或「𠠎（𠠎）圪墶」〔註 440〕，

〔註 434〕章太炎《新方言》卷 2，收入《章太炎全集（7）》，上海人民出版社 1999 年版，第 57 頁。

〔註 435〕劉世昌《段注說文武斷說舉例》，《師大月刊》第 22 期，1935 年版，第 188 頁。

〔註 436〕參見吳蘊慧《〈敦煌變文校注〉校勘零拾》，《蘇州職業大學學報》2003 年第 4 期，第 61 頁。

〔註 437〕《飲膳正要》，天曆三年刻本。

〔註 438〕《居家必用事類全集》，明隆慶二年飛來山人刻本。

〔註 439〕此條曾與趙家棟博士討論過，得到趙君啓發，謹致謝忱。

〔註 440〕參見許寶華、宮田一郎《漢語方言大詞典》，中華書局 1999 年版，第 4550、5874 頁。

蓋即此方法。以今吳俗考之，麵粉或米粉（俗稱米粉爲「屑」）以水和之，調拌後，搓成長條，以刀切斷，或以手摘斷，所成的短塊稱作「劑子」，以製饅頭或湯圓。「搜」即指「溲麵」。

（4）**弟一，人持刀不得為說（P742）**

按：據上下文例，「說」下脫「法」字。

（5）**身心又不專，意地多慵墮（P743）**

按：墮，讀爲惰。

（6）**不恭敬，或喜笑，不得為說法（P743）**

按：喜，讀爲嬉。

（7）**若有一般子弟，尋常戲笑經聞（P743）**

校注：經聞，疑當讀作「經文」。

按：戲，亦讀爲嬉。經聞，指聞經，即指聽講經文。

（8）**此人灰相黑侵侵，終日羞慚惡業深（P750）**

校注：侵侵，形容醜陋之狀。

按：黃征將「黑侵侵」列入《新待質錄》〔註 441〕。侵侵，即「寢寢」，黑貌，故爲貌醜義；字或作㾕、𩑶〔註 442〕。

《維摩詰經講經文》校補

《維摩詰經講經文（一）》校補

（1）**《華嚴經》云：「如人有手，自在採取珍寶；若無手者，定無所獲。」（P751）**

校注：定，原錄作「空」。

〔註 441〕黃征《敦煌變文新待質錄》，收入《敦煌語言文字學研究》，甘肅教育出版社 2002 年版，第 80 頁。

〔註 442〕參見蕭旭《〈史記·陳涉世家〉「沈沈」疏證》，《澳門文獻信息學刊》第 7 期，2012 年 10 月出版，第 93 頁。

按：原錄不誤。武曉玲謂「空」字較長〔註 443〕，而無論證。此卷下文云「如或信心不起，似無手足一般，直饒得到寶山，空手並無所獲」，又「有手方能采得他，無時空往終無益」，此作「空」字之確證。《無量壽經義疏》卷 1、《大般涅槃經義記》卷 1、《維摩義記》卷 1 引《華嚴》並作「空無所獲」。《大智度論》卷 1：「無信如無手，無手人入寶山中，則不能有所取。無信亦如是，入佛法寶山，都無所得。」宮本、石本「都」作「空」，《維摩經義疏》卷 1、《妙法蓮華經玄贊》卷 1、《阿彌陀經通贊疏》卷 1、《仁王護國般若波羅蜜多經疏》卷 1 引《智度論》皆作「空無所得」。

（2）有手方能避嶮希（巇），無時必定遭沉溺（P752）

按：讀希爲巇，是也。俗字亦作晞，《字彙》：「晞，山傍石。」P.3286《十二時》：「貪財嗜色嶮晞人，也莫嫌他莫嘲笑。」《正統道藏．洞玄部．本文類．太上洞玄靈寶智慧本願大戒上品經》：「仙公告弟子鄭思遠曰：『吾少遊諸名山，履於嶮晞。』」宋．杜安世《兩同心》：「蜀道晞嶮行遲，瞻京都迢遞。」

（3）送屍荒野山，兩眼烏鷲哷（P754）

校注：王貞珉云：「哷，是嘴的俗別字。」吳小如云：「疑哷爲噣之異體字，此處即啄字也。」陳治文則云「哷」是「啅」字形訛。按：吳說近是。

按：黃征曰：「『哷』當爲『角』的增旁字，謂以鳥喙啄物。『角』指鳥喙，轉爲動詞。」〔註 444〕吳說、陳說、黃說得其義，而皆未得其字。項楚亦謂「哷」即「啄」字，其說蓋即本於吳氏〔註 445〕，而抹其出處也。哷，讀爲捔，擊取也。《文選．西京賦》：「叉簇之所攙捔。」薛綜注：「攙捔，貫刺之。」胡文英曰：「案：捔，擊勁物也，吳中謂擊

〔註 443〕武曉玲《〈敦煌變文校注．維摩詰經講經文〉商榷》，蘇州大學 2002 年碩士學位論文，第 1 頁。

〔註 444〕黃征《〈變文字義待質錄〉考辨》，收入《敦煌語言文字學研究》，甘肅教育出版社 2002 年版，第 71 頁。

〔註 445〕項楚《〈維摩詰經講經文〉補校》，收入《敦煌吐魯番文獻研究論集》第 5 集，北京大學出版社 1990 年版；又收入《敦煌文學叢考》，上海古籍出版社 1991 年版，第 275 頁。吳小如《讀蔣禮鴻〈敦煌變文字義通釋〉札記》則發表於《文獻》1980 年第 1 期。

曰搉。」〔註 446〕李緒洙謂啗借爲搉，字或作擢、确，訓搗擊〔註 447〕，此得其語源也。吳語讀苦角切，音殼。變文言烏鷲以嘴擊取兩眼，故改從口旁作「啗」，而義遂晦。時建國謂「啗」是「睌」的誤字，引《集韻》「睌，目動也」以釋之〔註 448〕，非也。

（4）佛威神，今曉悟，未省經文生猒（厭）募（慕）（P755）

按：黃征將「猒募」列入《新待質錄》〔註 449〕。《說文》：「猒，飽也。」引申則有滿足義，又有饜足義，義兼美惡，此用爲滿足、安樂義。《方言》卷 6：「猒，安也。」《慧琳音義》卷 40 引《考聲》：「猒，樂也。」字或作厭，《說文》：「厭，一曰合也。」《廣雅》：「厭，可也。」《玄應音義》卷 1 引《蒼頡篇》：「伏合人心曰厭。」字或作懕，《集韻》：「懕，心可也。」與「慕」義近。

（5）三衣異越，和雲水已（以）隨身；五德超倫，共溫恭而淡佇（P757）

校注：「越」疑爲「趣」字形訛。

按：項楚說同〔註 450〕。「異越」、「超倫」對文，「越」字不誤。越亦超也。異，蔣冀騁讀爲逾〔註 451〕。「淡佇」亦作「淡竚」、「淡泞」、「澹泞」，徐復指出字出《文選·海賦》「泱漭澹泞，騰波赴勢」李善注「澹泞，澄深也」〔註 452〕。《祖庭事苑》卷 6：「淡泞，下文呂切，澄靜也。」宋·陸游《天彭牡丹譜》：「色淡佇而花尤富。」《林間錄》卷 2：「清淨無爲，淡佇無礙。」《景德傳燈錄》卷 9、《隆興編年通論》卷 26、《大光明藏》卷 2 作「澹泞」。《禪宗頌古聯珠通集》卷 19、37：「青蘿寅緣，直上寒松之頂；白雲淡竚，出沒太虛之中。」《五燈會元》

〔註 446〕胡文英《吳下方言考》卷 10，收入《續修四庫全書》第 195 冊，上海古籍出版社 2002 年版，第 84 頁。

〔註 447〕李緒洙《詞語補釋三則》，《古漢語研究》2002 年第 4 期，第 81 頁。

〔註 448〕時建國《敦煌變文字義拾零》，《古漢語研究》2000 年第 1 期，第 69～70 頁。

〔註 449〕黃征《敦煌變文新待質錄》，收入《敦煌語言文字學研究》，甘肅教育出版社 2002 年版，第 80 頁。

〔註 450〕項楚《〈維摩詰經講經文〉補校》，收入《敦煌文學叢考》，上海古籍出版社 1991 年版，第 278 頁。

〔註 451〕蔣冀騁《敦煌文獻研究》，湖南師範大學出版社 2005 年版，第 122 頁。

〔註 452〕徐復《敦煌變文詞語研究》，《中國語文》1961 年第 8 期；又收入《徐復語言文字學叢稿》，江蘇古籍出版社 1990 年版，第 235 頁。

卷 2、16、《正法眼藏》卷 1、《古尊宿語錄》卷 22、24、《大慧普覺禪師語錄》卷 2、《黃龍慧南禪師語錄》卷 1、《聯燈會要》卷 3、28、《法演禪師語錄》卷 3、《明覺禪師語錄》卷 2 皆作「淡泞」，《天聖廣燈錄》卷 29 作「澹泞」。

（6）如雞附卵，啐啄同時（P757）

校注：附，張金泉讀作孚，確。《集韻》：「孚，《說文》：『卵孚也。』古作附。」

按：張說是，字亦作抱。下文「如雞負卵應時嶊」，張金泉亦讀負作孚。《法華經玄贊要集》卷 1：「如雞孚卵，呼（啐）啄同時。」又卷 8、9：「如鷄附卵，啐啄同時。」又卷 25：「如鷄附卵，卒（啐）啄同時。」《續古尊宿語要》卷 6：「如鷄抱卵，要得暖氣相接。時節若至，啐啄同時。」《人天眼目》卷 4：「喻雞抱卵，啐啄同時。」「抱」亦讀作孚。啐之言捽，《玉篇》：「捽，擊也。」啄亦取擊爲義。皆指雞以喙擊之也。《廣韻》：「啐，啗也。」「啗」疑即「鴿（䶪、㪗）」借字，P.3906《碎金》：「啗（啗）啄：知減反，下卓。」

（7）百寶冠中惹瑞霞，六殊（銖）衣上饒光彩（P758）

按：饒，讀爲嬈，《說文》：「嬈，戲弄也。」與「惹」對文同義〔註 453〕。Φ101《維摩詰經講經文》：「陌上柳煙惹甘露，途中花樹弄時光。」句法正同。

（8）三界無俱（拘）繫，十方去又還（P759）

按：《慧琳音義》卷 3、5「拘礙」條，卷 8、39「拘繫」條，卷 29「所拘」條，卷 34「拘鹽」條，卷 85「拘羑」條，卷 90「拘閡」條，卷 100「拘驎」條，並謂「拘」音俱。《可洪音義》卷 12：「俱褔，亦作『拘執』。」又卷 15：「拘縶，上音俱，下音執。」此皆「俱」、「拘」音同之證。字亦作纍，《說文》：「纍，約也。」〔註 454〕《廣雅》：「纍，連也。」又「纍，纏也。」王念孫、朱駿聲並云：「纍之言拘也。」〔註 455〕P.2011 王仁昫

〔註 453〕此趙家棟博士說。

〔註 454〕《玉篇殘卷》引「約」誤作「絢」，《篆隸萬象名義》誤同。

〔註 455〕王念孫《廣雅疏證》，收入徐復主編《廣雅詁林》，江蘇古籍出版社 1992 年版，第 313 頁。朱駿聲《說文通訓定聲》，武漢市古籍書店 1983 年版，第

《刊謬補缺切韻》:「纍，纏連。」

（9）每交不出閨幃，長使調脂弄麪（P761）

校注：麪，原卷作「麵」，俗字。原校「麪」字作「面」，徐校則云「麪」似即「粉」字之義，不應校作「面」。蔣禮鴻謂「麪」就是脂粉的粉；陳治文則謂就是麪粉的粉，「調脂弄麪」意爲烹飪爲炊，而非塗脂抹粉。證以P.2418《父母恩重經講經文》:「刺繡裁縫無意學，調指（脂）弄麪不曾爲。」陳說似較佳。

按：蔣氏解爲「粉末」至確〔註456〕，陳說非也。《校注》失於采擇矣。「調脂弄麪」就是塗脂抹粉。「麪（麵）」本指麥屑，引申則泛指粉末義。《說文》:「麪，麥末也。」《玉篇》:「麪，麥麩，蜀以桄榔木屑爲麵（麪）〔註457〕。麵，同上。」《南方草木狀》卷中：「桄榔樹…皮中有屑如麪，多者至數斛，食之與常麪無異。」《嶺表錄異》卷中「麪」作「麵」。《廣韻》:「麪，束晳《麪賦》云：『重羅之麪，塵飛雪白。』麵，上同。」《初學記》卷26引作「重羅之麵」〔註458〕。古代製作胭脂，須以粉末調和。《古今注》卷下：「燕支，葉似薊，花似蒲公，出西方，土人以染，名爲燕支，中國人謂之紅藍，以染粉爲面色，謂爲燕支粉。」此未言是何粉。《釋名》:「胡粉：胡，餬也。脂和以塗面也。」《後漢書・李固傳》:「胡粉飾貌，搔頭弄姿。」此則調以胡粉也。《齊民要術・種紅花藍花梔子第》載「作燕支法」云：「預燒落藜藜藋及蒿作灰，以湯淋取清汁……取瀋以和花汁，下白米粉，大如酸棗……陰乾之則成矣。」《急就篇》卷3:「脂粉。」顏師古註：「粉謂鉛粉及米粉，皆以傅面。」此則調以鉛粉或白米粉也。此文「麪」即指米粉而言，《玉篇》:「麩，麪也，今呼米屑也。」唐・李商隱《木蘭》:「弄粉知傷重，調紅或有餘。」《類說》卷56引《古今詩話》:「調

362頁。

〔註456〕蔣禮鴻《敦煌變文字義通釋》，收入《蔣禮鴻集》卷1，浙江教育出版社2001年版，第112頁。

〔註457〕此據澤存堂本，元至正二十六年南山書院刊本、元延祐二年圓沙書院刻本、早稻田大學藏和刻本「麵」作「麪」。

〔註458〕《御覽》卷860引作「麩」，注：「丘與切。」非也。《書鈔》卷144引作「重羅之麩，壁飛雪白」，「麩」亦誤，「塵」又誤作「壁」。

脂弄粉，垛疊死人。」「調紅弄粉」、「調脂弄粉」亦即「調脂弄⿺麥末」也。P.2055《佛說善惡因果經》:「著⿰米日⿰米支胡粉朱唇入寺者，今作赤嘴鳥。」曾良指出「⿰米日⿰米支」即「胭脂」，云「最初的製作與米有關係，故或從米旁」〔註 459〕。P.2578《開蒙要訓》:「⿰米因⿰米旨黳黛。」P.2487、P.3054、P.3875A、P.2588、S.5513 作「⿰米因⿰米支」，S.705 作「⿰米因枝」，P.3147 作「臙⿰米旨」，亦皆即「胭脂」也。皆可以印證製作胭脂須以粉末調和也。「麵（⿺麥末）」的語源爲「末」，已詳《妙法蓮華經講經文（二）》校補。

（10）所以擣羅法藥，應病根機（P761）

按：羅，讀爲籮，過篩、過濾也。擣、籮是製作法藥的二道工序。《佛說大乘菩薩藏正法經》卷 30:「擣篩和合爲大法藥。」〔註 460〕

（11）庵園浩浩聖賢催，瑞色祥雲遍九垓（P761）

按：催，讀爲摧。羅振玉藏本《維摩詰經講經文（七）》:「聲聞會裏喧喧鬧，菩薩筵中浩浩催。」亦同。《說文》:「摧，擠也。」即擁擠義。

（12）狂癡心，煎似鍋，焰焰添莘（薪）⿰火艮天猛（P762）

校注：⿰火艮，蔣禮鴻謂是「炬」的形近誤字，近是。《說文》:「炬，望見火貌。」按：《龍龕手鏡》:「炬，望見火貌也。」字正作「炬」。但「炬」是一個生僻字，未見於載籍使用，講經文作爲一種民間文學，卻使用這樣的生僻字，實在令人懷疑。另外從句子結構看，「天」字前似乎應該是一個動詞才合適，而「炬」顯然屬於形容詞性質。我們懷疑「⿰火艮」爲「烺」的誤字，「烺」爲「朗」字別構。「烺天猛」指火焰之烈把天都照明了。以上兩說不知何者爲優，姑皆存之，以候采擇。

按：黃征謂「⿰火艮」是「張」的形誤字〔註 461〕。蔣宗福謂「⿰火艮」是「煨」字的俗寫或形訛，「⿰火艮天猛」即「煨天猛」，「煨」有燒義〔註 462〕。趙家棟

〔註 459〕曾良《敦煌文獻中的俗字問題》，《敦煌學研究》2007 年第 1 期；收入《敦煌文獻叢札》，浙江古籍出版社 2010 年版，第 57 頁。

〔註 460〕此例承趙家棟博士檢示，謹致謝忱。

〔註 461〕黃征《敦煌變文疑難字詞考辨》，《文史》2001 年第 4 期，第 151 頁；又收入《敦煌語言文字學研究》，甘肅教育出版社 2002 年版，第 88 頁。

〔註 462〕蔣宗福《釋敦煌變文「⿰火艮」字》，《中國語文》2005 年第 3 期，第 285～286

謂「烺」應依原卷字形作「炬」，「炬」乃是「耀」的換聲符字，或為記音字〔註 463〕。諸說皆求之於形，余則以聲求之。「烺」讀為焜，眞、耕通轉。焜，明也，耀也。「焜天」為詞，而非「天猛」為詞。「焜天」修飾「猛」字。句言火焰如照耀天一般地猛烈。《說文》：「焜，煌也。」《左傳‧昭公三年》：「焜燿寡人之望。」《釋文》引服虔曰：「焜，明也。燿，照也。」《慧琳音義》卷 55 引杜預注《左傳》：「焜，猶燿也。」又卷 93：「焜，燿也。」又卷 85：「焜，曜也。」《弘明集》卷 3 晉‧孫綽《喻道論》：「金色焜曜。」「焜曜」同義連文。字或省作昆，《文選‧甘泉賦》：「樵蒸昆上，配藜四施。」李善注：「昆，或為焜，《字書》曰：『焜煌，火貌。』」

（13）總發難遭之解，咸伸敬禮之猶（P763）

按：伸，讀為申。猶，讀為由。

（14）頭髮比沙森，身毛摘色狂（P764）

按：沙森，即「髿鬖」，頭髮亂垂貌。宋‧王明清《揮麈後錄》卷 2：「青綸紫褮，曄曄而髿鬖。」宋‧晁補之《後招魂賦》：「蛇身鬼首，蓬髮髿鬖。」倒言則作「參差」，不齊貌。亦作「槮差」、「縿縒」、「嵾嵳」、「篸差」，《說文》：「槮，木長皃。《詩》曰：『槮差荇菜。』」《詩‧關雎》作「參差」。《說文》：「縒，參縒也。」《廣韻》：「嵾，嵾嵳，不齊皃，亦作參。」《集韻》：「篸差，竹皃。」山之高低不齊為嵾嵳，木之長短不齊為槮差，絲之長短不齊為縿縒，竹之長短不齊為篸差，皆後出分別字。頭髮之長短不齊則作「鬖髿」〔註 464〕，亦後出分別字。「沙森」亦即「鬖髿」倒文。髮長為「鬖」，猶木長為「槮」也。髮長則垂，故諸書或訓為髮垂貌；髮長亦為美，故諸書又訓為髮美；髮長短不齊則為散亂，故諸書又訓為髮亂，皆一義之引申。《玉篇》：「髿，髮（鬖）髿，垂皃。鬖，亂髮也。」〔註 465〕《廣韻》：「髿，

頁：又蔣宗福《敦煌變文語詞辨釋》，《中國訓詁學報》第 1 輯，商務印書館 2009 年版，第 256～257 頁。

〔註 463〕趙家棟《敦煌文獻疑難字詞研究》，南京師範大學 2011 年博士學位論文，第 217 頁。

〔註 464〕此承趙家棟博士檢示，謹致謝忱。

〔註 465〕髮髿，《廣韻》同，胡吉宣校為「鬖髿」，是也。胡吉宣《玉篇校釋》，上海古

鬖髿，髮皃。」《六書故》：「鬛鬖、鬖髿，皆髮垂散貌義，各如其聲。」《文選·江賦》：「紫茱熒曄以叢被，緑苔鬖髿乎研上。」李善注引《通俗文》：「髮亂曰鬖髿。」唐·韓愈《辛卯年雪》詩：「白帝盛羽衛，鬖髿振裳衣。」《集韻》：「髿，鬖髿，髮美也。」《類篇》：「髿，鬖髿，髮美也。又，鬖髿，髮垂皃。」字又作「鬖髟」，《慧琳音義》卷 99 引《考聲》：「鬖髟，髮垂貌也。」《集韻》：「鬖，鬖髟，毛貌。」又「鬖，鬖髟，髮垂。」《廣弘明集》卷 29 梁·蕭子雲《玄圃苑講賦》：「漂青綸之蓑折，蕩碧組之鬖髟。」元、明本作「鬖髿」。字又作「毿髟」，王昶《金石萃編》卷 85 唐《兗公頌》：「綠樹靃靡，紅藥毿髟。」字又作「毿毶」，唐·韓愈《月蝕詩效玉川子作》：「於菟蹲於西，旗旄衛毿毶。」宋·王伯大注：「毿毶，參沙二音，長毛皃。」字又作「驂[illegible]」，《可洪音義》卷 30：「鬖髟，《川音》作驂[illegible]，別本作莎，音非。」又省作「參沙」，明·周靖《篆隸考異》卷 4：「髿，俗。篆作沙。參沙，髮垂皃。」「摘色狂」不詳。

（15）人與非人等，清霄闇塞排（P765）

按：清，讀爲青。下文「迥聳清霄突屼高」，同。

（16）佛力難思變現強，迥於群眾獨超詳（P765）

按：超詳，黃征讀爲「超常」〔註 466〕，余則讀爲「超翔」。《廣弘明集》卷 10 任道林《敘辨周武帝除佛法詔》：「龍虎以鱗牙爲能，猨鳥以超翔爲才。」漢《吳仲山碑》：「事長接幼，出入敖詳。」亦其例。

（17）心貞志而躍躍興興，體逶迤而遙遙拽拽（P765）

校注：遙遙，楊雄讀作「搖搖」，是。

按：上文「逶迤遙（搖）拽」，「逶迤」同「婑嫷」、「婑媠」，舒緩、舉止安詳貌〔註 467〕。

（18）梵天王，天眾部，福德威光咸仰輔（P766）

籍出版社 1989 年版，第 1136 頁。《集韻》又誤作「髟鬖」。

〔註 466〕黃征《敦煌變文疑難字詞考辨》，《文史》2001 年第 4 期，第 155 頁；又收入《敦煌語言文字學研究》，甘肅教育出版社 2002 年版，第 94 頁。

〔註 467〕參見蕭旭《〈說文〉「委，委隨也」義疏》，收入《群書校補》，廣陵書社 2011 年版，第 1413～1418 頁。

按：輔，讀爲服，一聲之轉。或讀爲附，亦通。

（19）曜曜衣裝白玉紋，遙遙寶彩黃金縷（P766）

按：遙遙，讀爲「暚暚」。《玉篇》：「暚，日光也。」《集韻》：「暚，明也。」

（20）威儀滿足盡欽逢，福相周圓咸戀暮（慕）

校注：徐校：「『逢』當作『遲』。」

按：逢，讀爲奉，俗作捧。《佛說方等般泥洹經》卷 1：「爲一切所敬，天人所欽奉。」

（21）雪眉染染宴松巒，雲帔輕輕沾彩霧（P767）

校注：染染，疑當讀作「冉冉」。宴，文中疑當讀作「映」。此句費解，擬再考。

按：讀「染染」爲「冉冉」是，《說文》：「冄，毛冄冄也。」《繫傳》：「冄，弱也，象毛細而下垂。」宴，疑讀爲䁙，《方言》卷 6：「䁙，視也，東齊曰䁙。」《廣雅》：「䁙，視也。」字亦作䁳、𥇆、𥇜，《玉篇》：「䁳，仰視也。」《廣韻》：「䁳，視也。」又「𥇜，視也，或作𥇆。」《集韻》：「䁙，一曰仰視，或作䁳。」又「䁙，《博雅》：『視也。』或作䁳、𥇆，亦書作𥇜。」「宴」即「𥇜」之省。𥇜松巒者，仰望松巒也。

（22）天雨四花空閃閃，地搖六振響嶉嶉（P767）

按：嶉嶉，讀爲「慛慛」，言其音急促也。上文「梵螺奏唄音寮（嘹）亮，鈸磬轟敲韻聲慛」（P763），正作「慛」字。

（23）螢窗苦志何方去，雪嶠工（功）勳甚處藏（P769）

按：「螢窗雪嶠」爲車胤典，《類聚》卷 55 引《宋書》佚文：「車胤，字武子，少勤學，家貧無燈。夏月乃聚螢照讀，冬曾聚雪。」《晉書・車胤傳》：「胤恭勤不倦，博學多通。家貧不常得油，夏月則練囊盛數十螢火以照書，以夜繼日焉。」「雪嶠」又爲孫康典，《文選・爲蕭揚州作薦士表》：「集螢映雪。」李善注引《孫氏世錄》：「孫康家貧，常映雪讀書。」《南史・范雲傳》記孫康「常映雪讀書」〔註 468〕。《梁書》

〔註 468〕《御覽》卷 12 引《宋齊語》、《太平廣記》卷 235 引《談藪》並同。

卷 33 記王僧孺「照螢映雪」，亦類之。《爾雅》：「山銳而高，嶠。」「雪嶠」即「聚雪」，指堆成小雪山，映以讀書。

（24）玲瓏而牢地朱瓔，敲磕而塞瑎珂佩（P770）

校注：牢，原卷作「窣」，當校作「窣」。「窣地」猶言拂地。《維摩碎金》：「窣地長衫。」又「珠瓔卒（窣）地，香風吹敲磕之聲。」「卒地」爲「窣地」之誤。

按：項楚說同〔註 469〕。「窣」爲唐宋俗語詞。唐・岑參《衛節度赤驃馬歌》：「請君鞲出看君騎，尾長窣地如紅絲。」唐明皇《初入秦川路逢寒食》：「洛川芳樹映天津，霸岸垂楊窣地新。」王海根讀爲「猝」，解爲「突然地」〔註 470〕，非也。唐・杜荀鶴《贈元上人》：「垂露竹粘蟬落殼，窣雲松載鶴棲巢。」字亦作捽、卹，與「窣」同音蘇骨切，《集韻》：「卹，卹勿，摩也，或作捽。」《禮記・曲禮》：「國中以策彗卹勿驅塵不出軌。」鄭注：「卹勿，搔摩也。」《釋文》：「勿，音沒。」「卹勿」即「沒娑」、「摩娑」、「抹摋」的倒文音轉；「窣」即「勃窣」、「勃屑」的單言。「勃窣」亦「抹摋」之音轉。「摩娑」、「抹摋」，皆取摸撫爲義〔註 471〕。窣地，猶言摩地。窣雲，猶言摩雲、摩天。「瑎」當作「堦」，同「階」。

《維摩詰經講經文（二）》校補

（1）莫不金鞍公子，觀世上而喜極成悲；粉閣佳人，看大聖而心曹似醉（P807）

按：曹，讀爲慒。《爾雅》：「慒，慮也。」《釋文》：「慒，音囚。」《玉篇》：「慒，昨遭切，亂也。又音囚。」《廣韻》：「慒，似由切，慮也。」字亦作怞，《玉篇》：「怞，寺周切，慮也。」《集韻》：「慒，或作怞。」字亦作愁，《漢書・揚雄傳》：「畔牢愁。」宋祁《宋景文筆記》卷中引鄭氏曰：「愁音曹。」《集韻》：「愁，財勞切，憂也，揚雄有《畔牢愁》。」《說郛》卷 85 引釋適之《金壺字考》：「牢愁：愁音曹。」方以智曰：「牢

〔註 469〕項楚《〈維摩詰經講經文〉補校》，收入《敦煌文學叢考》，上海古籍出版社 1991 年版，第 290 頁。
〔註 470〕王海根《古代漢語通假字大字典》，福建人民出版社 2006 年版，第 225 頁。
〔註 471〕參見蕭旭《「抹摋」考》。

愁，轉為勞懵。牢愁、聊懵，《離騷》、《揚子》字異而義同。」〔註472〕諸字皆音相轉。「心曹」為唐宋俗語詞，宋‧趙令畤《侯鯖錄》卷8：「今人言心中不快為『心曹』，當用此『愁』字，即憂也。」字亦作騷、慅，《史記‧屈原傳》：「離騷者，猶離憂也。」《廣雅》：「慅，愁也。」又「慅慅，憂也。」

（2）何曾見有一條蛇，都是忘（妄）心生兼執（P807）

按：兼，讀為堅。P.2058：「男標忠孝之名，女慕兼貞之節。」「兼貞」即「堅貞」〔註473〕，亦通借其例。《梵網經菩薩戒本疏》卷4：「……四未邪見者生邪見，五已邪見者生堅執。」《成唯識論疏義演》卷3：「故以獨頭意識，橫生堅執。」堅執，言堅持執著之心也。《瑜伽師地論義演》卷8：「二辯諍心於前四境，一一皆生堅執等心，故為諍也。」《阿毘達磨發智論》卷20：「當觀此是箭，眾生堅執著。」《略釋新華嚴經修行次第決疑論》卷2：「生妙智慧金剛刃，能破眾生堅執業。」正作「堅執」。

（3）弄影弄身左右轉，驅雲唱電勢恢〔恢〕（P809）

按：「唱」同「倡」，導引也。黃征謂「唱」是「喝」形譌〔註474〕，無據。

（4）君王寵愛，偏沾于雨露之恩；皇后眷憐，數受於珠珍之惠（P810）

按：偏，讀為徧。

（5）屼屼（矹矹）地貪於癡欲海，忙忙維（推）人淤泥坑（P811）

校注：項楚校：「『矹矹』當作『兀兀』〔註475〕，昏沉貌。」維，周校、潘校並作「推」。劉凱鳴校：「疑『維』為『墜』之音近而訛。」二說未知孰是？

〔註472〕方以智《通雅》卷49，收入《方以智全書》第1冊，上海古籍出版社1988年版，第1459頁。

〔註473〕參見黃征、吳偉《敦煌願文集》，嶽麓書社1995年版，第249頁。

〔註474〕黃征《敦煌變文疑難字詞考辨》，《文史》2001年第4期，第157頁；又收入《敦煌語言文字學研究》，甘肅教育出版社2002年版，第96頁。

〔註475〕項氏原文「矹矹」作「屼屼」，項楚《〈維摩詰經講經文〉補校》，收入《敦煌文學叢考》，上海古籍出版社1991年版，第298頁。

按：蔣禮鴻謂「地」字衍，黃征說同〔註476〕，當即本師說，所說是也。岏岏，當讀爲「忨忨」。《說文》：「忨，貪也。」《廣韻》：「忨，忨貪。」字亦作翫、玩〔註477〕。此文「忨忨」用作形容詞，貪欲貌，修飾「貪」字。《正法華經》卷7：「發忨忨疾獲之想，不起懈怠難得之慮。」「忨忨」修飾「獲」字，用法正同。《玄應音義》卷7作「元元」，解云：「言元元者，非一民也。經文作忨，食（貪）也。忨非今義。」《慧琳音義》卷28采其說。皆非也。周校、潘校「維」作「推」是，此用爲被動詞。張秦曰：「『墜』與『維』，韻雖近而聲不同……『維』當爲『羅』之缺體或訛誤，『羅』、『罹』亦通用，猶陷也。」〔註478〕駁劉說是，而改爲「羅（罹）」亦非是。

（6）長鋪角簟，如一條之碧水初歲；淨拂玉床，若八尺之寒冰未散（P811）

校注：「歲」或當作「生」。

項校：《新書》校記：「原卷似『歲』，蓋誤字。」楚按：原卷此字似「流」字（P1418）。

按：「歲」疑「裁」字誤書。《通鑑》胡三省註：「角簟，剖竹爲細篾織之，蔵（藏）節去筠，瑩滑可愛。」以碧水形容角簟，言初裁細篾而織成的角簟如一條碧水，清涼而瑩滑也。唐·鮑溶《采葛行》：「吳中角簟泛清水，搖曳勝被三素雲。」取譬亦同。趙家棟讀「歲」爲「濊」，解爲水聚集〔註479〕，未洽。

（7）其夏也……閑雲當戶，如片片之奇峰；老檜倚簷，似沈沈之洞水（P812）

〔註476〕蔣禮鴻《〈敦煌變文集補編〉校補》，收入《蔣禮鴻集》卷6，浙江教育出版社2001年版，第136頁。黃征《敦煌變文疑難字詞考辨》，《文史》2001年第4期，第157頁；又收入《敦煌語言文字學研究》，甘肅教育出版社2002年版，第96頁。

〔註477〕參見王念孫《廣雅疏證》，收入徐復主編《廣雅詁林》，江蘇古籍出版社1992年版，第114頁。

〔註478〕張秦《〈敦煌變文校勘辨補〉辨》，《天水師專學報》1990年第2期，第93頁。

〔註479〕趙家棟《敦煌文獻疑難字詞研究》，南京師範大學2011年博士學位論文，第43頁。

校注：項楚校：「『洞』字當是『洄』字的形訛。」劉凱鳴校則謂「洞」當是「泂」字形訛，「泂水」猶寒水。按「洞水」指深水或疾流，「洞」字疑不煩改。

施謝捷曰：洞，《補編》錄作「泂」，合於原卷。《廣韻》「泂，冷也。」〔註 480〕

按：項楚改舊說云：「『洞』即深義。」〔註 481〕沈沈，讀同「潭潭」，深邃之貌。S.2832：「五月上旬，中夏初登，炎光已盛。白雲片片，叶作奇峰；淥樹垂陰，低成曲蓋。」與此文近是。

（8）蒼蒼山色，戴雲而總入龍樓；咽咽蟬聲，和露而聲喧鳳闕（P812）

按：戴，讀爲載。聲，原卷作「[illegible]」，即「齊」字。潘錄亦誤作「聲」。且前面已有「聲」字，後面再用「聲」，則犯複。

（9）將一條之悲索堅勞（牢），練五百之心猿顛誜（P812）

校注：《集韻》：「誜、唆：俊言也，一曰妄言，或從口。」「顛誜」費解，俟再考。

按：黃征將「顛誜」列入《新待質錄》〔註 482〕。練，修煉。「誜」同「謏」〔註 483〕，讀爲傻。《廣韻》卷 3《馬韻》「謏」、「傻」同音沙瓦切：「傻，傻俏，不仁。」又卷 4《禡韻》「誜」、「傻」同音所化切：「傻，傻偢，不仁。」《集韻》、《類篇》：「傻，數瓦切，傻俏，不仁，一曰輕慧皃。」又「傻，數化切，傻偢，不仁。」又「偢，傻偢，不仁。」《集韻》「偢」、「俏」同音七肖切，《集韻》、《類篇》：「㥰、偢，七肖切，傻偢，不仁。」P.3906《碎金》：「人誜誚：所馬反，七笑反。」P.2717《碎金》：「人誜〔誚〕：所馬反，七笑反。」S.619V《碎金》：「人誜誚：所馬反，七少反。」「不仁」是不慧、愚蠢之義，「仁」當讀爲「佞」〔註 484〕。錢鍾書謂《廣韻》「傻偢，不仁」乃「痲木或癡頑」義〔註

〔註 480〕施謝捷《敦煌文獻語詞校釋叢札》，《敦煌研究》1999 年第 4 期，第 27 頁。
〔註 481〕項楚《敦煌變文選注》，中華書局 2006 年版，第 1418 頁。
〔註 482〕黃征《敦煌變文新待質錄》，收入《敦煌語言文字學研究》，甘肅教育出版社 2002 年版，第 81 頁。
〔註 483〕《龍龕手鑑》：「誜，或作。謏，正。」
〔註 484〕以上參見蕭旭《敦煌寫卷〈碎金〉補箋》，收入《群書校補》，廣陵書社 2011

485〕，其言「痲木」，蓋亦惑於「不仁」之本義，所說猶隔一間。顛詨，言顛狂愚頑，指世人之不悟佛法也。句言將一條之堅牢悲索，練五百之顛詨心猿也。施謝捷謂「顛」同「癲」，狂也；又謂詨訓妄言〔註 486〕，施君下說未是。

（10）笙歌瀝瀝，聞如耳上之風；彩女雙雙，睹似眼中之刺（P812）

按：刺，原卷作「[illegible]」，乃「剡」字，讀爲錟〔註 487〕。

（11）寶積等聞維摩此語，盡策發心神（P812）

按：「策發」爲藏經習語。策，勉勵也。《法華經玄贊釋》卷 1：「堅固心勝進者，即疏云不退屈爲策發。」

（12）便使平持御路，掃灑天街（P812）

校注：項楚校：「『平持』即『平治』。避唐高宗諱改。」《降魔變文》：「平治道路。」潘校同。

按：「平持」即「平治」，但「治」非一般的「治理」之義，亦非避諱所改。「持」、「治」皆「剷」的同音借字，當讀平聲，音遲。平剷，猶言鏟平。今客話謂鏟草皮爲剷草皮〔註 488〕，用法相同。今吳語尚謂「把路剷平勒」。

（13）假使撏眉兼摀眼，直饒塗粉與茶油（P812）

按：宋・陳師文《太平惠民和劑局方》卷 10：「撏眉毛頭毛。」撏，摘取。摀，讀爲瞠，字亦作瞸、矘，怒目直視皃。《玉篇》：「瞠，丑庚、丑郎二切，《蒼頡篇》：『直視也。』瞸，同上。」P.2717《碎金》：「人瞠眼：丑更反，怒視。」P.2058 作「人矘眼」。字亦作瞕，《文選・長笛賦》：「留眎瞸眙。」五臣本作「瞕」。字亦借作憆，《漢書・外戚傳》：

年版，第 1334 頁。

〔註 485〕錢鍾書《管錐編》，中華書局 1986 年版，第 418 頁。

〔註 486〕施謝捷《敦煌變文語詞校釋札記》，《敦煌吐魯番研究》第 1 卷，北京大學出版社 1995 年版，第 60 頁。

〔註 487〕此趙家棟博士說。

〔註 488〕參見許寶華、宮田一郎《漢語方言大詞典》，中華書局 1999 年版，第 6963 頁。

「陛下得武書意，何如曰愷也？」服虔曰：「愷，直視貌也。」顏師古曰：「愷，本作瞠，其音同耳。」俗字作瞪，《六書故》：「瞠，他庚、他郎二切，張目直眂也。《莊周》曰：『夫子奔軼絕塵，而回瞠若乎後矣。』又作瞪。」音變作他郎切，則與「摚」同音。俗字亦作撐，《聯燈會要》卷27：「棺木裏撐眼。」《禪林僧寶傳》卷13作「瞠眼」，《古尊宿語錄》卷45作「瞪眼」。「摚眼」即「瞠眼」、「撐眼」、「瞪眼」。二句言無論是撐眉瞪眼發怒，還是塗抹粉油修飾，皆甚美也。黃征謂「摚」即「撐」，云「撐眼是指某些長著迷縫小眼的人為了美容而特意將眼皮撐大」〔註489〕。未得。

（14）王孫這日便排諧，置得九宮人浩浩（P813）

校注：變文中「排諧」一詞凡三見，另二例為Φ252《維摩詰經講經文》：「汝依吾敕，汝稟我言，速便排諧，速須往彼。」又羅振玉藏本《維摩詰經講經文》：「汝今便請速排諧，萬一與吾為使去。」項楚謂這三例「排諧」為「排比」之誤。然「諧」、「比」形音並殊，實無緣致誤。竊疑「排諧」或當讀為「排偕」，即「排比」之義。「偕」有「比」義，《通釋》舉例甚富。蔣禮鴻校：「『置得』就是『直得』，並為『致得』的假借，表示有所使而然。」項楚謂「置」當作「直」，「直得」猶云直使、直教，疑未確。

按：「偕」有「比」義，是「比並」、「匹配」之義，而不是「排比」、「準備」義。「諧」讀如字，猶言成功、妥當。排諧，猶言準備妥當、安排好了〔註490〕。P.2292《維摩詰經講經文（四）》：「必足分憂能問病，便須排當唱將來。」「排當」義同。《初學記》卷29載南朝·宋·袁淑有《排諧集》，《類聚》卷92、94、《御覽》卷910引同。《高僧傳》卷7：「善諸經及《莊》、《老》，排諧好語笑。」元、明本作「俳諧」。《解脫道論》卷1：「排諧相悅，引利自向。」此三例「排諧」即「俳諧」，滑稽義，此別一義。《可洪音義》卷27：「骨稽：上正作滑，古勿反下，音雞，排諧也。」此例「置」亦讀如字，「置」即「排」義，布置、安排之義。

〔註489〕黃征《敦煌變文疑難字詞考辨》，《文史》2001年第4期，第152頁；又收入《敦煌語言文字學研究》，甘肅教育出版社2002年版，第89頁。

〔註490〕另參見曾良《敦煌文獻字義通釋》，廈門大學出版社2001年版，第114頁。

（15）陌上柳煙惹甘露，途中花樹弄時光（P813）

校注：項楚校：「『時』疑當作『曉』。」

按：「時」字不誤。時光，當時之景，蓋指春色。

《維摩詰經講經文（三）》校補

（1）我佛當為菩薩日，爭無臻志若修持（P827）

按：「若」當作「苦」，潘錄不誤〔註 491〕。臻，蔣冀騁讀爲「貞」，武曉玲謂蔣說不確，臻當訓至〔註 492〕。武說非也，「臻」是到達義，而非專至之義。蔣說可備一通。

（2）終歲無閑，經年不倦（P830）

按：「閑」當作「間」，形之訛也。

（3）為人不得多愚奧，認取真常深妙教（P831）

校注：愚奧，疑當讀作「愚拗」，《古今韻會舉要》：「拗，心戾也。《玉篇》：『拗捩固相違。』」

按：項楚說同〔註 493〕。奧，讀爲懊，並音於六切。《玉篇》：「懊，貪也。」《集韻》：「懊，頑也。」或讀爲嫪，音於到切。《集韻》：「嫪，妬也。」

（4）凡有行藏平隱作，低防禍幻（患）使心神（P831）

校注：「低」當從袁賓校作「隄」。

按：低，讀爲抵，拒也。

（5）心無剎異事，意即為眾生（P832）

校注：剎，疑爲「差」或「煞」的音近誤字。《集韻》：「差，異也。」「差異」爲同義並用，「煞異」則即甚異。

〔註 491〕潘重規《敦煌變文集新書》，文津出版社有限公司 1994 年初版，第 277 頁。

〔註 492〕蔣冀騁《〈敦煌變文集〉校注箋識》，《湖南師大學報》1992 年第 1 期，第 57 頁。武曉玲《〈敦煌變文校注·維摩詰經講經文〉商榷》，蘇州大學 2002 年碩士學位論文，第 10 頁。

〔註 493〕項楚《〈維摩詰經講經文〉補校》，收入《敦煌文學叢考》，上海古籍出版社 1991 年版，第 307 頁。

按：前說「差」是，寫卷中「剎」、「察」同音。「差異」後來作「詫異」。項楚校「剎」作「別」〔註494〕，非也。

（6）既有委黃貌，兼陳捎弱懷（P833）

校注：捎，疑當作「悄」，《說文》：「悄，憂也。」稍微

按：捎，讀爲肖、痟，衰微也。《史記・太史公自序》：「申呂肖矣。」《集解》引徐廣曰：「肖，音痟。痟猶衰微。」《索隱》：「肖，謂微弱而省少，所謂申呂雖衰也。」字亦作消，《釋名》：「消，弱也。」又「消，削也。」陳治文曰：「『捎』改爲『消』。」〔註495〕字亦作稍，《慧琳音義》卷2：「稍微：上霜教反，《韻詮》云：『漸漸也，少也。』《廣雅》云：『稍稍，小也。』侵削令小也。」蔣禮鴻曰：「『捎』字不可通，疑當作膌，《集韻》：『膌，凡物之殺銳曰膌。』捎（膌）弱蓋爲瘦弱。」〔註496〕黑維強曰：「捎讀爲梢，末弱的意思。」〔註497〕「膌」、「梢」皆後出分別字。

（7）多將湯藥問因依，大照國師尋斬候（P833）

校注：大照，項楚校作「待詔」。「待詔」、「國師」都是對醫人的尊稱。斬候，項楚疑當作「證候」，近是。

按：黃征曰：「『大照』項讀爲『待詔』，甚是。『斬』當爲『漸』字之省脫。」〔註498〕黃氏後說是。「大」讀如字。照，讀爲招，招集也。「國師」是帝王封賜僧人的尊號。因依，猶言辦法。斬，讀爲漸，征兆。《廣韻》：「漸，事之端、先覩之始也。」《論衡・明雩》：「雨頗留，湛之兆也；暘頗久，旱之漸也。」「漸」、「兆」對舉同義。候，亦征候、征兆之義。

〔註494〕項楚《〈維摩詰經講經文〉補校》，收入《敦煌文學叢考》，上海古籍出版社1991年版，第308頁。

〔註495〕陳治文《〈敦煌變文集〉校讀小札》，收入胡竹安、楊耐思、蔣紹愚編《近代漢語研究》，商務印書館1992年版，第53頁。

〔註496〕蔣禮鴻《讀變枝談》，《敦煌研究》1992年第3期，第112頁；又收入《蔣禮鴻集》卷3，浙江教育出版社2001年版，第256頁。

〔註497〕黑維強《敦煌變文詞語校釋》，《敦煌學輯刊》2003年第1期，第105～106頁。

〔註498〕黃征《〈變文字義待質錄〉考辨》，收入《敦煌語言文字學研究》，甘肅教育出版社2002年版，第71～72頁。

（8）**若或有病，故是身力衰羸（P833）**

按：羸，原卷作「[illegible]」，當錄作「𣎆」。《篆隸萬象名義》：「𣎆，羸字。」黃侃曰：「𣎆，即（郎）果切，此羸瘦本字。」〔註 499〕《變文集》、潘重規皆錄作「羸」，近是。

（9）**唇鶱耳返（P833）**

校注：俟考。

按：（a）鶱，皺縮之義也。《慧琳音義》卷 15：「《蒼頡篇》云：『頞，鼻上鶱也。』《說文》：『鼻莖皺也。』」是「鶱」即「皺」也。字或作褰，《史記·司馬相如傳》《子虛賦》：「襞積褰縐。」《集解》引《漢書音義》曰：「褰，縮也。」《索隱》引蘇林曰：「褰縐，縮蹙之也。」字或作攓、捲，《玉篇》：「攓，縮也。」《淮南子·俶眞篇》：「擢德捲性。」高注：「捲，縮也。」《文子·上禮》作「攓」。字或作蹇，S.132《大方廣華嚴十惡品經》卷 1：「下唇蹇哆。」字或作縒，《廣雅》：「縒，縮也。」《廣韻》：「縒，縒縮。」唇鶱，謂嘴唇皺縮而上翻也。《法華經句解》卷 6：「唇褰縮者，夭亡之相。」《一字佛頂輪王經》卷 1：「鼻不匾㔸，脣不鶱縮。」一本「鶱」作「褰」。《妙法蓮華經》卷 6：「脣不下垂，亦不褰縮。」二例「鶱（褰）縮」同義連文，即《廣韻》之「縒縮」，義甚顯豁。《毘尼母經》卷 6：「在前應迴顧看後者，所著衣齊整不？不；參差不？不；鶱縮不？不。」亦其例。《菩薩從兜術天降神母胎說廣普經》卷 3：「無畏子者，唇鶱鼻嵱，反齒橫牙，人見恐畏。」元、明本「鶱」作「褰」，「嵱」作「仰」。亦倒言作「鶱脣」、「攓脣」、「褰唇」，《瑜伽師論地》卷 79：「鶱脣露齒。」元、明本「鶱」作「攓」。《說郛》卷 107 引徐咸《相馬書》：「撲尾褰唇痛，起臥四蹄攤。」又有言「鶱鼻」者，言鼻皺縮也。《阿育王息壞目因緣經》卷 1：「卷眉腫頰，高顙鶱鼻。」元、明本「鶱」作「褰」，宮本作「蹇」。《佛祖歷代通載》卷 3：「反唇鶱鼻。」（b）返，讀爲反，古今字耳。考諸相書，後周·王朴《太清神鑑》卷 1：「鼻梁耳返，賣盡田產。」又卷 2：「耳反，須貼肉；鼻仰，山根足；眼露，黑精多；唇反，齒如玉。」又卷 4：「唇褰頟塌，鼻抵耳反。」又卷 6：「四相不露：眼睛

〔註 499〕黃侃《字通》，收入《說文箋識》，中華書局 2006 年版，第 120 頁。「即」當作「郎」，《六書故》正作「郎果切」。

露，黑白分明不爲露；鼻露竅，山根正不爲露；口露，齒唇不褰不爲露；耳反輪，貼肉生不爲露。」南唐・宋齊邱《玉管照神局》卷下：「短命煞：唇掀兼齒露，舌短見身亡；若更咽喉結，知君死異鄉。孛逆煞：耳反兼烏黑，名爲孛逆郎，即宜孤獨坐，不解順忠良。」佚名《月波洞中記》卷下：「（上唇）掀露齒者，不睦六親，好說是非，無德之人也。」又「耳反無珠福祿慳，更加黧黑禍綿綿。」又「枯淡輪翻貼肉生，耳珠無墜少精神。」是「唇騫」亦即掀唇，因嘴唇收縮而露出牙齒。「耳反」即耳輪反翻。（c）《玄應音義》卷22：「騫唇：《廣雅》：『騫，舉也。』」今本《廣雅》作「搴」。唐・窺基《妙法蓮華經玄贊》卷 10：「不褰縮者：褰，舉也。縮，短也。」《慧琳音義》卷27「褰縮」條採用窺基說。宋・從義《法華經三大部補注》卷10：「不褰縮：上去乾切，不舉也。下所六切，不短也。」玄應、窺基、慧琳、從義訓騫（褰）爲舉，謂上舉，是皺縮的結果，而非訓詁義，「騫」不當直接訓舉（訓舉的本字爲「軒」）。劉傳鴻據窺基、慧琳說，證以上舉相書，云：「唇褰即嘴唇上舉，《漢語大詞典》引宋陳善《捫虱新話》卷 14：『脣不下垂，亦不褰縮。』認爲『褰縮』爲同義複詞，義爲『縮』，實誤。」〔註 500〕劉君未得其語源，而過信窺基、慧琳之誤說也。

（10）枝垂嬈㛹朝盛露，花坼輕風晚帶香（P834）

按：「嬈㛹」爲「婀娜」之倒言音轉，於樹木，則製專字作「榱椽」，亦作「裒衺」，樹枝長弱皃也。

（11）又無斤，又無力，何處得堅難可惜（P834）

校注：斤，原校作「勁」，近是。此聯係據經文「是身無常、無強、無力、無堅」云云演繹。

按：「斤」爲「劤」省借。《廣雅》：「劤，力也。」《玉篇》引《埤蒼》：「劤，多力也。」王念孫曰：「今北方猶謂力爲劤。《釋名》云：『筋，靳也，肉中之力靳固於身形也。』筋與劤聲義亦相近。」〔註 501〕「劤」即「勁」

〔註 500〕劉傳鴻《讀〈敦煌變文校注〉札記三則》，《中國語文》2006 年第 2 期，第 177～178 頁。

〔註 501〕王念孫《廣雅疏證》，收入徐復主編《廣雅詁林》，江蘇古籍出版社 1992 年版，

之俗字，《說文》:「勁，彊也。」正與經文作「強」義合。蔣冀騁讀「斤」爲「筋」，蓋指筋骨〔註502〕，非也。

（12）及到遮身今有疾，何殊枯樹即須傾（P834）

按:「遮」同「這」。S.2144《韓擒虎話本》:「㕦耐遮賊。」亦其例。「這身」、「這個身」是變文習語。

（13）譬如水中聚沫，如何撮摩（P834）

校注:撮謂撮持，摩謂觸摸。乃近義複詞，故可倒言之曰「摩撮」（下文:「是身如聚沫，不可能摩撮。」）。徐復據《慧琳音義》，謂「撮摩」即「撮磨」，是「持取研磨」意，恐未確。

按:《慧琳音義》卷 8:「撮磨:上竄捋反，《考聲》:『手撮取也。』下墨波反，《考聲》:『磨礪也，研磨也。』《說文》作礳。」又卷 41 解云:「此言水之聚沫浮幻虛脆，不可撮持而磨也。」《希麟音義》卷 1:「撮磨:《廣雅》云:『撮，持也。』應劭注《漢書》云:『三指撮。』下莫何反，研磨也。《無垢稱經》云:『是身如聚沫，不可撮磨。言浮幻虛脆不可撮持而磨也。』」郭在貽等亦謂慧琳、希麟、徐復說望文生訓〔註503〕。《經律異相》卷 14:「又能以手撮磨須彌山，令碎如塵。」《首楞嚴經義海》卷 6:「如以手掌撮摩虛空，秪益自勞，虛空云何隨汝執捉。」《嘉泰普燈錄》卷 16:「那湛（堪）更向這裏撮摩石火，收捉電光。」《大光明藏》卷 1:「深潭月影，任意撮摩。」諸例「撮磨（摩）」皆謂撮取而以手研磨之也。唐・窺基《說無垢稱經疏》卷 3:「撮摩者揉捼義。」所解亦是也。又音轉爲「撮捼」，《古文苑》卷 4 漢・揚雄《蜀都賦》:「循崖撮捼。」章樵註:「撮即撮字。捼，奴委（禾）切，相摩擊也。」《說文》:「捼，一曰兩手相切摩也。」《廣韻》:「捼，手摩物也。」「撮磨（摩）」即「撮捼」。「捼」當是「挼」之誤，從「妥」得聲。「挼」即手摩義的專字，爲「摩」字音變，故「挼（捼）莎」或作「摩莎」也〔註504〕。

第 116 頁。

〔註502〕蔣冀騁《敦煌文獻研究》，湖南師範大學出版社 2005 年版，第 154 頁。

〔註503〕郭在貽等《敦煌變文集校議》，收入《郭在貽文集》卷 2，中華書局 2002 年版，第 346 頁。

〔註504〕參見蕭旭《「抹殺」考》。

是「磨（摩）」當訓研磨、搓揉。「研磨」者，指以兩手相摩擦也。《校注》未達此誼，遽謂徐說未確，亦失考矣。至於下文作「摩撮」，則倒文以叶韻耳，未足以破舊說。

（14）輕志易落，更無返樹之期；細雨辟天，豈有歸雲之日（P834）

校注：徐校：「『志』疑是『花』字之誤。『辟』疑當作『辭』。」按「辭」字寫本中多作「辞」，與「辟」字形近。

按：原卷作「志」，確是「志」字。黃征疑「輕志」爲「紅蕊」草書之誤〔註 505〕，無據。趙家棟據字形謂「『志』似讀爲『枝』」〔註 506〕。徐校甚確，潘重規亦校「志」爲「花」〔註 507〕。尋 S.5639《釋門應用文範》：「每聞朝花一落，終無反樹之期；細雨辭天，豈有歸雲之路。」此卷當據校正。易，當讀爲「一」。「輕」當作「朝」，左邊偏旁相近，故致誤書也。反，讀爲「返」。「辭」古字作「辞」，故誤爲「辟」。《大戴禮記・保傅》：「然而不辭者。」「辭」亦「辟」形譌，《賈子・保傅》、《漢書・賈誼傳》作「避」，同「辟」。亦其相譌之例。二句乃化自漢魏六朝詩文。《文選》魏・王粲《贈蔡子篤》：「風流雲散，一別如雨。」李善注：「《鸚鵡賦》曰：『何今日以雨絕？』陳琳《檄吳將校》曰：『雨絕於天。』然諸人同有此言，未詳其始。」又梁・江淹《雜體詩》：「雨絕無還雲，華落豈留英？」李善注：「《鸚鵡賦》曰：『何今日之雨絕？』」又南齊・謝眺《拜中軍記室辭隋王牋》：「邈若墜雨，翩似秋蒂。」李善注：「潘岳《楊氏七哀詩》曰：『漼如葉落樹，邈然雨絕天。』」《類聚》卷 34 晉・潘岳《哀詩》：「漼如葉落樹，邈若雨絕天。雨絕有歸雲，葉落何連山。」《乐府詩集》卷 74 晉・傅玄《昔思君》：「昔君與我兮形影潛結，今君與我兮雲飛雨絕。昔君與我兮音響相和，今君與我兮落葉去柯。」《文選》後漢・禰衡《鸚鵡賦》：「何今日之兩絕，若胡越之異區？」「兩」當作「雨」，

〔註 505〕黃征《敦煌變文疑難字詞考辨》，《文史》2001 年第 4 期，第 157 頁；又收入《敦煌語言文字學研究》，甘肅教育出版社 2002 年版，第 97 頁。

〔註 506〕趙家棟《敦煌文獻疑難字詞研究》，南京師範大學 2011 年博士學位論文，第 22 頁。

〔註 507〕潘重規《敦煌變文集新書》，文津出版社有限公司 1994 年初版，第 303 頁。

李善注二引，皆作「雨」字〔註 508〕。

（15）惠虛假，只貪才，早晚曾將智惠開（P835）

校注：「惠」字有誤，俟校。「才」當讀作「財」。

按：「惠」應是「專」形訛，與「只」對文同義〔註 509〕。「曾」當作「會」，猶言終究。

（16）曾終十善重佛僧，敬莫交身沉六趣（P836）

校注：「終」字於義無取，疑當讀作「種」，修種之義。敬，當讀作「竟」，最終、畢竟。

按：二字皆讀如本字。終，猶言成就。《廣韻》：「敬，愼也。」項楚謂「終」是「修」形誤，「敬」讀作「更」〔註 510〕，亦皆非是。

（17）永處清虛道，令君斷有裁（P836）

校注：「有裁」費解，「裁」疑當作「財」，「有財」與「清虛」相友（反）。

按：當乙作「有斷裁」。

《維摩詰經講經文（四）》校補

（1）動天冠而花寶玲瓏，整妙服而珠瓔瀝落（P857）

校注：瀝落，同「歷落」，參差貌。

按：珠瓔，指眞珠、瓔珞。「瀝落」猶言瀝瀝落落，形容珠瓔搖晃時發出的清脆聲響。S.4571《維摩詰經講經文（一）》：「瓔珞珊珊，頭冠耀耀。」Φ101《維摩詰經講經文（二）》：「朱瓔卒（窣）地，香風吹敲磕之聲；光彩輝天，瑞氣瑣籠璁之色。」P.3093《佛說觀彌勒菩薩上生兜率天經

〔註 508〕參見王念孫、胡克家、胡紹煐、梁章鉅、孫志祖、黃侃諸家說。王念孫《讀書雜志》卷 16 餘編下卷，中國書店 1985 年版，第 83 頁。胡克家《文選考異》，附於李善本《文選》，中華書局 1977 年版，第 883 頁。胡紹煐《文選箋證》，黃山書社 2007 年版，第 398 頁。梁章鉅《文選旁證》，福建人民出版社 2000 年版，第 392 頁。孫志祖《文選考異》，收入《續修四庫全書》第 1581 冊，上海古籍出版社 2002 年版，第 154 頁。黃侃《文選平點》，中華書局 2006 年版，第 130 頁。

〔註 509〕此趙家棟博士說。

〔註 510〕項楚《〈維摩詰經講經文〉新校》，《四川大學學報》2005 年第 4 期，第 60 頁。

講經文》:「頂上光冠光繚繞，身邊瓔絡向（響）俳佪。」皆以音響形容之，是爲證也。

（2）福惠具足，種性（姓）尊高，六度已圓，十身備歷（P860）

按:「性」字不當改作。《大乘義章》卷 14:「聖法中生，種性尊貴。」種性，指可能證得菩提的本性。武曉玲謂「性」指質性〔註 511〕，是。或作「種姓」者，轉是借字。

（3）寶冠亞而風颯苻枝，瓔珞搖而霞飛錦樹（P861）

校注:亞，低垂之義。劉凱鳴校:「『苻』當作『琈』,《集韻》:『琈，美玉名。』」按:「苻」疑爲「符」字俗書,「符」有符瑞義，文義可通。

按:「亞」即「厭（壓）」的同音借字。苻，讀爲浮。浮枝，浮露於外的樹枝。項楚校「苻枝」爲「花枝」〔註 512〕，黃征說同〔註 513〕，皆無據。趙家棟讀「苻枝」爲「芙枝」，謂爲「芙蓉枝」之省〔註 514〕，亦不可從。未見「芙蓉」在古籍中可單稱爲「芙」。

（4）麈生麈尾，藥滿雞窗（P861）

校注:《類聚》卷 91 引《幽明錄》:「晉兗州刺史沛國宋處宗嘗買得一長鳴雞，愛養甚至，恒籠著窗間，雞遂作人語，與處宗談論極有言智，終日不輟。」

按:「《幽明錄》」又作「《幽冥錄》」，乃劉義慶撰，劉敬叔《異苑》卷 3 所載亦同。二人皆南朝宋人，約同時，二書所載蓋有共同來源。

（5）末上先呼彌勒，令人毗耶（P861）

〔註 511〕武曉玲《〈敦煌變文校注·維摩詰經講經文〉商補》,《敦煌研究》2003 年第 3 期，第 106 頁。

〔註 512〕項楚《〈維摩詰經講經文〉補校》，收入《敦煌文學叢考》，上海古籍出版社 1991 年版，第 316 頁；又項楚《〈維摩詰經講經文〉新校》,《四川大學學報》2005 年第 4 期，第 61 頁。

〔註 513〕黃征《敦煌變文疑難字詞考辨》,《文史》2001 年第 4 期，第 152 頁；又收入《敦煌語言文字學研究》，甘肅教育出版社 2002 年版，第 90 頁。

〔註 514〕趙家棟《敦煌文獻疑難字詞研究》，南京師範大學 2011 年博士學位論文，第 140 頁。

按：「人」當作「入」。下文「依言便合人毗耶，不合推辭阻大聖」，亦誤。

（6）汝似明珠絕點瑕，更莫推辭問疾去（P862）

按：P.2044：「是知黃金被爍而不變，白玉縱點〔而〕飛霞（非瑕）。」〔註 515〕S.4474：「所謗周公聖者，猶有管蔡流言；況乃凡庶，寧無白珪之點？」又「豈料白珪精而被點，美玉瑩而遭瑕。」「點」字義皆同，專字作玷，《詩·抑》：「白圭之玷。」毛傳：「玷，缺也。」字亦作刮，《說文》：「刮，缺也，《詩》曰：『白圭之刮。』」《玉篇》：「刮，缺也，或作玷。」字或作鉆，《說文》：「鉆，缺也。」《集韻》：「鉆，器缺。」玉缺曰玷，刀缺曰刮，瓦器缺曰鉆，胥同源也。此卷下文「明珠有瞖，白玉沾瑕」，「沾」亦讀爲玷。

（7）四體有同臨岸樹，雙眸無異井中星（P862）

按：下句言眼目坎陷也，已詳《降魔變文》校補。

（8）必足分憂能問病，便須排當唱將來（P862）

校注：「排當」與「排比」同義，「當」爲助詞無義。

按：「當」非無義之助詞。「當」讀去聲，適當，妥當。排當，猶言安排妥當，與「排諧」同義，而與「排比」之義略有差別。

（9）聞名之如露入心，共語似醍醐灌頂（P862）

校注：之，相當於「而」。

按：二句不偶，「之」字當衍，「露」上脫「甘」字。S.2073《爐山遠公話》：「相公聞語，由（猶）如甘露入心；夫人聞之，也似醍醐灌頂。」S.4081《釋門應用文》：「承司斯勝福，淨域神遊；甘露入心，醍醐灌頂。」皆可助校。

（10）分疏不怠，便值責訶（P863）

校注：徐校：「『怠』疑當作『逮』。」

按：徐說是。字或作迨，《爾雅》：「迨，及也。」又「逮，及也。」《方言》

〔註 515〕黃征、吳偉讀「飛霞」爲「非瑕」，是也。參見《敦煌願文集》，嶽麓書社 1995 年版，第 163 頁。

卷 3：「迨，及也，東齊曰迨。」字亦作隸，《廣韻》：「迨，及也。隸，上同。」或省作隶，《集韻》：「迨，及也，或作隶、隸、逮。」

（11）襜襜道服，貼天上之雲霞；歷歷星冠，奪人間之皓月（P865）

校注：襜襜道服，道服飄動之貌。「貼」爲黏附之義。

按：襜襜，風吹衣動貌，字又作「佔佔」，《史記・匈奴傳》：「令喋喋而佔佔。」《集解》：「佔佔，衣裳貌。」《漢書》顏師古注同。字亦作緂、祐，《集韻》：「緂，衣動貌，或作祐、佔，通作襜。」貼，字亦作帖，補貼，補益。唐・白居易《追歡偶作》：「追歡逐樂少閒時，補貼平生得事遲。」一本作「帖」。《通鑑》卷 176 胡三省注：「帖，添帖。」宋・朱熹《與宰執劄子》：「熹昨具劄子奏聞，乞撥米三十萬石，添貼紹興府糶濟。」馮青謂「貼」爲「形容、描述、臨摹」之義〔註 516〕，乃據《朱子語類》相同文例歸納出的義項，非訓詁義。

（12）敬要何為（P867）

校注：敬，疑當作「更」，同音通用。

按：項楚、蔣冀騁說同〔註 517〕。敬，讀爲竟，究也。P.2915：「敬無抽滅（減）。」S.343 作「竟無瘳咸（減）」。

（13）巍巍金相，光明而日月藏暉；皎皎玉毫，燦爛而乾坤換色（P868）

按：換，讀爲煥。S.2614《大目乾連冥間救母變文》：「天邊海氣無遐換，隴外青山望戍樓。」P.2854：「金鏤（縷）換衣，光流佛剎。」皆其例。P.2631：「金相換爛於四衢，銀毫暉舒於八極。」P.2854、S.2146 同句作「煥爛」，尤爲確證。

《維摩詰經講經文（五）》校補

（1）若見時交（教）巧出言詞，稅調著必生退敗（P884）

校注：蔣禮鴻校：「『稅調』應是誘惑的意思……『說調』和『稅調』似是

〔註 516〕馮青《〈敦煌變文校注〉閱讀札記》，《寧夏大學學報》2011 年第 1 期，第 17 頁。

〔註 517〕項楚《〈維摩詰經講經文〉補校》，收入《敦煌文學叢考》，上海古籍出版社 1991 年版，第 320 頁。蔣冀騁《〈敦煌變文集〉校注箋識》，《湖南師大學報》1992 年第 1 期，第 59 頁。

一個詞兒。」

按：「稅調」就是「說調」的借字，猶言勸說調戲。《普法義經》卷 1：「莫從說調。」

（2）徐行時若風颯芙蓉，緩步處似水搖蓮亞（P884）

項楚曰：亞，壓低，低垂（P767）。

按：亞，趙家棟讀爲椏，「蓮椏」即「蓮枝」〔註 518〕。俗字或作丫、杈、牙、枒。

（3）輕羅拭體，吐異種之馨香；薄縠掛身，曳殊常之翠彩（P884）

按：拭，讀爲飾。《廣雅》：「飾，著也。」

（4）妖桃強逞魔菩薩，美質徒誇惱聖懷（P885）

校注：妖桃，徐校作「妖嬈」，未確。蔣禮鴻云：「『妖桃』是說面如妖豔的桃花。」按：上文云：「盡帶桃花之臉，皆分柳葉之眉。」又北京河字 12 號《父母恩重經講經文》：「翠眉桃臉潛移改。」所喻相類，可爲助證。

按：下文「妖桃而乃越姮娥，豔質而休誇妲妃」，S.2832《時文軌範》：「惟夫人妖桃與蛾眉同翠，紅粉與仙佳（桂）齊芳。」「妖桃」皆即「夭桃」，狀其容貌。上圖 28 號《歡喜國王緣》：「夫人容儀窕窈，玉貌輕盈，如春日之夭桃，類秋池之荷葉。」典出《詩・桃夭》：「桃之夭夭，灼灼其華。」

（5）還知彼處有傾摧，如剪（箭）射空隨志（至）地（P887）

校注：志，原校作「墮」，未確。郭在貽校作「至」，是。

按：項楚亦校「志」作「至」〔註 519〕。隨，非時間副詞，當讀爲墮。上文「似煎（箭）射空，勢盡與（而）終歸墮地」，正作「墮」字。

（6）能歌律呂，行雲而不竟（禁）低垂；解奏宮商，織女而忽然亭罷（P888）

〔註 518〕趙家棟《敦煌文獻疑難字詞研究》，南京師範大學 2011 年博士學位論文，第 140 頁。

〔註 519〕項楚《〈維摩詰經講經文〉補校》，收入《敦煌文學叢考》，上海古籍出版社 1991 年版，第 326 頁。

按：潘重規亦校「竟」作「禁」〔註 520〕，武曉玲申其說，謂《廣韻》「竟」、「敬」同音，在唐五代西北方言中可讀「禁」〔註 521〕。諸說皆非也。「竟」當作「覺」，形之譌也。「不覺」表示不自禁，與下句「忽然」同義對舉。《游仙窟》：「忽然心裏愛，不覺眼中憐。」亦其比。

（7）我言嬌尸迦，無已（以）此非法之物，邀我沙門釋子，此非我宜（P889）

校注：邀，《維摩詰所說經》經文作「要」。「要」指要挾、脅迫，義較長。

按：邀、要古字通，《止觀輔行傳弘決》卷 8 亦作「邀」。《注維摩詰經》卷 4 解云：「勿以向語，其施要我使受也。」邀、要並讀爲徼。下文「三從五障在身邊，十惡縈仍被儌纏」，《校注》讀儌爲徼。《廣雅》：「徼，纏也。」

（8）掃灑盡應人定怪，祇承必恐眾宜猜（P890）

校注：宜猜，徐校作「疑猜」，是。

按：徐校非是。此文「宜」、「定」對舉，宜猶當也。

《維摩詰經講經文（六）》校補

（1）辯似懸河偃不住，言如劈竹抉無推（P903）

校注：偃，停止之義。

按：項楚讀偃爲堰，築堤堵水之義〔註 522〕；又校「抉」爲「快」，是也。《玉篇》：「堰，壅水也。」《廣韻》：「堰，堰水。」《集韻》：「堰，壅水也，通作偃。」字亦作隁、隁、堨，《集韻》：「堰，障水也，或作隁、隁。」《後漢書・董卓傳》：「乃於所度水中僞立隁，以爲捕魚，而潛從隁下過軍。」李賢注：「《續漢書》隁字作堰，其字義則同，但異體耳。」《通典》卷 160 作「堨」，注：「堨，音堰。」字亦作閼，《漢

〔註 520〕潘重規《敦煌變文集新書》，文津出版社有限公司 1994 年初版，第 351 頁。
〔註 521〕武曉玲《〈敦煌變文校注・維摩詰經講經文〉商榷》，蘇州大學 2002 年碩士學位論文，第 22 頁。
〔註 522〕項楚《〈維摩詰經講經文〉新校》，《四川大學學報》2005 年第 4 期，第 62 頁。下同。

書・循吏傳》:「起水門提（堤）閼。」〔註 523〕顏師古曰:「閼，所以壅水，音一曷反。」

（2）恐到維摩征問頻，言乖有辱〔如來使〕(P904)

校注:到，疑當作「對」。

按:「到」字不誤。下文「到便維摩詰道理」,「到」即到達之義。

(3)見苦交伊得樂，逢貧與說宿因，使生趣向菩提，勝將十劫財施(P907)

按:「生」上脫「眾」字。

《維摩詰經講經文（七)》校補

（1）聲聞會裏喧喧鬧，菩薩筵中浩浩催（P916）

按:催，讀爲摧，擁擠。已詳《維摩詰經講經文（一)》校補。下文「聲聞浩浩滿虛空，菩薩喧喧入室中」,「滿虛空」即「摧」字之誼。

（2）善男善女亦陪行，一一如來無吝障（P916）

校注:吝，原卷作「悋」，俗字。原錄作「怪」，誤。

項楚曰:怪障，責怪、阻攔（P834)。

按:項說非也。悋（吝），讀爲闌，一聲之轉。《說文》:「闌，門遮也。」引申之，則爲遮攔、阻隔義。《廣雅》:「闌，遮也。」《史記・魏世家》:「有河山以闌之。」俗作攔，字亦作蘭。此卷上文:「緊那羅，藥叉將，要去如來不蘭障。」Φ96《雙恩記》:「日月豈敢爭光，天地不能攔障。」又「一取來求不障蘭，任隨所要無遮護。」皆其例。《魏書・崔暹傳》:「障吝陂葦。」又《食貨志》:「自後豪貴之家，復乘勢占奪，近池之民，又輒障吝，彊弱相陵，聞於遠近。」《佛說護國尊者所問大乘經》卷 4:「我今請佛，所有宮殿園苑，及一切珍寶莊嚴之具，施佛供養，汝諸眷屬，勿爲障悋。」「障吝」、「障悋」亦皆讀爲「障闌」。《圓覺道場禮懺禪觀等法事》卷 15:「常住之法，理通十方，自存供身，非理遮悋。」《宋刑統》卷 13 引唐代典賣物業敕文:「如業主、牙人等欺罔鄰、親，契帖內虛擡價錢，及鄰、親

〔註 523〕《書鈔》卷 74 引「提」作「堤」。

妄有遮恡者，並據所欺錢數，與情狀輕重，酌量科斷。」宋・王溥《五代會要》卷 26 引周廣順二年十二月《開封府奏商賈及諸色人訴》:「或親鄰人不收買，妄有遮恡阻滯交易者，亦當深罪。」《冊府元龜》卷 613 作「遮悋」。「遮恡（悋）」即「遮攔」，同義連文。P.3331《後周顯德三年兵馬使張骨子買舍契》:「其舍一買後，任張骨子永世便爲主記居住。中間或有兄弟房從及至姻親忓恪，稱爲主記者，一仰舍主宋欺忠及妻男鄰近穩便買舍充替，更不許異語東西。」P.3394《唐大中六年僧張月光、呂智通易地契》:「立契已後，或有人忓恡園林宅舍田地等稱爲主記者，一仰張月光子父知當，並畔覓上好地充替，入官措案。」P.2222b《唐咸通六年前後僧張智燈狀》:「昨通頰言，我先請射，扜恡苗麥，不聽判憑。」「恪（恡）」亦讀爲闌。「干」、「扜」、「忓」並讀爲𢦔，《說文》:「𢦔，止也。」《玉篇》:「忓，古安切，擾也；又胡旦切，抵也。」字亦作捍、豻，例略。即「阻止」、「阻擾」之義，與「闌」同義連文。S.4374《從良書》:「後輩子孫，亦無闌恡。」《冊府元龜》卷 167:「勿令所繇裏私闌悋，邀求資金。」「闌恡（悋）」是由本字、借字組成的詞。「朱」、「婁」聲轉〔註 524〕，「婁」者本字，「朱」者借音字，相合則以「邾婁」爲詞，是其比〔註 525〕。近代猶有「做作」、「等待」之詞，亦此例。「忓恡」一詞，張小豔釋爲「干涉、吝惜」〔註 526〕，王璐、林峰讀「恡」爲「遴」，釋「忓恡」爲「干擾、阻難」〔註 527〕，毛遠明認爲「『忓』應是『干』的加形字……爲干擾、觸犯、冒犯之義。忓恡，通常作『干吝』，擾亂侵侮的意思……『吝』由悔恨之義，引申爲恥辱，感到恥辱……因爲語法功能的變化，於是引發意義改變，『吝』便獲得

〔註 524〕《孟子・離婁上》:「離婁之明。」趙注:「離朱即離婁也。」《類聚》卷 17、《文選・演連珠》李善注、《御覽》卷 366 並引《愼子》:「離朱之明。」《莊子・胠篋》:「離朱之目。」此「朱」、「婁」聲轉之證。《禮記・檀弓上》《釋文》:「邾人呼『邾』，聲曰『婁』，故曰『邾婁』。《公羊傳》與此《記》同，《左氏》、《穀梁》但作『邾』。」

〔註 525〕例證另參見蕭旭《「嬰兒」語源考》。

〔註 526〕張小豔《敦煌社會經濟文獻語詞考釋》，浙江大學博士後 2007 年出站報告，第 110～111 頁。

〔註 527〕王璐、林峰《敦煌俗語詞考釋二則》，《文教資料》2007 年 3 月號上旬刊，第 79～80 頁。

了侵侮、冒犯之義」〔註 528〕，何劍麗、黃大祥認爲「『忓恡』就是相犯以貪，即『侵犯、侵佔』的意思」〔註 529〕，董志翹釋「障吝（悋）」爲「佔據」、「非分佔有」，以爲與「占恡（吝）」、「占護」、「恡護（悋護）」同義〔註 530〕，趙家棟認爲「忓是干犯、干擾義，恡是恡護、吝惜義」〔註 531〕，我舊說認爲「忓讀爲干，敦煌契約文書例以『忓』爲『干』。恡同悋、吝，當讀爲夌，經典多作陵、凌……忓恡，即『干凌』、『干陵』，干犯、侵犯之義」〔註 532〕，張文冠釋爲「干犯、侵佔」或「阻撓」、「侵佔」〔註 533〕，皆未確。黑維強釋爲「干預、干涉」〔註 534〕，其說近之，而未能明其理據。

（3）龍神走霧於前引，鬼卒飛雲從後摧（P917）

按：摧，讀爲推，與「引」對舉成義。潘重規、《校注》並括注爲「催」〔註 535〕，非也。

（4）蹙金縷以疊重，動香氣而邐迤（P917）

按：蹙，縮也，專字作縐、緘，縶、𧝓，俗字作[illegible]。《說文》：「縐，一曰蹴也。」P.2011 王仁昫《刊謬補缺切韻》：「[illegible]，蹙，亦作縐。」《廣韻》：「緘，縮也，又緘文也。」《集韻》：「緘，縮也，一曰繒文。」又「緘，聚文也，或作縶、縐。」《六書故》：「縐，綃穀緊蹙也。《詩》云：蒙彼縐絺。別作皺，又作𧝓。」S.5584《開蒙要訓》：「紕縵緊縐。」此言以

〔註 528〕毛遠明《釋「忓恡」》，《中國語文》2008 年第 4 期，第 378～380 頁。

〔註 529〕何劍麗、黃大祥《敦煌文獻詞語辨釋》，《寧夏大學學報》2008 年第 1 期，第 15～16 頁。

〔註 530〕董志翹《也釋「忓恡」》，《漢語史研究集刊》第 12 輯，巴蜀書社 2009 年版，第 285～292 頁；又見《中華字典研究》第二輯（下），中國社會科學出版社 2010 年版，第 743～747 頁。

〔註 531〕趙家棟《「忓恡」釋義復議》，《寧夏大學學報》2011 年第 1 期，第 21 頁。

〔註 532〕蕭旭《敦煌契約文書校補》，收入《群書校補》，廣陵書社 2011 年版，第 1080～1081 頁。

〔註 533〕張文冠《釋「忓恡」、「恡護」及其他》，提交西南大學 2011 全國博士生學術論壇論文。

〔註 534〕黑維強《敦煌吐魯番社會經濟文獻詞彙研究》，蘭州大學 2005 年博士論文，第 29 頁。

〔註 535〕潘重規《敦煌變文集新書》，文津出版社有限公司 1994 年初版，第 372 頁。

金縷皺縮成文也。

（5）萬憶（億）聽徒由（猶）浩浩，千群聖眾鬧喧喧（P918）

按：校「由」爲「猶」不偶。「由」當作「田」，讀爲塡。《說文》：「塡，塞也。」《玉篇》：「塡，滿也。」字亦作闐，《說文》：「闐，盛貌。」塞滿，是爲盛貌也，二字同源。《史記·汲鄭傳》：「賓客闐門。」《漢書》、《漢紀》卷 10 作「塡」，顏師古注：「塡，滿也。」《說文》：「嗔，盛氣也。」亦取塞滿爲義，與「塡」同源。

《維摩詰經講經文（八）》校補

此卷編號 BD15245（新 1445），《敦煌變文集》、《敦煌變文集新書》、《敦煌變文校注》、《敦煌變文選注》皆未收錄，李文潔、林世田最先作了錄文校注〔註 536〕，茲以二氏所錄作底本，稱爲《維摩詰經講經文（八）》，爲之作校補。圖版未克目睹。

（1）恐怕眾人無立處，潛交（教）并當又騰移

按：并當，讀爲「屏當」，又作「併當」、「摒擋」、「摒儅」等形，猶言「收拾」、「打掃」、「處理」〔註 537〕。

（2）茶果又無看客處，空留一室作祇持

按：「祇持」不辭，當作「祇待」。下文「都無祇待，又乏茶承」，不誤。

（3）駮營空中彈兩指，顒顒會裏合雙拳

校注：原卷寫作「駮營」，《維摩詰經講經文（一）》、《維摩詰經講經文（六）》中均有：「緊那羅王，敲駮犖犖之羯鼓。」《維摩詰經講經文（六）》中又有：「龍神駮砦砦（犖犖）皆彈指，讚歎文殊紫磨容。」彈指，表虔敬歡喜。

按：「營」即「砦」字形誤。「駮」亦作「駁」字。《玄應音義》卷 17 引《通俗文》：「黃白雜謂之駁犖。」《史記·司馬相如傳》《子虛賦》：

〔註 536〕李文潔、林世田《新發現的〈維摩詰經講經文·文殊問疾第二卷〉校錄研究》，《敦煌研究》2007 年第 3 期，第 67～72 頁。

〔註 537〕參見蕭旭《敦煌寫卷〈王梵志詩〉校補》，收入《群書校補》，廣陵書社 2011 年版，第 1277～1278 頁。

「赤瑕駁犖，雜臿其閒。」《索隱》引司馬彪曰：「駁犖，采點也。」《漢書》顏注引郭璞說同，《文選》呂延濟注：「駁犖，文彩也。」《水經注・淹水》引《異物志》：「髯（蚺）唯大虵，既洪且長，采色駁犖，其文錦章。」〔註 538〕《廣韻》、《龍龕手鑑》：「犖，駁犖，牛雜色也。」明・朱謀㙔《駢雅》卷 1：「駁犖，錯雜也。」「駁犖」又音轉作「暴樂」、「爆爍」、「剝落」，色彩不純也。明・方以智《通雅》卷 7：「暴樂，一作剝落、剝脫、駁犖。」清・吳玉搢《別雅》卷 5：「暴樂、駁犖、爆爍，剝落也。」《講經文》云「敲駁犖犖」，誤解其義矣；又「駮砮砮」，原卷「砮」字不重疊。《集韻》「樂」、「砮」並與「犖」同音力角切。

（4）經：「來者無所從來，去者亦無所去。」

按：鳩摩羅什譯《維摩詰所說經》卷 2 作「來者無所從來，去者無所至」，「至」當作「去」。《金剛般若波羅蜜經》卷 1：「如來者，無所從來，亦無所去，故名如來。」

（5）龍神雜於雲中，天眾徘徊於霧裏

按：「雜」字上或下當脫一字，疑補作「合雜」或「雜沓」。北京光字 94 號《維摩詰經講經文（五）》：「歌與樂，競吹嚾，合雜喧嘩溢路排。」S.2832《時文軌範》：「梵音宛轉而入雲，鐘磬合雜而滿寺。」羅振玉藏《維摩詰經講經文（七）》：「雜沓奔騰盡願行，隊隊叢叢皆別樣。」又「人浩浩，語喧喧，雜沓雲中，歡呼日下。」

（6）如斯隊仗，不要怪論；些少威儀，何之驚懼

按：「之」當作「必」。

（7）門門盡有修行路，處處還留棲徑方

按：「棲」當作「捷」。

（8）發策鈍根須現相，提攜凡輩逞威光

按：「發策」當乙作「策發」，藏經習語。

〔註 538〕《御覽》卷 933 引「髯」作「蚺」，正字。

（9）安祥慰問云：「是疾何所起？」

按：祥，讀爲詳。

（10）願聞居士語，免得眾疑情

按：「情」當作「猜」，與上下文合韻。

（11）憂念含靈，況論苦海

按：「論」當作「淪」，言沉淪。下文「憂憐三界四生人，長日沉論向惡趣」，亦然。

（12）見耽色逐聲之輩，交（教）求斷憂之心

按：「憂」當作「愛」。「斷愛」乃藏經習語。

《雙恩記》校補

敦煌寫卷Φ96《雙恩記》，經任半塘、王文才、周紹良、白化文、趙匡華、李鼎霞、潘重規、黃征、張涌泉、項楚諸家校錄校注〔註539〕，已大致可以通讀，但遺存的問題依然較多，還有繼續研究的必要。茲依黃征、張涌泉《敦煌變文校注》爲底本，作校補焉。

（1）仙樂不斷於晴虛，瑞彩長飛〔於〕碧落（P925）

校注：虛，潘錄作「靈」，校作「空」，殆未確。「晴虛」即晴空。

按：「晴虛」讀作「清虛」，指天空。《抱朴子・勗學》：「令抱翼之鳳，奮翮於清虛；項領之駿，騁跡於千里。」是其例。S.4571《維摩詰經講經文（一）》：「布樂器於青霄，散祥花於碧落。」北京光字94號《維摩詰經

〔註539〕任半塘《〈雙恩記〉變文簡介》，《揚州師院學報》1980年第2～3期。王文才《〈雙恩記〉校記》，《揚州師院學報》1980年第3期。白化文、趙匡華《佛報恩經講經文》，收入《敦煌變文論文集》，上海古籍出版社1982年版。周紹良、白化文、李鼎霞《敦煌變文集補編》，北京大學出版社1989年版。潘重規《敦煌變文集新書》，文津出版社有限公司1994年初版。黃征、張涌泉《敦煌變文校注》，中華書局1997年版。周紹良、張涌泉、黃征《敦煌變文講經文因緣輯校》，江蘇古籍出版社1998年版。項楚《敦煌變文選注》，中華書局2006年版。馬國強《敦煌變文〈雙恩記〉校注商補》，《古漢語研究》1995年第1期。吳蘊慧《〈敦煌變文校注〉校釋零拾》，蘇州大學2003年碩士學位論文。黃建寧《〈雙恩記〉補校》，《敦煌研究》2004年第6期。

講經文（五）》：「擎樂器者喧喧奏曲，向（響）聒清霄；爇香火者澹澹煙飛，氤氳碧落。」又「韻波旬是日出天來，樂亂清霄碧落排。」又「盤旋碧落，菀（宛）轉清霄。」皆以「清（青）霄」與「碧落」對舉，「清（青）霄」義同「清虛」。《文選・甘泉賦》：「騰清霄而軼浮景兮，夫何旟旐郅偈之旖旎也？」李周翰注：「清霄，天也。」

（2）桂畔應難離野禽，松間只是棲靈鷲（P925）

校注：王文才校：「據上文『只棲瑞鳥，不宿凡禽』，此處『離』字似『宿』字之誤。」

按：「離」、「宿」無緣致譌。離，讀爲麗，附著，依附，亦即停宿義。《詩・漸漸之石》：「月離於畢，俾滂沱矣。」朱熹《集傳》：「離，月所宿也。」月宿爲離，鳥宿亦爲離也。《廣雅》：「離，待也。」王念孫曰：「待者，止也。上文云：『止、待，逗也。』……待之言跱也。義見卷 3『跱，止也』下。離讀爲麗，《宣十二年左傳》注云：『麗，著也。』著亦止也。」〔註 540〕此「離」即逗止之義。

（3）澄潭隱隱聽龍吟，古洞深深聞虎騤（P925）

按：騤，施謝捷讀爲虪，引《說文》「虪，兩虎爭聲」〔註 541〕。

（4）截銀河，侵北斗，柄押欄杆光冷透（P926）

校注：《集韻》：「柄，持也，通作秉。」任校、白校、潘校皆作「柄」，未知確否？又「押」或當讀作「壓」。

按：柄，讀爲抨。《說文》：「抨，彈也。」柄押，猶言彈壓。

（5）國勝餘國，無麗物而不出；法勝餘法，無嘉德而不具；山勝餘山，謂瑞鳥之所棲止。法勝餘法，謂上人之所遊護（P926）

校注：護，原卷單人旁，蓋簡體言旁誤書，茲錄正。

按：具，原卷誤作「且」，當照錄，再出校，潘錄不誤〔註 542〕。「遊護」不

〔註 540〕王念孫《廣雅疏證》，收入徐復主編《廣雅詁林》，江蘇古籍出版社 1992 年版，第 169 頁。

〔註 541〕施謝捷《敦煌變文語詞校釋札記》，《敦煌吐魯番研究》第 1 卷，北京大學出版社 1995 年版，第頁。

〔註 542〕潘重規《敦煌變文集新書》，文津出版社有限公司 1994 年初版，第 61 頁。

辭。《妙法蓮華經玄贊》卷 1：「或如城勝餘城，無麗物而不出；法勝餘法，無嘉德而不具；山勝餘山，爲好鳥之所棲止；法勝餘法，爲上人之所止遊故。」《仁王經疏法衡鈔》卷 2：「或城勝餘城，無麗物而不出；法勝餘法，無嘉德而不具；山勝餘山，爲好鳥之所棲止；法勝餘法，爲上人之所遊心。」《盂蘭盆經疏孝衡鈔》卷 2 同。則此卷「遊」下脫「心」字，「護」爲「故」字音誤。二「謂」字讀爲「爲」。《玄贊》「止遊」當爲「遊心」誤倒。《法華經玄贊要集》卷 8：「言上人之所遊等者。」「遊」下亦脫「心」字。遊心，猶言棲神。

（6）浼有還逢破有居，談空或說非空義（P926）

校注：王文才校：「浼有，應改『說有』，與下句『談空』對文。」按：下句「談」字自與同句「說」字互文，恐與此句「浼」義不相涉。「浼」字元明以後有央求、換取等義，此或爲其用例之早見者。

按：「居」、「談」二字疑誤倒，「居空」爲詞，本作「挽有還逢破有談，居空或說非空義」。浼，疑讀爲挽，引也，本字爲輓。「談」、「說」對舉，「挽有」、「居空」亦對舉。《景德傳燈錄》卷 18：「在有破有，居空叱空。」《古尊宿語錄》卷 37：「在有斥有，居空破空。」又卷 46：「在有破有，居空破空。」此「居空」連文之證。

（7）貪嗔皆〔口〕斷，盡是阿羅漢（P927）

校注：潘校謂「皆」下脫一字，近之。

按：黃建寧補作「除斷」〔註 543〕，可通。或可補作「速斷」或「斷除」或「永斷」〔註 544〕，亦通。P.2133《妙法蓮華經講經文（三）》：「勸君速斷貪嗔網，早覓高飛去淨方。」此作「速斷」之證。《阿毘達磨集異門足論》卷 15：「問：『此中出離何所謂耶？』答：『欲貪嗔永斷，亦名出離。』」此作「永斷」之證。方南生疑「皆斷」當作「斬斷」〔註 545〕，非也。

（8）不憚辛苦，求大菩薩，有者有能，故名菩薩（P928）

〔註 543〕黃建寧《〈雙恩記〉補校》，《敦煌研究》2004 年第 6 期，第 91 頁。
〔註 544〕「永斷」二字是趙家棟博士據文義所補。
〔註 545〕方南生《〈雙恩記〉創作年代初探》，《社會科學》1983 年第 5 期，第 111 頁。

校注：「者」字義未安，疑當作「智」。

按：「者」當爲「志」字誤書，「求大菩薩」當作「求大菩提」。《仁王護國般若波羅蜜多經疏》卷 1：「不憚時處，求大菩提，有志有能，故名菩薩。」《妙法蓮華經玄贊》卷 2：「不憚處時，求大菩提，有志有能，故名菩薩。」《觀彌勒上生兜率天經贊》卷 1：「不憚處時，求大菩提，有志有能，故名菩薩。」《攝大乘論釋》卷 1：「爲求菩提，有志有能，故名菩薩。」

（9）無恨怨酬（仇）無愛眷，不憐毫（豪）富不斯（欺）貧（P928）

按：潘氏亦校「斯」爲「欺」〔註 546〕。余則讀爲廝（厮），《廣韻》：「廝，役也，使也。厮，上同。」下文「強欺弱者，幾時解息於冤家；富役貧人，何日破除於辛苦」，即「役貧」之誼。《史記·平準書》：「或躓財役貧。」又《游俠傳》：「設財役貧。」下文「不結冤酬（仇）」，又「天配人生豈自由，有親有愛有冤酬（仇）」，怨，讀爲冤。

（10）垂恐（悲）願而往覆閻浮，現神光如周遊淨土（P928）

校注：「恐」字有誤，王文才校作「弘」，潘校則作「悲」，意皆可通。「覆」謂覆蓋、覆護，原文意安。白校作「復」，非是。

按：潘校是，「垂弘願」不辭。下文「悲願切，救輪回，見者須交（教）業障摧」，正「悲願」連文。P.2631「惟願十方大士，垂悲願而護持；三世如來，賜口湖（醍醐）之妙藥。」S.343：「即使十方〔大〕事（士），垂悲願而護持；三世如來，賜醍醐之妙藥。」P.2854：「惟願十方大土（士），垂悲願而護持；三世如來，賜醍醐之妙藥。」S.343：「即使十方〔善〕事（士），垂悲願而護持；三世如來，賜醍醐之妙藥。」P.2058：「四王護世，揮寶杵以摧魔；大聖觀音，垂悲願而拔厄。」皆作「垂悲願」之證。白校作「往復」亦是，「往復」猶言來往。

（11）少婦車前長然（撚）縷，老烏犁過旋銜蟲（P930）

校注：長，原卷作「乇」，蓋「長」俗體「长」之訛變，任錄徑作「長」，茲從之。潘錄作「屯」，意不合。

項楚曰：乇然，《新書》校作「屯絲」。按：「乇」爲「長」字草書，「然」

〔註 546〕潘重規《敦煌變文集新書》，文津出版社有限公司 1994 年初版，第 65 頁。

當作「撚」。（P1052）

按：下文「汝莫傷歎，乇蓋常規」，亦作此形，諸家皆錄作「此」。「乇」即「屯」字俗寫無疑〔註 547〕，當照錄原字，再出校。下文「乇」爲「此」字形訛，S.2072：「史（使）平得宰天下，亦如此肉矣。」「此」即「此」字，與「乇」字形頗近，有可能鈔卷子的人，就把殘缺的「此」字錯認作「屯」字。《貞元新定釋教目錄》卷 11：「道俗相趨，屯赴闐闉。」聖本「屯」作「此」，亦二字相訛之例〔註 548〕。

(12) 王曰：「汝極錯吳（誤）。」（P930）

按：潘氏亦校「吳」爲「誤」〔註 549〕。吳，原卷作「吴」。寫卷「矣」下「矢」有省作「夫」字的情況，S.6825《想爾注老子道經》卷上：「此爲身寶矣！」S.2832：「去留運往，其大矣哉！」皆其例。寫卷「厶」、「口」常混用，故「吴」可認作「吳」〔註 550〕，亦可認作「矣」字。此卷認作「矣」字亦通。唐・高彥休《唐闕史》卷上：「主司初不諭，久之方云：『方口尖口，亦何畏耶？』長鳴厲聲曰：『不然……公倘以尖方口得以互書，則台州吳兒，乃呂州矣兒也。』」此正唐人「吳」、「矣」相混例。「船」俗作「舩」，亦「方口」變「尖口」之例也。

(13) 鼠為貓之煞害，匪自人教；蝶遭蛛之網並（罥），盡隨天使（P930）

校注：「並」似爲兼併之義。潘校作「罥」，恐不必。

項楚曰：並，似應作「絣」，緊縛之義。（P1053）

按：項說是，趙家棟說同；趙君又指出字或作綳〔註 551〕，亦是也。「綳」爲本字，音轉則作「紡」、「縛」、「繫」，字省則作「方」，俗字作「綁」〔註 552〕。俗字又作「拼」，《水滸傳》第 23 回：「武松定睛看時，卻

〔註 547〕S.2832：「三災霧卷，五福雲乇。」S.367：「右乇城，在屯城西北。」其字形皆可比勘。
〔註 548〕此例承趙家棟博士檢示，謹此致謝。
〔註 549〕潘重規《敦煌變文集新書》，文津出版社有限公司 1994 年初版，第 69 頁。
〔註 550〕S.388《正名要錄》：「吳，正；吴，俗。」
〔註 551〕趙家棟《敦煌文獻疑難字詞研究》，南京師範大學 2011 年博士學位論文，第 204 頁。
〔註 552〕參見蕭旭《國語校補》，收入《群書校補》，廣陵書社 2011 年版，第 174 頁。

是兩箇人，把虎皮縫做衣裳，緊緊拼在身上。」「罟」則形聲皆不近。

（14）何消撓思加憂恨，但自寬懷好保持（P931）

校注：撓思，使思緒紛亂。《廣雅》：「撓，亂也。」下文「免招惡逆撓王情」，意同。

項楚曰：「思」應作「腮」。撓腮：形容焦慮貌。（P1054）

按：二文「撓」字義不同，此處「撓」讀爲憢。《爾雅》：「憢憢，懼也。」《玉篇》：「憢，懼也。」憢思，猶言憂懼。

（15）乞王庫藏將充施，未委天心捨得無（P931）

校注：將，潘錄作「皆」，誤。

按：將，原卷作「捋」，乃「捋」字。當照錄原字，再校爲「將」。

（16）於是鎖鑰齊開，封題並坼（P931）

項楚曰：坼，開坼。（P1058）

按：坼，原卷作「圻」，當照錄原字「圻」，爲「坼」的減筆俗字，當校作「拆」。

（17）珠珍卸⿰衤垂，寶具分摟（P931）

校注：⿰衤垂，未見字書所載，疑爲「埵」字之誤。潘校作「褔」，恐未是。摟，任錄、潘錄皆作「樓」，茲從原卷。「摟」有聚義。

項楚曰：「⿰衤垂」是「埵」字形誤。埵，堆。樓，原卷作「搜」，應是「埠」字形誤，這裏是俗書「塠」字，同「堆」。（P1058）

施謝捷曰：⿰衤垂，原卷實爲「棰」字，項說恐不可信。《爾雅》：「摟，聚也。」《集韻》：「棰，木聚生貌。」知「棰」亦有聚義。「卸棰」與「分摟」應屬於同義對文，意謂分開積聚堆放〔註 553〕。

按：「棰」訓木聚生貌，是形容詞，不是動詞，施君所說，顯然不安。校「⿰衤垂」爲「埵」，是也，字亦作垛（垜）、陊、堆、塠。原卷作「摟」，確是「摟」字。摟訓聚者，指聚攏，非此文之誼。摟讀爲塿，《方言》卷 13：「冢，

〔註 553〕施謝捷《敦煌文獻語詞校釋叢箚》，《敦煌研究》1999 年第 4 期，第 24 頁。

自關而東謂之丘，小者謂之塿。」郭注：「培塿，亦堆高之貌。」《玉篇》：「塿，培塿，小阜也。」字亦省作婁，《說文》：「附，附婁，小土山也。《春秋傳》：『附婁無松柏。』」今《左傳・襄公二十四年》作「部婁」，杜注：「部婁，小阜。」《玉篇殘卷》引作「附塿」。《風俗通義》卷 10 引作「培塿」，又解云：「言其卑小。部者，阜之類也。今齊魯之間，田中少高卬，名之爲部矣。」《世說新語・方正》、《晉書・陸玩傳》、《文選・魏都賦》李善註、《類聚》卷 71、《書鈔》卷 157、《白帖》卷 100、《御覽》卷 56、953、《事類賦注》卷 24 引亦作「培塿」。《集韻》：「塿，一曰部塿，小阜，通作婁。」本字當爲「培塿」，餘皆借字。《史記・滑稽傳》：「甌窶滿篝。」《索隱》：「甌窶，猶杯樓也。」「杯樓」亦「培塿」之借字。垛、塿，皆指珠寶聚而成堆者。

（18）并工搬運于天庭，簇手騰移於御庫（P931）

項楚曰：并工，集中勞力，亦作「併功」。簇手，猶云「眾手」，七手八腳。（P1058）

按：簇，讀爲族，湊也，聚也。湊手，聚集人手。

（19）玉帶盤鞓而積屋，金瓶束�以排山（P931）

校注：榽，潘校作「搽」，引《龍龕手鑑》：「搽，挾物也。」按：「束榽」與「盤鞓」對文，似應爲物名。考《集韻》：「褑，帶也。」「榽」或當校作「褑」。

項楚曰：榽，《新書》校作「搽」，俟再校。（P1059）

按：「榽」確爲物名。「鞓」爲腰帶，上句已言玉帶盤鞓，下句不當再言束帶。榽疑讀爲鞵（鞋），《廣韻》：「鞵，屩也。鞋，上同。」盤鞓，盤繞之帶；束鞵，捆束之鞋也。

（20）鏤花之疊擽何窮，起突之舡連莫數（P931）

校注：「擽」當爲「櫐」之增旁字，堆積之義。「疊」同「碟」。起突，凸起之義，《維摩碎金》：「細旎之起突花樣。」舡，當讀作「瓨」，缸、瓶之屬。字亦作「瓫」。

項楚曰：疊，同「楪」、「碟」。擽，重重疊放。舡，「船」的俗字，這裏是一種大型酒器名。（P1059）

按：突，讀爲肤，俗作宊、䏺、凸〔註 554〕。《石門文字禪》卷 21：「余捫其洶湧起突之處，點畫穠纖之間。」亦作「起突」。俗倒言作「突起」，即「凸起」。「碟㶇」、「珁連」皆不辭。疊㩾，即「疊累」，重疊之義，此用爲名詞，指鏤有重疊花飾的物品，蓋紡織品。《漢書·王莽傳上》：「嘉瑞疊累。」《易林·恒之小過》：「疊疊累累，如岐之室。」「連」疑「逄」字誤書。舡逄，疊韻連語，脹大之貌，與「起突」之義相應。敦煌寫卷王梵志詩《尊人嗔約束》：「尊人嗔約束，共語莫江降。」項楚曰：「江降，丁七、丁十同。丁三作『肛降』，丁四作『江絳』，丁五、《校輯》作『䍧𩥛』，《詩集》作『訌俸』。江降，唐人俗語，形容撅嘴之貌。別本或作『肛降』、『江絳』、『䍧𩥛』，蓋俗語記音之字，本無定形。其倒文則作『胮肛』，本義爲腫貌。《廣雅》：『胮肛，腫也。』而努唇撅嘴亦如腫之凸出，故亦云『胮肛』，亦即『江降』也。」〔註 555〕此卷「舡逄」即「肛降」。文獻多倒言作「胮肛」、「膖肛」、「胖肛」。脹大之物，各加偏旁以立名，或作「艂舡」、「栙雙」、「跭䠠」、「跭䠠」、「艂艭」、「箻雙」，胥同源也〔註 556〕。

（21）君王為子傾諸庫，五百象馱排四路（P931）

按：諸，讀爲儲。《釋名》：「桃諸，藏桃也。諸，儲也。藏以爲儲，待給冬月用之也。」

（22）但是貧寒速遍尋，無論好醜須濟赴（P931）

校注：赴，似當讀作「覆」。濟覆，救濟覆被之義。任校改「濟赴」爲「齊赴」，潘校從之，似未切。

按：任校確，吳蘊慧亦從之〔註 557〕。下文「依時集士如雲赴，繼日般財似蟻旋」，「赴」字義同，即赴往之義。

〔註 554〕參見蕭旭《〈說文〉「脩，眣也」音義考》，《澳門文獻信息學刊》第 9 期，2013 年 10 月出版，第 99～105 頁。

〔註 555〕項楚《王梵志詩校注》，上海古籍出版社 1991 年版，第 463～464 頁。

〔註 556〕參見蕭旭《王梵志詩校補》，收入《群書校補》，廣陵書社 2011 年版，第 1283 頁。

〔註 557〕吳蘊慧《〈敦煌變文校注〉校釋零拾》，蘇州大學 2003 年碩士學位論文，第 30 頁。

（23）州州縣縣足珍財，只管笙歌醉玉盃（P932）

校注：足，原卷作「是」，茲據文意錄正。

按：「是」字自通，不煩改作。

（24）不可掩惜人情（P932）

按：掩，讀爲俺，愛憐也。《方言》卷 1：「憮、俺、憐，愛也。韓鄭曰憮，晉衛曰俺，汝潁之閒曰憐，或曰憐。憐，通語也。」戴震曰：「《釋訓》：『矜憐，撫掩之也。』郭注：『撫掩，猶撫拍，謂慰卹也。』憮俺與撫掩，亦聲義通。」〔註 558〕P.2552+P.2567 丘爲《傷河龕老人》：「人情相掩且相歎，不喜河頭秋與春。」P.2544、S.2049 作「奄」，皆借字〔註 559〕。

（25）然卿小出稽遲，莫稱其心所貴（P932）

校注：所貴，猶所欲。任錄、潘錄、白錄皆以「所貴」屬下讀，王文才復據以校「貴」爲「費」，殆未是。

按：考《大方便佛報恩經》卷 4：「汝可小稽遲，莫稱其心。」則「所貴」自屬下讀作「所貴挍卻時光」，下文「所貴安在（存）弟意」，「所貴」義同，不當破字。

（26）主藏臣雖依王敕暫出（P932）

校注：雖，疑當作「遂」。任校臆改作「隨」，茲不取。

按：雖，讀爲惟，口語曰「只有」。

（27）三升今歲壟三畝，一粒來年收一科（P933）

校注：《廣雅》：「科，藂也。」任校臆改作「斛」，非是。

按：科，讀爲棵。言一粒種子來年長作一棵農作物也。

（28）此計思量更不名，大能邪見濫朝庭（P934）

按：《廣雅》：「名，成也。」

〔註 558〕戴震《方言疏證》，收入《戴震全集（5）》，清華大學出版社 1997 年版，第 2306～2307 頁。

〔註 559〕參見蕭旭《〈敦煌詩集殘卷輯考〉補正》，收入《群書校補》，廣陵書社 2011 年版，第 867 頁。

（29）在遲遲，功草草，必與有情除熱惱（P934）

校注：在，任校作「怪」。下文「雖切切，在遲遲」，「在」字任氏亦臆改爲「怪」。按：「怪」俗字右旁作「在」，省去形旁則爲「在」，任校近是。

按：「怪」字無義，任校非是。「在」、「功」對舉，爲名詞，當讀爲載，《小爾雅》：「載，事也。」字亦作縡，《廣雅》：「縡，事也。」王念孫曰：「縡與載同。」〔註 560〕遲遲，遲緩。上文善友太子召集諸臣謀議如何求財利最勝，或教以營種，太子云「朝日尚難期晚日，今年早晚到明年」，嫌其太遲，故此云「事遲遲」也；上文太子又云「儻蒙熟去誰慚地，忽若旱來須恨天」，則其收成不可預知，故此云「功草草」也。草草，草率、苟簡。與，猶爲也，讀去聲。下文「蒙牛王，與拔刺」，亦然。趙家棟謂「『在』有『留戀不舍』義。『遲遲』指眷念、依戀貌，正是對這種『留戀不舍』之心態的描摹」〔註 561〕，未切文意。

（30）雖切切，在遲遲，善事多摩花俑移（P934）

校注：考變文中有「踴移」、「勇伊」之詞，義爲猶豫、遊移。「俑移」或即又一記音形式。「花」字俟校。

項楚曰：「花」是「莫」字之誤。俑移，同「踴移」、「勇伊」，猶豫不決。（P1076）

按：解「俑移」是也。另詳《妙法蓮華經講經文（一）》校補。切切，急切、切迫。花，讀爲化，化解〔註 562〕。上文諸臣或教以營種，或教以養畜，或教以謁龍王求摩尼寶珠，故此云濟度之事雖急迫，但營種或養畜以求財利則太遲緩，好事多磨，最後大臣教以求摩尼寶珠，猶豫因之化解也。

（31）彷徨失次唯憂恥，戰汗交并未敢回（P934）

按：并，讀爲迸，涌出、散流。《慧琳音義》卷 92 引鄭玄注《禮記》：「迸，

〔註 560〕王念孫《廣雅疏證》，收入徐復主編《廣雅詁林》，江蘇古籍出版社 1992 年版，第 272 頁。

〔註 561〕趙家棟《敦煌文獻疑難字詞研究》，南京師範大學 2011 年博士學位論文，第 222 頁。

〔註 562〕此趙家棟博士說。

放流也。」《增韻》卷 4：「迸，涌也。」胡適藏本《降魔變文》：「太子聞說，戰汗交流。」又「令我聞名，交流戰汗。」S.2614《大目乾連冥間救母變文》：「白汗交流如雨濕，昏迷不覺自噓嗟。」P.2631：「故小人交升論座，自葵（揆）虛薄，戰忏（汗）交流。」「流」字是其誼。

（32）大把憂煎與改移，廣將貧困令除掃（P935）

按：「把」、「將」，「與」、「令」，皆同義對舉，與猶使也〔註 563〕。

（33）（王）語太子言：「國是汝有，庫藏珍寶，隨意取用，何為方便，自入大海？」（P935）

校注：方便，想方設法之意。白校、潘校於「方便」後讀斷，未確。《大方便佛報恩經》經本「方便」作「方復」，疑有誤。

按：既云「『方便』後讀斷，未確」，則其後逗號當刪去。「方便」當作「方復」，字之訛也。方復，猶言還要。《大莊嚴論經》卷 10：「汝不知止足，方復求福業。」《出曜經》卷 9：「天神報曰：『比丘不自責，方復責我。」《佛說鬼問目連經》卷 1：「目連答言：『汝爲人時，客來投止，不肯安處；見他客止，方復瞋恚。今受花報，果入地獄。』」皆其例。

（34）唯弟一身牽持死屍得全濟，眾伴財貨一切已盡（P935）

按：《大方便佛報恩經》卷 4：「唯弟一身牽持死屍而得全濟一身，財賄一切已盡。」寫卷「得」上當據補「而」字。下文「我身福得（德），而得全濟」，亦有「而」字。

（35）我曾至塚間，聞諸屍鬼，作如是論（P935）

按：屍，讀爲死，《大方便佛報恩經》卷 4 正作「死」字。

（36）酌量地里應難趁，顧望天何（河）必未明（P937）

校注：地里，當作「地理」。

按：「里」讀如字，指里程。地里，猶言路程。言估量其里程應難追及也。

〔註 563〕參見裴學海《古書虛字集釋》，中華書局 1954 年版，第 9～10 頁；蕭旭《古書虛詞旁釋》有補充，廣陵書社 2007 年版，第 1 頁。

（37）不唯永夜無辜逝，兼向長途詎主埋（P938）

校注：詎，《龍龕手鑑》謂與「說」同，費解。白錄右旁作「包」，校作「絕」，疑未確。任錄作缺文。

項楚曰：詑主，《新書》校作「絕主」。今按：疑是「刨土」之誤。（P1091）

按：原卷作「詎」，確爲「詎」字。白、潘二氏校作「絕」，是也。P.3494：「離名言於〔色〕相，詎示（視）聽於聞知。」〔註 564〕「詎」爲「絕」字無疑。曾良解爲「沒有主子埋葬」〔註 565〕，得之也。變文「絕」有「無」義。P.2292《維摩詰經講經文（四）》：「心田無荊棘之林，性行絕波濤之險。」此例「絕」、「無」互文同義。又「汝似明珠絕點（玷）瑕，更莫推辭問疾去。」言無玷瑕也。黃靈庚曰：「『詎』當是『抱』字俗體。抱，通作『把』。『主』當作『生』，形誤字。生，即『身』。抱生，當作『把身』。」〔註 566〕皆臆說無所據。

（38）善友太子與諸從伴薄福德故，沒水死盡（P938）

按：「從」當作「徒」，《大方便佛報恩經》卷 4 正作「徒」字。上文「汝徒党伴侶今何所在」，「徒伴」即「徒黨伴侶」之省語。「徒伴」爲藏經習語。

（39）幾多珠玉被風陷，無限經商遭水吹（P938）

按：「風」、「水」當互易。

（40）惡友將珠到宮，遭父母嫌污（P939）

按：污，讀爲惡，《廣韻》同音烏路切。今吳語「惡」、「污」互讀，「厭惡」讀如「厭污」，「污水」讀如「惡水」，是其比。

（41）一聲斷兮哭一聲，念伊癡騃嘆伊名（P939）

按：嘆，原卷作「嘆」，潘重規錄作「嗼」，校作「嘆」〔註 567〕。「嘆」當

〔註 564〕此例錄自趙鑫曄博士未刊稿，謹此致謝。趙君補作「相〔□〕」，茲所不取。P.2058：「竊以三乘演妙，功超色相之門；七覺明因，理出明名言之際。」S.5957 同。

〔註 565〕曾良《敦煌文獻詞語散札》，《杭州大學學報》1997 年增刊，第 101 頁。

〔註 566〕黃靈庚《〈敦煌變文選注〉校釋商兑》，《浙江師大學報》1993 年第 3 期，第 12 頁。

〔註 567〕潘重規《敦煌變文集新書》，文津出版社有限公司 1994 年初版，第 88 頁。

即「嘆」俗訛字，S.214《鷰子賦》：「雀兒嘆曰。」〔註 568〕P.3765V：「雖盈悲嘆，再會無由。」〔註 569〕「嘆」、「嘆」即「嘆」字無疑，皆可以比勘。P.2653《鷰子賦》作「囒」，即「嘆」的增旁俗字。《廣雅》：「嘆，吟也。」黃征曰：「此一例『嘆』字，據文義當作『喚』，呼喚也，形近而誤作『嘆』。」未確。

（42）雙眉鬱鬱入敷鬢，兩耳梭梭垂埵輪（P940）

按：趙家棟讀「梭梭」爲「惢惢」、「槳槳」、「髿髿」、「髪髪」、「衰衰」、「蓑蓑」，解爲下垂貌〔註 570〕。考《說文》：「縈，垂也。」「縈」《廣韻》音如累切。《說文》：「惢，心疑也。讀若《易》：『旅瑣瑣。』」《文選·時興詩》：「摵摵方葉零，槳槳芬華落。」李善注：「《字書》：『槳，垂也。』如捶切。」是「惢」讀瑣音是心疑義；槳訓垂當讀如捶切，不讀瑣音。不得牽合之。趙君讀爲「髿髿」、「髪髪」、「衰衰」、「蓑蓑」則是也，「衰」即「蓑」省。蔣宗福曰：「今四川方言『梭梭』重疊表狀態，如『黑梭梭』、『長梭梭』、『萎梭梭』等。又，梭有斜義，當由梭爲引緯線的織具的形狀比附而來，如『梭梭頭』。」〔註 571〕愈說愈遠矣。埵，讀爲睡，本字爲耽、贍，俗字作朵。《慧琳音義》卷 86：「垂埵：《字書》：『耳垂下貌，或作朵，並通。』章太炎曰：「《說文》：『耽，耳大垂也。贍，垂耳也。』耽音丁含切，贍音都甘切，今人謂耳曰耳贍，音轉如朵。耽、贍訓垂，本由雙聲流轉。垂如古音埵。《說文》：『埵，讀若朵。』朵訓樹木𠂹朵朵也，故贍得讀如朵。其在韻部，亦猶冉聲之那入歌類矣。」〔註 572〕俗字亦作睡，《可洪音義》卷 3：「垂睡：都果反，正作睡。」

〔註 568〕此例錄自黃征《敦煌俗字典》，上海教育出版社 2005 年版，第 398 頁。下引其說亦見此。

〔註 569〕此例錄自趙鑫曄博士未刊稿，謹此致謝。

〔註 570〕趙家棟、付義琴《〈敦煌變文校注〉識讀語詞散記》，《中國語文》2008 年第 3 期，第 274 頁。又趙家棟《敦煌文獻疑難字詞研究》，南京師範大學 2011 年博士學位論文，第 196 頁。

〔註 571〕蔣宗福《敦煌變文語詞辨釋》，《中國訓詁學報》第 1 輯，商務印書館 2009 年版，第 258 頁。

〔註 572〕章太炎《新方言》卷 4，收入《章太炎全集（7）》，上海人民出版社 1999 年版，第 90～91 頁。

（43）今朝所以相辭別，不可直須教到嫌（P940）

項楚曰：教到嫌，意謂發展到嫌憎的地步。（P1102）

按：到，讀爲叨，囉嗦、嘮叨。本字爲謟，《說文》：「謟，往來言也。」字亦作謏，《玉篇殘卷》引《埤蒼》：「謏，謟字。」又引《字書》：「謏謟，往來言。」《玉篇》：「謏，謏謟，言不節也。」P.2011 王仁昫《刊謬補缺切韻》：「謏，謟。」《集韻》：「謏，往來言。」「謏謟」即「謟謟」之音轉，乃一正字一借字所組成的新詞，如「焦僥」之比。音轉又作「謟誜」，《集韻》：「誜，謟誜，語不了。」黃侃曰：「謟，即俗嘮叨字。」〔註 573〕

（44）倚託故難嫌浩閙，經過信任撲塵埃（P940）

按：浩，讀爲啙。《玉篇》：「啙，多言也。」「閙」乃俗字，本字爲呶，《說文》：「呶，讙聲也。《詩》曰：『載號載呶。』」所引《詩》見《賓之初筵》。漢・王褒《僮約》：「出入不得騎馬載車，踑坐大呶。」字亦作譊、怓。鈕樹玉曰：「閙疑譟之俗字。」〔註 574〕朱駿聲曰：「譟，俗字作吏、作閙。」〔註 575〕二氏說皆非也，「閙」、「譟」形聲皆不近。鄭珍曰：「《說文》：『品，眾口也，讀若戢，又讀若呶。』讀呶音義即古閙字。」其子鄭知同的案語復指出鈕說非，云：「鈕氏認譟爲閙之古字，非也。譟音蘇到切，與閙疊韻。凡鈕氏推證古字，或以韻部從不相通者合爲一文，或以同韻音讀迥異者合爲一文，皆不得其本字，漫爲之說耳。」〔註 576〕黃侃曰：「閙，即嬈之俗。」黃焯案云：「《說文》：『嬈，一曰擾，戲弄也。』奴鳥切，閙義與之同。」〔註 577〕《集韻》：「閙，擾也。」嬈訓擾，亦「呶」借字。

（45）飯盈盤，衣滿複（襆），無問高低垂顧錄（P941）

校注：《集韻》：「錄，采也。」「顧錄」爲近義連文，看顧之義。

〔註 573〕黃侃《字通》，收入《說文箋識》，中華書局 2006 年版，第 114 頁。

〔註 574〕鈕樹玉《說文新附考》卷 1，收入《續修四庫全書》第 213 冊，上海古籍出版社 2002 年版，第 105 頁。

〔註 575〕朱駿聲《說文通訓定聲》，武漢市古籍書店 1983 年版，第 315 頁。

〔註 576〕鄭珍《說文新附考》卷 2，收入《續修四庫全書》第 223 冊，上海古籍出版社 2002 年版，第 282 頁。

〔註 577〕黃侃《說文新附考原》，收入《說文箋識》，中華書局 2006 年版，第 245 頁。

項楚曰：顧錄，眷顧。（P1106）

按：謂「顧錄」爲近義連文，是也，但不訓采。錄，讀爲�星見，與「顧」同訓視。《說文》：「覞，笑視也。」《玉篇》：「覞，共視也。」形容目轉視貌。字亦作睩，《說文》：「睩，目睞謹也。」段玉裁曰：「笑視，嬉笑之視也。《目部》曰：『睩，目睞謹也。』《廣韻》曰：『覞，眼曲覞也。』」王筠曰：「覞，通作睩。」〔註578〕《玉篇》：「睩，視貌。」《大方便佛報恩經》卷1：「汝師瞿曇不知恩分，而不顧錄，遂前而去。」《妙法蓮華經玄義》卷8：「譬如黃石中金，愚夫無識，視之謂石，擲在糞穢，都不顧錄。」二例「顧錄」顯然即顧視義。《太平廣記》卷296引唐無名氏《八朝窮怪錄》：「（蕭）總曰：『幸見顧錄，感恨徒深，執此懷中，終身是寶。』」即照顧義。二義相因，乃一義之引申。《文選・贈山濤》：「班匠不我顧，牙曠不我錄。」「錄」亦借字，呂向注解爲「收錄」，非也。顧錄，《漢語大詞典》解爲「顧念收納」〔註579〕；黃優良謂即「顧睬」，解爲「錄用採納」〔註580〕；于淑健謂「錄」爲「體恤、顧念」，與「顧」同義連文〔註581〕；皆失之望文生訓。音轉亦作矑，《玉篇》：「矑，視也。」俗音又轉作「溜」，宋・呂渭老《千秋歲》：「洞房晚，千金未直橫波溜。」

《佛說觀彌勒菩薩上生兜率天經講經文》校補

（1）長薺冷飯充朝夕，縵絹麤絁蓋裸形（P960）

校注：薺，原校作「齋」。項楚云：「『薺』通作『齏』。『長齏』形容窮書生的清苦生活，好比說長年以醬菜下飯。」按：項說義較合。

按：潘氏亦校作「齋」〔註582〕。項說是，《景德傳燈錄》卷20：「問：『如何

〔註578〕段玉裁《說文解字注》，上海古籍出版社1981年版，第407頁。王筠《說文解字句讀》，中華書局1988年版，第323頁。

〔註579〕《漢語大詞典》（縮印本），漢語大詞典出版社1997年版，第7271頁。

〔註580〕黃優良《中古阿含部佛經詞語例釋》，《泉州師範學院學報》2005年第5期，第101頁。

〔註581〕于淑健《敦煌古佚和疑僞經語詞新考》，《魯東大學學報》2012年第1期，第19頁。又見于淑健《敦煌古佚和疑僞經詞語新探》，《語言研究》2013年第3期，第15頁。

〔註582〕潘重規《敦煌變文集新書》，文津出版社有限公司1994年初版，第415頁。

是和尚家風？』師曰：『長齏冷飯。』」〔註 583〕《五燈會元》卷 13 同，《禪宗正脈》卷 7 作「長齏」。「齏」同「齏」。是爲確證。《祇園正儀》卷 1：「山田脫粟飯，野菜淡黃齏。喫則從君喫，不喫任東西。」《人天寶鑑》卷 1 作「齏」。《緇門警訓》卷 5：「藜羹黍飯塞飢瘡，淡齏薄粥通腸胃。」「淡齏薄粥」即「長齏冷飯」之誼。

（2）地獄興心全併當，畜生有意總教空（P960）

校注：併當，即「屏當」，「當」爲語助無義，原校作「摒擋」，不必（「擋」爲「當」字涉「摒」字類化偏旁，《集韻》等辭書訓「擋」爲「摒」，實屬望形生訓）。

按：併當，又作「并當」、「屏當」、「摒擋」、「摒儅」等形，猶言「收拾」、「打掃」、「處理」；「當」即「儅」，猶言不中、沒用，不是語助無義，「擋」亦非偏旁類化〔註 584〕。

（3）匈（胸）題萬字，足蹈千文（P960）

按：原卷 P.3093 作「文」，當爲「輪」字誤書。《大寶積經》卷 111：「世尊無與等，足蹈千輻輪。」《華嚴經行願品疏鈔》卷 5：「相圓百福，足蹈千輪。」《略授三歸五八戒並菩薩戒》卷 1：「足蹈千輪，胸題萬字。」P.2631：「足蹈千轮，凶提（胸题）萬字。」P.2613 同文作「千倫」，借字。P.2526V：「惟願身騰六牙之象，長遊兜率之天；足踏千輪，永棄閻福之境。」日本龍谷大學藏《悉達太子修道因緣》：「匈（胸）題萬字，足躡千輪。」皆其確證。

（4）把戟夜叉肥𧯋𧼮，持鏘（鎗）羅剎瘦筋吒（P962）

校注：蔣禮鴻謂「𧼮」是「趨」字之誤。𧯋趨，身體肸、行動遲緩。蔣禮鴻校：「『筋吒』或是主謂結構。筋吒，似乎是說因爲身瘦而筋脈呈露開張。」蔣校疑未確。陳治文疑「吒」是「斗」形訛，「斗」通「陡」，而引《玄應音義》卷 19 云：「筋陡，謂便捷輕健也。」陳說意近之。

〔註 583〕此例承趙家棟博士檢示，謹此致謝。

〔註 584〕參見蕭旭《敦煌寫卷〈王梵志詩〉校補》，收入《群書校補》，廣陵書社 2011 年版，第 1277～1278 頁。

按：蔣禮鴻引《玉篇》、《廣韻》「蕽趨，疲行皃」，又謂「蕽趨」即「頼顯」、「沒忽」、「們渾」、「朦仜」，蔣先生自己也不確定其結論，云：「附記待考。」〔註 585〕這裏問題很複雜，須分別考辨。(a)「頼顯」、「沒忽」、「們渾」確如蔣說，是一詞之音變，肥大貌。(b)「朦仜」即「胮肛」、「胮肛」、「胖肛」之音變，脹大之貌〔註 586〕，故《集韻》云「朦仜，肥大貌」，與「頼顯」、「沒忽」不同源。(c)《玉篇》蕽音莫仲切，趨音香仲切；《廣韻》、《集韻》、P.3696《箋注本切韻》蕽音莫鳳反，趨音香仲切；《龍龕手鏡》趨亦音香仲切。段玉裁《說文注》謂「蕽趨」即《大人賦》之「赳螑」。朱駿聲曰：「趨，《唐韻》香仲切。按：仲者侑之誤字，因而誤收送韻。」朱說誤，「仲」、「侑」形聲俱遠，無緣致譌，且不得諸書並誤。沈兼士曰：「段說是，朱說非。『趨』本讀爲幽部，『蕽趨』連用，則『趨』涉上文『蕽』而轉讀入送韻（夢聲本在登部，音變轉入東部）。」〔註 587〕沈氏說「趨」字音變是，而謂段說是，則亦未得，胡吉宣已駁段誤〔註 588〕，此不具錄。蕽之言夢也、懵也，指胡亂行走，故專字改從足旁作「蕽」。《玉篇》：「蕽，蕽趨，疲行皃。」《篆隸萬象名義》：「蕽，�極行。」《集韻》：「蕽，蕽趨，極行也，一曰疲也。」《正字通》引《篇海》：「蕽，音夢，跛（疲）行。」「趙」同「趚」，側行。「極行」即「疲行」，「極」爲疲困之義。「趨」音「铳」，《說文》：「趨，行也。」字或作蹊，《篆隸萬象名義》：「蹊，行也，醜行也。」《集韻》：「趨、蹊，《說文》：『行也。』一曰蕽趨。或從足。」「趨」既轉讀入送韻，因製專字作僮、踵，《玉篇》：「僮，昌容切，行皃。」指走路傾側歪斜貌，今俗語云「跌跌僮僮」，是也。《初刻拍案驚奇》卷 14：「大郊勉強扶他上了驢，用手攙著他走路。楊化騎一步，

〔註 585〕蔣禮鴻《敦煌變文字義通釋》，收入《蔣禮鴻集》卷 1，浙江教育出版社 2001 年版，第 77～78 頁。

〔註 586〕「胮肛」一系的同源詞，可參考蕭旭《敦煌寫卷〈王梵志詩〉校補》，收入《群書校補》，廣陵書社 2011 年版，第 1283 頁。又蕭旭《「狼抗」考》有詳論。趙家棟《敦煌文獻疑難字詞研究》亦有補充，南京師範大學 2011 年博士學位論文，第 68～69 頁。

〔註 587〕沈兼士《聯緜詞音變略例》，收入《沈兼士學術論文集》，中華書局 1986 年版，第 283～284 頁。

〔註 588〕胡吉宣《玉篇校釋》，上海古籍出版社 1989 年版，第 1421 頁。

蹱一蹱，幾番要攧下來。」俗書「趮」或作「踈」。「甍趮」亦作「瞢趮」、「甍踈」，《龍龕手鏡》：「甍，音夢。甍趮，疲行皃也。」又「趮，瞢趮。」《重訂直音篇》：「甍，『趮』同，甍踈。」又作「夢銃」，今吳語尚有「夢銃」、「夢裏夢銃」之語，猶言亂走，又引申爲糊塗義。湯顯祖《牡丹亭・鬧殤》：「不隄防你後花園閒夢銃，不分明再不惺忪，睡臨侵打不起頭梢重。」《漢語大詞典》引徐朔方、楊笑梅注：「夢銃，睡夢。銃，瞌銃。」《漢語方言大詞典》亦釋爲「睡夢」〔註 589〕，皆非也。《儒林外史》第 16 回：「他哥哥睡的夢夢銃銃，扒了起來，只顧得他一副上集的擔子。」「夢夢銃銃」猶言糊裏糊塗。又作「夢憃」，李實《蜀語》：「癡愚曰夢惷（憃）。惷（憃）音銃。」〔註 590〕又音轉爲「懵懂」、「懞懂」、「懞憧」、「懵憧」、「懜懂」等形〔註 591〕。因此，「甍趮」沒有「身體胖」的意思，與「頛顋」、「沒忽」也不同源。(d) 此卷的「甍𧼮」，與「肥」字相因，以「𧼮」字考之，疑爲「腲脮」。「甍」字蓋誤書，字書、韻書皆未載「𧼮」，當即「脮」，以其義爲肥胖不能行，故改其意符從走旁作「𧼮」字耳。《說文》作「夊」，又作「綏」，《說文》：「夊，行遲曳夊夊，象人兩脛有所躧也。」《玉篇》：「夊，行遲皃。《詩》云：『雄狐夊夊。』今作綏。」亦作「�」，《玉篇》：「徦，湯果切，行也。」《正字通》：「徦，他果切，音妥，安行也。」亦作「踒」，《龍龕手鏡》：「踒，俗，他果切。」《字彙補》：「踒，他果切，音妥，見《篇韻》。」《重訂直音篇》：「踒，他果切。」皆有音無義，諸家亦無考。「踒」當同「徦」、「𧼮」。(e)《玉篇》：「腲，腲脮，肥皃。」又「脮，腲脮。」《廣韻》同。字亦作「腲腇」、「㾯痿」，古「妥」、「委」常相混。《文選・洞簫賦》：「阿那腲腇者已。」五臣本作「㾯痿」。李善注：「阿那腲腇，舒遲貌。《埤蒼》曰：『腲腇，肥貌。』」腲脮爲肥皃，肥胖則行動遲緩，故李善訓爲舒遲貌，義相因也。《寒山子詩集》卷 1：「鵄鵶飽腲腇，鸞鳳饑徬徨。」腹飽如肥皃，故云「飽腲腇」也。

〔註 589〕《漢語大詞典》（縮印本），漢語大詞典出版社 1997 年版，第 1946 頁。許寶華、宮田一郎《漢語方言大詞典》，中華書局 1999 年版，第 5319 頁。

〔註 590〕李實《蜀語》，收入《叢書集成初編》第 1182 冊，中華書局 1985 年影印，第 16 頁。「惷」爲「憃」形誤。

〔註 591〕參見蕭旭《「酩酊」考》。

字亦作「腲脮」，《集韻》：「脮，腲脮，肥也。」字亦作「𩪘𩪜」、「㾨𤸷」、「䫌𩪜」、「猥㞂」，《玉篇》：「𩪘，𩪘𩪜，病痱。𩪜，𩪘𩪜。」《玄應音義》》卷 15：「𩪘𩪜，謂廢風也。律文從疒作㾨𤸷，非也。」《可洪音義》卷 25：「㾨𤸷，肥皃也，律意謂肥膃，則起坐艱難，不任事，師不聽出家也，應和尚以𩪘𩪜字替之非也。」此爲《十誦律》卷 21《音義》，檢經文作「年太小太老，𩪘𩪜不能行不能坐不能臥不能立」，宋、宮本作「㾨𤸷」。此例乃肥胖不能行之義，至爲明豁。《廣韻》：「𩪘，𩪘𩪜，行病。」《集韻》：「䫌𩪜，風疾。或作𡯬𤸷。」《六書故》：「𩪘𩪜，風疾胻病也。按方書止作猥㞂。」「痱」者中風病，「𩪘（䫌）𩪜」亦取不能行爲名。字亦作「㛹婑」，《廣韻》：「㛹，㛹婑，好皃。」《集韻》：「婑、矮，㛹婑，姸也，或從委。」《龍龕手鑑》：「㛹婑，好貌也。」《駢雅》卷 2：「㛹婑，美好也。」古以肥胖爲美，故爲好貌。字亦作「溾涹」，《玉篇》：「涹，溾涹，濁也。」《廣韻》：「溾，溾涹，穢濁也。」水穢濁則肥厚，故以溾涹爲穢濁也。字亦作「㱬殍」、「殨殍」、「㱬矮」，《玉篇》：「殨，殨殍，不平也。」又「殍，殨殍。」《廣韻》：「殨，殨殍。」《龍龕手鑑》：「㱬矮，矮也，短人也。」肥胖則顯得不平，故爲不平義；又顯得短小，故又爲短人之名〔註 592〕。字亦作「㱬殍」、「碨殍」、「婐娜」、「萎腇」，《御覽》卷 381 引服虔《通俗文》：「肥體柔弱曰婐娜。」《集韻》：「殍，㱬殍，弱也。」又「腇，萎腇，耎弱也。」《五音集韻》：「殍，碨殍，弱也。」肥胖則不強健，故爲柔弱也。桂馥《札樸》卷 9：「無能曰㱬殍。」〔註 593〕屈大均《廣東新語》卷 11：「謂人愚曰㱬殍。」李調元《南越筆記》卷 1 同〔註 594〕。此則病弱、耎弱義之引申，愈轉愈遠，而其語源遂晦矣。諸詞胥同源，雖詞義各別，而其中心詞義爲「肥厚」，則不變也。求諸音則通，拘於形則失。

〔註 592〕《廣韻》：「㱬，㱬殍，不知人也。」「殍」當作「殃」，《玉篇》：「㱬，㱬殃，不知人也。」「㱬殃」指厲鬼，字從「失」取義，故云「不知人」也。趙少咸以爲「㱬殍」即「殨殍」，非也。趙少咸《廣韻疏證》，巴蜀書社 2010 年版，第 1807、1810 頁。附考於此。

〔註 593〕桂馥《札樸》卷 9《鄉言正字》，中華書局 1992 年版，第 391 頁。

〔註 594〕屈大均《廣東新語》卷 11《土言》，收入《續修四庫全書》第 734 冊，上海古籍出版社 2002 年版，第 630 頁。李調元《南越筆記》卷 1《廣東方言》，收入《叢書集成初編》第 3125 冊，中華書局 1985 年影印，第 16 頁。

音轉亦爲「委隨」、「委惰」、「委蛇」、「婑媠」、「婀娜」、「阿那」、「旖旎」等形〔註595〕。《洞簫賦》之「阿那腲腇」，「腲腇」即「阿那」，賦家同詞疊用，以爲鋪排，固不足怪也〔註596〕。(f)「筋吒」者，「筋」字原卷 P.3093 作「𥮏」，據文義當認作「筋」字，唐寫卷「筋」字則多作「𥮏」形〔註597〕。「筋吒」即「齟齬」、「鉏鋙」、「杈枒」、「扠捓」之轉語，《廣韻》：「齬，齟齬，齒不平正。」《集韻》：「鉏，鉏牙，物傍出也。」《文選·魯靈光殿賦》：「芝栭欑羅以戢孴，枝掌杈枒而斜據。」李善註：「杈枒，參差之貌。」六臣本作「扠捓」。高下不平、長短錯出之義〔註598〕。瘦者骨立，參差不齊，故以「筋吒」形容之。黃征曰：「『吒』是『咤』的別字，由發怒而引申爲青筋額暴。或改『筋吒』爲『筋斗』，未確。」〔註599〕曾良曰：「『吒』字蔣禮鴻師釋義是，『瘦筋吒』指瘦而筋脈呈露開張。」因謂「吒」或作「挓」、「托」、「掉」、「磔」〔註600〕。蔣宗福曰：「『瘦筋吒』猶今蜀語『瘦筋筋』。」〔註601〕皆未得。

（5）方響罷敲《長恨曲》，琵琶休撥《想夫憐》（P963）

按：響，原卷 P.3093 作「嚮」，當照錄原字，再出校。唐·崔令欽《教坊記》記載曲名有「想夫憐」。唐·李肇《唐國史補》卷下：「于司空以樂曲有《想夫憐》，其名不雅，將改之。客有笑者曰：『南朝相府曾有瑞蓮，故歌《相府蓮》，自是後人語訛，相承不改耳。』」《樂府詩集》卷 80「相府蓮」引《古解題》曰：「相府蓮者，王儉爲南齊相，一時所辟，皆才名之士時。人以入儉府爲蓮花池，謂如紅蓮映綠水。今號

〔註595〕參見蕭旭《〈說文〉「委，委隨也」義疏》，收入《群書校補》，廣陵書社 2011 年版，第 1413～1419 頁。
〔註596〕參見蕭旭《〈楚辭·九思〉「閴睄窕」正詁》。
〔註597〕參見黃征《敦煌俗字典》，上海教育出版社 2005 年版，第 200 頁。
〔註598〕參見蕭旭《「齟齬」考》。
〔註599〕黃征《〈變文字義待質錄〉考辨》，收入《敦煌語言文字學研究》，甘肅教育出版社 2002 年版，第 73 頁。
〔註600〕曾良《敦煌文獻詞語札記》，《敦煌學研究》2006 年第 2 期，收入《敦煌文獻叢札》，浙江古籍出版社 2010 年版，第 14～15 頁。
〔註601〕蔣宗福《敦煌變文語詞辨釋》，《中國訓詁學報》第 1 輯，商務印書館 2009 年版，第 257 頁。

蓮幕者，自儉始。其後語訛爲想夫憐，亦名之醜爾。」

《父母恩重經講經文（一）》校補

（1）不曾結識好知聞，空是剜剕惡伴侶（P969）

校注：蔣禮鴻校：「『剜剕』和『結識』相對，當然是陪伴、追隨一類的意思，疑即『伴換』的倒文。」按：蔣校近是。徐復謂「剜剕」是「怨悱」的聲借字，心裏恚恨不能出口的意思，疑未確。

按：剜，剜取。字亦作捥，《集韻》：「捥，取也。」「剕」爲涉「剜」之增旁字，本當作「非」。剜非，猶言惹是生非。下文「恣爲非，隨惡伴」，又「恣意爲非不可論」，「恣爲非」即其誼。葉愛國謂「剜剕」是「頑皮」之音轉〔註 602〕，不足信。張小豔認爲「剜剕」當錄作「剜𠛘」，即「剜挑」，義爲摳挖，引申爲挑選、揀則〔註 603〕，亦不足信。原卷確作「剕」字無疑，寫卷中雖有「非」、「兆」相混的例證，不能證明「剕」就一定是「𠛘」字形訛。

（2）抛卻耶娘，向南向北（P970）

按：《集韻》：「向，趣也。」

（3）不念二親恩養力，辜僥棄背也唱將來（P970）

校注：下文「皆因不孝于慈父，盡爲辜僥向母親」。蔣禮鴻云：「辜僥，大概就是辜負的意思。」按：「僥」本字當作「嬈」。辜，指辜負。嬈，指惱亂。

項楚曰：辜僥，即「辜較」，斤斤計較、分毫必爭。亦作「辜搉」等。（P1447～1448）〔註 604〕

按：黃征曰：「辜是辜恩之意。『僥』是『嬈』的借字。」〔註 605〕讀僥爲嬈，是。辜，讀爲苦，猶言急迫、愁苦。《董子·竹林》：「終身愁辜。」

〔註 602〕葉愛國《〈敦煌文獻語言詞典〉商榷（下）》，《文史》第 44 輯，第 132 頁。

〔註 603〕張小豔《敦煌變文疑難詞語考辨三則》，《中國語文》2011 年第 5 期，第 462 頁。

〔註 604〕項說又見《敦煌變文新校》，收入《項楚敦煌語言文學論集》，上海古籍出版社 2011 年版，第 278 頁。

〔註 605〕黃征《〈變文字義待質錄〉考辨》，收入《敦煌語言文字學研究》，甘肅教育出版社 2002 年版，第 74 頁。

盧文弨曰：「辜，當讀爲苦。」〔註 606〕辜或讀爲悸，《集韻》：「悸，怯也。」猶言恐嚇。劉長東謂「僥」是「較」的音誤字，「辜較」亦作「辜榷」、「酤榷」、「嫴榷」〔註 607〕。「辜較」是總括之詞，非其誼也。

（4）一頭承仕翁婆，一伴（畔）又剸縛男女（P973）

校注：剸縛，指對付、約束。成語有「剸繁治劇」，「剸」即裁處、對付之義。劉凱鳴校「剸縛」爲「縛縛」，非是。

項楚曰：「剸」應作「摶」，「摶縛」指包裹嬰孩。（P1476）

按：「剸」訓裁處，取斷割爲義，顯非厥誼。劉凱鳴校作「縛縛」〔註 608〕，《校注》誤鈔。劉說、項說皆是也，《廣雅》：「縛，束也。」《左傳·昭公二十六年》杜注：「縛，卷也。」《集韻》：「摶，束也，或作縛。」

（5）捉蝴蝶，趁猧子，弄土擁泥向街裏（P974）

項楚曰：「擁」同「壅」，謂堆土。「弄土擁泥」是兒童遊戲。（P1476）

按：項說是也。「弄土擁泥」也稱「抜塵」、「撫塵」、「接塵」、「擁塵」、「聚塵」、「拔塵」，小兒遊戲之一種，今吳方言謂之「作爛泥」〔註 609〕。

（6）嬰孩漸長作童兒，兩頰桃花色整輝（P974）

校注：整，指端正。楊雄校「整」作「成」，不足取。

按：整，讀爲正，作副詞用。

（7）損形容，各（割）腸肚，乞待兒皈再團聚（P977）

校注：徐校：「『各』疑當作『割』。」

按：各，讀爲閣，俗作擱。擱腸肚，猶言牽腸掛肚。《廣雅》：「閣，止也。」又「閣，載也。」

〔註 606〕《春秋繁露》（盧文弨校本），上海古籍出版社影印浙江書局本 1989 年版，第 18 頁。

〔註 607〕劉長東《「辜僥」索解》，《古漢語研究》1998 年第 4 期，第 84 頁。

〔註 608〕劉凱鳴《敦煌變文校勘補遺》，《敦煌研究》1985 年第 3 期，第 84 頁。

〔註 609〕參見蕭旭《敦煌願文集校補》，收入《群書校補》，廣陵書社 2011 年版，第 919～920 頁。

（8）兒向他州雖吉健，母於家內每憂惶（P977）

按：吉，讀爲佶。《詩・六月》鄭箋：「佶，壯健之貌。」本字爲硈，《爾雅》：「硈，鞏也。」郭注：「硈然堅固。」《說文》：「硈，石堅貌。」《廣韻》引作「硈，堅也」。石堅實爲硈，人堅實爲佶，其義一也。俗字作「結」，「結實」、「結壯」本字當作硈或佶。

（9）如斯養育，願早成人，及其長大，翻為不孝。尊親共語，應對違情。㧙眼列（裂）睛，不知恩義（P977）

按：列，原卷作「烈」，大佛灣第 5 號華嚴三聖龕內宋刻《父母恩重經變經文》亦作「烈」，TK119《父母恩重經變經文》作「捩」。潘氏錄文不誤，亦校作「裂」〔註 610〕。「烈」與「㧙」對舉同義，當讀爲戾，《說文》：「戾，曲也。」指扭曲。字亦作捩，《玉篇》：「捩，㧙捩也。」《慧琳音義》卷 74 引《廣雅》：「捩，絞也。」又卷 79 引《考聲》：「捩，絞也，扭也。」《集韻》：「捩，㧙也。」字亦作㧜，《集韻》：「㧜，捩也。」字或作綟，《六書故》：「綟，絞之急也，與『捩』通。」字亦省作列，魏・曹植《鷂雀賦》：「不早首服，烈頸大喚。」《類聚》卷 91 引作「列頸」，《御覽》卷 926 引作「捩頸」。P.2653《燕子賦》：「㧙戾不相容語。」P.2491 作「㧙捩」，S.214 作「㧙列」。「列（烈）」亦借字。俗字亦作㓠，《玉篇》：「㓠，列俗字。」《集韻》：「列，或作㓠。」〔註 611〕P.3919《佛說父母恩重經》作「㧙眼路（露）睛」，其義不長。張涌泉曰：「列，通『裂』或『捩』。」〔註 612〕前說非也。

《盂蘭盆經講經文》校補

（1）福利遐超於鬼趣，願我慈親領受之（P1005）

校注：潘校：「原卷校讀者定爲『福利今朝收鬼趣』，文義不如『福利遐超於鬼趣』甚遠。」

按：作「遐超於」是。Φ263＋Φ326：「歸依者遐超苦海，回向者永離蓋纏。」

〔註 610〕潘重規《敦煌變文集新書》，文津出版社有限公司 1994 年初版，第 468 頁。
〔註 611〕參見蕭旭《〈曹植集〉校補》，收入《群書校補》，廣陵書社 2011 年版，第 639 頁。
〔註 612〕張涌泉《敦煌變文校讀札記》，《中華文史論叢》第 63 輯，第 109 頁。

《丹霞子淳禪師語錄》卷 1：「逈出見聞，遐超聲色。」遐超，猶言遠離、永離。《菩薩本生鬘論》卷 6：「遠離鬼趣憂苦之患。」S.2144：「願汝往生、永離鬼趣。」又「免斯妖禍，歸依他界；莫堅萬人，永離鬼趣。」〔註 613〕

敦煌變文校補卷六

《目連緣起》校補

（1）狀若天崩地減（P1011）

校注：「減」當讀作「陷」。

按：郭在貽等說同〔註 614〕。《法句經》卷上：「命則隨減。」上圖 028《歡喜國王緣》「減」作「陷」。S.4511《金剛醜女因緣》：「思念自身，不恨減沒而入地。」《校注》亦讀減爲陷〔註 615〕。P.2915：「至孝等情深地咸，意重天崩。」「咸」亦讀爲陷。考 S.4536：「至孝等自惟情同地陷，意重天闗（開）。」P.4062：「口口地陷，意重天崩。」正作「陷」字。「減」、「咸」亦可讀爲揻，俗字亦作撼。《說文》：「揻，搖也。」《文選・長門賦》李善注、《慧琳音義》卷 94 引作「撼，搖也」。《廣雅》：「撼，動也。」《集韻》：「揻、撼，或從感。」《普曜經》卷 3：「天崩地動。」段玉裁曰：「鉉曰今別作撼，非是。」〔註 616〕段說非也，揻、撼喉牙音聲轉，不得遽謂「撼」字非是。

（2）銅苟（狗）喊呀，紅焰黑煙，從口而出（P1012）

按：王繼如曰：「喊呀，張開大口之狀。《集韻》：『呀，張口貌。喊，呵也。』『喊呀』有同源詞『谽谺』，其義爲谷中大空皃。」〔註 617〕王說是也，

〔註 613〕黃征、吳偉曰：「堅，當『慳』之省旁，『愆』字之音近借用。」黃征、吳偉《敦煌願文集》，嶽麓書社 1995 年版，第 566 頁。北圖 7677：「免斯妖禍，歸衣（依）他界；莫慳萬人，永離鬼趣。」正作「慳」字。

〔註 614〕郭在貽等《敦煌變文集校議》，收入《郭在貽文集》卷 2，中華書局 2002 年版，第 410 頁。

〔註 615〕黃征、張涌泉《敦煌變文校注》，中華書局 1997 年版，第 1125 頁。

〔註 616〕段玉裁《說文解字注》，上海古籍出版社 1981 年版，第 606 頁。

〔註 617〕王繼如《〈目連緣起〉校釋補正》，《語言研究集刊》第 6 輯，江蘇教育出版社 1999 年版，第 459 頁。

但引《集韻》「喊，呵也」則未允。「喊呀」即「唅呀」，「喊」爲「唅」借字。《玉篇》：「岈，峆岈，山深之狀。」又「谽，谽谺，谷空。」《廣韻》：「呀，唅呀，張口皃。」又「岈，峆岈，山深之狀。」口張爲唅呀，山口張爲峆岈，谷口張爲谽谺，其義一也。字亦作「谽呀」、「谺呀」，《史記・司馬相如傳》《上林賦》：「谽呀豁閜。」《漢書》作「谺呀」，《六書故》引作「谽谺」。《索隱》引司馬彪曰：「谽呀，大貌。」字亦作「谽㵎」、「谺谺」，《玉篇》：「谺，谺谺，㵎谷也。」《廣韻》：「谺，谺谺，谷空皃。」《集韻》：「谽，谽谺，谷空皃，或作谺。」《六書故》：「谽谺，亦作谺谺，谷口張也，亦通作唅呀。」《史記・司馬相如傳》《弔秦二世賦》：「通谷豁乎谽㵎。」《漢書》作「谺谺」。字亦作「谽㘉」、「谽𡂿」，《後漢書・張衡傳》《思玄賦》：「趨谽𡂿之洞穴兮。」《文選》作「谽㘉」，舊注：「谽㘉，大貌。」李賢注：「谽𡂿，深貌也。」字亦作「唅牙」，《類聚》卷 74 晉・陽泉《草書賦》：「其芒角峆岈，如嚴霜之傅枝。」《書苑菁華》卷 20 引作「唅牙」。字亦作「甝閜」，唐・杜甫《朝獻太清宮賦》：「仡神光而甝閜。」《玉海》卷 158：「雕牖甝閜，鏤檻熠煜。」《集韻》：「谺、岈、㵎、㵎、𡂿、㘉：谽谺，谷中大空皃，或从山，亦作㵎、㵎、𡂿、㘉。」詞源當作「含呀」，「唅」爲「含」俗字。明・胡儼《遊匡廬山賦》：「洞含呀而隱約兮，山幽幽而無人。」

（3）枷鏁杒械，不曾離身（P1013）

校注：徐校：「『杒』疑是『杻』字。」潘校：「『杒』蓋『杻』俗字。」按：俗字說不能成立。《說文》：「杒，桎杒也。」「杒」或即與「桎」字相當，是拘束犯人的刑具。

按：杒，原卷 P.2193 作「杻」，是「杻」缺筆誤字〔註 618〕。《雜阿含經》卷 23：「次復杻械枷鏁檢繫其身。」P.2160《摩訶摩耶經卷上》：「不以刀兵杻械枷鎖用伏人民。」敦研 152《大般涅槃經》：「牢獄繫閉，枷瑣杻械。」

〔註 618〕黃大宏《〈敦煌變文集〉補校散錄》亦謂「杒」是「杻」誤字，《古籍整理研究學刊》2005 年第 5 期，第 61 頁。

（4）是時慈母聞喚數聲，抬身強強起來，狀似破車無異（P1013）

按：《佛本行經》卷 5：「猶如破車轂，強載曳此身。」《福蓋正行所集經》卷 10：「如彼破車，不能運載。」此以破車不能運載而強載，比喻目連之母身體衰弱，勉強抬身也。

（5）漿口（水）不曾聞名，飯食何曾見面（P1013）

按：何，原卷 P.2193 作「阿」。今吳語謂可曾、曾否為「阿曾」〔註 619〕。

（6）漿水來變作銅汁，香飯欲餐變成猛火（P1014）

校注：徐校：「『來』上疑脫一字。」

按：「來」當作「未」，其上脫「喫」字。「未喫」與「欲餐」對舉成文。

（7）放舍阿娘生淨土，莫交（教）業道受波吒（P1015）

按：P.2187《破魔變》：「波吒莫去（怯）死，去了卻生來。」〔註 620〕《校注》：「波吒，地獄酷刑之苦。《大目乾連冥間救母變文》：『如來遣我看慈母，阿鼻地獄救波吒。』字亦作『咤』，同上變文：『何時出離波咤苦。』即其例。」〔註 621〕P.2305《解座文匯抄》：「波吒一一自家當。」《校注》：「波吒，本為地獄之名，《法苑珠林》卷 11 引《三法度論經》云：『三名阿吒吒地獄，由脣動不得，唯舌得動，故作此聲。四名阿波波地獄，由舌不得動，唯脣得動，故作此聲。』『波吒』即『波波吒吒』之略語。由地獄之義又引申為苦難、折磨之義。說詳郭在貽《唐代白話詩釋詞》。」〔註 622〕「波」、「吒（咤）」是分別由脣、舌發出的二種聲音，《慧琳音義》卷 74 引《考聲》：「吒，彈舌作聲也。」《禮記・曲禮上》孔疏：「咤，謂以舌口中作聲也。」皆與《三法度論經》所云「唯舌得動，故作此聲」相合，故又為怒聲、恨聲之辭。《首楞嚴經義海》卷 24：「吒波羅等，忍寒聲也。」《楞嚴經合論》卷 8 引《俱舍論》：「波

〔註 619〕參見許寶華、宮田一郎《漢語方言大詞典》，中華書局 1999 年版，第 2999 頁。

〔註 620〕「去」為「怯」之省，說見張涌泉《敦煌變文校勘平議》，《敦煌研究》1988 年第 4 期，第 87 頁。

〔註 621〕黃征、張涌泉《敦煌變文校注》，中華書局 1997 年版，第 538 頁。

〔註 622〕黃征、張涌泉《敦煌變文校注》，中華書局 1997 年版，第 1180 頁。郭在貽《唐代白話詩釋詞》，收入《郭在貽文集》，中華書局 2002 年版，第 100 頁。

波吒吒羅羅，寒者聲相如此。」是「波波吒吒」皆聲也。「吒（咤）」又作「嗟」，《史記·淮陰侯傳》：「項王喑噁叱吒，千人皆廢。」《漢書》作「意烏猝嗟」。「波」又作「婆」，《俱舍論疏》卷 11：「頞哳吒，是忍寒聲，寒增，故口不得開，但得動舌，作哳吒聲；臛臛婆者，寒轉增，故舌不得動，但得作臛臛聲；虎虎婆者，寒增，故不得開口，但得作虎虎聲。」《阿毘達磨俱舍論》卷 11：「三頞哳吒，四臛臛婆……此中有情，嚴寒所逼，隨身聲變，以立其名。」亦謂舌作「吒」聲，與上引諸書相合；「婆」則唇聲，此未及也。字亦作「噆」，《大比丘三千威儀》卷 1：「在床上有五事。一者不得大欠，二者不得吒噆喈……」「吒噆」即「吒波」。宋、元本作「咤嘖」，《玄應音義》卷 16、《慧琳音義》卷 64 亦作「咤嘖」，謂「文中作噆，非也」；《可洪音義》卷 18、25 並改「噆」作「喑」，謂「應和尚以嘖（嘖）字替之，非也」，皆未得其誼。又音轉作「鋪」，P.2187《破魔變》：「扼腕揚眉，鋪唇叵耐。」鋪唇謂張脣出氣而作聲也。其動作謂之鋪，所發出的聲音因謂之波，其義固相因也。本字爲豧，《說文》：「豧，豕息也。」另參見《破魔變》校補。地獄名爲波波吒吒者，當取義於罪人受苦刑後，脣、舌發出的二種痛苦的聲音，作「波」聲比作「吒」聲更痛苦。《起世經》卷 4：「彼阿吒吒地獄中諸眾生等，以極苦惱逼切其身，但得唱言：『阿吒吒，阿吒吒。』然其舌聲不能出口，是故名爲阿吒吒也。」Дx.00050：「唯聞忍苦之聲，口出波吒之響。」「波吒」顯然是苦聲。「波吒」引申爲苦難、折磨之義者，亦取義於這二種痛苦的聲音，而非從地獄義引中得來。郭在貽通過排比文例，認爲苦難、折磨之義由地獄義引申而來，《校注》從之；曾良亦取郭說，謂「『波吒』本爲佛教語」〔註 623〕，都興宙謂「波吒」是「梵文音譯詞」〔註 624〕，斯皆未得其源也。S.5692《山僧歌》：「假饒地獄歷多年，只爲波吒不肯了。」陳祚龍謂此例「波吒」爲「波逃」之誤〔註 625〕，大誤。「波吒」亦作「波查」，唐·呂岩

〔註 623〕曾良《明清通俗小説語彙研究》，江西教育出版社 2009 年版，第 173～174 頁。

〔註 624〕都興宙《敦煌變文語詞雜釋》，《青海師範大學學報》1990 年第 1 期，第 85 頁。

〔註 625〕陳祚龍《敦煌學海探珠（上册）》，臺灣商務印書館 1979 年版，第 145 頁。

《敲爻歌》：「若還缺一不芳菲，執著波查應失路。」宋・曹涇《與貴池縣尉胡同年書》：「此生竟是如此波查，苦中作樂而止。」元・王仲文《救孝子》第1折：「時坎坷，受波查。」又作「波嵯」，元・佚名《龐涓夜走馬陵道》第4折：「我劍鋒親把樹皮揭，寫著道今夜裏此處斬豪傑。傷也波嵯，我和你從今便永訣。」元・關漢卿《鄧夫人苦痛哭存孝》第3折：「想着十八騎長安城內逞豪傑，今日箇則落的足律律的旋風踅，我可便傷也波嵯。」又作「波渣」，《三命通會》卷9：「己日時逢丁卯，倒食偏官交加，酉庚辛破受波渣。」明・毛晉《玉玦記》第24齣：「逐興衰，觀成敗，受波渣。」又作「波踖」，明・湯式《山坡羊・書懷示友人》：「路波踖，事交雜，秋光何處堪消暇？」考《大慧普覺禪師語錄》卷10：「塗（途）路波吒數十州，傳言送語當風流。」《續傳燈錄》卷 25：「免煩路上波吒。」是「波踖」即「波吒」也。明・孟稱舜《死裏逃生》第1齣：「勸你牢守僧禪戒，謾波踖，乾將風月擔兒拿。」又作「波槎」，明・祁麟佳《錯轉輪》第3齣：「卻不是撥轉來波槎波槎。」又作「波喳」，《金瓶梅詞話》第6回：「可怪狂夫戀野花，因貪淫色受波喳。」明・黃元吉《流星馬》第3折：「黃廷道狡佞奸滑，背義走路遠波喳，趕上時命掩黃沙。」清・李漁《蜃中樓・怒遣》：「衹爲向平婚嫁，老夫妻鎮日波喳。」又作「波踏」，明・佚名《寶光殿》第3折：「不強似終日受波踏。」又作「駁查」，明・康海《王蘭卿》第4折：「有甚的隱約難裁？也不索駁查體勘。」〔註626〕古代漢語的名物詞，必有所取義，非漫爲之取名也。後世既借用音近的「查」、「渣」等字，其語源遂晦，而難以索解矣。苟探得其語源，則無一名物詞無所取義也。

(8) 慈烏返報（哺），書使（史）皆傳（P1016）

按：返，讀爲反。

〔註626〕「波踏」、「駁查」二詞即「波吒」，説本顧學頡、王學奇《元曲釋詞（一）》，中國社會科學出版社1983年版，第142頁。二氏又指出明人徐渭《南詞敘錄》「波查，猶言口舌。北人凡語單，必以『波查』助詞，故云」之説非是。

《大目乾連冥間救母變文》校補

（1）羅卜當時在佛前，金爐怕怕起香煙（P1025）

校注：項楚校：「『怕怕』當作『拍拍』，充斥、滿溢之義。」按：項校是。

按：「怕怕」當作「拍拍」〔註627〕，象聲詞。唐・韓愈《病鴟》：「青泥掩兩翅，拍拍不得離。」《太平廣記》卷174引《東方朔傳》：「擊之拍拍，死者攘攘。」宋・陸游《夏雨歎》：「雨多潦水欲上階，臥聽鳧鴨聲拍拍。」字亦作「搙搙」、「啪啪」、「噗噗」、「剝剝」，例略。陳治文曰：「『怕怕』改爲『皛皛』。」〔註628〕非也。

（2）六種瓊林動大地，四花標樣葉清天（P1025）

校注：徐校：「『標樣』疑當作『標映』。『葉』字有誤。」項楚校：「『清』當作『青』。」按「葉」疑當讀作「協」。

按：郭在貽等謂徐校「樣」爲「映」近是〔註629〕。葉，讀爲偞，字亦省作偞。《說文》：「偞，宋衛之間謂華偞偞。」段玉裁曰：「偞亦作偞，《廣韻》曰：『偞偞，輕薄美好皃。』」〔註630〕《方言》卷2：「奕、偞，容也。自關而西，凡美容謂之奕，或謂之偞，宋衛曰偞。」郭注：「奕、偞，皆輕麗之貌。」《釋文》：「偞，音葉。」錢繹曰：「奕、偞、容，聲之轉也……偞，通作葉。《廣雅》：『葉葉（奕奕）、偞偞，容也。』漢《先生郭輔碑》：『葉葉昆嗣，福祿茂止。』亦作偞，《廣韻》：『偞偞，輕薄美貌。』葉、偞，並與偞同。」〔註631〕《紺珠集》卷8引郭注作「奕奕、偞偞，輕麗貌也」〔註632〕，并指出「偞與葉同」。《玉篇》：「偞，《字書》偞字。」華學誠謂《方言》「偞」爲「偞」字之誤〔註633〕，是失考

〔註627〕下文「嗚呼怕搦淚交連」，「怕搦」即「拍搦」。寫卷「扌」旁與「忄」旁常相混用。

〔註628〕陳治文《〈敦煌變文集〉校讀小札》，收入胡竹安、楊耐思、蔣紹愚編《近代漢語研究》，商務印書館1992年版，第59頁。

〔註629〕郭在貽、張涌泉、黃征《〈大目乾連冥間救母變文〉校議》，《安徽師大學報》1989年第1期，第19頁；又收入《敦煌變文集校議》卷2，《郭在貽文集》卷2，中華書局2002年版，第417頁。

〔註630〕段玉裁《說文解字注》，上海古籍出版社1981年版，第368頁。

〔註631〕錢繹《方言箋疏》，上海古籍出版社1984年版，第118頁。錢氏引「奕奕」誤作「葉葉」。

〔註632〕《集韻》「奕」字條引《方言》：「奕奕、偞偞，皆輕麗皃。」當即注文。

〔註633〕華學誠《揚雄〈方言〉校釋論稿》，高等教育出版社2011年版，第236頁。

《玉篇》、《廣韻》也。字亦作攝（聶），《集韻》：「攝、聶，攝攝，動皃，或從三耳。」字亦作媟，《御覽》卷 381 引郭注作「弈弈、媟媟，皆輕麗之皃也」。標，讀爲飄。樣，讀爲揚。「標樣」即「飄揚」，猶言輕舉。《如皋縣志》卷 8：「僄傑，美而輕也。」〔註 634〕《嘉定縣續志》卷 5：「僄傑，俗謂美而輕也。」〔註 635〕唐・韓翃《少年行》：「鳴鞭曉出銅臺路，葉葉春衣楊柳風。」〔註 636〕唐・王建《宮詞》：「羅衣葉葉繡重重，金鳳銀鵝各一叢。」蔣禮鴻曰：「唐人云『葉葉』者，即『傑傑』也。」〔註 637〕

（3）端身坐磐石，以舌著上蕚（腭）（P1025）

校注：項楚校：「『著』疑當作『拄』。」按：《佛本行集經》卷 28：「以齒相拄，舌築上齶。」著、拄、築意皆可通，「著」字似不煩改。

按：郭在貽等謂「著指附著，意自可通」〔註 638〕。「著」字不當改。《道地經》卷 1：「一種著舌根，一種著口中上齶。」《止觀輔行傳弘決》卷 8：「舉舌著上齶。」《大毘盧遮那成佛經疏》卷 12：「又坐時，舌亦不得著上齶及太垂著下，當處中也。」《大日經義釋》卷 9 同，皆正作「著」字。字亦作擆、攁、搘，《廣雅》：「搘，擊也。」《集韻》引作「攁」。《玉篇》：「搘，擊也。」又「擆，擊也，亦作攁。」《廣韻》：「擆，置也，擊也。」《龍龕手鏡》：「擆，俗。攁，正。置也。」王昶《金石萃編》卷 60 唐《木澗魏夫人祠碑銘》：「蹠泰階而高視，寔攁天而騁力。」攁亦抵擊義。字亦作櫡，《龍龕手鏡》：「櫡，擊也。」《校注》所引《佛本行集經》在卷 24，「築」亦擊義。

（4）可連（憐）富貴嬌奢地，望睹令人心悅暢（P1025）

校注：可憐，猶云可羨、可愛。

〔註 634〕《如皋縣志》，嘉慶十三年刻本。

〔註 635〕《嘉定縣續志》，民國十九年鉛印本。

〔註 636〕《文苑英華》卷 194 誤作「禁葉」。

〔註 637〕蔣禮鴻《義府續貂》，收入《蔣禮鴻集》卷 2，浙江教育出版社 2001 年版，第 49 頁。

〔註 638〕郭在貽、張涌泉、黃征《〈大目乾連冥間救母變文〉校議》，《安徽師大學報》1989 年第 1 期，第 19 頁。又收入《敦煌變文集校議》，《郭在貽文集》卷 2，中華書局 2002 年版，第 417 頁。

按：「連」爲「慩」省文，《集韻》：「慩，留意。」心連流之，故字從心作「慩」也。

（5）**鍾鼓鏗鎗和雅音，鼓瑟也以聲遼亮（P1025）**

項楚曰：也以，象聲詞。（P863）

按：也以，讀爲「也已」。黃靈庚曰：「『也』當作『色』，形似相訛。『以』與重文符號酷似。當校作『色色』，擬聲詞，亦作『索索』。」〔註 639〕猜疑成分太大，不足信從。

（6）**長者聞語意以悲，心裏回惶出語遲（P1026）**

校注：以，周紹良校作「似」，近是。

按：以，讀爲已。

（7）**號咷大哭終無益，徒煩攪紙作錢財（P1026）**

項楚曰：鑿紙爲錢，焚化以供死者冥間之用。（P869）

按：攪，讀爲烄，《說文》：「烄，交木然也。」《繫傳》：「架而燒之也。」烄紙，猶言燒紙。楊雄則曰：「『攪』疑作『鉸』。」〔註 640〕鉸者，剪也。今俗紙錢乃手折而成，無需剪也。

（8）**追放縱由天地邊，悲嗟悔恨乃長噓（P1027）**

校注：項楚校：「『放』當作『訪』，『縱』當作『踪』，『邊』當作『遍』。」

按：縱，讀爲蹤，「踪」爲後出俗字。下文「鬬事如來日已遠，追放縱由天地遍」，正作「遍」字。

（9）**如今各自隨緣業，定是相逢後迴難（P1027）**

校注：原校：「乙卷『迴』作『會』。」按：「會」字義較長。

按：楊雄亦曰：「『迴』當作『會』。」〔註 641〕後迴，猶言下迴、下次，今俗語猶然。「會」爲借字。

〔註 639〕黃靈庚《〈敦煌變文選注〉校釋商兑》，《浙江師大學報》1993 年第 3 期，第 11 頁。
〔註 640〕楊雄《〈目連變文〉校勘拾遺》，《敦煌學》第 17 輯，1991 年版，第 17 頁。
〔註 641〕楊雄《〈目連變文〉校勘拾遺》，《敦煌學》第 17 輯，1991 年版，第 18 頁。

（10）叫�似雷驚振動，怒目得電光輝霍（P1028）

校注：輝霍，原卷作「耀鶴」，兹據甲卷改。

項楚曰：「耀鶴」、「輝霍」皆謂電光輝耀。「霍」即「霍閃」。（P885）

按：石谷風藏本作「叫喊似雷驚振動，努（怒）目電光輝霍」〔註642〕。「輝霍」即「揮霍」。《文選・蜀都賦》：「翕響揮霍。」形容急疾之貌。

（11）目連淚落憶逍逍，眾生業報似風飄（P1029）

校注：原校：「甲卷『逍逍』作『遙遙』。」按：「逍逍」當作「悄悄」，「遙遙」當作「愮愮」。

按：「憶」當作「意」。

（12）侵損常住，游泥伽藍（P1029）

校注：蔣禮鴻校：「『游泥』疑即『尤泥』。」項楚校：「『游』字蓋『淤（污）』字之形訛。『污泥』與『侵損』對舉，也用作動詞，猶云『弄髒』也。」按：項校是。

按：袁賓申證蔣說〔註643〕，非也。項氏得其義，未得其字。《可洪音義》「游泥」條凡四見，卷3指出「上於去反，又音由，悮」，又卷8指出「上於去反，又音由，非也」，又卷22指出「上於去反」，又卷23指出「上於去反，正作淤」，是佛經中「游泥」確爲「淤泥」之誤。然「淤泥」是名詞用法，無作動詞用者。項氏又以「淤泥」即「污泥」，則迂曲，故不取項說。「游」古字作「汓」，爲「汙」字形誤。「汙」同「污」。《圓覺經道場修證儀》卷15：「汙穢伽藍，侵損常住。」《略授三歸五八戒並菩薩戒》卷1：「侵損常住，汙穢伽藍。」《佛說大輪金剛總持陀羅尼經》卷1：「污泥伽藍，污泥寺塔。」《地藏菩薩本願經》卷1：「侵損常住，點污僧尼。」皆正作「汙（污）」字。

（13）沸鐵騰光向口頔，著者左穿如（而）右穴（P1030）

校注：頔，《說文》云：「出額也。」原校作「顛」，於義無取。鄭振鐸引

〔註642〕參見王繼如《別本〈大目乾連冥間救母變文〉研究》，《敦煌研究》1998年第3期，第143頁。

〔註643〕袁賓《變文詞語考釋錄》，收入項楚、張涌泉主編《中國敦煌學百年文庫・語言文學卷（二）》，甘肅文化出版社1999年版，第132～133頁。

作「澆」，蓋讀作「澆」，未知確否？又徐校作「傾」，亦可備一說。

按：潘氏校作「憔」。「頡」字從隹，不得讀爲「顦」或「憔」。項校「頡」作「焦」（P891），亦誤。徐校是也，P.4044 作「佛（沸）鐵騰先（光）向口傾，著者左穿如（而）有（右）穴」，正作「傾」字〔註 644〕。

（14）銅箭傍飛射眼精，劍輪直下空中割（P1030）

按：傍，讀爲旁。下文「蒺藜空中亂下，穿其男子之胸；錐鑽天上旁飛，剜刺女人〔之〕背」〔註 645〕，正作「旁飛」。旁飛，猶言徧飛。

（15）鐵鑽長交（教）利鋒刃，饞牙快似如錐鑽（P1030）

按：饞，讀爲鑱，《說文》：「鑱，銳也。」字或作攙，《廣雅》：「攙，銳也。」訓銳與「快」字相應。

（16）為憶慈親長（腸）欲斷，前路不婁行即到（P1030）

校注：徐復校：「唐時俗語稱『多』爲『婁』，所以『不多』也叫『不婁』……《集韻》：『夥，多也，朗口切。』與『婁』同音。『夥』是『婁』的增旁字。」

按：蔣禮鴻又指出字亦作「嘍」、「螻」〔註 646〕。徐說、蔣說皆是也，而猶未盡。當引《玉篇》：「夥，力口切，多也。」「夥（婁）」音轉則爲「寇」，《方言》卷 1：「齊宋之間……凡物盛多謂之寇。」郭注：「今江東有小凫，其多無數，俗謂之寇凫。」音轉又爲「夠（夠）」，王念孫曰：「夠者，《玉篇》：『夠，苦候切，多也。』《廣韻》同。《方言》：『凡物䵣而多謂之寇。』寇與夠聲近義同。《文選・魏都賦》：『繁富夥夠。』李善注引《廣雅》：『夠，多也。』今本脫。」〔註 647〕錢繹、章太炎說同〔註 648〕，當皆本於王氏。字亦作摟，P.2952《十二時》：「但教十年冬夏讀，

〔註 644〕張涌泉《敦煌變文校讀札記》已及之，《中華文史論叢》第 63 輯，第 107 頁。
〔註 645〕「背」上「之」字原卷 S.2614 脫，《校注》徑補而不作說明。
〔註 646〕蔣禮鴻《敦煌變文字義通釋》，收入《蔣禮鴻集》卷 1，浙江教育出版社 2001 年版，第 384 頁。
〔註 647〕王念孫《廣雅疏證》，收入徐復主編《廣雅詁林》，江蘇古籍出版社 1992 年版，第 244 頁。
〔註 648〕錢繹《方言箋疏》，上海古籍出版社 1984 年版，第 92 頁。章太炎《新方言》卷 2，收入《章太炎全集（7）》，上海人民出版社 1999 年版，第 24 頁。

不摟變作一官人？」蔣冀騁讀摟爲夠〔註 649〕。李進立謂「婁」即河南話的「巒兒」，「不費勁」爲「不巒兒」〔註 650〕，殊不可信。

（17）**夜叉聞語心逿逿，直言更亦無刑（形）迹（P1031）**

校注：袁賓校：「『逿逿』當作『惕惕』……憂懼義。」按：《長興四年中興殿應聖節講經文》：「所以兢兢在位，惕惕憂民。」是其義。

按：項楚說同袁賓〔註 651〕，而不著所出。「逿逿」當作「盪盪」，同「蕩蕩」，搖動貌，驚懼貌。是「驚」義，而非「憂」義。

（18）**世間之罪由（猶）如繩，不是他家尼碾來（P1031）**

校注：此句費解，俟再校。

項楚曰：尼碾，當有訛誤，俟再校。「碾」或應作「捻」，即「捻繩」之「捻」。（P903）

按：尼，讀爲抳。碾，讀爲搌。《集韻》：「抳，手指物。」又「搌，捲也。」《廣韻》：「搌，束縛。」又疑「尼碾」爲「拈（捻）」的分音字，捻取也。

（19）**劍樹千尋以芳撥，針刺相揩；刀山萬仞橫連，巉（巉）嵒亂倒（P1031）**

校注：「以」字疑爲衍文。芳撥，疑即「芳發」。袁賓謂「芳撥」應讀作「旁魄」，亦是一說。揩，原卷作「楷」，徐校謂疑當作「偕」。《廣韻》：「揩，揩摨，摩試。」「橫連」上袁賓臆補「而」字，可備一說。

項楚曰：芳撥，俟再考。「楷」當作「揩」，摩擦之義。（P908）

蔣禮鴻曰：《降魔變文》有「聳幹芳條」的話，「芳」和「聳」相對，似有伸張的意義〔註 652〕。

按：黃征取《校注》說〔註 653〕。《廣韻》原文作「摩拭」。「以」字非衍文，

〔註 649〕蔣冀騁《敦煌文獻研究》，湖南師範大學出版社 2005 年版，第 210 頁。

〔註 650〕李進立《敦煌文獻詞語札記》，《新鄉師範高等專科學校學報》2004 年第 1 期，第 67 頁。

〔註 651〕項楚《敦煌變文選注》，中華書局 2006 年版，第 900 頁。

〔註 652〕蔣禮鴻《變文字義待質錄》，收入《蔣禮鴻集》卷 1《附錄一》，浙江教育出版社 2001 年版，第 550 頁。

〔註 653〕黃征《〈變文字義待質錄〉考辨》，收入《敦煌語言文字學研究》，甘肅教育出

下句袁賓補「而」字，是也，皆作連詞用。「芳撥」、「橫連」對舉，「方」字當讀爲旁。撥，碰撞、摩擦〔註 654〕。「方撥」猶言旁觸。唐·岑參《走馬川奉送封大夫出師西征》：「半夜軍行戈相撥，風頭如刀面如割。」唐·張鷟《朝野僉載》卷 6：「（李凝道）乘驢於街中，有騎馬人韡鼻撥其膝，遂怒，大罵，將毆之。」「相楷」、「亂倒」亦對舉，「楷」字讀爲隑。《方言》卷 7：「隑，企立也〔註 655〕。東齊海岱北燕之郊，委痿謂之隑企。」又卷 13：「隑，陭也。」郭注：「江南人呼梯爲隑，所以隑物而登者也。」《玉篇殘卷》引「陭」作「倚」，《篆隸萬象名義》亦作「倚」。「隑」即依倚而立、斜靠之義，今吳語猶然，音轉爲 kài，如云「東踉踉，西隑隑」，又云「扁擔隑勒城牆上，三年也會說話」。梯名爲隑、陭者，即取倚爲義，言倚靠於物者爲梯也。《玉篇》：「隑，梯也，企立也，不能行也。」字亦作揩，《玉篇》：「揩，觸也。」《廣韻》：「揩，揩觸也。」俗字作戤，《嘉定縣續志》卷 5：「俗謂倚曰戤。案戤應作隑。」〔註 656〕「戤」字無理據可說。《新方言》卷 2：「《方言》：『隑，立也。隑，陭也。』《廣雅》隑、倚皆訓立，陭即倚也。曹憲音隑爲巨代反。浙西謂負牆立曰隑，仰胡牀而坐亦曰隑，音正作巨代反，直隸、山東言陭。」〔註 657〕二句言劍樹、刀山皆極高，有似相隑、亂倒之狀也。趙家棟讀「以」爲「似」，云：「『芳撥』讀爲『方鏺』，指並連的鏺。」〔註 658〕非也。

（20）猛火掣浚似雲吼，咷踉滿天；劍輪蔟蔟似星明，灰塵撲地（P1031）

校注：「浚」通「駿」或「迅」，「掣浚」爲近義連文，袁賓釋爲「猛火烈焰騰躍閃忽的樣子」，是也。劉凱鳴謂「掣浚」爲「熾焌」音近誤字，似

版社 2002 年版，第 75 頁。

〔註 654〕參見《漢語大字典》，湖北辭書出版社、四川辭書出版社 1992 年版，第 1965 頁。

〔註 655〕「企」與「跂」同。

〔註 656〕《嘉定縣續志》，民國十九年鉛印本。

〔註 657〕章太炎《新方言》卷 2，收入《章太炎全集（7）》，上海人民出版社 1999 年版，第 75 頁。

〔註 658〕趙家棟、付義琴《〈敦煌變文校注〉識讀語詞散記》，《中國語文》2008 年第 3 期，第 275 頁；又趙家棟《敦煌文獻疑難字詞研究》，南京師範大學 2011 年博士學位論文，第 138～139 頁。

失之迂。雲吼，徐校作「雲犼」，蔣禮鴻校作「震吼」，袁賓校作「震狗」，項楚校作「雷吼」。當以項校近是。咷，徐校引作「跳」，是。

項楚曰：掣淩，應是形容火焰跳竄貌。「淩」通作「竣」。「雲」當作「雷」。（P908）

按：掣，掣曳、牽引。淩，讀爲捘，推也。掣捘，猶言推引。「雲」當作「電」，與「掣捘」相應。「咷踉」同「跳踉」，亦作「跳踩」、「跳梁」。

（21）聲號叫天，岌岌汗汗；雷口口地，隱隱岸岸（P1032）

校注：所闕疑爲「吼震」二字，潘書補「震動」二字，亦可備一說。

項楚曰：岌岌，高峻貌。汗汗，廣大貌。隱隱岸岸，形容聲音隆隆，亦作「隱隱墳墳」等。（P910）

按：黃征把「岌岌汗汗、隱隱岸岸」列入《新待質錄》〔註 659〕。《玉篇殘卷》「岌」字條引劉熙曰：「語者之聲岌岌然也。」岌岌，形容語聲急迫。俗字亦作「喍喍」，《集韻》：「喍喍，眾聲。」「汗汗」同「泙泙」，《集韻》：「泙，泙泙，水迅流皃。」此文形容語聲急疾。「隱隱」即「殷殷」之音轉，《後漢書・天文志》：「須臾有聲，隱隱如雷。」亦用借字。漢・司馬相如《長門賦》：「雷殷殷而響起兮，聲象君之車音。」則用本字。岸岸，高大貌，此文當狀大聲貌，俗字作「哻」，《集韻》：「哻，聲也。」「地」上所缺字當補「口括」二字，此篇下文「轟轟鏘鏘栝（括）地雄」，《伍子胥變文》：「四十二面大鼓籠天，三十六角音聲括地，傍震百里山林，隱隱轟轟。」皆可助補「括」字。另一字補「喧」或「鳴」亦通。「隱隱墳墳」同「隱隱振振」，「墳」當音鎮（陟刃切），「墳墳」、「岸岸」古音不通，項說非也。

（22）箭毛鬼嘍嘍竄竄，銅嘴鳥咤咤叫叫喚（P1032）

校注：咤咤叫叫喚，徐震堮疑當作「叱咤叫喚」，陳治文謂當作「咤咤喚喚」或「叫叫喚喚」，潘校謂當作「咤咤叫喚」。按：以文例求之，陳校似較優。

項楚曰：吒吒，叫聲。（P911）

〔註 659〕黃征《敦煌變文新待質錄》，收入《敦煌語言文字學研究》，甘肅教育出版社 2002 年版，第 82 頁。

按：黃征把「嘍嘍窟窟、咤咤叫叫喚」列入《新待質錄》〔註 660〕。陳氏有二說，不知《校注》謂哪一說較優。「咤咤」謂以舌於口中作聲，已詳《目連緣起》校補。字亦作「喳喳」，鳥叫喚之聲。宋・曾鞏《聽鵲寄家人》：「鵲聲喳喳寧有知，家人聽鵲占歸期。」金・董解元《西廂記諸宮調》卷 6：「隔窗野鵲兒喳喳地叫。」當以潘氏校作「咤咤叫喚」爲確。字亦作「吒吒」，《佛說立世阿毘曇論》卷 1：「如竹葦林被大火燒爆聲吒吒。」此例形容燒爆聲。唐・元稹《田家詞》：「牛吒吒，田确确，旱塊敲牛蹄趵趵。」此例形容牛喘氣聲。「嘍嘍」亦象聲詞，唐・韋應物《鷰銜泥》：「銜泥鷰，聲嘍嘍，尾涎涎。」〔註 661〕或作「囉囉」、「羅羅」，《楞嚴經》卷 8：「如人以口吸縮風氣有冷觸生，二習相陵，故有吒吒、波波、羅羅。」高麗本《大佛頂如來密因修證了義諸菩薩萬行首楞嚴經》卷 8 作「囉囉」。皆形容吸氣之聲。

（23）案案難，難振鐵，吸岌雲空，轟轟鏘鏘括地雄（P1032）

校注：「案案難，難振鐵」兩句費解，疑有脫誤。吸岌，疑當作「岌岌」。

項楚曰：此處有脫誤，俟再校。「吸」當作「岌」，「岌岌」爲高聳貌。（P911～912）

按：黃征把「案案、吸岌」列入《新待質錄》〔註 662〕。此二句當作「案案難難振鐵口，吸岌雲空；轟轟鏘鏘括地雄，口口口口」。「吸岌」當作「吸吸」或「岌岌（岋岋）」，搖動貌。《楚辭・九歎・思古》：「風騷屑以搖木兮，雲吸吸以湫戾。」王逸注：「吸吸，雲動貌也。」《漢書・韋賢傳》：「彌彌其失，岌岌其國。」顏師古注：「岌岌，危動貌。」《漢書・揚雄傳》：「天動地岋。」顏師古注引魏蘇林曰：「岋音岋岋動搖之岋。」《宋書・謝莊傳》：「吸吸惙惙，常如行尸。」《南史》作「岋岋」。「案案難難」與「轟轟鏘鏘」對舉，皆象聲詞。「案案難難」是「案難」的重言形式。「案難」是「欸乃」的又一記音形式。劉瑞

〔註 660〕黃征《敦煌變文新待質錄》，收入《敦煌語言文字學研究》，甘肅教育出版社 2002 年版，第 82 頁。

〔註 661〕「涎涎」當據《文苑英華》卷 329 作「涎涎」，《漢書・五行志》：「燕燕，尾涎涎。」《玉篇》：「涎，徒見切，涎涎，好貌。」

〔註 662〕黃征《敦煌變文新待質錄》，收入《敦煌語言文字學研究》，甘肅教育出版社 2002 年版，第 82 頁。

明謂「『案』、『難』都是『暗』字音誤，『鐵』是『錫』字之誤，『吸』、『岌』都是『火』之誤」，校前 10 字爲「暗暗振錫火雲空」〔註 663〕，亂校一通，無足信者。

（24）長蛇皎皎三曾黑，大鳥崖柴兩翅青（P1032）

校注：吳小如校：「（此句）或是形容蛇皮發光。以其有光，故言『皎皎』。『曾』爲『層』字通假。」陳治文則謂「皎皎」疑爲「睃聊」（或「聊睃」）之誤，「曾」爲「噲」之誤；「睃聊」義爲邪視，「三噲」指鼻咽、口咽、喉咽三部分。按：「皎皎」或當讀爲「絞絞」。《玄應音義》卷 12：「啀喍：犬見齒啀啀然也。經文作睚眦，瞋目也。」蔣禮鴻謂「崖柴」即「啀喍」，文中指鳥張開嘴巴，貪饞兇狠的樣子。陳治文則謂「崖柴」即「睚眦」，爲瞋目之義。按：陳說較切文意，當是。吳小如謂「崖柴」文中是指張翼，於字義無徵，恐未確。

項楚曰：三曾，俟考。崖柴，張口露齒貌。（P912）

按：「長蛇皎皎三曾黑」當取吳小如說，言長蛇黑而發亮也。陳治文改字，毫無根據。「崖柴」，此文當取蔣禮鴻說。字或作「嘊柴」、「嘊喍」、「啀齜」、「嘊齜」、「⿰齒厓齜」、「⿰齒崖⿰齒柴」、「⿰齒崖齜」、「睚眦」，倒言則作「喍啀」、「齜啀」、「齹⿰齒宜」、「齹⿰齒厓」、「齜⿰齒厓」、「柴崖」，張口露齒之貌〔註 664〕。「睚眦」雖亦同源，而具體詞義則有別也。

（25）萬道紅爐扇廣炭，千重赤炎迸流星（P1032）

校注：「廣炭」意費解，疑有誤。

按：項楚解「廣炭」爲「無邊的炭火」〔註 665〕。「廣」疑爲「礦」字省形。劉瑞明謂「『廣炭』是『塵灰』之誤」〔註 666〕，無據。

（26）左右銅鋑石眼精（P1032）

〔註 663〕劉瑞明《〈敦煌變文選注〉評析》，《中國敦煌吐魯番學會研究通訊》1991 年第 1 期。

〔註 664〕參見蕭旭《「齟齬」考》。

〔註 665〕項楚《關於〈大目乾連冥間救母變文〉一段唱詞的校釋》，《敦煌研究》1992 年第 4 期，第 102 頁。

〔註 666〕劉瑞明《〈敦煌變文選注〉評析》，《中國敦煌吐魯番學會研究通訊》1991 年第 1 期。

校注：石，項楚、袁賓皆校作「射」，是。上文「銅箭傍飛射眼精」，正作「射」字。

按：石，投擊。《廣雅》：「石，擿也。」與「射」義近。劉瑞明謂「石」應作「啄」，先形誤爲「豕」。再音誤爲「石」，已爲項楚所駁〔註667〕。

（27）刀劍皛光阿點點，受罪之人愁㦸㦸（戢戢）（P1032）

按：黃征把「阿點點」列入《新待質錄》〔註668〕。**㦸**，原卷S.2614作「懴」，明顯從「忄」從「截」，《變文集》、潘錄皆誤作「懺」。懴，當讀爲灕，蔣斧印本《唐韻殘卷》：「灕，子結反，小灑。」〔註669〕《篆隸萬象名義》：「灕，子剌反，小水出。」《集韻》：「灕，資昔切，水出也。」字亦作㵤，《玉篇》：「㵤，水出也。」《璞璞廣韻》：「㵤，小灑。」字亦作㵎，P.3906《碎金》：「水㵎㵎：即入反。」字又作靋、䨐，《玉篇》：「靋，雨下也。䨐，同上。」字又作「濈」、「湒」，《廣雅》：「湒湒，雨也。」晉·皇甫謐《鍼灸甲乙經》卷9：「濈濈然汗出。」今吳方言猶有「水㵎㵎」、「汗㵎㵎」、「潮㵎㵎」之語。本形容小水涌出之貌，此文形容愁思细密，故改從「忄」旁作「懴」。黃征校「**㦸㦸**」爲「戢戢」、「濈濈」，愁思濃密貌〔註670〕。黃氏釋義得之，而錄作「**㦸**」，字形失眞，又以爲是「戢」形誤，亦失之。黃征《敦煌俗字典》錄作「懴懴」不誤〔註671〕。「阿」當作「何」，甚辭，猶言多麼。點點，讀爲「湛湛」，清澈貌。劉瑞明謂「當校『阿點點』爲『何默默』，『默默』爲昏暗不明義。『懺懺』應爲『戢戢』之誤，止息義」〔註672〕，

〔註667〕項楚《關於〈大目乾連冥間救母變文〉一段唱詞的校釋》，《敦煌研究》1992年第4期，第102頁。

〔註668〕黃征《敦煌變文新待質錄》，收入《敦煌語言文字學研究》，甘肅教育出版社2002年版，第82頁。

〔註669〕蔣斧印本《唐韻殘卷》，收入周祖謨《唐五代韻書集存》，中華書局1983年版，第704頁。P.2011王仁昫《刊謬補缺切韻》「小」誤作「山」，《龍龕手鏡》又誤作「水」。

〔註670〕黃征《唐代俗語詞輯釋（一）》，《唐研究》第1卷，1995年；又收入《敦煌語言文字學研究》，甘肅教育出版社2002年版，第139頁。

〔註671〕黃征《敦煌俗字典》，上海教育出版社2005年版，第1頁。

〔註672〕劉瑞明《〈敦煌變文選注〉評析》，《中國敦煌吐魯番學會研究通訊》1991年第1期。

校作「何」是，其餘皆非，已為項楚所駁〔註673〕。

（28）由（猶）如五百乘破車聲，腰脊豈能於（相）管拾（P1033）

校注：於，疑當作「相」。

項楚曰：管拾，俟考，疑指關節轉動。（P920）

按：潘氏亦校「於」作「相」〔註674〕。黃靈庚曰：「『於』即『相』字形訛。管拾，當作『貫接。』」〔註675〕蔣宗許曰：「於，『將』之誤。管，古代車上的一個部件，又稱作輨。拾，收拾，拾掇。將管拾，即把管控制住。」〔註676〕諸說皆不洽。於，猶如也〔註677〕。拾，讀為給、迨，猶言相及、接續。句言腰脊不能如管子相接續而成。

（29）孃孃昔日行慳妬，不具來生業報因（P1034）

校注：項楚校：「『具』當作『懼』。」

按：郭在貽等從項校〔註678〕，非也。具，備辦。上文「汝母在世多殺害，慳貪廣造惡因緣」，下文「不如廣造未來因」，「造」字是其誼。「廣造惡因緣」即「不具來生業報因」也。

（30）兒與孃孃今日別，定知相見在何年（P1034）

按：定，猶言究竟、終究〔註679〕。

（31）人脂碎肉和銅汁，迸肉含潭血裹凝（P1034）

校注：原校：「戊卷『潭』作『漂』。」項楚校：「作『潭』作『漂』皆費解，應是『膘』之訛，此處即指上句之『人脂』也。」按：項校近是。

〔註673〕項楚《關於〈大目乾連冥間救母變文〉一段唱詞的校釋》，《敦煌研究》1992年第4期，第104頁。

〔註674〕潘重規《敦煌變文集新書》，文津出版社有限公司1994年初版，第704頁。

〔註675〕黃靈庚《〈敦煌變文選注〉校釋商兑》，《浙江師大學報》1993年第3期，第11頁。

〔註676〕蔣宗許《敦煌變文散札》，《文獻》1995年第1期，第175頁。

〔註677〕參見王引之《經傳釋詞》，嶽麓書社1984年版，第21～22頁。

〔註678〕郭在貽、張涌泉、黃征《〈大目乾連冥間救母變文〉校議》，《安徽師大學報》1989年第1期，第25頁。又收入《敦煌變文集校議》，《郭在貽文集》卷2，中華書局2002年版，第426頁。

〔註679〕參見蕭旭《古書虛詞旁釋》，廣陵書社2007年版，第238～239頁。

按：黃征把「含潭」列入《新待質錄》〔註 680〕。潭，讀爲肬〔註 681〕，「漂」爲形誤字。《說文》：「肬，肉汁滓也。」又「黕，滓垢也。」又「沈，一曰濁黕也。」段注：「黕、沈同音通用。」〔註 682〕「肬」、「黕」即「沈」之後出分別字。句言迸裂之肉含有汁滓，而於血中凝結也。趙家棟曰：「『含潭』乃是『马嘾』之俗寫，《說文》：『马，嘾也，草木之花未發圅然。讀若含。』又『嘾，含深也。』『迸肉』指傷口裏的肌肉向外鼓凸，即所謂皮開肉綻之貌，其形象人口中含物，也似未放之蓓蕾，類似於菡萏。」〔註 683〕非也。

（32）若並前途，感其百千萬倍（P1035）

校注：「若」疑爲「苦」字之誤。「感」當讀作「減」。

項楚曰：並，比也。「感」當作「減」。（P933）

按：「並」字項說是。若，假設之辭。感，感慨。句言若比起以前的遭遇，感慨差別很大，故上文云「悲辛不等，苦樂玄（懸）殊」。

（33）咽如針孔，滴水不通；頭似太山，三江難滿（P1035）

校注：頭，疑當作「腹」。北京成字 96 號《目連變文》：「腹藏則寬於太山，盛售（受）三江而難滿。」可證。

按：蔣禮鴻、楊雄、項楚亦校「頭」爲「腹」〔註 684〕。《佛說鬼問目連經》卷 1：「腹大如甕，咽細如針孔。」《三法度論》卷 3：「腹大如山谷，咽如針孔。」《根本說一切有部毘奈耶藥事》卷 11：「腹如太山，其

〔註 680〕黃征《敦煌變文新待質錄》，收入《敦煌語言文字學研究》，甘肅教育出版社 2002 年版，第 83 頁。

〔註 681〕「肬」音他感切，與「覃」同音。《大戴禮記・勸學》：「沈魚出聽。」《論衡・率性篇》作「潭魚」，《說文》引《傳》作「鱏魚」。是其音轉之例。另參見蕭旭《〈史記・陳涉世家〉「沈沈」疏證》，《澳門文獻信息學刊》第 7 期，2012 年 10 月出版，第 88～91 頁。

〔註 682〕段玉裁《說文解字注》，上海古籍出版社 1981 年版，第 558 頁。

〔註 683〕趙家棟《敦煌文獻疑難字詞研究》，南京師範大學 2011 年博士學位論文，第 144 頁。

〔註 684〕蔣禮鴻《讀變枝談》，《敦煌研究》1992 年第 3 期，第 113 頁；又收入《蔣禮鴻集》卷 3，浙江教育出版社 2001 年版，第 259 頁。楊雄《〈目連變文〉校勘拾遺》，《敦煌學》第 17 輯，1991 年版，第 18 頁。項楚《敦煌變文選注》，中華書局 2006 年版，第 931 頁。

咽如針。」《大智度論》卷 30：「餓鬼腹如山谷，咽如針〔孔〕。」《經律異相》卷 50：「咽如針筒，腹如大山。」《根本說一切有部毘奈耶皮革事》卷 1：「咽如針孔，腹如大山。」《大乘本生心地觀經》卷 6：「其咽如針，其腹如山。」《正法念處經》卷 16：「口如針孔，腹如大山。」《佛說大乘莊嚴寶王經》卷 1、4：「腹大如山，其咽如針。」皆作「腹」字之確證。《賢愚經》卷 1：「死墮餓鬼，身大如山，咽如針鼻。」《達摩多羅禪經》卷 1：「咽細如針孔，巨身如沃焦。」「身」亦指腹而言。沃焦，東海南部之大山名。《妙法蓮華經玄贊》卷 6：「其頭如山，咽喉極小，如針許大，不堪受食。」《菩薩本生鬘論》卷 3：「頭如太山，其咽如針。」《佛說巨力長者所問大乘經》卷 3：「頭如大山，咽如針孔。」《華嚴經探玄記》卷 11：「謂頭如大山，頸如針等。」《法苑珠林》卷 6：「頭如大山，咽內如針。」《四分律行事鈔簡正記》卷 9：「咽如針小，頭如大山。」《禪祕要法經》卷 3：「頭如太山，咽如絲髮。」亦皆誤作「頭」字。「太山」當作「大山」，泛指，非指東嶽泰山也。

（34）南閻浮提施此飯，飯上有七尺往神光（P1036）

校注：原校：「『往』字衍，庚卷無此字。」按：「七尺往」猶言七尺以外，「往」字似不誤。

項楚曰：「往」表示約數。（P938）

按：往，讀爲旺。旺神光，言神光之盛也。

（35）阿娘孝順子，忽是能向地獄冥路之中救阿娘來，因何不救狗身之苦（P1038）

按：忽，猶曾也〔註 685〕。言曾於地獄救阿娘之苦，而今何故不救狗身之苦也。陳秀蘭謂「忽」訓「若」、「假如」〔註 686〕，未得。

《目連變文》校補

（1）或值刀山劍樹，穿穴五藏而分離；或遭爐炭灰河，燒炙碎塵於

〔註 685〕參見蕭旭《古書虛詞旁釋》，廣陵書社 2007 年版，第 106 頁。
〔註 686〕陳秀蘭《敦煌變文詞語校釋》，《古漢語研究》2002 年第 2 期，第 69 頁。

四體（P1071）

按：河，讀爲炣。《玉篇》：「炣，火也。」

（2）足躡庭臺七寶地，身倚幃幔白銀床（P1071）

校注：幃幔，原卷作「愇愄」，徐校作「幃帳」，徐復則云「愇愄」是「幃幒」的錯寫，「幃幒」即「幈幃」。按：俗書「巾」旁多與「忄」旁相亂，「愇愄」應即「幃幔」。「幔」字字書未載，疑爲「幒」字別構。《廣雅》：「幒幃，綵也。」「幃幒」即「幒幃」之倒文也。

按：「幒幃」是形容詞，實「瑰瑋（瓌瑋）」、「傀偉」的同源詞。《玉篇殘卷》引《廣雅》，「幒幃」正作「瑰瑋」。巾之有文采謂之「幒幃」，玉之有文采謂之「瑰瑋（瓌瑋）」，人之有文采「傀偉」，皆奇異之稱，其義一也。黃季剛云：「小學之訓詁貴圓，而經學之訓詁貴專。」〔註687〕《校注》之說，顯非其誼，斯二失之。校作「幃幔」得之，「幔」疑即「幃」字別寫，此寫手誤書。二徐校作「幃帳」或「幈幃」，各備一通。亦有可能本作「幃屏」或「幃幄」、「幃帷」，指內室而言。P.2305：「形貌汪尫憔悴。」「汪」是「尫」的借字，本當作「尫羸」，與此「幃幔」相類，皆鈔手誤書同文，而脫其下一字。

（3）足下外欄琉璃地，金錫令敲門首鐘（P1072）

按：令，讀爲拎。《廣韻》：「拎，手懸捻物。」

《譬喻經變文》校補

（1）阿過多時業不離，怨家惡業鎮相隨（P1077）

校注：「過」指過失。「阿」似爲名詞詞頭。

按：「阿」當作「何」。墮生餓鬼道的鬼自稱何過，謂無辜也。

（2）百般放聖謾依着，千種為難為口糧（P1077）

校注：蔣禮鴻云：「放聖，猶如現在說放刁。」徐校謂「聖」字有誤，未確。徐校：「『依』當作『衣』。」

〔註687〕黃侃《訓詁學筆記（上）》，收入《黃侃國學講義錄》，中華書局2006年版，第242頁。

按：放，讀爲謗。謗聖，誹謗聖人，是大惡行。謾，骗也。衣着、口糧，皆指生計。

《頻婆娑羅王后宮彩女功德意供養塔生天因緣變》校補

（1）自念我昔積於白骨，過於須彌；涕泣雨淚，多於巨海（P1082）

按：《撰集百緣經》卷 6 同。「巨」當作「四」，下文「口口口於四海水，聚骨過於富羅山」，是其證。《大意經》卷 1：「我自念前後受身生死壞，積其骨，過於須彌山；其血流，五河四海未足以喻。」《賢愚經》卷 1：「我於久遠生死之中殺身無數，或爲貪欲瞋恚愚癡，計其白骨高於須彌，斬首流血過於五江，啼哭之淚多於四海。」又卷 6：「我受身來，生死長久，設積身骨，高於須彌；斬刺之血，倍於四海；而飲母乳，過四大江；別離悲淚，多於四海。」皆作「四海」。

（2）只為無明相繫縛，邅迴不遇出頭年（P1083）

按：邅迴，亦作「邅回」、「儃回」，回轉貌，難行不進貌，引申爲艱難之義。《楚辭·惜誓》：「壽冉冉而日衰兮，固儃回而不息。」王逸注：「儃回，運轉也。」《淮南子·原道篇》：「邅回川穀之間。」高注：「邅回，猶委曲也。」黃大宏謂「邅迴」當作「輪回」〔註 688〕，臆改無據。

《歡喜國王緣》校補

（1）盈盈素質，灼灼嬌姿，實可漫漫，偏稱王心（P1089）

蔣禮鴻曰：「慢慢」、「漫漫』、「墁墁」，容光煥發的意思……「漫漫」、「慢慢」應是「曼」、「慢」的重言……至於「曼」、「慢」、「漫」爲光澤，是「脕」字的假借〔註 689〕。

按：項楚、黃征、張涌泉說並本蔣禮鴻〔註 690〕。蔣氏以「脕」爲本字，稍

〔註 688〕黃大宏《〈敦煌變文集〉補校散錄》，《古籍整理研究學刊》2005 年第 5 期，第 65 頁。

〔註 689〕蔣禮鴻《敦煌變文字義通釋》，收入《蔣禮鴻集》卷 1，浙江教育出版社 2001 年版，第 75～76 頁。

〔註 690〕項楚《敦煌變文選注》，中華書局 2006 年版，第 1600 頁。黃征、張涌泉《敦煌變文校注》，中華書局 1997 年版，第 1093 頁。

失之。本字當爲曼，《說文》：「曼，引也。」朱駿聲曰：「凡訓善訓細訓澤訓遠訓延訓美，實皆引長之誼，隨文變訓耳。」〔註 691〕《楚辭・大招》：「曼澤怡面，血氣盛只。」字或作娩，《荀子・禮論篇》：「說豫娩澤。」楊倞注：「娩，媚也，音晚。澤，顏色潤澤也。」《玉篇》：「娩，婉娩也，媚好也。」字或作脕〔註 692〕，《玉篇》：「脕，色肥澤也。」《集韻》：「脕，愉也，一曰色美澤。」又「脕，澤也，一曰愉色必有脕容。」《楚辭・遠遊》：「玉色頩以脕顏兮。」王逸注：「面目光澤以鮮好也。」舊注：「脕，一作曼。」銀雀山漢簡《尉繚子》：「……者誰也？曰口澤好色也。」竹簡整理者曰：「『澤』上一字左旁殘泐，右旁從『免』聲，疑當讀爲『曼』。」〔註 693〕此字當是「娩」或「脕」。「漫漫」訓光澤者，字或作「熳熳」，此蔣氏所未及。宋・釋慧洪《智證傳》卷 1：「黃花熳熳，翠竹珊珊。」宋・釋德洪《次韻》：「我昔度漳海，夜浪光熳熳。」又《三月喜超然至次前韻》：「楊柳風蕭蕭，芙蕖晴熳熳。」

（2）自入王宮仕聖君，高低皆說㾝（猥）承恩（P1089）

校注：仕，當讀作事。《玉篇》：「事，奉也。」原校作「侍」，疑未確。（P1093）

項校：「仕」原校作「侍」，按應是「事」的同音字。猥，錯謬。（P1600）

按：《變文集》啓功校「㾝」爲「猥」，潘重規、項楚諸家並從之〔註 694〕。然「㾝」無緣誤作「猥」，原校非也。㾝，讀作悞、誤。宋・劉過《呈徐侍郎兼寄辛幼安》：「當年今日誤承恩，自倚容華託至尊。」此「誤承恩」連文者。《隋書・潘徽傳》：「忝遊聖海，謬承恩獎。」唐・陸贄《請還田緒所寄撰碑文馬絹狀》：「謬承恩光，備位台輔。」「誤承恩」即「謬承恩」也。

（3）普天咸荷雍王聖，有相賢和助一人（P1089）

校注：咸，疑當作「感」。感荷，感激、慶幸之意。「雍」同「雍」，借作「擁」。

〔註 691〕朱駿聲《說文通訓定聲》，武漢市古籍書店 1983 年版，第 745 頁。

〔註 692〕朱駿聲謂「娩叚借爲媚，娩、媚一聲之轉」，失之。朱駿聲《說文通訓定聲》，武漢市古籍書店 1983 年版，第 815 頁。

〔註 693〕《銀雀山漢墓竹簡〔壹〕》，銀雀山漢墓竹簡整理小組，文物出版社 1985 年版，第 80 頁。

〔註 694〕王重民等《敦煌變文集》，人民文學出版社 1957 年版，第 772 頁。潘重規《敦煌變文集新書》，文津出版社有限公司 1994 年初版，第 755 頁。

（P1094）

按：項校同〔註 695〕。咸讀爲感，不煩改作。下文「咸賀有相能平正。」上圖 016 作「感賀」〔註 696〕。《荀子・大略》：「咸，感也。」《易・咸》《彖傳》、《廣雅》同。朱駿聲曰：「咸，叚借爲感。」〔註 697〕惠棟曰：「咸、感古今字耳。」〔註 698〕《左傳・昭公二十一年》：「窕則不咸，㰈則不容。心是以感，感實生疾。」《釋文》：「咸，本或作感。」惠棟曰：「咸，本古文感，故下云『心是以感』。」〔註 699〕S.5546：「咸得先（仙）人拍鉾（鉦）板，玉女彈琵琶。」P.2044V：「可以宣七德，咸四夷。」P.3085：「癘消疾散，萬人咸康泰之歡；障滅福祟，百姓賴安家之業。」亦皆借「咸」爲「感」。

（4）這度清鸞纔失伴，後迴花小誰為春（P1089）

校注：小，疑當讀作俏。原校「小」爲「雀」，費解。甲卷作「笑」，意亦可通。（P1095）

項校：「小」原校作「雀」，按甲卷作「笑」，是。（P1605）

按：潘重規從《變文集》啓功校作「雀」〔註 700〕，蔣冀騁校「小」爲「屮（草）」〔註 701〕，皆非。小，讀爲笑。P.3791《新集嚴父教》：「逢人先作小。」S.4307「小」作「咲」。是其例。《老子》第 67 章：「似不肖。」敦煌寫卷、道州龍興觀碑「肖」作「笑」〔註 702〕。P.2631：「春風創扇，

〔註 695〕項楚《敦煌變文選注》，中華書局 2006 年版，第 1601 頁。

〔註 696〕「荷」、「賀」古字通，《校注》所釋是，黃大宏謂「『荷』當是『和』的音僞（譌）」，失之。黃大宏《〈敦煌變文集〉補校散錄》，《古籍整理研究學刊》2005 年第 5 期，第 66 頁。

〔註 697〕朱駿聲《説文通訓定聲》，武漢市古籍書店 1983 年版，第 101 頁。

〔註 698〕惠棟《周易述》卷 9，收入阮元《清經解》，鳳凰出版社 2005 年版，第 2626 頁。

〔註 699〕惠棟《春秋左傳補註》卷 5，收入阮元《清經解》，鳳凰出版社 2005 年版，第 2788 頁。

〔註 700〕王重民等《敦煌變文集》，人民文學出版社 1957 年版，第 773 頁。潘重規《敦煌變文集新書》，文津出版社有限公司 1994 年初版，第 756 頁。

〔註 701〕蔣冀騁《〈敦煌變文集〉校注記零》，《古籍整理研究學刊》1990 年第 4 期；收入《敦煌文獻研究》，湖南師範大學出版社 2005 年版，第 109 頁。此篇下引蔣説出處同此。

〔註 702〕參見朱謙之《老子校釋》，中華書局 1984 年版，第 270～271 頁。

寒起（氣）抽威；殘雪尚滿〔於〕郊原，春冰欲笑於池沼。」笑，讀爲消。唐・白居易《不致仕》：「少時共嗤誚，晚歲多因循。」唐・韋縠《才調集》卷 1 作「嗤笑」。並其相通之證。

（5）臣今歌舞有詞乖，王忽延（筵）中落淚來（P1089）

校注：徐校：「『詞』當作『何』。」《通釋》則以「詞乖」爲近義複詞，釋爲「背謬違戾」。按「詞乖」爲詞，於古無徵，且推以文意，此句應爲疑問語氣，蔣說殆非確詁。徐校當是。（P1095）

按：項氏亦校「詞」爲「何」〔註 703〕，當本徐氏，而未著出處。下句「爲復言詞相觸悟（牾）？爲當去就拙旋回？」「詞乖」是變文臨時所造之詞，即「言詞相觸悟」的縮略語。《玉篇》：「乖，睽也，戾也，背也。」

（6）皇帝既被有相夫人再三頻問（P1089）

校注：頻問，疑當作「顧問」。此句即上文「皇帝既遭親顧問」之意。下文「王被夫人顧問」，亦作「顧問」。（P1095）

按：蔣冀騁亦校作「顧問」，此《校注》所本。頻，數也，猶言頻繁，與「再三」相應，不煩改字。專字作嚬，《玉篇》：「嚬，多言。」

（7）偈云：「是日已至，命即隨陷，如少水魚。」（P1090）

項校：語出《法句經》卷上《無常品》：「是日已過，命則隨減，如少水魚，斯有何樂？」（P1613～1614）

按：《出曜經》卷 2、3 同《法句經》。陷，讀爲減。《集韻》：「轗、輱、轁：轗軻，車行不平。一曰：不得志。或省，亦作轁。」P.2915：「至孝等情深地咸，意重天崩。」考 S.4536：「至孝等自惟情同地陷，意重天闢（開）。」P.4062：「口口地陷，意重天崩。」是「咸」讀爲「陷」也。P.2193《目連緣起》：「狀若天崩地減。」《校注》讀減爲陷〔註 704〕。此並從咸從臽相通之證。

（8）未委何方，命壽長遠（P1091）

按：原「命壽」二字旁有勾乙符號，則當錄作「壽命」。諸家並誤錄。

〔註 703〕項楚《敦煌變文選注》，中華書局 2006 年版，第 1606 頁。
〔註 704〕黃征、張涌泉《敦煌變文校注》，中華書局 1997 年版，第 1017 頁。

（9）**臨帝坐，入王宮，霧駕庭庭滿碧空（P1092）**

按：庭庭，威儀貌。字或作「涏涏」，《漢書・五行志》：「燕燕，尾涏涏。」《玉篇》：「涏，徒見切，涏涏，好貌。」字或作「娗娗」、「婷婷」，《集韻》：「娗、婷，《博雅》：『娗娗，容也。』或從亭。」字或作「亭亭」，《太平廣記》卷369引《玄怪錄》：「亭亭天威，風驅連激。」《證道歌頌》卷1：「一月普現一切水，非邇非遐體自常。南北東西分影去，亭亭天外有餘光。」字或作「停停」，《舊唐書・音樂志》：「祠容既畢，仙座爰興。停停鳳舉，靄靄雲昇。」《水滸傳》第80回：「這周昂坐在馬上，停停威猛，領著右隊人馬，來到城邊。」

（10）**何緣生瑞相，願說此來因（P1092）**

校注：因，原卷誤作「困」，茲據文意錄正。（P1100）

項校：原文「此」為「比」字形誤。比來，從前，原來。（P1628）

按：《變文集》啓功錄作「因」，潘重規、項楚並從之〔註705〕。原卷作「困」字與上文「聞」、「神」、「人」合韻，改作「因」，非也。困，讀為悃，《玉篇》：「悃，志純一也。」《廣韻》：「悃，至誠。」《六書故》：「悃，中心懇款也。」「此來」不誤，亦不當輒改。

（11）**一日一夜，志心境（敬）持，便得上生兜率天上（P1092）**

按：《變文集》啓功校「境」為「敬」，潘重規、項楚諸家並從之〔註706〕。境，讀為倞、傹。《說文》：「倞，彊也。」《玉篇》：「倞，強也。傹，同上。」「傹持」即下文「苦持齋」之誼。

（12）**今朝到此，來報大王，伏望不戀閻浮，求生天上，與為同止，再遂忠（衷）腸，千萬再三，速求出離（P1092）**

校注：原校：「腸，甲卷作『場』。」按：甲卷實亦作「腸」字。（P1100）

〔註705〕王重民等《敦煌變文集》，人民文學出版社1957年版，第779頁。潘重規《敦煌變文集新書》，文津出版社有限公司1994年初版，第762頁。項楚《敦煌變文選注》，中華書局2006年版，第1627頁。

〔註706〕王重民等《敦煌變文集》，人民文學出版社1957年版，第779頁。潘重規《敦煌變文集新書》，文津出版社有限公司1994年初版，第762頁。項楚《敦煌變文選注》，中華書局2006年版，第1629頁。

按：甲卷（上圖 016）實作「塲」字，又「大王」下有「恩」字。遂，申也〔註 707〕。蔣冀騁曰：「遂疑當作訴，音之誤也。」失之。

（13）好道理，不思儀（議），記當修行莫勇伊（P1093）

蔣禮鴻曰：「踴移」、「勇伊」，就是猶豫、遊移。《妙法蓮華經講經文》：「所許《蓮經》便請說，不要如今有踴移。」〔註 708〕

按：項楚、黃征、張涌泉說並本蔣禮鴻〔註 709〕。諸說並是也，其語源即「猶豫」，另詳《妙法蓮華經講經文（一）》校補。

（14）速修行，懃發願，濁世婆娑不甚戀（P1101）

校注：甚，潘校作「堪」。

按：項楚亦從潘說〔註 710〕。「甚」當讀如字，《說文》：「甚，尤安樂也。」字或作媅，《說文》：「媅，樂也。」字或作妉，《爾雅》：「妉，樂也。」「甚」爲本字，「媅」、「妉」爲專字。

《金剛醜女因緣》校補

（1）割肉際于父王，山內長時伏氣（P1102）

校注：「際」疑當作「濟」，救濟之意。

按：項楚說同〔註 711〕，王繼如亦讀際爲濟，訓濟接，舉好幾個寫卷通讀例證，並考出佛經典故〔註 712〕。際讀如字，《爾雅》：「際、接，捷也。」郭注：「捷，謂相接續也。」此文言接續父王之命也。佛經作「濟」者，同義字耳。

〔註 707〕參見宗福邦主編《故訓匯纂》，商務印書館 2003 年版，第 2302 頁。
〔註 708〕蔣禮鴻《敦煌變文字義通釋》，收入《蔣禮鴻集》卷 1，浙江教育出版社 2001 年版，第 328 頁。
〔註 709〕項楚《敦煌變文選注》，中華書局 2006 年版，第 1636 頁。黃征、張涌泉《敦煌變文校注》，中華書局 1997 年版，第 715、954、1101 頁。
〔註 710〕項楚《敦煌變文選注》，中華書局 2006 年版，第 1637 頁。
〔註 711〕項楚《敦煌變文選注》，中華書局 2006 年版，第 953 頁。項氏舊版無注，巴蜀書社 1989 年版，第 722 頁。其爲蹈襲，至爲明顯。
〔註 712〕王繼如《敦煌通讀字研究芻議》，收入《訓詁問學叢稿》，江蘇古籍出版社 2001 年版，第 258 頁；又刊於《文史》2003 年第 2 期，第 225 頁。

（2）去世因口修行，三界大師便是（P1102）

按：缺字當爲「地」，上文「我佛因地，曠劫修行」，又「大聖慈悲因地，曠劫修行堅志」，皆其證。《勝天王般若波羅蜜經》卷 3：「昔從因地修行，發願爲度眾生。」

（3）覓他行步風流，卻是趙士襪[illegible]（P1103）

校注：襪[illegible]，原錄作「襪腳」。[illegible]，字書未載，待考（「[illegible]」或即「[illegible]」字）。

按：張金泉曰：「趙士襪腳，武士的裝束與步伐之意。趙士，燕趙之士也，當是豪壯之人，當然不會有風流嫵媚之態。」〔註 713〕黃征曰：「『趙士』是指趙國的赳赳武士，『襪[illegible]』應指鞋襪，借代腳足。」〔註 714〕二字各卷皆從「礻」，當讀爲「末落」，即「沒落」。趙士，項楚指出用邯鄲學步之典〔註 715〕，是也。句言醜女之行步如同趙人學步之末落也，無風流之處可尋。

（4）天生貌不強，只要且瞸眝（P1104）

校注：陳治文校：「《玉篇》：『瞸，閉一目也。』又『眝，張目也。』『瞸眝』即今常語『睜一隻眼閉一隻眼』之意。」瞸眝，原錄作「膆[illegible]」，校云：「乙卷作『[illegible]駐』。」甲卷作「腖[illegible]」，丙卷作「賩貯」，丁卷作「腙[illegible]」，似皆爲「瞸眝」形誤。「眝」字俗作「眭」，乙卷作「駐」，即「眝」之換旁借字。潘校疑丙卷「賩貯」是，謂「賩」字同「賨」，「賨貯」猶言財賦，恐未確。

按：項楚、黃征皆取陳治文說〔註 716〕。乙卷 P.3048 實作「[illegible]駐」。「腖（膆）」、「[illegible]」爲「腙」或「賩」之形誤，「[illegible]」爲「[illegible]」或「貯」形

〔註 713〕張金泉《變文詞義釋例初探》，收入項楚、張涌泉主編《中國敦煌學百年文庫·語言文學卷（二）》，甘肅文化出版社 1999 年版，第 128～129 頁。

〔註 714〕黃征《〈變文字義待質錄〉考辨》，收入《敦煌語言文字學研究》，甘肅教育出版社 2002 年版，第 76 頁。

〔註 715〕項楚《敦煌變文選注》，中華書局 2006 年版，第 961 頁。

〔註 716〕項楚《敦煌變文選注》，中華書局 2006 年版，第 966 頁。黃征《〈變文字義待質錄〉考辨》，收入《敦煌語言文字學研究》，甘肅教育出版社 2002 年版，第 76 頁。

誤。諸字形當即「宗主」的增旁音誤或形誤。只要且宗主，言只要姑且得個一姓的繼承人也，也就是只要嫁出去就行。

（5）便把被衫揩拭面，打扳精神強入來（P1104）

校注：打扳，丙卷作「扳打」。蔣禮鴻云：「打扳，大約是提起、振作的意思。元劇裏有『打拍』一詞，『扳』和『拍』聲音相近。」按：《聯燈會要》卷 12：「直須打辨精神，究徹根源。」「打辨」蓋即「打辦」，與「打扳」、「打拍」應即同一個詞兒。

按：項楚說同蔣氏〔註 717〕，而不著所出。黃大宏曰：「『扳』當作『扮』，形音俱近而誤。」〔註 718〕諸說是也，《聯燈會要》之「打辨」，《古尊宿語錄》卷 24、26 作「打辦」。「打扮」是唐宋俗語詞。蔣斧印本《唐韻殘卷》：「扮，打扮，出《字林》。」〔註 719〕《廣韻》、《五音集韻》並云：「扮，打扮。」《六書故》：「今俗以裝飾為打扮。」宋・劉昌詩《蘆浦筆記》卷 3：「裝飾謂之打扮。」《叢林盛事》卷 2：「紡絲直裰毛段襖，打扮出來眞箇。」明・毛晉《雙珠記》第 27 齣：「雖然年紀六十餘，打扮精神多窈窕。」正作「打扮精神」。當以「打辦」爲本字。

（6）女緣前生貌不敷，每看恰似獸頭牟（P1105）

校注：「敷」爲「足」義。

按：《校注》說本江藍生〔註 720〕，而不著所出。敷，讀爲𡸣。《廣韻》引《字林》：「𡸣峭，好形貌。」俗作「波」字。

（7）天然既沒紅桃色，遮莫七寶叫身鋪（P1105）

校注：叫身，似爲遍身、滿身之意，「叫」字於義無取，疑當讀作「繳」《廣雅》：「繳，纏也。」

〔註 717〕項楚《敦煌變文選注》，中華書局 2006 年版，第 970～971 頁。
〔註 718〕黃大宏《〈敦煌變文集〉補校散錄》，《古籍整理研究學刊》2005 年第 5 期，第 67 頁。
〔註 719〕蔣斧印本《唐韻殘卷》，收入周祖謨《唐五代韻書集存》，中華書局 1983 年版，第 662 頁。
〔註 720〕江藍生《敦煌變文詞語瑣記》，《語言研究》1985 年第 1 期，第 168 頁。

項楚曰：「叫」當作「校」，裝飾之意。（P972）

按：依項說，則「鋪」字無著落。黃征把「叫身」列入《新待質錄》〔註 721〕。叫讀為繳，訓纏，是也。「叫」同「噭」，是其比。《頻婆娑羅王后宮彩女功德意供養塔生天因緣變》：「天子頂上戴天冠，兼之身上七寶纏。」正作「纏」字。趙家棟曰：「『叫身』似讀為『腰身』。」〔註 722〕未是。鋪，讀為敷。

（8）**醜女忽見大聖世尊，矶身階前**（P1106）

校注：「『矶』字不可識。丙卷作『舉身』，疑此當作『現身』。」徐復校：「『矶』是『矻』字的別體。王褒《僮約》：『仡仡叩頭。』文義相同。亦通作『扤』，動也。『矻身』謂前後搖扤其身子，與叩頭義近。」潘校：「『矶』當為『碎』。」按：潘校近是。

按：徐說非是。斷「矶」為「矻」別體，無據；且《僮約》「仡仡」狀用力叩頭之聲〔註 723〕，非其誼。潘說是也，「碎身」狀其悲痛之極。S.2832《願文等範本》：「忽聞凶釁，痛貫心髓；哀號訴天，碎身無地。」

《不知名變文（二）》校補

（1）**樹價金錢，地滿銀蹔**（P1134）

校注：「價」疑當作「掛」，音近而誤。

按：蔣冀騁亦讀價為掛〔註 724〕。價，讀為架，擱置。P.2578《開蒙要訓》「構架椽柱」的「架」注直音「價」，是其證。P.2726：「伏願鱗（麟）鴻羽翼，〔□□〕天上之煙霞；學海波蘭（瀾），早震人間之聲駕。」P.2820「駕」作「價」，是其比。

〔註 721〕黃征《敦煌變文新待質錄》，收入《敦煌語言文字學研究》，甘肅教育出版社 2002 年版，第 83 頁。

〔註 722〕趙家棟《敦煌文獻疑難字詞研究》，南京師範大學 2011 年博士學位論文，第 84 頁。

〔註 723〕參見蕭旭《〈世說新語〉「窟窟」正詁》。

〔註 724〕蔣冀騁《敦煌文獻研究》，湖南師範大學出版社 2005 年版，第 111 頁。

（2）箭（接）濟貧人（P1134）

按：潘氏亦校「箭」為「接」〔註725〕，讀音不近。箭，讀為賑。

（3）世尊到來，不用者七珍八寶，則要蓮花（P1134）

按：則，猶但也、僅也、只也〔註726〕。

（4）轉巽有一個小下女人族（取）水如（而）來（P1134）

校注：「轉巽」費解，俟再考。

按：S.4480《太子成道變文（二）》：「轉巽從天有九隊雷明。」《校注》：「巽，讀作瞬。」〔註727 吳蘊慧、黃大宏謂此卷「巽」讀作「瞬」〔註728〕，當即本《校注》為說，可備一通。巽，讀為選。轉選，猶言少頃、一會兒。《玉篇》：「選，迅也。」《呂氏春秋·音初》：「少選，發而視之，燕遺二卵。」高誘注：「少選，須臾。」又《任數》：「選間食熟。」高誘注：「選間，須臾。」又《處方》高誘注：「選間，猶選頃也。」選之言旋〔註729〕，與「轉」同義連文，用作副詞，極言時間之短。《漢書·外戚傳》：「日蝕東井，轉旋且索，與既無異。」顏師古注：「轉旋且索，言須臾之間則欲盡也。」「轉巽」即「轉旋」也。中村不折藏本《搜神記》：「小兒選即下來。」「選即」即「旋即」。族，疑讀為蹴。《玉篇》：「蹴，蹋蹴也。」《集韻》：「蹴，蹋也。」與「族」同音則候切。《字彙》：「蹴，踏蹴也。」蹴水，猶言踏水。潘氏以「轉巽」屬上句，校「族」為「逐」〔註730〕，並失之。

〔註725〕潘重規《敦煌變文集新書》，文津出版社有限公司1994年初版，第810頁。

〔註726〕吳昌瑩《經詞衍釋》：「則猶惟也。」中華書局1956年版，第158～159頁。裴學海《古書虛字集釋》：「則，猶纔也，一為『僅』字之義。」中華書局1954年版，第594頁。

〔註727 黃征、張涌泉《敦煌變文校注》，中華書局1997年版，第489頁。

〔註728〕吳蘊慧《〈敦煌變文校注〉校釋劄記》，《古漢語研究》2004年第3期，第7頁；又吳蘊慧《〈敦煌變文校注〉校釋零拾》，蘇州大學2003年碩士學位論文，第31頁。黃大宏《〈敦煌變文集〉補校散錄》，《古籍整理研究學刊》2005年第5期，第69頁。

〔註729〕朱駿聲《說文通訓定聲》，武漢市古籍書店1983年版，第757頁。

〔註730〕潘重規《敦煌變文集新書》，文津出版社有限公司1994年初版，第810頁。

敦煌變文校補卷七

《八相押坐文》校補

（1）侵晨行早尋沙徑，博（薄）暮休程傍水偎（P1139）

校注：潘校：「『偎』似當作『隈』。」

按：潘說是，《說文》：「隈，水曲隩也。」《廣韻》：「隈，水曲也。」指水曲深之處。字亦作渨，《玉篇》：「渨，水澳曲也，或作隈。」字亦作㟪，《集韻》：「㟪，山曲。」字亦省作畏，《周禮・考工記》：「夫角之中，恒當弓之畏。」鄭注：「畏讀如秦師入隈之隈。」《詩・角弓》孔疏引作「隈」。「畏」指弓之中央彎曲處，《說文》專字作「䚊」，云：「䚊，角曲中也。」水之曲處爲隈、渨，山之曲處爲㟪，弓之曲處爲䚊、隈、畏，胥同源也。

（2）纔（殘）雲被狂風吹散去，月影長空便出來（P1139）

按：「纔」讀如字，《說文》：「纔，帛雀頭色，一曰微黑色如紺。纔，淺也。」《玉篇》：「纔，微黑色也。」即淺黑色之義。

（3）弟子布施一索，分難之時，願平善孩兒早出來（P1140）

校注：「分難」似當作「分離」，形近而誤。

按：分難，讀爲「奔難」，猶言逃難。P.2122《佛說阿彌陀經押座文》：「東西馳走苦聲高，南北交分空里叫。」《校注》引蔣冀騁曰：「『分』當作『奔』。」〔註731〕亦其例。

《維摩經押座文》校補

（1）智力神通難可測，手搖日月動須彌（P1146）

校注：搖，丁卷作「網」。

按：作「搖」者，P.2187《破魔變文》亦言「搖日月」。丁卷作「網」者，網讀爲搒，音薄庚切。《說文》：「搒，掩也。」言障掩日月也。《法華經義記》卷1：「其人手腳甚長，有時以手障掩日月，故言覆障。」或讀爲搒，字或省作扐，音晡橫切。《集韻》：「搒，相牽也，或作扐。」《大寶

〔註731〕黃征、張涌泉《敦煌變文校注》，中華書局1997年版，第1163頁。

積經》卷 14：「發意之頃，捉牽日月，使止不行；以手摩之，不能動。」又考《佛本行集經》卷 54：「得成仙人，有大威力，能以手掌，摩日月輪。」《月燈三昧經》卷 10：「智者端坐於此地，而能以手摩日月。」《六度集經》卷 7：「摸日月，動天地。」或掩或牽或摩（摸）或搖，皆言其神通廣大也。

（2）終朝敬（竟）日死王摧，何所棲心求解脫（P1147）

按：校「敬」爲「竟」，說本蔣禮鴻，都興宙說同〔註 732〕，而皆不著所出。摧，蔣冀騁校爲催〔註 733〕。S.153《佛說無常三啓經》卷 1：「死王催伺命，親屬徒相守。」〔註 734〕《妙法聖念處經》卷 5：「縱逸癡所盲，不覺死王催。」皆作正字「催」。

《溫室經講唱押座文》校補

校注：王重民原校：「原卷：P.2440；甲卷：P.3210。」（P1152）

按：原卷是 S.2440。

（1）祇城還從奈女生，妙通法術救眾生（P1152）

校注：城，原錄誤作「域」，茲據原卷正。潘校同。

按：原卷確作「城」，但當校爲「域」。後漢安世高譯有《佛說㮈女祇域因緣經》，《歷代三寶紀》卷 4 載「《㮈女祇域經》一卷」。「奈」即「㮈」省寫，指㮈國。《溫室經疏》卷 1：「□□□舍城內有大長者奈女之子，名曰祇域，爲大醫王。」《觀音經玄義記會本》卷 2：「柰女即維耶離國梵志家柰樹所生，顏色端正，宣聞遠國，因蓱沙王往娉，後生一男，名曰祇域。生時手把針筒藥囊，至年八歲，廣通醫術，偏行治病。」「祇域」是「奈女」之子，故此云「祇域還從奈女生」也。此卷下文「祇域思念牟尼尊，明旦敕家俱詣佛」，潘氏亦誤錄作「祇城」，《校注》則不誤。

〔註 732〕蔣禮鴻《〈敦煌變文集〉校記錄略》，《杭州大學學報》1962 年第 1 期，第 142 頁。都興宙《敦煌變文校勘辨補（續）》，《青海師範大學學報》1988 年第 3 期，第 91 頁。

〔註 733〕蔣冀騁《敦煌文獻研究》，湖南師範大學出版社 2005 年版，第 125 頁。

〔註 734〕大藏本《佛說無常經》卷 1 同。

《故圓鑒大師二十四孝押座文》校補

（1）能向老親行孝足，便同終日把經開（P1155）

校注：原校：「乙卷『足』作『順』。」

按：足，讀爲孎。《說文》：「孎，謹也。」《集韻》：「孎，嫡孎，女謹順皃。」字亦省作屬，《廣雅》：「屬屬，敬也。」字亦作瀏、躅、娖、躕、娕、齪、囑〔註 735〕。

《左街僧錄大師壓座文》校補

（1）父憐漏（編）草竹為馬，母惜胭題黛染眉（P1158）

校注：《晉書·孫登傳》：「登無家屬，於郡北山爲土窟居之，夏則編草爲裳，冬則被髮自覆。」「編草竹爲馬」蓋草衣竹馬，藉以娛兒戲女也。原校「漏」爲「編」近是。

按：編草爲裳是隱居方式，而非童戲，引《晉書》非也。疑「漏」爲「鳩」音誤，「草」爲「車」形誤。古書常「鳩車」、「竹馬」對舉。《類說》卷23引《博物志》：「鳩車竹馬：王元長曰：『小兒五歲曰鳩車之戲，七歲曰竹馬之遊。』」《玉海》卷79：「杜氏《幽求子》謂兒年五歲有鳩車之樂，七歲有竹馬之歡。」

《佛說阿彌陀經押座文》校補

此篇已詳《佛說阿彌陀經講經文（四）》校補。

（1）化生童子上金橋，五色雲擎寶座搖（P1161）

校注：搖，任半塘校作「遙」，恐未確。寶座即指莲花寶座也。

按：《不空罥索神變眞言經》卷 30：「各坐寶座，乘五色雲。」即「五色雲擎寶座」之誼。《淨土五會念佛略法事儀讚》卷 2：「五色雲中千佛引，紫金臺座八音隨。」則「寶座」亦可指紫金臺座也。

〔註 735〕參見蕭旭《〈淮南子·天文篇〉、〈地形篇〉校補》，《人文論叢》2010 年卷，中國社會科學出版社 2011 年版，第 318 頁。

《押座文》校補

（1）佛世難遇似優曇鉢花，我輩得逢似盲龜值木（P1167）

按：上一「似」字，原卷作「如」。「盲龜値木」典出《泥犁經》卷 1：「佛言：『人在三惡道難得脫，譬如周匝八萬四千里水中有一盲龜，水上有一浮木，有一孔，龜從水中百歲一跳出頭，寧能値木孔中不？』」

《解座文匯抄》校補

（1）大丈夫，實風措，欲行弄影勤回顧（P1172）

校注：風措，亦作「風醋」，S.1441《洞仙歌》：「恨征人久鎮邊夷，酒醒後多風醋。」似以作「醋」者爲近眞，亦取義於酸醋之意。

按：P.2838《拋毬樂》：「暢平生，兩風醋，若得丘山不負。」亦作「風醋」。「醋」、「措」皆取「俏醋」爲義，非酸醋之意也。字源爲「卓」，《說文》：「卓，高也。」〔註 736〕「風措（醋）」是「風流俏措」的省文，《禪宗頌古聯珠通集》卷 14：「庠序威儀，風流俏措。」

（2）有錢財，不布施，更擬貪監於自己（P1172）

校注：監，當讀作「慍」，又作「嚂」。原校「監」爲「婪」，未確。

項楚曰：「監」字原校作「婪」，按應是乃「慳」〔註 737〕。（P1545）

按：蔣冀騁亦讀監爲嚂、濫〔註 738〕，皆是。字亦作嚂，本字有三說，或曰啗，或曰欿，或曰惏〔註 739〕。「惏」、「婪」音義相同，原校亦不誤，《校注》隔於一間，未能會通也。項說非也。

（3）說多時，日色被，珍重門徒從座起（P1172）

校注：被，袁賓校作「偏」，近是。上文「講多時，言有據，日色偏斜留不住」，可參。

〔註 736〕參見蕭旭《釋「俏」「俏醋」「波俏」「醋大」》，收入《群書校補》，廣陵書社 2011 年版，第 1397～-1403 頁。
〔註 737〕項說又見《敦煌歌辭總編匡補》，巴蜀書社 2000 年版，第 155 頁。
〔註 738〕蔣冀騁《敦煌文獻研究》，湖南師範大學出版社 2005 年版，第 102～103 頁。
〔註 739〕參見蕭旭《〈敦煌歌辭總編匡補〉札記》，收入《群書校補》，廣陵書社 2011 年版，第 1366 頁。

按：被，讀爲陂。《方言》卷 6：「陂，袤也，陳楚荊揚曰陂。」《玉篇》：「陂，傾也，邪也。」字亦作頗，例略。趙家棟謂「『被』似讀爲『瞀』」，引《廣韻》「瞀，日落勢也」〔註 740〕，亦未得。「瞀」的語源是「撆（撇）」，取義於「拂掠」，故小擊曰撆（撇），日光掠過曰瞀，目光掠過曰瞥，輕薄曰嫳，其義一也。

（4）**忽然逢著故醋擔，五十茄子兩旁箕（P1173）**

校注：此聯不詳何意，存疑俟考。任半塘校「旁箕」爲「螃蜞」，近是。

項楚曰：原文「旁」當作「箉」。箉箕，竹編盛物器。《全唐詩》卷 567 鄭嵎《津陽門詩》：「大開內府恣供給，玉缶金筐銀簸箕。」原注：「至於蒡筐簸箕釜缶之具，咸金銀爲之。」注文中「蒡」亦應作「箉」。（P1553）

按：黃征把「旁箕」列爲《新待質錄》〔註 741〕。項楚又舉《方言》卷 5、13 及郭璞注爲證〔註 742〕。趙家棟謂項說是，並補舉《希麟音義》卷 8「箉籬」條引《字林》「箉，箕也，似箕而小，以竹爲之」，Дx.2822《雜集時用要字·農田部弟六》「笤箒、掃箒、塗灑、鍬钁、杈杷、箉箕、栲栳」〔註 743〕。二君釋作竹器是也，但項氏引《方言》卷 5「箕，陳魏宋楚之閒謂之籮」，又卷 13「籠，南楚江沔之閒謂之箉」郭注「今零陵人呼籠爲箉」，則皆非是。《方言》卷 5：「所以注斛……自關而西謂之注箕，陳魏宋楚之閒謂之籮。」「注箕」連文，《集韻》、《御覽》卷 760 引已誤，項氏誤同二書〔註 744〕。「箉」訓籠或籮，音彭，薄庚切；訓竹箕，音旁，步光切。二音二義，項氏混而一之。楊小平申證師說，謂「『箉』即竹籠」〔註 745〕，亦不能辨其誤也。此文「箉箕」同義連文，箉亦箕

〔註 740〕趙家棟《敦煌文獻疑難字詞研究》，南京師範大學 2011 年博士學位論文，第 119 頁。

〔註 741〕黃征《敦煌變文新待質錄》，收入《敦煌語言文字學研究》，甘肅教育出版社 2002 年版，第 83 頁。

〔註 742〕項楚《讀變隨札》，收入《新世紀敦煌學論文集》，巴蜀書社 2003 年版，第 549～550 頁。

〔註 743〕趙家棟《敦煌文獻疑難字詞研究》，南京師範大學 2011 年博士學位論文，第 184 頁。

〔註 744〕參見華學誠《揚雄〈方言〉校釋匯證》，中華書局 2006 年版，第 365～366 頁。

〔註 745〕楊小平《敦煌變文疑難俗語詞考釋》，《宗教學研究》2010 年第 1 期，第 87 頁。

也，今吳語謂之糞箕，亦稱簸箕。《廣韻》：「笀，步光切，竹箕。」《集韻》：「笀，蒲光切，箕屬。」明・朱權《天皇至道太清玉冊》卷下《玉笈靈文章》卷 6：「箕：京洛間以柳作之，後勾而圓，前方而綽，用以揀米麥者曰簸箕，深廣其腹。又竹作而蜜，闊腹深肚，大者名爲笀箕，楚人呼爲筲箕，炊蒸所要，又曰撮箕。」笀之言膀（胖），大也，此其語源義。故醋，猶言陳醋。姚蕾謂「醋擔」即「醋大」音近致誤〔註 746〕，非也。

（5）買莊田，修舍屋，賣盞人家好林木（P1174）

按：盞，原卷作「盡」，潘錄不誤。原卷「買」、「賣」皆作「置」，潘錄亦誤。

（6）怕見人，擬求屬，皺卻兩眉難敲觸（P1174）

校注：敲，原卷作「敲」。袁賓校：「『敲』不見於字書，疑是『敦』字形誤。《廣韻》：『掉，觸也，又作敦。』」按：以字形定之，當是「敲」字。

項楚曰：求屬，同「求囑」。敲觸，應是打動、觸動之義。（P1566）

按：觸，讀爲斀。《集韻》：「斀，朱欲切，擊也。」字本作椓、豛、殺，《說文》：「椓，擊也。」又「豛，擊也。」又「殺，椎擊物也。」字亦作㧻、毅，又作琢，P.3468：「工匠之鬼，敲敲琢琢。」〔註 747〕敲㧻，敲擊，此文爲逼迫義。言此人皺卻兩眉，難以敲㧻，迫其布施也。今吳語猶有「敲豛」一詞〔註 748〕。

（7）敬師僧，愍孤獨，卻可捥逃穿地獄（P1174）

校注：捥，用同「剜」。

項楚曰：捥，通「剜」。「剜逃穿地獄」似是說剜穿地獄之壁而出逃。（P1567）

按：「剜逃」不辭。項氏實是把「捥逃穿」倒作「剜穿逃」，非也。捥，同

〔註 746〕姚蕾《〈敦煌變文選注〉（下冊）補校》，南京師範大學 2008 年碩士學位論文，第 25 頁。

〔註 747〕參見蕭旭、趙鑫曄《〈兒郎偉〉校補》，收入《群書校補》，廣陵書社 2011 年版，第 1072 頁。

〔註 748〕許寶華、宮田一郎《漢語方言大詞典》記錄西南官話亦有「敲豛」，中華書局 1999 年版，第 6898 頁。

「揎」，讀爲逭，字亦作踠。《爾雅》、《說文》並云：「逭，逃也。」《方言》卷12：「逭，轉也。」《書・太甲中》《釋文》：「踠，本又作逭。」又引樊光曰：「行相避逃謂之逭。」逭逃，猶言逃避。唐・薛大球《大夫垛地祭判》：「不恕其咎，何所逭逃？」

（8）賊過後張弓虛費工，也不如〔聞健先祗備〕（P1174）

項楚曰：《景德傳燈錄》卷10、《五燈會元》卷12：「賊過後張弓。」

按：「賊過後張弓」爲藏經俗語。項引宋代文獻稍晚，唐・栖復《法華經玄贊要集》卷7：「擔藥袋無益，賊去後張弓。」

（9）饒你壘七總周旋，也不如〔聞健先祗備〕（P1175）

按：周旋，讀爲「周全」。曾良謂「旋」有「周備」、「齊備」義〔註749〕，可參。

（10）盡推日月間人情，皆道世塗難辦致（P1175）

按：致，讀爲置。塗，讀爲途。

（11）須自鈍丞方免難，望他着力沒因由（P1175）

校注：鈍丞，蔣禮鴻讀作「準承」，打算義。

按：項楚說同蔣氏〔註750〕，而不著所出。依蔣說則句中缺動詞。鈍丞，讀爲「扽拯」。扽，引也。扽拯，猶言拯救、拯拔。句言自己拯救自己，方能免除灾難也。

（12）破除罪垢休粘（沾）惹，辟牒還須見地頭（P1175）

校注：此句費解。蔣禮鴻引《歲時廣記》卷21艮齋詞「閑神浪鬼，辟惵他方」，而云：「『辟牒』應即『辟惵』，就是『辟易』。」陳治文則疑「辟牒」爲「襞褺」之訛。按：「襞褺」義爲摺疊衣物，似與文義未合。蔣校云云，似亦未切。今謂「辟牒」疑當作「僻媟」，謂邪僻輕慢也。地頭，似指墳墓而言。

項楚曰：此句俟考。（P1580）

〔註749〕曾良《敦煌文獻字義通釋》，廈門大學出版社2001年版，第168～169頁。
〔註750〕項楚《敦煌變文選注》，中華書局2006年版，第1580頁。

按：黃征曰：「雲從師所說甚是，『辟惵』只能作『遠逐』解，『辟牒』肯定與『辟惵』爲同一個詞語，但作爲俗語詞，究竟正字如何寫，卻不易考定。『地頭』是指地之盡頭，即天邊極遠處。」〔註751〕「辟牒」與「辟惵」確爲同一個詞語，「地頭」指墳墓而言，與「還須見」義相屬。《文選・七命》：「萬辟千灌。」李善注：「辟，謂疊之。《典論》曰：『魏太子丕造百辟寶劍，長四尺。』」辟之言襞也，《說文》：「襞，韏衣。」《繫傳》：「臣鍇曰：猶卷也，襞摺疊衣也。」又考《說文》：「躄，人不能行也。」俗字亦作躄（躃），《素問・痿論篇》王冰註：「躄，謂攣躄，足不得伸以行也。」躄即跛義。足不伸爲躄，衣不伸爲襞，其義一也。牒，讀爲蹀。《文選・七月七日夜詠牛女》：「蹀足循廣除。」呂向注：「蹀足，謂案（按）步也。」字亦作蹀、蹀，《篆隸萬象名義》：「蹀，〔蹀〕足，徐細步。」《集韻》：「蹀，一曰小步，或作蹀。」亦皆屈足細步之義。《玄應音義》卷4：「襞，褺也。《廣疋》：『襞，屈也。』褺音惵。」又卷19：「襞作，謂襞褺物也。」《慧琳音義》卷62：「襞褺：《廣雅》云：『襞，詘也。』下恬葉反，《字書》云：『疊積也。』《考聲》：『襞也。』」「辟牒」、「辟惵」即「襞褺」，同義連文，猶言躞蹀，小步而行之貌也。《宏智禪師廣錄》卷 1：「莫依倚莫停留，直使無絲毫粘惹，方喚作解作活計底人。」「粘惹」又作「霑惹」，宋・王禹偁《歲暮感懷》：「霑惹虛名誤此身。」亦作「拈惹」，宋・吳文英《婆羅門引》：「又拈惹花茸碧唾香。」俗语有「拈花惹草」。

（13）劈星言，劈星道，劈面道時合醒噪（P1175）

校注：噪，當讀作「懆」。《說文》：「懆，愁不安也。」

項楚曰：按據下句，兩「星」字亦應作「面」。「劈面」即當面、迎面。醒噪，驚醒，比喻覺悟。「噪」即喧鬧之聲，鬧聲令昏睡者驚醒，故云「醒噪」。（P1586～1587）

按：星，讀爲心。劈心，與「劈面」同義，猶言當面、當頭。醒噪，讀爲「腥臊」，臭惡也。喻指當面相說遭到厭惡。任半塘改作「劈面」、「醒

〔註751〕黃征《〈變文字義待質錄〉考辨》，收入《敦煌語言文字學研究》，甘肅教育出版社2002年版，第73～74頁。

早」〔註752〕，皆未得。

（14）經營克可生機捁，分定不由人計料（P1175）

校注：徐校：「『克可』疑當作『剋酷』，『捁』疑當作『括』。」

項楚曰：「克可」疑當作「苛刻」，「捁」當作「括」。（P1587）

按：克亦可也，同義連文。克可，猶言可以。機捁，讀爲「擠絞」〔註753〕，今吳語謂相違、相反爲「擠絞」〔註754〕。句謂雖經營不老，適可以生出擠絞，事與願違也。任半塘校「克可」作「剋扣」〔註755〕，亦非。

（15）更捻眼暗答身邊，只這個是〔無常抛暗號〕（P1175）

按：捻，讀爲擪。《說文》：「擪，一指按也。」字亦省作厭，《淮南子·說林篇》：「使氏厭竅。」《文子·上德》「厭」作「捻」。任半塘校「答」作「達」〔註756〕，非是。

（16）那磨時，無拗校，一任磨磨兼碓搗（P1175）

校注：袁賓校：「校，借作『𢮦』。《集韻》：『𢮦，戾也。』又『拗，戾也。』」按：「校」本有違抗、對抗之義。P.3919《佛說父母恩重經》：「兄弟共言，故相叫捩。」「叫」當讀作「校」。

按：袁說是，而猶未盡。校，讀爲絞，絞切也，急切也，引申爲很戾之義〔註757〕。《論語·陽貨》：「好直不好學，其蔽也絞。」言好直不好學，則其蔽在很戾。皇疏：「絞，猶刺也。」「刺」爲「剌」形誤。《論語·陽貨》：「惡徼以爲知者。」鄭本作絞，用本字，「徼」則借字也。字或作佼，《管子·七臣七主》：「好佼反而行私請。」尹注：「佼，謂很詐也。背理爲反。」字或作狡，《大戴禮記·子張問入官》：「量之無

〔註752〕任半塘《敦煌歌辭總編》，上海古籍出版社2006年版，第1125～1126頁。

〔註753〕許寶華、宮田一郎《漢語方言大詞典》記錄晉語謂「排斥」爲「擠靠」，中華書局1999年版，第4031頁。

〔註754〕許寶華、宮田一郎《漢語方言大詞典》記錄吳語謂「左」爲「濟」，中華書局1999年版，第4406～4407頁。「左」引申就指相違、相反。

〔註755〕任半塘《敦煌歌辭總編》，上海古籍出版社2006年版，第1126頁。

〔註756〕任半塘《敦煌歌辭總編》，上海古籍出版社2006年版，第1126頁。

〔註757〕另參見臧琳《經義雜記》卷2，收入《續修四庫全書》第172冊，上海古籍出版社2002年版，第50頁。

狡民之辭。」《家語・入官》作「佼」。《左傳・僖公十五年》：「亂氣狡憤。」杜注：「狡，戾也。」《禮記・樂記》鄭注引作「血氣狡憤」，《釋文》：「狡，本又作交。」「交」則省借字。《文選・登樓賦》：「氣交憤於胸臆。」李善注引杜預《左氏傳》注：「交，戾也。」（今本作「狡」，見上引）《廣韻》：「交，古肴切，戾也。」《文子・上禮》：「末世之禮，恭敬而交。」字或作挍，《集韻》：「佼，很戾也，或作挍。」以「挍」、「佼」爲一字，殆誤。「叫」亦「絞」借字。

（17）纔亡三日早安排，送向荒郊看古道（P1176）

校注：看古道，指墳墓築在古道兩邊。項楚校「看」爲「着」，似不必。

按：項校非也。看，讀平聲。「看古道」猶言看路，是風趣的說法。

（18）轉動艱難聲喚頻，由不悟〔無常抛暗號〕（P1176）

校注：項楚云：「聲喚」就是呻吟。按「聲喚」殆即「呻喚」也。

按：宋・張杲《醫說》卷 10：「日久潰爛，臭穢不可聞，每夜聲喚，遠近皆聞之。」「聲」讀如字，亦喚也。黑維強指出：「『聲喚』即因疼痛而發出的呻吟呼喊……今陝北方言存『聲喚』一詞。」〔註 758〕王耀東、敏春芳指出「聲喚，因憂愁或疼痛而發出的歎息或呻吟，今隴右方言尚有。」〔註 759〕

（19）為人卻要心明了，莫學掠虛多帝了（P1176）

校注：「帝」字有誤。袁賓校作「事」，疑未確。

項楚曰：多帝了，未詳。（P1593）

按：帝，讀爲揥。《廣雅》：「揥，嬈也。」謂煩擾。王念孫曰：「揥讀爲擿，曹憲音帝，誤也。《眾經音義》卷 6、卷 23 引《廣雅》竝作擿，擿即《史記集解》所云：『擿，嬈也。』亦通作摘，《後漢書・隗囂傳》：『西侵羌戎東摘濊貊。』李賢注云：『摘，擾也。』」〔註 760〕曹憲已誤音帝，此

〔註 758〕黑維強《敦煌文獻詞語陝北方言證》，《敦煌研究》2002 年第 1 期，第頁。
〔註 759〕王耀東、敏春芳《敦煌文獻的方言學價值》，《西北民族大學學報》2011 年第 2 期，第 153 頁。
〔註 760〕王念孫《廣雅疏證》，收入徐復主編《廣雅詁林》，江蘇古籍出版社 1992 年版，

作「帝」，即承其誤。

《解座文二首》校補

（1）上無片瓦可亭居，自長身來一物無（P1191）

按：長，餘也〔註 761〕。

（2）唯恨前生不修種，垂知貧苦最艱難（P1191）

校注：劉凱鳴校：「『垂』當是『誰』的音近誤書。」按：垂，幾也，將及也，義自可通。

按：劉說是也，北圖 7069：「唯願阿彌陀佛，密護神光；藥師如來，遙誰大願。」彼文「誰」讀爲「垂」，P.2631、P.2854：「惟願十方大士，垂悲願而護持。」S.343：「即使十方〔大〕事（士），垂悲願而護持。」P.2058：「大聖觀音，垂悲願而拔厄。」皆作「垂」字，可證二字音近。

（3）白日起〔口〕無飯吃，夜頭擬臥沒氈眠（P1192）

按：缺字當在「起」字之上，疑補「欲」字。

《季布詩詠》校補

（1）張良奏命入中營，處分兒郎速暫聽（P1197）

按：奏，P.3645（原卷）、S.1156（甲卷）並作「奉」，潘重規、項楚所錄不誤。

（2）張良說計甚稀有，其夜圍得楚家營（P1197）

按：甲卷脫「甚」字，「得」作「德」。

（3）恰至三更調練熟，四畔齊唱楚歌聲（P1197）

按：甲卷「練」作「諫」，「畔」作「泮」。「諫」字涉上字「調」而誤作言旁，

第 174～175 頁。

〔註 761〕參見蔣禮鴻《義府續貂》，收入《蔣禮鴻集》卷 2，浙江教育出版社 2001 年版，第 36～39 頁。

「泮」讀爲「畔」。《詩・氓》鄭箋：「泮，讀爲畔。」

（4）關山盤礴路行難，那個是我家鄉道（P1197）

校注：關，原卷作「開」，甲卷模糊難辨，茲據文義校錄作「關」。盤，原卷作「磻」，茲據甲卷改。礴，原卷似作「𥗋」，甲卷似作「碍」，當爲「礴」字形誤。盤礴，同「磐礴」，廣大貌。（P1199）

項校：「開」是「關」字形誤。「𥗋」是「礴」字形誤。磻礴：大石充塞貌，亦寫作「盤礴」、「磅礴」等。（P1014）

按：二卷並作「開」、「𥗋」，校作「關」、「礴」是也。「磻」字不當改，「磻礴」同「磐礴」，梁・王僧孺《禮佛唱導發願文》：「仰願皇太子殿下，厚德體於蒼莽，廣載侔於磻礴。」是其用例。

（5）今年蕭率度濠梁，玉霜芬芳滿澗霜（P1197）

校注：蕭率，俟再考（張鴻勛校作「蕭瑟」，未知何據）。

項楚曰：蕭率，蕭條寂寥。按「蕭率」與「蕭瑟」、「蕭颯」、「蕭索」等是同一個詞的不同寫法。（P1012）

按：項說是也。趙家棟曰：「今核甲卷 S.1156，字形作『[illegible]』，作『蕭率』不誤。『蕭率』又可作『潚率』，亦作『蕭索』，引申則有『蕭條、淒涼』義。」〔註 762〕其說亦是也。字亦作「蕭摵」、「蕭颯」、「騷屑」、「騷殺」、「衰颯」〔註 763〕，又音轉作「蕭灑」、「蕭洒」，字亦作「蕭屑」，唐・韋應物《對春雪》：「蕭屑杉松聲，寂寥寒夜慮。」「蕭瑟」即「蕭索」，古音同也。楊小平校作「舊卒」，解爲「老兵」〔註 764〕，率意改作，殊不足信。

（6）切藉精神大丈夫，奈何今日天邊輪（P1197）

校注：切藉，蔣禮鴻列入《變文字義待質錄》，俟考。

〔註 762〕趙家棟《敦煌文獻疑難字詞研究》，南京師範大學 2011 年博士學位論文，第 212 頁。

〔註 763〕參見方以智《通雅》卷 6，收入《方以智全書》第 1 冊，上海古籍出版社 1988 年版，第 253 頁。又參見吳玉搢《別雅》卷 5，收入《叢書集成新編》第 38 冊，新文豐出版公司 1985 年版，第 365 頁。

〔註 764〕楊小平《敦煌變文疑難詞語考釋》，《西華師範大學學報》2010 年第 2 期，第 46 頁。

項楚曰：切藉，俟考。（P1015）

按：馬國強謂「切藉」是「且籍」音借，「籍」指項籍〔註 765〕。黃征曰：「『切藉』應是個疊韻聯綿詞，形容精神奮發貌，但未見他例，仍待詳考。」〔註 766〕黃氏後又否定此說，認爲「所謂的俗語詞『切藉』實際上並不存在，應該校錄成『項籍』」〔註 767〕。富世平亦謂「切藉」當校作「項籍」〔註 768〕。張秀清認爲「『切藉』源於『有切事，須藉……』」，是「切須」、「切要」的意思〔註 769〕。張秀清後又否定此說，認爲「切藉」是「且籍」音借〔註 770〕，說同馬氏，而失引馬文。張文冠謂「切藉」讀爲「切惜」，解爲「十分可惜」〔註 771〕。諸說惟張文冠得之。P.2564《齖䶗新婦文》：「可惜英雄大（丈）夫兒，如今被使不如奴。」文例相同。

《蘇武李陵執別詞》校補

（1）野樹枯生，寒花亂墜，白雲散漫，黃葉飛微（P1202）

按：此篇僅存 P.3595 一個寫卷。「飛微」同「菲薇」、「菲微」，繁盛貌。《文選・蜀都賦》：「日往菲薇，月來扶疎。」五臣本作「菲微」，張銑注：「菲微、扶疎，果木茂密貌。」王勃《青苔賦》：「菲微君子之砌，蔓延君侯之堂。」字亦作「霏微」，梁・何遜《七召》：「雨散漫以霑服，雲霏微而襲宇。」以「霏微」、「散漫」對舉，寫卷正同。字亦作「霏𩆜」，唐・獨孤授《海上孤槎賦》：「春風驟入，花飛微而雪下；晴煙四斂，葉布濩而雲密。」一本「飛微」作「霏𩆜」。

〔註 765〕馬國強《敦煌變文校注商榷》，《周口師專學報》1996 年第 1 期，第 71 頁；又馬國強《敦煌變文詞語校釋（續）》，《蘭州教育學院學報》2000 年第 2 期，第 32 頁。

〔註 766〕黃征《〈變文字義待質錄〉考辨》，收入《敦煌語言文字學研究》，甘肅教育出版社 2002 年版，第 77 頁。

〔註 767〕黃征《〈變文字義待質錄〉考辨拾零》，《周紹良先生紀念文集》，北京圖書館出版社 2006 年版，第 242～244 頁。

〔註 768〕富世平《〈敦煌變文校注〉補遺》，《圖書館雜誌》2006 年第 6 期，第 77 頁。

〔註 769〕張秀清《「切藉」源考》，《辭書研究》2009 年第 4 期，第 148～149 頁。

〔註 770〕張秀清《近代漢語語詞讀札》，《天中學刊》2012 年第 4 期，第 97 頁。

〔註 771〕張文冠《敦煌變文語詞校釋補正》，浙江大學 2010 年碩士學位論文，第 25 頁。

（2）知千萬之珍重，況戀河而阻隔（P1202）

校注：戀，當作「巒」。（P1204）

潘校：「戀」應作「關」。「關河」泛謂關山河流。（P1742）

按：戀，讀爲巒。巒河，猶言山河。周・庾信《枯樹賦》：「若乃山河阻絕，飄零離別。」《通鑑》卷100：「雖山河阻絕。」

（3）曉度胡川，覆蹤連黜（P1202）

項楚曰：連黜，疑有誤，俟校。（P1742）

按：張文冠謂「黜」原卷是「跡」之訛；「蹤」同「踪」〔註772〕。尋寫卷圖版，原錄「黜」字不誤。黜，讀爲䟣，《廣韻》同音丑律切。《玉篇》：「䟣，獸跡。」䟣、蹤（踪）皆指足跡。

（4）言由（猶）未了，迴看李陵。且見李陵，身卦（掛）胡裘，頂帶胡帽，腳跢赤荊（P1202）

按：且，猶只也、但也〔註773〕。帶，讀爲戴，下文「李陵所帶胡鄉之帽」亦同。「跢」同「跺」，踏也。

（5）奈何將軍，遊遊沙漠，儻如骨肉，陷在虜庭，言不人之所笑（P1202）

潘校：「言」疑「豈」之訛。（P910）

項校：遊遊，流浪。楚按：「不」下或脫「爲」字。（P1744）

按：《校注》從項校。遊遊，同「悠悠」，遠貌。下文「乍可囗囗沙漠，恓恓虜庭。」缺字當即「遊遊」，與此並以「沙漠」、「虜庭」對舉。「遊遊」、「恓恓」並爲形容詞。沙漠，原卷作「砂幕」，潘錄作「沙幕（漠）」。言，項楚、《校注》並從潘校爲「豈」，是。不，讀爲非。句意爲豈非人之所笑乎。

（6）李陵聞誚，直得身皮骨解，陪生（背主）辭親（P1202）

校注：直得，蔣禮鴻讀作「致得」。袁賓校：「『皮』應作『支』，形近誤書……『支』與『解』變文避複，實則同義。」（P1204）

〔註772〕張文冠《敦煌變文語詞校釋補正》，浙江大學2010年碩士學位論文，第52頁。

〔註773〕訓見張相《詩詞曲語辭匯釋》，中華書局1979年版，第69頁。

按：蔣說是。「皮」字不誤。《廣雅》：「皮，離也。」字或作披、狓、破、皺、剫、刔、跂、皷，本字爲柀，《說文》：「柀，一曰析也。」〔註 774〕陳治文曰：「『皮』或係『破』字之訛。」〔註 775〕非也。「陪生」二字不煩改作，言陪伴匈奴生人，正與「辭親」相對。

（7）遂向腰間取仞（刃），已（以）說往年，共遙呈長安（P1202）

項校：「呈」當作「望」……敦煌本《唐太宗入冥記》亦有「對帝前遙望長安」之語。（P1744）

按：《校注》從項校。呈，讀爲睈。《玉篇》：「睈，睈睈，照視也。」《廣韻》：「睈，視也。」

（8）口公在攸羊（P1202）

潘校：「攸羊」疑當作「牧羊」。（P910）

校注：攸，疑爲「牧」字誤書。（P1204）

按：原卷即作「牧」字，諸家並誤錄。

（9）壃憶吾賢，不免自從旗隊，陣號越華（P1202）

項校：「慴」疑當作「彊」，同「強」。「越華」應是軍隊陣形之名稱，俟考。（P1746）

校注：壃，原卷作「慴」，蓋「壃」字省誤。「壃」爲「疆」的俗字。「疆」字費解，俟再校。（P1204）

按：「慴」疑「愊」字形誤。愊憶，悲憤之貌，也作「愊億」、「愊抑」、「愊臆」等形。從，讀爲縱。

（10）校亂相煞，偷路還家（P1202）

校注：校，疑當讀作淆。（P1205）

按：校，原卷作「挍」，讀爲撓。

〔註 774〕參見蕭旭《莊子拾詁》，《中國語學研究・開篇》第 30 卷，2011 年 9 月日本好文出版，第 38～41 頁。

〔註 775〕陳治文《〈敦煌變文集〉校讀小札》，收入胡竹安等編《近代漢語研究》，商務印書館 1992 年版，第 63 頁。

（11）奈何武帝口取佞臣之言（P1202）

按：何，原卷作「河」，借字。缺文疑爲「聽」字。

（12）敕下所司，捕捉陵之家口，一男一女，攤入雲陽（P1202）

校注：蔣禮鴻校：「『攤』應作『擁』。」（P1205）

項校：「攤」是「擁」字形誤，推聳之義。（P1747）

按：「攤」字不誤。《廣雅》：「抑、攤，按也。」王念孫曰：「《廣韻》云：『按，抑也。』凡抑之使不得起曰攤。」〔註776〕《廣韻》：「攤，奴但切，按也。」又「攤，奴案切，按攤也。」音轉爲捺，《玉篇》：「捺，乃曷切，搦也。」《廣韻》：「捺，奴曷切，手按。」

（13）陵有老母，八十有五，走待人扶，食須人餵（P1203）

按：待，原卷作「侍」，借字。

（14）北闕之下（P1203）

按：闕，原卷作「鬫」，同「闕」。

（15）煞父天子，誰能手事（P1203）

項校：「手」當作「首」。首事：臣服、侍奉。「首」即降服之義。（P1748）

按：李陵於漢帝，不可言降服。手，讀爲守。

（16）老母墳前（P1203）

按：墳，原卷作「償」，借字。

（17）羨他失伴鳥（P1203）

按：伴，原卷作「畔」，讀爲扶。《莊子·徐無鬼》：「其爲人也，上忘而下畔。」章太炎曰：「畔，即今伴字，《說文》作『扶』，云：『竝行也。』《則陽篇》：『是自埋於民，自臧於畔。』畔亦扶之借字。」〔註777〕

〔註776〕王念孫《廣雅疏證》，收入徐復主編《廣雅詁林》，江蘇古籍出版社1992年版，第262頁。所引《廣韻》誤作「按，攤也」，上海古籍出版社1983年影印清嘉慶本亦誤，徑正。

〔註777〕章太炎《莊子解故》，收入《章太炎全集（6）》，上海人民出版社1980年版，第157頁。

「伴侶」之本字爲「扶」，《說文》：「扶，竝行也，讀若伴侶之伴。」後漢以還，並借「伴」字爲之，《廣韻》：「伴，侶也、依也。」《慧琳音義》卷 7：「伴侶，王逸注《楚辭》云：『伴，旅也。』《韻英》云：『伴，儔侶也。』」

《百鳥鳴》校補

（1）印尾鳥為無才技，專心遏舞鄉村（P1207）

校注：《玉篇》：「遏，遮也。」「遏舞」似爲遮掠侵擾之意。（P1209）

項校：遏舞，快速飛舞、狂舞。「遏」通「趨」，《說文》：「趨，趌趨，怒走也。」（P1024）

按：遏，讀爲按，巡行、巡視。《詩・皇矣》：「以按徂旅。」《孟子・梁惠王上》引「按」作「遏」，是其例。舞，讀爲撫。《方言》卷 12：「拊撫，疾也。」《廣雅》「撫」作「舞」，王念孫曰：「『撫』與『舞』通。」〔註 778〕是其例。或讀遏爲安，亦可。趙家棟曰：「『遏舞』當讀爲『遏惡』……是說印尾鳥沒有特殊的技藝，只能專心維護地方治安。」〔註 779〕非也。

（2）從此是鳥即至，亦不相違（P1207）

校注：亦，當讀作「一」，猶皆也。「一不」即皆不、都不。（P1210）

項校：「亦」當作「一」。一不，全不、皆不。（P1026）

按：《廣韻》：「亦，揔也。」《集韻》：「揔，皆也。」「揔」同「總」。《書・皋陶謨》：「亦行有九德。」蔡傳：「亦，總也。」

（3）淘河鳥，腳趯趚，尋常傍水覓魚喫（P1207）

校注：原校：「甲卷『腳趯趚』作『腳曆刺』。」按《廣韻》：「趯趚，行貌。」《篇海類編・人事類》：「趯趚，行貌。」「趯趚」、「趯趚」、「趯趚」、「曆刺」

〔註 778〕王念孫《廣雅疏證》，收入徐復主編《廣雅詁林》，江蘇古籍出版社 1992 年版，第 52 頁。

〔註 779〕趙家棟《敦煌文獻疑難字詞研究》，南京師範大學 2011 年博士學位論文，第 44 頁。

都是同一詞的異寫。據《廣韻》：「趚，急走也。出《字林》。」盧善煥以「⿺走歷趚」爲疾走貌，近是。項楚以爲是裸露義，蔣冀騁以爲即「趔趄」音變，皆可備一說。（P1210）

按：蔣禮鴻曰：「⿺走歷趚，甲卷作『曆刺』。按《廣韻》：『⿺走歷，⿺走歷趚，行貌。趚，⿺走歷趚，行貌。』《教坊記》曲名有歷刾子，『刾』是『刺』的俗體，『⿺走歷趚』、『⿺走歷⿺走束』、『曆刺』、『歷刾』都是一個詞的異寫。《景德傳燈錄》卷23：『賣鞋老婆腳⿺走歷⿺走束。』《廣韻》只說行貌，究爲何種狀態，略而不詳。1935年刻本《雲陽縣志》卷14：『⿺走歷⿺走束，爽快也。』引《傳燈錄》語，又云：『讀若利率。』根據這個讀若，應即現代語的『利索』。但是『率』、『⿺走束』讀音不同，《縣志》所釋，未必可據。」〔註780〕蔣禮鴻所說，即《校注》所本。謂「⿺走歷趚」、「⿺走歷⿺走束」、「⿺走歷⿺走刺」、「曆刺」、「歷刾」是同一詞的異寫，得之。《廣韻》一本誤作「⿺走歷⿺走束」〔註781〕。《玉篇》：「⿺走厤，⿺走厤⿺走束，行皃。⿺走歷，同上。」S.2071《切韻箋注》、P.2011王仁昫《刊謬補缺切韻》並云：「⿺走歷，⿺走歷⿺走束。行皃。⿺走束字七昔反。」〔註782〕《集韻》：「⿺走歷，⿺走歷⿺走束，盜行。」三書「⿺走束」亦當作「趚」。胡吉宣《玉篇校釋》徑改作「⿺走歷趚」〔註783〕，關長龍校「⿺走束」作「趚」〔註784〕，皆得之。《景德傳燈錄》卷23實作「⿺走歷⿺走束」，有注：「⿺走歷⿺走束，上郎擊切，下七迹切。」《海錄碎事》卷13引同，《五燈會元》卷15注音「七迹切」脫誤作「七亦切」。「⿺走束」亦當作「趚」，「七迹切」、「七昔反」正「趚」之音，非「⿺走束」之音。《龍龕手鑑》：「⿺走刺，或作。⿺走束，今。趚，正。七迹反，⿺走歷⿺走束也。」以「⿺走束」爲「今字」，是宋代已莫能

〔註780〕蔣禮鴻《敦煌變文字義通釋》附錄一《待質錄》，收入《蔣禮鴻集》卷1，浙江教育出版社2001年版，第551頁。

〔註781〕趙少咸曰：「按此注二『趚』，此本、泰定本誤『⿺走束』，依各本正。」趙少咸《廣韻疏證》，巴蜀書社2010年版，第3502頁。

〔註782〕S.2071《切韻箋注》、P.2011 王仁昫《刊謬補缺切韻》，分別見張涌泉《敦煌經部文獻合集》第5、6冊，中華書局2008年版，第2231、2854頁。

〔註783〕胡吉宣《玉篇校釋》，上海古籍出版社1989年版，第2063頁。

〔註784〕關長龍《切韻箋注》校記：「『⿺走束』字《王一》、《王二》、《裴韻》同，《廣韻》作『趚』形，合於形聲構字理據，俗寫『朿』、『束』二旁多混而不分，茲據校改。」又《刊謬補缺切韻》校記：「注文『⿺走束』字當作『趚』，參《箋二》校記〔1838〕，茲爲校改。」分別見張涌泉《敦煌經部文獻合集》第5、6冊，中華書局2008年版，第2414、3280頁。

辨也。1935 年《新城縣志》:「辦事爽快謂之⿺走歷趚。」〔註 785〕與蔣禮鴻所引《雲陽縣志》說同，二部《縣志》皆當作「⿺走歷趚」，讀若「歷速」，故注音云「讀若利率」，即今之「利索」，俗語又音轉作「利落」，形容動作或言語敏捷。「利索」、「利落」即「⿺走歷趚」，實爲「⿺走歷趚」之譌，音隨形變，世人遂莫知其源矣。盧善煥謂「趚、趚兩字音異而義同」〔註 786〕，馮青謂「利索」是「⿺走歷趚」的引申〔註 787〕，皆不知其流變。《全唐詩》卷 623 唐・陸龜蒙《和古杉》:「崢嶸驚露鶴，⿺走歷趚閡（駭）雲螭。」「⿺走歷趚」亦「⿺走歷趚」之譌，《甫里集》卷 3 又誤作「⿺走歷趣」。宋・劉摯《次韻四首》:「寒鷺見魚行歷刺，珍禽驚客語玲瓏。」此例「歷刺」即「⿺走歷趚」之省借，用本義。宋・林逋《平居遣興》:「卑孜晚鳥沉幽語，歷刺煙篁露病梢。」宋・鄭獬《野步》:「石觜露煙孤歷刺，溪腰纒草綠灣環。」二例「歷刺」即今「利索」，形容清淨、整齊。字或作「⿺走歷趞」〔註 788〕，宋・陳思《書苑菁華》卷 2《永字八法》:「啄倉皇而疾掩，磔⿺走歷趞以開撑。」〔註 789〕「趚」或作「⿺走責」，同「趚」。《廣韻》:「⿺走責，倉卒。」《集韻》:「趚、⿺走責，急走也，或从責。」又「⿺走責，忽遽也。」《五音集韻》:「⿺走責，倉卒走貌。」又省筆作「趚」，《玉篇》:「趚，千尺、千私二切，倉卒也。」考《說文》:「趚，側行也。」《玉篇》:「趚，小行貌。」是「⿺走歷趚」爲小步急走之貌。項楚解「⿺走歷趚」爲裸露〔註 790〕，黃征釋爲光腳丫子走路〔註 791〕，皆非是。蔣冀騁以爲

〔註 785〕轉引自許寶華、宮田一郎《漢語方言大詞典》，中華書局 1999 年版，第 5320 頁。

〔註 786〕盧善煥《〈敦煌變文字義析疑〉讀後》，《敦煌學輯刊》1984 年第 6 期，第 72 頁。

〔註 787〕馮青《〈敦煌變文校注〉閱讀劄記》，《寧夏大學學報》2011 年第 1 期，第 18 頁。

〔註 788〕《集韻》:「趚（趚），側行也，或作趞。」方成珪曰：「趚，譌從束，據《類篇》正。」方說是，《集韻》:「刺，穿也，傷也，或作措。」是其比。方成珪《集韻考正》，收入《續修四庫全書》第 253 冊，上海古籍出版社 2002 年版，第 356 頁。

〔註 789〕「啄」、「磔」爲書法術語，右上爲啄，右下爲磔。永字八法：側勢一、勒勢二、努勢三、趯勢四、策勢五、掠勢六、啄勢七、磔勢八。

〔註 790〕項楚《敦煌變文字義析疑》，收入項楚《敦煌文學叢考》，上海古籍出版社 1991 年版，第 107～108 頁；又收入項楚《項楚敦煌語言文學論集》，上海古籍出版社 2011 年版，第 79～80 頁；又項楚《敦煌變文選注》，中華書局 2006 年版，第 1026 頁。

〔註 791〕黃征《〈變文字義待質錄〉考辨》，收入《敦煌語言文字學研究》，甘肅教育出版社 2002 年版，第 77 頁。

「趔趚」即「趚趄」、「趔趄」、「列翅」、「劣怯」、「略斜」之音變〔註 792〕，趙家棟說同〔註 793〕，亦非也。「趚趄」亦作「握齪」、「齷齪」等形，急促之貌；「趔趄」、「列翅」、「劣怯」、「略斜」亦作「列側」、「列趄」，是歪斜、足不進義〔註 794〕。義皆不符。

（4）人衷般粮總不如，籠裏將來獻明珠（主）（P1207）

校注：蔣禮鴻校：「『人衷』疑應作『人寰』，或『衷』字通作『中』。『粮』是『對量』、『等量』的『量』字的假借，『般』就是『般當』、『般比』的『般』。」按：「中」字近是。般量，比並義。（P1211）

按：衷讀爲中，粮讀爲量，蔣說是，項校亦從之。「般當」、「般比」的「般」通作「班」，其義未切當。般應讀爲盤，清查、查點，今猶有「盤查」、「盤點」之語。《周髀算經》卷上：「環而共盤，得成三、四、五。」「般量」、「盤量」爲唐宋俗語詞。宋·黃震《黃氏日抄》卷 72：「又以水腳錢雇其般量，亦同官錢之數。」此「般量」之例。宋·蘇軾《與朱鄂州書》：「軾向在密州，遇饑年，民多棄子，因盤量勸誘米，得出剩數百石，別儲之，專以收養棄兒。」宋·王明清《揮麈三錄》卷 1：「（陳）當方盤量，不暇讀。」此「盤量」之例。

《四獸因緣》校補

（1）太子云：「是寡人福。」（P1213）

按：據上文「是我之福」、「是妾之福」，此文「福」上亦當補「之」字。

（2）兔子答云：「我到樹邊，吃嗽樹葉，口到樹頭，枝杋花葉。」（P1213）

校注：潘校：「杋，疑當作『杌』，木短出貌。」按：P.4995《兒郎偉》：「社眾道芽引蔓，菩提枝杋抽芳。」據此，「枝杋」或當校作「枝杋」。

〔註 792〕蔣冀騁《近代漢語語詞雜考》，《古漢語研究》1989 年第 4 期，第 87～88 頁；又參見蔣冀騁、吳福祥《近代漢語綱要》，湖南教育出版社 1997 年版，第 361～362 頁。

〔註 793〕趙家棟《敦煌文獻疑難字詞研究》，南京師範大學 2011 年博士學位論文，第 67～68 頁。

〔註 794〕參見顧學頡、王學奇《元曲釋詞（二）》，中國社會科學出版社 1984 年版，第 358～359 頁。

黃征曰：枝杌，樹枝、枝條。「杌」即「杌」之俗字。「杌」當與「枝」爲同義連文，所以「杌」也可以作量詞〔註795〕。

按：當「口到樹頭枝杌花葉」作一句理解。潘校爲「枝杌」是也，而所釋則非。杌訓木短出貌，是指木椿，非其誼也。原卷 P.2187 作「杌」，當認作「杌」字，寫卷「兀」或形近「九」，中間著一點。如 P.3833《王梵志詩》：「九九舍底坐，餓你眼赫赤。」〔註796〕「九九」即「兀兀」。敦博 056《佛爲首迦長者說業報差別經》：「峻崖嶮谷，株杌槎菜。」〔註797〕「杌」即「杌」，與此卷正同，可以比勘。P.4995《兒郎偉》原卷作「杌」，中間亦有一點，是本亦作「枝杌」也〔註798〕。「枝杌」當讀爲「枝梧」，即「枝枒」的音轉，用爲名詞，謂木之枝條。今吳方言猶有「樹枝梧」之語〔註799〕。《西湖遊覽志》卷 2：「老榦枝枒，如从石面生也。」亦作「枝丫」，《證類本草》卷 13 引《圖經》：「虎杖一名苦杖……初生便分枝丫，葉似小杏葉。」P.3714《新修本草》：「其苗一葉，莖頭一葉，枝丫陜莖。」亦作「枝椏」，《古今通韻》卷 5：「椏，樹枝椏也。」《本草綱目拾遺》卷 4：「條條直上，不分枝椏。」又作「枝牙」，《普濟方》卷 79：「槐嫩枝牙三十條。」也倒言作「丫枝」、「椏枝」、「枒枝」，《增韻》卷 2：「杈，丫枝。」明・程宗猷《長鎗法選・長鎗式說》：「惟取堅實體直無大枒枝節疤者爲上。」明・毛晉輯《種玉記》第 6 齣：「若從石上，手扳着桐樹丫枝，過牆甚便。」《嘉定縣續志》卷 5：「椏枝：俗呼樹木歧出之枝曰椏枝。椏讀如鴉。」〔註800〕

《齖䶗新婦文》校補

（1）夫齖䶗新婦者（P1216）

校注：齖䶗，辭書未載。郭在貽云：「《集韻》：『誑訝，言不正。』頗疑『齖

〔註795〕黃征《敦煌俗語詞輯釋》，收入《敦煌語言文字學研究》，甘肅教育出版社 2002 年版，第 163～164 頁。

〔註796〕此例錄自黃征《敦煌俗字典》，上海教育出版社 2005 年版，第 433 頁。

〔註797〕此例錄自趙鑫曄博士未刊稿，謹此致謝。

〔註798〕黃征、吳偉《敦煌願文集》亦誤作「枝机」，嶽麓書社 1995 年版，第 967 頁。

〔註799〕許寶華、宮田一郎《漢語方言大詞典》記錄江淮方言有「樹枝梧兒」，中華書局 1999 年版，第 3850 頁。

〔註800〕《嘉定縣續志》，民國十九年鉛印本。

齖』就是『誑訝』。」

按：齖齖，或作「啞孆」，《廣韻》：「孆，啞孆，女作忞態也。」元・蘇天爵《元文類》卷41：「牽蒸報啞孆。」自注：「上於加切，下苦加切。《韻釋》：『女作姿態貌。』今中原方言爲婦人狠惡之稱。」其義於此文正合。元・汪大淵《島夷志略》：「凡民間女子其形啞孆。」此正醜惡之義。中原方言如此，吳方言亦有此詞。清・惲敬《大雲山房雜記》卷2：「今吳人以作態不近情爲啞孆。」〔註801〕或作「啞奈」、「婭妠」，《玉篇》：「奈，啞奈，嬌態貌。」《廣韻》：「啞，啞奈，作忞態皃。」又「奈，啞奈。」《集韻》：「啞，啞奈，不正。」又「婭，婭妠，態也。」朱謀㙔曰：「啞奈，姿媚也。」〔註802〕或爲媚態，或爲醜態，其義似相反，而實相成。字或作「婭姹」、「婭奼」，《集韻》：「婭，婭姹，作姿。」唐・張鷟《遊仙窟》：「然後逶迤廻面，婭姹向前。」唐・竇息《述書賦》卷下：「婭姹鍾門，逶迤王後。」宋・陸游《瑞草橋道中作》：「老翁醉著看龍鍾，小婦出窺聞婭奼。」或作「牙恰」、「訝掐」，《全元散曲》無名氏《滿庭芳》：「牙恰母親，吹回楚雨，喝退湘雲。」《行院聲嗽・人事》：「利害：牙恰。」元・馬致遠《青杏子》：「也不怕薄母放訝掐，諳知了性格兒從澆識下。」《盛世新聲》作「牙恰」。《熙雍樂府》卷8：「苦眼鋪眉做团煞，乖劣牙恰。」四例亦狠拡之義。張永綿曰：「按『牙恰』爲『兇惡』或『狠毒』義，與『乖劣』同義，連用以加重語意。」〔註803〕王鍈指出：「牙恰，猶言嚴厲……亦作『訝掐』，蓋隨聲取字也。」王氏所說是也，但又謂「疑『牙恰』一詞本源於番語」〔註804〕，則失之矣。二氏釋義近是，但未能探其語源。字或作「謯訝」，《玉篇》：「謯，謯訝，訶皃。」《龍龕手鑑》：「謯，謯訝，訶皃。」「謯」即「謯」之譌。字或作「齖齰」、「忬作」、「厊厏」、「椏杈」、「掗欸」、「牙槎」、「枒槎」、「牙槵」、「丫叉」、「椏

〔註801〕惲敬《大雲山房雜記》，收入《叢書集成新編》第13冊，臺灣新文豐出版公司1985年版，第666頁。

〔註802〕朱謀㙔《駢雅》卷2，收入《叢書集成新編》第18冊，臺灣新文豐出版公司1985年版，第338頁。

〔註803〕張永綿《元曲語釋札記》，《浙江師範大學學報》1986年第4期。

〔註804〕王鍈《元明市語疏證》，《文史》第35輯，收入《語文叢稿》，中華書局，2006年版，第77頁。又參見王鍈《宋元明市語匯釋》，中華書局2008年版，第132頁。

叉」，也倒言作「齰齖」、「齇齖」、「厏厊」、「痄㾏」、「謯訝」、「痄瘂」、「詐謌」、「扠抲」、「杈枒」、「杈椏」、「愘忬」、「齸齖」、「槎枒」、「槎牙」、「槎岈」、「槎丫」、「岞岈」、「嵖岈」等，並爲同源詞，中心詞義爲「不齊」、「不平」〔註 805〕。此文「齖齖」指言語行爲不正、性情乖戾。近代方言「齖齖」又音轉爲「下作」，指言行可憎、可惡〔註 806〕。郭在貽疑「齖齖」即「謯訝」，釋爲「言語不正」；施謝捷謂「齖齖」即「窒㜸」，指女子行爲不正、故作恣態〔註 807〕。施君且謂郭說失之偏狹，實則二氏各得一偏。項楚曰：「齖齖，形容言語潑辣好鬭。」施君已指出項說無據。張鉉曰：「頗疑『齖齖』與韻書、字書所載『窒㜸』有關……『牙恰』、『訝掐』實即『窒㜸』。」所說亦是也，但張君又謂「『齖齖』又音轉爲『胦肛』、『㺜狢』、『愹慒』」〔註 808〕，則隔之遠矣，未可信從。

（2）欺兒踏壻（P1216）

校注：欺兒踏壻，即欺踏兒壻，謂欺壓丈夫也。

項校：欺兒踏壻，欺壓丈夫。（P1035）

〔註 805〕此詞蕭旭（2009）曾作過考釋，後見王雲路、許菊芳（2009）、曹海東（2011）亦有近似之意見，蓋不謀而合者也。蕭旭《敦煌寫卷〈碎金〉補箋》，《東亞文獻研究》總第 4 輯，2009 年 6 月出版，第 51～52 頁；又收入《群書校補》，廣陵書社 2011 年版，第 1339～1340 頁。王雲路、許菊芳《釋「齖齖」》，《西南交通大學學報》2009 年第 4 期，第 5～9 頁。曹海東《「齖齖」釋義新探》，《語言研究》2011 年第 3 期，第 19～20 頁。

〔註 806〕《漢語大詞典》釋「下作」爲「卑鄙下流」，漢語大詞典出版社 1997 年版，縮印本第 133 頁。《漢語方言大詞典》指出北方官話謂貪多、貪吃爲「下作」，又指出吳語謂下賤爲「下足」，並隨文釋義，未中肯綮；《漢語方言大詞典》又引《傳燈錄》：「舉足即佛，下足即眾生。」尤爲牽附，未足信從。《漢語大詞典》（縮印本），漢語大詞典出版社 1997 年版，第 133 頁。許寶華、宮田一郎主編《漢語方言大詞典》，中華書局 1999 年版，第 212 頁。

〔註 807〕施謝捷《敦煌變文語詞校釋札記》，《敦煌吐魯番研究》第 1 卷，北京大學出版社 1996 年版，第 62 頁。

〔註 808〕張鉉《「齖齖」新考》，《古漢語研究》2009 年第 1 期，又載《敦煌研究》2009 年第 1 期。張君駁郭在貽以「𩣺騂」爲「胮肛」，則亦駁錯了。王梵志詩「尊人嗔約束，共語莫𩣺騂。」別的寫卷「𩣺騂」作「肛降」、「江絳」、「江降」，皆即「胮肛」之倒文。「胮肛」同義連文，故可倒寫，意則一也。參見蕭旭《敦煌寫本〈王梵志詩〉校補》，收入《群書校補》，廣陵書社 2011 年版，第 1283 頁。附記於此。

按：黃武松曰：「踏通誻，《玉篇》：『誻，妄語也。』《正韻》：『言相惡也。』變文欺誻對文，是誻義爲惡語欺辱。」〔註 809〕黃說是也，而猶未盡。字或作沓、嗒，黃氏所引《正韻》見《洪武正韻》：「誻，言相惡也，亦作沓。」《古今通韻》：「誻，言相惡也，或作嗒。」皆本於《增韻》：「誻，言相惡也，亦作沓。」《附釋文互註禮部韻略》：「誻，語相惡也。」《通鑑》卷 81：「謗嗒。」胡三省註：「嗒，語相惡也，音達合翻。」又考《原本玉篇殘卷》：「誻，《說文》：『誻誻也。』《聲類》：『誻誻。』皆妄語也。」《玉篇》：「誻，誻誻，語相及。」《廣韻》：「誻，妄言。」《六書故》引唐本《說文》：「誻，言語相及也。」王筠曰：「然則語相及者，謂人之妄語，讕呼紛拏，連續不絕也。」〔註 810〕從「沓」之字，多有重疊義。是「誻」指惡語囉嗦人也。字亦作讋、讕，《說文》：「讋，疾言也，讀若沓。」《六書故》：「讋，又作誻、讕。」《文選・吳都賦》李善注引《蒼頡篇》：「讋，不止也。」

（3）雹釜打鐺（P1216）

校注：雹，蔣禮鴻讀作「撲」，投擲意。

按：P.5039《孟姜女變文》：「姜女自雹哭黃（皇）天。」P.2129《神龜詩》：「不能謹口舌，雹殺老死屍。」三例「雹」並同義，蔣禮鴻、項楚謂雹借爲撲〔註 811〕，所說是也，而猶未得其源。雹，讀爲摽，《說文》：「摽，擊也。」字或作㲖，《廣韻》：「㲖，擊也。」字或作擈、㲖、攴、撲、技、扑、攴，《集韻》：「㲖、擈、攴，擊也，或从手、从勹。」又「擈，《博雅》：『擊也。』或作攴、撲、技、扑，亦省。」《龍龕手鑑》：「擈，音朴，擊也；又音雹，打聲也。」字或作撬，《廣韻》：「撬，射中聲也。」指擊中之聲，亦取擊義。《晉書・石勒載記下》：「自上擈殺之。」《通鑑》卷 92 作「撲殺」。「雹殺」即「擈殺」、「撲殺」也〔註 812〕。《淮南子・時則篇》：「行冬令，則水潦爲敗，雨霜大雹，首

〔註 809〕黃武松《敦煌文獻俗語詞方言義證》，杭州大學碩士 1990 年學位論文，第 39 頁。
〔註 810〕王筠《說文解字句讀》，中華書局 1988 年版，第 85 頁。
〔註 811〕項楚《敦煌詩歌導論》，巴蜀書社 2001 年版，第 117 頁；又項楚《敦煌變文選注》，中華書局 2006 年版，第 1036 頁。
〔註 812〕參見蕭旭《〈敦煌詩歌導論〉札記》，《敦煌學研究》2007 年第 1 期，總第 3 輯；收入《群書校補》，廣陵書社 2011 年版，第 1357 頁。

稼不入。」雹亦讀爲摽，《禮記·月令》作「雪霜大摯」，《釋文》：「摯音至，蔡云：『傷折。』」《白帖》卷 2 引《月令》，有注：「摯，傷也。」摯亦擊也，本字爲鷙〔註 813〕。葉愛國謂雹讀爲擗〔註 814〕，未確。

（3）嗔似水牛料鬬（P1216）

校注：蔣禮鴻云：「料鬬，抵觸爭鬬。」按：「料鬬」同義連文。

按：蔣禮鴻曰：「料鬬，抵觸爭鬬……『料』之爲觸，其來已久，不過有無本字，現在還不能考知。徐復據章炳麟《新方言》，以爲『料』借作『朸』字……這裏不取章說。」〔註 815〕蔣氏不取章說是對的。料讀爲撩，《莊子·盜跖》：「料虎頭，編虎須。」馬敘倫曰：「料借爲撩，《說文》：『撩，理之也。』」王叔岷說同〔註 816〕。《古今事文類聚》後集卷 36、《記纂淵海》卷 98 引《莊子》正作「撩」。《白帖》卷 97 引《莊子》作「掩虎頭」，「掩」爲「撩」形誤。引申爲挑弄、戲弄，《資治通鑑》卷 210：「汝能撩李日知嗔。」元·胡三省《通鑑釋文辯誤》卷 10：「今人謂相挑發爲相撩撥。」字或作嫽，《廣雅》：「嫽，戲也。」〔註 817〕《廣韻》：「嫽，相嫽戲也。」P.3906《碎金》：「相嫽嫐：音寮，下鉢。」「嫽嫐」即「撩撥」〔註 818〕。

（4）若說軒裙撥尾，直是世間無比（P1216）

〔註 813〕《大唐開元禮》卷 99 作「雪霜大至」，改爲同音字「至」，未得厥誼。《說文》：「摯，握持也。」又「鷙，擊殺鳥也。」

〔註 814〕葉愛國《〈敦煌文獻語言詞典〉商榷（上）》，《文史》第 44 輯，中華書局 1998 年版，第 80 頁。

〔註 815〕蔣禮鴻《敦煌變文字義通釋》，收入《蔣禮鴻集》卷 1，浙江教育出版社 2001 年版，第 126～127 頁。徐復說見《敦煌變文詞語研究》，《中國語文》1961 年第 8 期，收入《語言文字學叢稿》，江蘇古籍出版社 1990 年版，第 229～230 頁。

〔註 816〕馬敘倫《莊子義證》卷 29，收入《民國叢書》第 5 編，商務印書館中華民國 19 年版，第 9 頁。王叔岷《莊子校詮》，中華書局 2007 年版，第 1191 頁。

〔註 817〕王念孫《廣雅疏證》謂「嫽」不得訓爲戲；錢大昭《廣雅疏義》謂「嫽，未詳」，並失考。收入徐復主編《廣雅詁林》，江蘇古籍出版社 1992 年版，第 174～175 頁。

〔註 818〕朱鳳玉引《玉篇》：「嫽，女字也。青徐稱好曰嫽。嫐，天子射擊也。《說文》：『美婦。』《文字指歸》曰：『女嫐禿無髮。』」朱氏所引並未合。朱鳳玉《敦煌寫本〈碎金〉研究》，臺北文津出版社 1997 年印行，第 206 頁。參見蕭旭《敦煌寫卷〈碎金〉補箋》，收入《群書校補》，廣陵書社 2011 年版，第 1313～1314 頁。

校注：軒，疑當讀作「掮」。《集韻》：「掮，手發衣。」撥，甲卷作「簸」字。簸，搖也，義較長。

按：軒，項說同〔註 819〕。考《廣韻》：「掮，手發衣。」指捋袖出臂，非其誼也。軒，借爲掀。《說文》：「掀，舉出也。」《廣韻》：「掀，以手高舉。」《廣韻》軒、掀並音虛言切。《字彙》：「撥，轉也。」撥借爲鱍，《廣韻》：「鱍，魚掉尾，又音撥。」又「掉，搖尾，又動也。」《六書故》：「掉，縣捭也。」又「捭，左右揮捭也，又作擺。」《集韻》：「擺，撥也。」「撥」、「擺（捭）」、「掉」同義互訓。《寒山詩》：「買肉血淵淵；買魚跳鱍鱍。」項楚注：「鱍鱍，魚跳貌。亦作『發發』。」〔註 820〕甲卷「簸」訓搖，原卷作「撥尾」，即「掉尾」，亦爲搖義。二卷皆可。

（5）將頭自搕（P1216）

校注：郭在貽校：「『搕』似當爲『磕』的俗別字。」按：《玉篇》：『搕，打也。』『搕』字未見於《說文》，蓋『磕』的後起分化字。

項校：搕，同『磕』，碰撞、擊打。（P1038）

按：《摩訶僧祇律》卷 19：「搕頭鋸齒身不具足。」《北史・斛律光傳》：「奴搕頭曰。」《舊唐書・劉栖楚傳》：「搕頭見血。」亦用「搕」字，與此卷正同。尋《說文》：「磕，石聲。」「磕」亦非本字，諸君所說，猶隔一間。本字當爲𣪊、搉，《說文》：「𣪊，擊頭也。」又「搉，敲擊也。」字或作敲、磕，《集韻》：「敲，擊也。」《玄應音義》卷 17：「今江南凡言打破物爲磕破。」字或作「确」、「礭」〔註 821〕，《世說新語・文學篇》：「樂亦不復剖析文句，直以麈尾柄确几曰：『至不？』」胡文英曰：「确，音殼，小擊也。今吳諺謂擊曰确。」〔註 822〕《御覽》卷 703 引《世說》作「敲」，《書鈔》卷 134 引《郭子》作「礭」，方一新謂「确」、「礭」均爲「搉」字之借〔註 823〕，甚確。

〔註 819〕項楚《敦煌變文選注》，中華書局 2006 年版，第 1037 頁。
〔註 820〕項楚《寒山詩注》，中華書局 2000 年版，第 483～484 頁。
〔註 821〕參見蕭旭《〈世說新語〉吳方言例釋》，收入《群書校補》，廣陵書社 2011 年版，第 1376 頁。
〔註 822〕胡文英《吳下方言考》卷 10，收入《續修四庫全書》第 195 冊，上海古籍出版社 2002 年版，第 85 頁。
〔註 823〕方一新《讀〈世說新語考釋〉》，《古籍整理研究學刊》1997 年第 2 期。

敦煌變文校補卷八

此卷校補《敦煌變文校注》未收錄的《秋吟一本（一）》、《秋吟一本（二）》、《下女夫詞》、《搜神記》、《孝子傳》五篇，皆以潘氏《敦煌變文集新書》作底本〔註 824〕。

《秋吟一本》校補

P.3618《秋吟一本（一）》校補

P.3618《秋吟一本》，項楚有注〔註 825〕，郭在貽、張涌泉、黃征、施謝捷四君各有校正〔註 826〕，茲取作參考。

（1）澄潭萬丈，潛龍之必奪錦鱗；峻嶽千層，口鳳之須張翠翼（P815）

按：缺字疑「棲」或「隱」之類，與「潛」對舉成文。《文選・與嵇茂齊書》：「俯據潛龍之淵，仰蔭棲鳳之林。」曹植《文帝誄》：「陸沉大行，揚之潛龍；隱鳳大行，翔之疏狄。」《初學記》卷 5 後魏孝文帝《祭嵩高山文》：「川潛龍光，山隱鳳停。」施謝捷缺字補「翔」，未洽。「奪」當作「奮」，振舉也，與「張」對舉同義。《玉篇》：「奪，怒也。」亦「奮」之誤，是其比。《後漢書・張衡傳》《應間》：「夫玄龍迎夏，則陵雲而奮鱗，樂時也。」《明皇雜錄》卷上：「每京師愆雨，必虔誠祈禱，將有霖注，逼而視之，（玉龍子）若奮鱗鬣。」又卷下：「魚龍鳧雁，皆若奮鱗舉翼，狀欲飛動。」皆「奮鱗」連文之證。

（2）魚有澤潭之志，人懷募（慕）德之口（P815）

按：施謝捷缺字補「心」，可備一通。亦可補作「誠」。

（3）口寶偈於朱門，諷金言於碧砌（P815）

按：缺字疑「轉」或「宣」或「演」。S.2832：「於是佛開月面之尊，僧轉金

〔註 824〕潘重規《敦煌變文集新書》，文津出版社有限公司 1994 年初版。

〔註 825〕項楚《敦煌變文選注》，中華書局 2006 年版，第 1638～1667 頁。

〔註 826〕郭在貽、張涌泉、黃征《〈秋吟〉和〈不知名變文〉三種補校》，《溫州師院學報》1989 年第 2 期，第 3～5 頁；又收入《郭在貽文集》卷 2，中華書局 2002 年版，第 454～456 頁。施謝捷《P.3618〈秋吟一本〉校補》，《古籍整理研究學刊》1990 年第 4 期，第 14～19 頁。

言之偈。」P.3172：「像轉金豪，儼慈悲之實相；經宣寶偈，詮口（功）德之口（染）原。」〔註 827〕P.2542：「雙樹鶴林，演斯寶偈。」施謝捷缺字補「吟」，未洽。

（4）蓋以某官德風口口，口露遐彰（P815）

按：上缺字施謝捷補作「遠揚」，可備一通。亦可補「遠播」，P.3084：「四衣蜜（依密）護，金色之美號遐彰；八敬明遵，愛道之芳名遠播。」下缺字施謝捷補作「惠」，是也。《玉海》卷 204《漢華平頌》：「惠露德風，丕冶泰龢。」《文選・齊故安陸昭王碑文》：「惠露沾吳，仁風被越。」

（5）軒庭峭峻，口口穹崇（P815）

按：缺字疑補「堂宇」。《世說新語・棲逸》：「芳林列於軒庭，清流激於堂宇。」

（6）朱蘭（闌）逞曉月之光，淥（綠）牖寫募（暮）雲之色（P815）

按：逞，讀爲呈。

（7）此乃經文口口（罷），偈贊休吟（P815）

項楚曰：「罷」字應在「文」字下。（P1640）

按：項說是，缺字疑補「轉」或「宣」字。P.2255：「洎乎令月下旬，罷宣寶偈。」施謝捷補作「講罷」，非也。

（8）朱蘭（闌）間錯光輝，口口口崇旖旎（P815）

按：施謝捷據上文補作「〔綠牖穹〕崇旖旎」，可從。

（9）金言大啟，玉偈宏該（P815）

項楚曰：宏該，廣包。「該」即包含之義。（P1642）

按：「宏該」、「大啓」對舉成義，「該」當讀爲開。「該」爲濁音，蓋唐西北方言已清化。S.2832：「盂蘭大啓，寶供宏開。」正以「宏開」與「大啓」對舉。P.2497：「廣開檀那，大啓金相。」「宏開」亦即「廣開」也。

〔註 827〕缺字據黃征、吳偉《敦煌願文集》補，嶽麓書社 1995 年版，第 685 頁。

（10）僧□佛戒，禁足九旬（P816）

按：缺字疑補「持」。「持佛戒」爲藏經習語。

（11）金（今）以安居告□，□□深仁（P816）

按：「告」下疑補「圓」或「成」字。《閒居編》卷35：「是以安居告圓，自恣斯作。」

（12）罄寫肺肝，特陳來旨（P816）

按：罄，原卷作「磬」。下文「箱囊磬（罄）盡又無衣」，錄文不誤。

（13）□□□風漸退，涼氣頻施。孤鴻叫嗚噎之聲，塞鴈□□□之韻（P816）

按：此寫秋景。「風」上疑補「於是熏」三字。熏風，指夏風。

（14）霜凝迴𢪛（系）殊鄉思，露結偏傷侶（旅）客情（P817）

按：殊鄉，猶言異鄉。迴，項楚錄作「回」，校作「迴」。檢原卷作「廻」，即「迴」俗字。《變文集》錄作「迴」，不誤。𢪛，當即「挈」字，從斤從刀一也。挈，讀爲㓞，猶言憂恐、愁苦、急迫。《說文》：「㓞，一曰恐也，讀若楔。」字亦作恝，《玉篇》：「恝，心事也。」《集韻》：「恝，心有事也。」《篆隸萬象名義》：「恝，懼也。」字亦作契，《爾雅》：「契契，愈遐急也。」《周禮·考工記》：「行數千里，馬不契需。」鄭玄注引鄭司農曰：「契讀爲『爰契我龜』之契，需讀爲『畏需』之需。」司農前說誤，後說是。「需」即「懦」省借。王筠曰：「契者，㓞之省形存聲字。」〔註828〕《詩·大東》：「契契寤歎。」毛傳：「契契，憂苦也。」《楚辭·九歎》：「孰契契而委棟兮？」王逸注：「契契，憂貌也。契，一作挈。」《詩·擊鼓》：「死生契闊，與子成說。」毛傳：「契闊，勤苦也。」《釋文》：「契，本亦作挈，同。」皆是此卷「挈」即「契」之證也。「契闊」謂憂苦遠離也，此乃本義，「契闊」分承「死生」而言，言生之憂苦，死之遠離也。後世用「契闊」爲久別、懷念、相交，或引申其義，或誤解詩義。宋·范處義《詩補傳》卷3、宋·孫奕《示兒編》卷3並曰：「契者，合也。闊者，離也。」宋·楊簡《慈湖詩傳》卷3：「契者，合也。闊者，闊遠

〔註828〕王筠《說文解字句讀》，中華書局1988年版，第334頁。

也。」黃生曰：「今人謂久別曰契闊，本《詩》『死生契闊』之語。按《詩》意，死生與契闊並對言。契，合也。闊離也。」〔註829〕錢鍾書從黃說〔註830〕。明朱朝瑛《讀詩略記》卷1引何玄子說、清李光地《詩所》卷1、清馬瑞辰《毛詩傳箋通釋》卷4說亦同〔註831〕。並未得其語源，拘於對文以害義也。《釋文》又引《韓詩》：「契闊，約束也。」則誤爲「絜括」也〔註832〕。字亦作絜，《集韻》：「絜，苦也。」字亦作㓞，《廣雅》：「㓞㓞，憂也。」字亦作㛃，《說文》：「㛃，難也。」《廣韻》：「㛃，意難。」段玉裁曰：「按契與㛃音近。《廣韻》㛃音契。」〔註833〕字又作㤤，《玉篇》：「㤤，怖也。」《集韻》：「㤤，憂也。」

（15）□襖即空存叚（段）領，裙袴乃惟見碎腰（P817）

項楚曰：「叚」原校作「段」。按：此「段」字又是「斷」的同音字，「斷領」與「碎腰」爲對，皆謂衣物破損。（P1649）

按：叚，原卷作「𣪠」形，潘錄不準確。「𣪠」即「段」字俗寫。徐震堮校「段」爲「斷」〔註834〕，此即項氏所本。缺字施謝捷補作「衫」，可備一通。亦可補作「袍」字。「段」讀如字，句言袍襖僅存其一段衣領也。

（16）匣中經數卷（卷數）難盈，架上殘衣隳漸少（P817）

按：隳，讀爲墮，實爲垛。P.2305《解座文匯抄》：「直墮（垛）黃金北斗齊，心中也是無厭足。」項楚曰：「『墮』爲『垛』之同音借字。」郭在貽說同，黃征、張涌泉從項說〔註835〕。S.133《秋胡變文》：「縱使黃金積到

〔註829〕黃生《義府》卷上，《字詁義府合按》，中華書局1954年版，第107頁。
〔註830〕錢鍾書《管錐編》第1冊，中華書局1986年版，第80～83頁。
〔註831〕朱朝瑛《讀詩略記》、李光地《詩所》，分別收入景印文淵閣《四庫全書》第82、86冊，臺灣商務印書館1986年初版，第358、16頁。馬瑞辰《毛詩傳箋通釋》，中華書局1989年版，第121頁。
〔註832〕《文選·答盧諶》、《辯亡論》李善注並引薛君《韓詩章句》：「括，約束也。」當即此詩之注，是《韓詩》作「括」字也。
〔註833〕段玉裁《說文解字注》，上海古籍出版社1981年版，第622頁。
〔註834〕徐震堮《〈敦煌變文集〉校記再補》，《華東師大學報》1958年第2期，第124頁。
〔註835〕郭在貽1981年寫給劉堅的信，《漢語史學報》第11輯，2011年版，第2頁。黃征、張涌泉《敦煌變文校注》，中華書局1997年版，第1183頁。

天半，亂採（彩）墮似丘山，新婦寧有戀心！」S.2144《韓擒虎話本》：「皇帝聞奏，即在殿前，遂安社（射）墮（垛）。」皆其例也。

（17）口口子建之能，武播田文之略（P818）

按：P.2072：「文波子建之蹤，武亞蹄（啼）猿之妙。」黃征、趙鑫曄曰：「波，原校校改爲『及』。據下句『武亞蹄（啼）猿之妙』，疑『波』爲『彼』字之形近誤寫，『彼』又借爲『比』。而『蹤』又爲『縱』之借。」〔註836〕我舊讀「波」爲「配」〔註837〕。皆誤也。「蹤」讀如字，並非「縱」字之借。波，讀爲播，傳揚也。缺字或當補「文亞」二字。宋·周紫芝《爲人賀正啓》：「武高頗牧，文亞班揚。」又考《弘明集》卷14釋智靜《檄魔文》：「武勝標群，文超宏謀。」Φ263＋Φ326：「故得文超七步，武越穿楊。」P.2044：「文逸九流之書，武縱七擒之德。」亦可補「文超」或「文逸」二字。施謝捷補作「文傳」，亦可。

（18）東堂貴客，無非朱紫之流，口口口賓，並事（是）綺羅之豔拽（P818）

項楚曰：豔拽，亦作「豔曳」，美豔飄逸。下文：「綺羅香引輕盈，霧轂花紅豔曳。」（P1658）

按：徐震堮刪「拽」字〔註838〕，施謝捷從之，非也。項楚於「流」下補一脫文號。脫字當在「流」上，疑補作「風流」。下句施謝捷補作「西堂佳（或『嘉』）」，不洽。疑補作「〔西園嘉〕賓」，與「東堂貴客」對舉。蔣禮鴻把「豔拽」列入《待質錄》〔註839〕。《漢語大詞典》解爲「豔麗飄逸」〔註840〕，此即項說所本。解「豔」爲「豔麗」、「美豔」，望文生訓也。關童解「豔拽」爲「流宕飄逸」，近是；而謂「豔拽」與「猶豫」、

〔註836〕黃征、趙鑫曄《〈敦煌願文集〉校錄訂補（四）》，《敦煌學研究》2007年第2期（第4輯），第53頁；其說又見趙鑫曄《敦煌佛教願文研究》，南京師範大學2009年博士學位論文，第199頁。原校指黃征、吳偉《敦煌願文集》，嶽麓書社1995年版，第434頁。

〔註837〕蕭旭《〈敦煌願文集校錄訂補〉訂補（下）》，《東亞文獻研究》第8輯，2011年9月出版，第53頁。

〔註838〕徐震堮《〈敦煌變文集〉校記再補》，《華東師大學報》1958年第2期，第124頁。

〔註839〕蔣禮鴻《變文字義待質錄》，收入《蔣禮鴻集》卷1《敦煌變文字義通釋》附錄一，浙江教育出版社2001年版，第551頁。

〔註840〕《漢語大詞典》（縮印本），漢語大詞典出版社1997年版，第5881頁。

「悠悠」、「奕奕」、「擨揄」等同源〔註 841〕，則妄說音轉，殊不足信也。豔，本謂火焰外伸，引申爲舒揚，字亦作掞、撿。《廣韻》：「撿，豔也。」《慧琳音義》卷 98 引顧野王曰：「掞，猶豔也。」P.2524《語對》：「掞天：掞音豔也。」《集韻》：「掞，舒也。」《三國志·鄧芝傳》：「權與亮書曰：『丁厷掞張。』」裴松之注：「掞，音夷念反，或作豔。蓋謂丁厷之言多浮豔也。」梁·陶弘景《周氏冥通記》卷 4：「勿令火豔出器邊也。」《文選·景福殿賦》：「開建陽則朱炎豔，啓金光則清風臻。」P.2313：「龍章鳳采，豔起千雲。」S.2073《廬山遠公話》：「是時也，春光楊豔，薰色芳菲，淥柳隨風而婀娜。」「楊」即「揚」，豔亦揚也。黃征、張涌泉讀「楊」爲「陽」〔註 842〕，非也。字亦作樣，今吳語樣音豔。S.2614《大目乾連冥間救母變文》：「六種瓊林動大地，四花標樣葉清天。」「標樣」猶言飄揚、輕舉。拽、曳，牽引飄搖也。「豔拽（曳）」猶言舒揚牽引也。《祖庭事苑》卷 6：「艷曳：上以贍切，下以制切，好而長也。」好而長正舒揚牽引之貌。亦可分言，S.4642：「長播（幡）掣拽，豔起空中；矩（短）旆連懸，暈飛簷下。」是其例也。「豔拽（曳）」爲唐宋俗語詞，唐·薛用弱《集異記》：「俄有妙妓四輩，尋續而至，奢華豔曳，都冶頗極。」唐·白居易《花樓望雪命宴賦詩》：「絆惹舞人春艷曳，勾留醉客夜徘徊。」唐·楊巨源《楊花落》：「此時可憐楊柳花，縈盈艷曳滿人家。」字亦作「豔裔」〔註 843〕，梁·吳均《攜手曲》：「豔裔陽之春，攜手清洛濱。」唐·張說《奉和春日出苑》：「禁林豔裔發青陽，春望逍遙出畫堂。」《漢語大詞典》解爲「鮮花嫩苗」〔註 844〕，非也。唐·唐宋《紙鳶賦》：「豔豔裔裔，亭亭迢迢。」此作重言，顯爲形容詞。倒言則作「曳豔」，明·黃世康《新柳篇》：「此時出谷緜蠻鳥，此時曳豔桃李花。」黃征曰：「『豔曳』是雙聲連綿詞，輕盈飄蕩貌，而與字面的『豔』字沒有意義聯繫。」〔註 845〕黃侃早指出連綿詞亦有字義可說，「豔」

〔註 841〕關童《「豔拽」解詁》，《古漢語研究》1994 年第 4 期，第 70 頁。
〔註 842〕黃征、張涌泉《敦煌變文校注》，中華書局 1997 年版，第 270 頁。
〔註 843〕說見蔣禮鴻《變文字義待質錄》，收入《蔣禮鴻集》卷 1《敦煌變文字義通釋》附錄一，浙江教育出版社 2001 年版，第 551 頁；又說見郭在貽《敦煌變文校勘拾遺續補》，收入《郭在貽文集》卷 3，中華書局 2002 年版，第 219～220 頁。
〔註 844〕《漢語大詞典》（縮印本），漢語大詞典出版社 1997 年版，第 5882 頁。
〔註 845〕黃征《〈變文字義待質錄〉考辨》，收入《敦煌語言文字學研究》，甘肅教育出

字自有意義。

（19）綽綻酒沾塵點染，願開惠施賞迦提（P819）

項楚曰：綽綻，開裂、坼破。下文：「雕鞍駿騎，打毬綽綻之衣。」「綽」即張開、開口之義。《根本說一切有部毘奈耶雜事》卷 5：「非直君持，但是綽口瓶瓨，無問大小，以絹縵口，將細繩急繫隨時取水。」「綽口瓶瓨」即是敞口瓶瓨。（P1659）

按：「綽口瓶瓨」之「綽」當讀爲䃊，《玉篇》：「䃊，大脣貌。」取寬緩之義，P.3468：「咬蛇之鬼，脣口略綽。」項引非是。此卷「綽」當訓戳〔註 846〕。「點」同「玷」，參見《維摩詰經講經文（四）》校補。

（20）鳳釵兮斜綴清（青）絲，□□□具銜素質（P819）

按：施謝捷據下文「龍釧鳳釵奪目」，缺文補作「龍釧兮」，可從。綴，讀爲墜〔註 847〕，垂掛、下墜。言鳳釵斜掛於青絲也。P.2838《傾杯樂》：「玉釵墜，素綰烏雲髻。」P.3994《魚美人》：「香和紅豔一堆堆，又北美人和枝折，墜金釵。」北京光字 94 號《維摩詰經講經文》：「鬢釵斜墜，須鳳髻而如花倚藥欄；玉貌頻舒，索娥眉而似風吹蓮葉。」唐・無名氏《雜詩》：「翠羽帳中人夢覺，寶釵斜墜枕函聲。」宋・劉學箕《賀新郎》：「未整鳳釵斜墜。」宋・王之道《如夢令》：「貪喜貪喜，不覺寶釵斜墜。」皆正作「墜」字。唐・韋莊《思帝鄉》：「雲髻墜，鳳釵垂。髻墜釵垂無力，枕函欹。」唐・韓偓《松髻》：「髻根松慢玉釵垂，指點花枝又過時。」二例皆言「垂」，即「墜（綴）」之義。蔣禮鴻謂「墜金釵」之「墜」不可解爲「墜落」，因而讀爲「綴」，解爲「結綴」〔註 848〕，非也。

（21）兼生與熟，謾貯箱中（P819）

版社 2002 年版，第 77 頁。

〔註 846〕參見《漢語大字典》（縮印本），湖北辭書出版社、四川辭書出版社 1992 年版，第 1422 頁。

〔註 847〕P.2044：「眞言不綴。」黃征、吳偉校爲「墜」。此其二字方音相通之例。二例意義有別。黃征、吳偉《敦煌願文集》，嶽麓書社 1995 年版，第 152 頁。

〔註 848〕蔣禮鴻《〈敦煌曲子詞集〉校議》，收入《蔣禮鴻集》卷 1《附錄三》，浙江教育出版社 2001 年版，第 571～573 頁。

項楚曰：兼生與熟，兼有生衣與熟衣。（P1661）

按：項氏解「生與熟」得之，而未得「兼」字之誼。下文「嫌生不著虛盈櫃，口口口披謾貯箱」，即由此句敷衍而來。下文又云：「口口口口嫌生服，退故休披愛着（著）新。」缺字施謝捷補作「〔退故休〕披謾貯箱」，是也。兼，施謝捷讀爲嫌，是也。陳治文則改爲「嫌」〔註849〕。《說文》：「嫌，不平於心也。」猶言嫌惡。字亦作慊，P.2704V《秋吟一本》：「退故慊生惠與僧」，又「退故慊生箱捧出。」

（22）口口口口文武，義贊謙恭（P820）

按：S.4642：「文武不墜，謙恭克彰。」與此文相近。

（23）閑來花下，趁蝴蝶兒（而）掛禎（損）之衣，悶上朱口，口口鸚而悞傷羅服（P820）

按：禎，讀爲振，《廣韻》：「振，振觸。」俗作撐，此言撐破。「之衣」疑「名衣」誤書。上文「將退故之名衣，作緇徒之冬服」。

（24）吹笙管以調清音，弄琵琶口口新曲（P820）

按：缺字施謝捷補「而奏」，可備一通。亦可補「而彈」。

（25）口口口素（縠）馨香，龍釧鳳釵奪日（P821）

潘重規曰：原卷作「[illegible]」，疑是「縠」字，《變文集》作「素」。「日」當爲「目」。（P823）

按：原卷作「[illegible]」，應是「縠」字殘存左旁，非「素」字。上文「庭前賞翫，綺羅呈豔拽之衣；簾口口口，霧縠顯輕盈之服」，又「綺羅香引輕盈，霧縠花紅豔曳」，則此文缺字當是「綺羅霧」三字。

（26）霧縠苗（描）成鸜雀對，紅羅更繡鳳凰勻（P821）

項楚曰：「鸜」應是「鸛」字形誤。（P1666）

按：「紅」爲「綺」字誤書。

〔註849〕陳治文《〈敦煌變文集〉校讀小札》，收入胡竹安、楊耐思、蔣紹愚編《近代漢語研究》，商務印書館1992年版，第61頁。

P.2704V《秋吟一本（二）》校補

P.2704V《秋吟一本》，郭長城、潘重規有校錄，項楚有注〔註 850〕。任半塘《敦煌歌辭總編》卷 4《三冬雪》，據 P.2107、S.5572 校錄而成〔註 851〕。但其卷號郭氏、潘氏誤作 P.4980〔註 852〕，任氏誤作 P.2107。張錫厚主編《全敦煌詩》卷號不誤〔註 853〕。P.4980 有同句，可助校勘。

（1）諷寶偈於長街，囗囗懷於碧砌（P825）

按：原卷 P.2704V 作「寫懷於碧砌」，P.4980 作「寫卑懷於碧砌」，可據補「卑」字。任半塘誤錄作「囗深懷於碧磵」〔註 854〕。

（2）希忝（添）忍服，望濟寒衣（P825）

按：P.4980 作「忝�忍服，虛掛田衣」。「忝」讀如字。

（3）一迴吟了一傷心，一遍言時一氣咽（P825）

按：咽，P.4980 作「噎」。

（4）話苦辛，申懇切，數個師僧門切（砌）烈（列）（P825）

項楚曰：切，《新書》校作「砌」，按應是「仞」。（P1666）

按：項校說本任半塘〔註 855〕，其說非也，「仞」、「切」音遠。郭長城徑錄作「砌」〔註 856〕。「切」字是，古與「砌」通。砌，門限。門砌，吳語謂之戶檻，音訛作「午坎」，又謂之「門檻」。字或音轉作柣，《爾雅》：「柣謂之閾。」郭璞注：「閾，門限。」邢昺疏引孫炎曰：「柣，門限也。」句言數個師僧站立於門前也。

〔註 850〕郭長城《試論 P.4980〈秋吟一本〉之相關寫卷》，《敦煌學》第 6 輯，1983 年版，第 103～107 頁。項楚《敦煌變文選注》，中華書局 2006 年版，第 1668～1682 頁。

〔註 851〕任半塘《敦煌歌辭總編》，上海古籍出版社 2006 年版，第 1049～1057 頁。

〔註 852〕郭長城後來已訂正，見《敦煌變文集失收之三個與〈秋吟一本〉相關寫卷敘錄——S.5572、P.2704、P.4980》，《敦煌學》第 11 輯，1986 年版，第 74 頁。

〔註 853〕張錫厚主編《全敦煌詩》第 14 冊，作家出版社 2006 年版，第 6472～6480 頁。

〔註 854〕任半塘《敦煌歌辭總編》，上海古籍出版社 2006 年版，第 1049 頁。

〔註 855〕任半塘《敦煌歌辭總編》，上海古籍出版社 2006 年版，第 1049 頁。

〔註 856〕郭長城《試論 P.4980〈秋吟一本〉之相關寫卷》，《敦煌學》第 6 輯，1983 年版，第 104 頁。

（5）寒窗冷慴一無衣，如何御被三冬雪（P825）

按：慴，原卷 P.2704V 作「㙷」。項楚謂是「榻」字形誤〔註 857〕。

（6）座更闌，燈殘滅，討義尋文愁萬結（P826）

按：P.4980 作「坐更闌，殘燈滅，討語尋經愁萬結」。

（7）小娘子，腭二八，花下花前避炎熱（P827）

項楚曰：上「花」字有誤，疑當作「月」。（P1675）

按：項校非也。此言小娘子於花下花前趨避炎熱，即於花蔭中避熱，何得改作「月」字？

（8）當星月，護含生，恰到秋深愴客情（P827）

項楚曰：當星月，俟考。（P1677）

按：當，S.5572 同，同「擋」，遮擋。含，原卷 P.2704V 作「[illegible]」，即「倉」，同「蒼」。任半塘、郭長城、項楚、張錫厚亦並誤錄作「含」〔註 858〕。到，S.5572 作「[illegible]」，即「到」字俗書。S.3877V《戊戌年洪潤鄉百姓令狐安定僱工契》：「現與春肆箇月價，與收勒[illegible]秋。」「[illegible]秋」即「到秋」。S.5431《開蒙要訓》：「崖崩岸[illegible]。」「[illegible]」即「倒」。皆可以比勘。張錫厚錄誤錄作「對」〔註 859〕。深，S.5572 作「心」，音之轉也。P.3350《下女夫詞》：「更深月朗。」北大藏 D246「深」作「心」，亦其例。深秋之星月光冷，故擋之，以護蒼生也。

（9）睹碧天，珠露灑，顆顆珠頭密懸掛（P828）

按：密，郭長城、張錫厚錄同〔註 860〕，原卷 P.2704V 作「蜜」。

〔註 857〕項楚《敦煌變文選注》，中華書局 2006 年版，第 1673 頁；又項楚《敦煌歌辭總編匡補》，巴蜀書社 2000 年版，第 145 頁。

〔註 858〕任半塘《敦煌歌辭總編》，上海古籍出版社 2006 年版，第 1057 頁。郭長城《敦煌變文集失收之三個與〈秋吟一本〉相關寫卷敘錄——S.5572、P.2704、P.4980》，《敦煌學》第 11 輯，1986 年版，第 77 頁。項楚《敦煌變文選注》，中華書局 2006 年版，第 1676 頁。張錫厚主編《全敦煌詩》第 14 冊，作家出版社 2006 年版，第 6474 頁。

〔註 859〕張錫厚主編《全敦煌詩》第 14 冊，作家出版社 2006 年版，第 6479 頁。

〔註 860〕郭長城《敦煌變文集失收之三個與〈秋吟一本〉相關寫卷敘錄——S.5572、P.2704、P.4980》，《敦煌學》第 11 輯，1986 年版，第 77 頁。張錫厚主編《全

（10）月冷風高〔口〕漸濃，三衣佛敕千門化（P828）

按：缺字疑項楚補「霜」字〔註 861〕，是也。P.3618《秋吟一本》:「風高月冷，露結霜凝。」

《下女夫詞》校補

《新書》所據凡七卷，以 P.3350 作原卷，校以 S.3877V（甲卷）、S.5949（乙卷）、S.5515（丙卷）、P.3893（丁卷）、P.3909（戊卷）、P.2976（己卷）六個寫卷。

目前《下女夫詞》共發現 27 個殘卷：P.2976、P.3147b、P.3266V、P.3350、P.3893、P.3909、S.3877V、S.5515、S.5949、S.9501+S.9502V+S.11419V+S.13002、Дx.3885A、北大藏 D246、中國書店藏 ZSD.068+《殘墨》第 70 號、傅斯年圖書館藏 188085、Дx.3860、Дx.3135+Дx.3138、Дx.2654、Дx.11049+Дx.12834V、Дx.11049V+Дx.12834R、S.3227〔註 862〕。

其中 P.3147b、P.3266V、Дx.3885A、Дx.2654、Дx.12834R 皆是殘字，無從入校；S.3227 殘存 8 行，圖版不清，不可辨認；中國書店藏 ZSD.068、傅斯年圖書館藏 188085 圖版未見，亦皆無從入校。因取其餘各卷作校補。楊寶玉校錄了北大藏 D246 及 P.2976 二個寫本〔註 863〕，張鴻勳校錄了 S.9501+S.9502V+S.11419+S.13002 四個寫本〔註 864〕，郭在貽等亦有校記〔註 865〕，茲並取以參考。常見通借字，則多從省略，以省篇幅。

敦煌詩》第 14 冊，作家出版社 2006 年版，第 6474 頁。

〔註 861〕項楚《敦煌歌辭總編匡補》，巴蜀書社 2000 年版，第 148 頁。

〔註 862〕宋雪春著錄了前 26 個卷號，《敦煌研究》2012 年第 6 期，第 87 頁。第 27 個卷號 S.3227 王三慶誤作 S.3277。宋雪春《〈俄藏敦煌文獻〉中四件〈下女夫詞〉殘片的綴合》，《敦煌研究》2012 年第 6 期，第 87 頁。王三慶《〈敦煌變文集·下女夫詞〉的整理——兼論其與〈咒願文壹本〉、〈障車文〉、〈驅儺文〉、〈上樑文〉之關涉問題》，收入高田時雄主編《敦煌寫本研究年報》第 4 輯，2010 年版，第 15 頁。

〔註 863〕楊寶玉《〈敦煌變文集〉未入校的兩個〈下女夫詞〉殘卷校錄》，《敦煌語言文學研究》，北京大學出版社 1988 年版，又收入《中國敦煌學百年文庫·文學卷（四）》，第 337～343 頁。

〔註 864〕張鴻勳《新獲英藏〈下女夫詞〉殘卷校釋》，收入《段文傑敦煌研究五十年紀念文集》，世界圖書出版公司北京公司 1996 年版，第 267～278 頁；又收入《敦煌俗文學研究》，甘肅教育出版社 2002 年版，第 407～428 頁。

〔註 865〕郭在貽等《敦煌變文集校議》，收入《郭在貽文集》卷 2，中華書局 2002 年版，第 211～215 頁。

（1）賊來須打，客來須看，報道姑婹，出來相看（P1179）

按：「賊來須打，客來須看」是唐宋時諺語。《雲門匡真禪師廣錄》卷 3：「客來須看，賊來須打。」《景德傳燈錄》卷 12：「賊來須打，客來須看。」《萬松老人評唱天童覺和尚拈古請益錄》卷 1、《宏智禪師廣錄》卷 3「看」作「待」。「看」即招待之義。報，北大藏 D246 同，S.5949 作「保」，借字。

（2）門門相對，戶戶相當（P1179）

按：當，北大藏 D246 同，S.3877V 作「堂」，借字。

（3）心游方外，意遂恒娥（P1179）

潘校：「遂」疑當作「逐」。

按：潘說是也。S.5949 作「意逐恒鵝」〔註 866〕，Дx.3135+Дx.3138 作「意逐恒俄」，北大藏 D246 作「意逐恒娥」。「鵝」、「俄」並同音借字。

（4）人先馬乏，暫欲停流（留）（P1179）

潘校：《變文集》校記：「乙卷『先』作『卑』，應通作『疲』、『憊』等字。」按：人乏在馬乏之先，原句似亦可通。

按：郭在貽等曰：「『先』爲『皮』字之訛，通『疲』，核甲卷作『皮』。乙卷作『卑』，爲『脾』之省，與『疲』亦同音。潘校未確。」〔註 867〕李正宇徑錄作「疲」〔註 868〕；黃征錄作「皮」，讀爲疲〔註 869〕。此字北大藏 D246 作「[illegible]」，即「疲」字俗書，P.3545V《牛》：「忽以力[illegible]金軛，氣口（絕）彫轅。」「力[illegible]」即「力疲」，正可比勘，楊寶玉誤錄爲「疾」〔註 870〕；Дx.3135+Дx.3138 作「[illegible]」，當即「疲」字訛變。「卑」亦可能是「郫」或「陴」之省，亦與「疲」同音。停，北大藏

〔註 866〕楊寶玉《〈敦煌變文集〉未入校的兩個〈下女夫詞〉殘卷校錄》注釋（6）誤認作「遂」，收入《中國敦煌學百年文庫・文學卷（四）》，第 338 頁。

〔註 867〕郭在貽等《敦煌變文集校議》，收入《郭在貽文集》卷 2，中華書局 2002 年版，第 211 頁。

〔註 868〕李正宇《〈下女夫詞〉研究》，《敦煌研究》1987 年第 2 期，第 44 頁。

〔註 869〕黃征《敦煌寫本異文綜析》，收入《敦煌語文叢說》，新文豐出版公司印行 1997 年版，第 34 頁。下同。

〔註 870〕楊寶玉《〈敦煌變文集〉未入校的兩個〈下女夫詞〉殘卷校錄》，收入《中國敦煌學百年文庫・文學卷（四）》，第 338 頁。

D246 同，S.3877V、Дx.3135+Дx.3138 作「亭」，S.5949 作「提」，黃征謂「提」是「停（亭）」的借字，是也。P.2578《開蒙要訓》「提」注直音亭，是其切證。這是一種特殊的唐五代西北方言現象，蔣禮鴻、邵榮芬皆有討論〔註 871〕，我在考證「淒浰」、「清浰」音轉時，也有補證〔註 872〕。流，各本同，北大藏 D246 作「留」。

（5）**幸願姑嫂，請垂接引（P1179）**

潘校：《變文集》校記：「乙卷『垂』作『須』。」

按：垂，Дx.3135+Дx.3138、北大藏 D246 亦作「須」。引，S.5949、北大藏 D246 同，Дx.3135+Дx.3138 作「[illegible]」，石冬梅錄作「隱」，校爲「引」〔註 873〕。「[illegible]」即「隱」字省書。P.2915：「引菩薩形。」S.4642「引」作「隱」。

（6）**更深月朗，星斗齊明（P1179）**

按：深，北大藏 D246 作「心」，音之轉也。P.2704V《秋吟一本》：「恰到秋深愴客情。」S.5572 作「秋心」，亦其例。朗，原卷 S.3877V、S.5949 作「郎」，Дx.3135+Дx.3138 作「浪」，《殘墨》第 70 號殘存右旁「良」，皆借字；北大藏 D246 作「朗」。星斗齊明，S.5949 作「西㪷齊明」，北大藏 D246 作「西㪷情明」，《殘墨》第 70 號殘存「星斗」二字。黃征謂「西」讀作「星」〔註 874〕。下文「日（月）落星光曉，更深恐日開」〔註 875〕，S.5515「星」作「西」。「西」爲「星」變音，「情」爲「齊」變音。P.2578《開蒙要訓》「薺」注直音精，是其比也。楊寶

〔註 871〕蔣禮鴻《中國俗文字學研究導言》，《杭州大學學報》1959 年第 3 期；收入《蔣禮鴻集》卷 3，浙江教育出版社 2001 年版，第 138～139 頁。邵榮芬《敦煌俗文學中的別字異文和唐五代西北方言》，《中國語文》1963 年第 3 期；收入《中國敦煌學百年文庫·語言文字卷（一）》，甘肅文化出版社 1999 年版，第 148～149 頁。

〔註 872〕蕭旭《〈玉篇〉「浰，清浰」疏證》，《傳統中國研究集刊》第 9、10 合輯，上海人民出版社 2012 年 3 月出版，第 272～275 頁。

〔註 873〕石冬梅《〈俄藏敦煌文獻〉第 10 冊殘片考辨定名》，臺灣《國家圖書館館刊》2012 年第 1 期，第 52 頁。

〔註 874〕黃征《敦煌俗音考辨》，收入《敦煌語文叢說》，新文豐出版公司印行 1997 年版，第 137 頁。

〔註 875〕「月」字據 P.3909、S.5515、S.5949、Дx.3860 改。S.5949「曉」作借字「嬈」。

玉曰：「疑當作『晴明』。」〔註 876〕非也。

（7）不審何方貴客，侵夜得至門庭（P1179）

按：庭，《殘墨》第 70 號同，S.5949 作「停」，借字。

（8）姑嫂若無疑口，火急反身却回（P1179）

按：缺字當在「疑」字上。北大藏 D246 作「祇宜」，S.5949 作「之口」。楊寶玉曰：「疑當作『只疑』。」〔註 877〕疑當讀爲「遲疑」。

（9）精神磊朗，因何到來（P1179）

按：朗，原卷 S.3877V 作「郎」，借字；北大藏 D246、《殘墨》第 70 號作「朗」。徐復謂「磊朗」即「磊落」的連綿詞音變，謂胸懷坦白爽朗〔註 878〕。唐・盧藏用《紀信碑》：「應皇祖兮卓犖磊朗，瑰詭俶黨；奮威武兮虎鬬龍戰，扶危制變。」元・金履祥《送金簿解官歸天台》：「小兒年十一，磊朗益自俊。」

（10）故來參謁，尞（聊）作榮華（P1179）

按：尞，S.5949 同，S.3877V 作「遼」，北大藏 D246 作「料」，皆借字。

（11）上古王嬌（喬）是先（仙）客（P1180）

潘校：《變文集》校記：「『古』原作『姑』，甲卷作『古』，乙卷作『故』，據甲卷改。仙，用周校。」

按：姑，北大藏 D246、Дx.11049 作「故」，中國書店藏 ZSD.068 作「古」。「古」爲正字。嬌，S.3877V、S.5949、Дx.11049、北大藏 D246 同，中國書店藏 ZSD.068 作「喬」。

（12）傳聞列使（史）有荊軻（P1180）

潘校：《變文集》校記：「原卷作『傳聞烈所有經詞』，甲卷作『傳聞到便

〔註 876〕楊寶玉《〈敦煌變文集〉未入校的兩個〈下女夫詞〉殘卷校錄》，收入《中國敦煌學百年文庫・文學卷（四）》，第 338 頁。
〔註 877〕楊寶玉《〈敦煌變文集〉未入校的兩個〈下女夫詞〉殘卷校錄》，收入《中國敦煌學百年文庫・文學卷（四）》，第 338 頁。
〔註 878〕徐復《敦煌變文詞語研究》，《中國語文》1961 年第 8 期；又收入《徐復語言文字學叢稿》，江蘇古籍出版社 1990 年版，第 235 頁。

有荊軻』，乙卷作『傳聞烈使有荊軻』，改句據乙卷。」規按：似當作「傳聞烈士有荊軻」。

按：潘校是也。乙卷 S.5949 作「傳聞列使有荊軻」，Дx.11049 作「傳聞列士有荊軻」，北大藏 D246 作「得問列士右荊軻」。傳聞，原卷 P.3350、S.3877V 作「傳文」，中國書店藏 ZSD.068 亦作「得問」。「問」、「文」爲「聞」音誤，「得」爲「傳」形誤。

（13）發君歸路，莫失前程（P1180）

按：程，原卷 P.3350、S.3877V、S.5949 並作「逞」，借字。北大藏 D246 倒作「程前」。

（14）何方所管？誰人伴換（P1180）

按：換，S.5949 作「㑂」，S.3877V 作「渙」；北大藏 D246 作「[illegible]」，即「喚」，楊寶玉誤錄作「奐」〔註 879〕。「伴換」已詳《八相變（一）》校補。

（15）次第申陳，不須潦亂（P1180）

按：第，原卷 P.3350 作「定」，S.5949 作「弟」，S.3877V 作「递」。定、递，並讀爲弟（第）。潦，北大藏 D246、S.5949 作「遼」。S.5949「不」誤作「必」字。

（16）英毛（髦）蕩蕩，游稱陽陽（P1180）

按：蕩蕩，S.5949 作「祭祭」，讀爲「濟濟」，也作「擠擠」、「躋躋」，眾多貌。《儀禮・士冠禮》鄭玄注：「嚌，當爲祭，字之誤也。」陽，S.5949 同，Дx.11049V 作「揚」。「揚」、「陽」同音借字。陽陽，彰顯貌。

（17）三川蕩蕩，九郡才郎（P1180）

按：郎，S.5949 作「良」，省借字。

（18）何方貴客，霫霄（宵）來至（P1180）

按：霫霄，S.5949、Дx.11049V 同，宋雪春誤錄作「寑宵」〔註 880〕。「霫」

〔註 879〕楊寶玉《〈敦煌變文集〉未入校的兩個〈下女夫詞〉殘卷校錄》，收入《中國敦煌學百年文庫・文學卷（四）》，第 340 頁。

〔註 880〕宋雪春《〈俄藏敦煌文獻〉中四件〈下女夫詞〉殘片的綴合》，《敦煌研究》2012

讀爲侵。

（19）更須申問，可（何）昔（惜）時光（P1181）

按：郭在貽等曰：「『須』原卷實作『煩』，乙卷作『欲』。『可』字不當校改。」〔註 881〕二字Дx.11049V 作「欲」、「何」。P.3893「昔」作「惜」。

（20）有疑借問，可（何）昔（惜）時光（P1181）

潘校：《變文集》校記：「乙卷『借』作『即』。」

按：借，Дx.11049V 亦作「即」，方音之變。《文選・答臨淄侯牋》：「若成誦在心，借書於手。」舊注：「借，音即。」《廣韻》「借」音資昔切，與「即」音相近〔註 882〕。中村不折藏《搜神記》：「若借問於卿嗔怒。」又「借問珍父患狀如何。」又「借問怨家姓名。」三例 S.525 并作「即問」。S.2607《浣溪沙》：「即問漁翁何所有，一壺清酒一竿風。」任半塘曰：「楊評謂『即問』當作『借問』。按『即』猶即今。」〔註 883〕蔣冀騁曰：「楊評是，『借』、『即』音應相近。《搜神記》：『與珍相見，還如同學之時。即問珍父患狀如何？』校記：『即原作借，據甲卷改。』此皆『即』、『借』相混之例。」並引此文爲證〔註 884〕。

（21）立客難發遣，展褥鋪錦床（P1181）

按：褥，Дx.11049V 同，S.5949 省作「辱」。

（22）請君下馬來，緩緩便商量（P1181）

潘校：《變文集》校記：「乙卷『模模』作『喚喚』。」規按：丁卷作「緩緩」，原卷作「𣛭𣛭」，《變文集》誤作「模模」，據丁卷改。「商量」原作「相量」，據丁卷改。

按：「𣛭𣛭」即「㨔㨔」，Дx.11049V 同，亦即「換換」改旁俗字；丁卷

年第 6 期，第 86 頁。

〔註 881〕郭在貽等《敦煌變文集校議》，收入《郭在貽文集》卷 2，中華書局 2002 年版，第 212 頁。

〔註 882〕參見徐復《讀〈文選〉札記再續》，收入《徐復語言文字學晚稿》，江蘇教育出版社 2007 年版，第 296 頁。

〔註 883〕任半塘《敦煌歌辭總編》，上海古籍出版社 1987 年版，第 602 頁。

〔註 884〕蔣冀騁《敦煌文獻研究》，湖南師範大學出版社 2005 年版，第 186～187 頁。

P.3893 作「𥝤𥝤」，實是「穓穓」，亦即「換換」的變體，潘氏誤認作「緩緩」。蔣禮鴻曰：「『換』、『喚』是『緩』的同音借字。末句用本字寫應作『緩緩更商量』。」〔註 885〕P.3618《秋吟一本》：「相將換步出蓮宮。」張涌泉亦讀「換」爲「緩」〔註 886〕。P.2838 敦煌曲《內家嬌》：「逶迤換步出閨帏。」任二北曰：「『緩步』原作『換步』，《蘇莫遮》有『踐步』，同例。」〔註 887〕

（23）束帶結凝妝，牽繩入此房（P1181）

潘校：《變文集》校記：「『此房』原作『肆方』，據乙卷改。」

按：此房，Дx.11049 殘存一「此」字。繩，S.5949、Дx.11049 並作「乘」，借音字。郭在貽等曰：「己卷作『垂入此鄉』。」〔註 888〕己卷 P.2976 作「束帶矜（矜）庄（妝），垂入此鄉」。

（24）上圓初出卯，不下有何方（妨）（P1181）

潘校：《變文集》校記：「乙卷『圓』作『圖』。」

按：圓，Дx.11049 同，宋雪春誤錄作「圖」〔註 889〕。「圖」爲「圓」形誤。上圓，指月亮。出卯，S.5949、Дx.11049 同，P.3893 作「出皃」，借字。初出卯，謂剛剛出卯時也。敦煌地處西北，卯時則尚在半夜，故上文言「侵宵來至」。郭在貽等曰：「己卷作『爲初職任，不下何妨』，可知『上圓初出卯』應是表上任的。『圓』乙卷作『圖』，應讀爲『途』。『卯』爲『茆』之省旁字，即『茅』。『上途』指做官赴任；『初出茅』即『初出茅廬』之省略語，用諸葛亮出仕之典。」〔註 890〕恐未得。

〔註 885〕蔣禮鴻《〈敦煌變文集〉校記錄略》，《杭州大學學報》1962 年第 1 期，第 179 頁。

〔註 886〕張涌泉《敦煌俗字研究》上編《敦煌俗字研究導論》，上海教育出版社 1996 年版，第 139 頁。

〔註 887〕任二北《敦煌曲校錄》，上海文藝聯合出版社 1955 年版，第 24 頁。其說實本龍晦校，參見任半塘《敦煌歌辭總編》，上海古籍出版社 2006 年版，第 241 頁。

〔註 888〕郭在貽等《敦煌變文集校議》，收入《郭在貽文集》卷 2，中華書局 2002 年版，第 212 頁。

〔註 889〕宋雪春《〈俄藏敦煌文獻〉中四件〈下女夫詞〉殘片的綴合》，《敦煌研究》2012 年第 6 期，第 86 頁。

〔註 890〕郭在貽等《敦煌變文集校議》，收入《郭在貽文集》卷 2，中華書局 2002 年

己卷 P.2976 與此卷文字大異，未必義同。

（25）親賢明鏡近門臺，直為橋（嬌）多不下來（P1181）

潘校：乙卷作「多嬌」。

按：P.3893 作「喬多」，Дx.11049 作「嬌多」。下文「百美嬌多見不䅲（奢）」，P.3893 亦作「喬多」。Дx.11049「臺」作「牽」，形誤。

（26）只有綾羅千萬疋，不要胡傷（觴）數百杯（P1181）

潘校：《變文集》校記：「乙卷『有』作『要』;『傷』作『箱』，亦不對。周云：『疑當作「胡觴」。』」

按：二字Дx.11049 同乙卷。

（27）幸垂與飲卻，延得萬年春（P1181）

潘校：《變文集》校記：「乙卷『與』作『而』。『延』原作『逃』，據乙卷改。」

按：原卷 P.3350 作「延」，不作「逃」。二字Дx.11049 同。

（28）酒是蒲桃酒，千錢沽一蚪（P1181）

潘校：《變文集》校記：「『錢』原作『千』，據乙、丁二卷改。」

按：P.3893 作「千錢酤壹口」，Дx.11049 作「千錢姑一蚪」，「姑」爲借字。

（29）窈窕出蘭閨，步步發陽臺（P1181）

潘校：《變文集》校記：「戊卷『蘭』作『鸞』。」

按：窈窕，P.3893 同，S.5949、P.3909、Дx.3860 作「𩂯𩄲」，俗字。上文「窈窕淑女」，S.5949 亦作「𩂯𩄲」。蘭閨，S.5949 同，P.3893 作「蘭圭」。

（30）柏是南山柏，將來作門額（P1182）

按：額，P.3893、P.3909、Дx.3860 同，S.9502V 作「格」，下同。項楚校「格」爲「額」〔註 891〕，是也。張錫厚誤錄作「桉」〔註 892〕。

版，第 212～213 頁。

〔註 891〕項楚《敦煌詩歌導論》，巴蜀書社 2001 年版，第 196 頁。

（31）掣却金鉤鎖，拔却紫檀關（P1182）

按：掣，Дx.3860 同，P.3893 作「製」，誤字。《玄應音義》卷 6 引《字林》：「掣，拔也。」紫，Дx.3860 同，P.3893、S.5515 作「梓」，借音字。

（32）至堆詩（P1182）

按：Дx.3860 同，P.3909 作「至墔裝詩曰」。「墔」即「堆」的加旁俗字，與音昨回切的「墔」是同形異字。下文「何故生此堆」，P.3909「堆」亦作「墔」。

（33）琉璃為四壁，磨玉作基階（P1182）

潘校：《變文集》校記：「『璃』原作『琉』，據丁、戊卷改。」

按：S.5515 亦作「璃」。基階，P.3893、P.3909 同，S.5515 作「居皆」。「皆」爲「階」省借。「居」讀爲「基」，唐代西北方言中 i 與 u 常相通假〔註 893〕。

（34）為報侍娘渾擎却，從他附（駙）馬見青娥（P1182）

按：擎，P.3893 同，S.13002 作「撥」。P.3893「渾」作「魂」，「附」作「駙」，「娥」作「俄」。侍，原卷 P.3350 作「是」，借字，不當徑改而不出校。下文「侍娘不用相要勒」，P.3893 作「是娘」。

（35）錦幛重重掩，羅衣隊隊香（P1182）

按：隊隊，S.5515 作「兑兑」，借音字。「兑兑」、「隊隊」與「重重」相對舉，當是形容詞，盛多貌。《廣韻》：「㗳，茂皃。」《文選・高唐賦》：「王曰：『朝雲始出，狀若何也？』玉對曰：『其始出也，㗳兮若松榯。』」李善注：「㗳，茂貌。」字或作「霨霨」，元・佚名《燕山八景賦》：「睠卿雲之昭彰，靄靄霨霨而悠揚。」明・李夢陽《明故王文顯墓誌銘》：「仰彼昊天兮，白雲霨霨。」字或作「薱薱」，《廣雅》：「薱薱，茂也。」《玉篇》：「薱，草木茂也。」P.3696《箋注本切韻》：「薱，草盛。」《古尊宿語錄》卷 23、25《木魚謌》：「哮吼吟時雲隊隊。大洋海底霹靂聲。」「雲隊隊」即「雲㗳㗳」也。北圖 866《李陵變文》：「白雪芬

〔註 892〕張錫厚主編《全敦煌詩》第 9 冊，作家出版社 2006 年版，第 3689 頁。
〔註 893〕例證參見蕭旭《「首鼠兩端」解詁》。

芬（紛紛）乎紫塞，黑煙隊隊人（入）愁冥。」黃征、張涌泉曰：「隊隊，陣陣。」項楚說同〔註 894〕。胥未達其誼。雲煙之盛爲「暯暯」、「霧霧」、「隊隊」，草木之盛爲「蔚蔚」，衣服之盛爲「隊隊」、「兌兌」，其義一也。張錫厚從譚蟬雪校「兌兌」作「對對」〔註 895〕，蓋理解爲「成雙成對」，未確。

（36）**青春今夜正方新，紅葉開時一朵花（P1182）**

按：正，S.5515 作「政」，借字。紅，S.5515、P.3893 作「鴻」，借字。葉，S.11419V 作「藥」。方，S.13002 作「芳」，正字。朵，原卷 P.3350 作「椺」，P.3893 作「垛」，S.11419V 作「朵」。

（37）**《去帽惑詩》：「璞璞一頸花，濛濛兩鬢渣（遮）。少來鬢髮好，不用冒或遮。」（P1183）**

潘校：《變文集》校記：「丙、丁二卷『璞璞』作『瑛瑛』。『冒或』當即標題內之『帽惑』，丙卷作『毛惑』，均不得其解。」

按：頸，原卷 P.3350、P.3893、S.5515 並作「頭」。濛濛，原卷 P.3350、P.3893、S.5515 並作「蒙蒙」。蔣禮鴻謂「璞璞」同「撲撲」，形容頸項的肥美；又從《變文集》校「渣」爲「遮」〔註 896〕。郭在貽等曰：「『頸』原卷實作『頭』，當據正。『渣』字丙卷作『⿺辶查』，即『遮』之俗字。陳治文校『璞』爲『颮』，『渣』爲『奓』，皆未確。」〔註 897〕諸說有對有錯，辨正如下：（a）作「璞璞」是，字亦作「撲撲」、「⿱艹穙⿱艹穙」，S.6204《碎金》：「花⿱艹穙⿱艹穙，莫卜反。」關長龍、張涌泉曰：「『⿱艹穙』字其他字書不載，似與『穙』爲一字之異。《廣韻》：『穙，草生概也。』白居易《山石榴寄元九》：『杜鵑啼時花撲撲。』『花撲撲』即『花⿱艹穙⿱艹穙』的記音字。」〔註 898〕朱鳳玉引白詩以證〔註 899〕，此即關、張二氏之

〔註 894〕黃征、張涌泉《敦煌變文校注》，中華書局 1997 年版，第 139 頁。項楚《敦煌變文選注》，中華書局 2006 年版，第 1695 頁。

〔註 895〕張錫厚主編《全敦煌詩》第 9 冊，作家出版社 2006 年版，第 3697 頁。

〔註 896〕蔣禮鴻《敦煌變文字義通釋》，收入《蔣禮鴻集》卷 1，浙江教育出版社 2001 年版，第 115 頁。

〔註 897〕郭在貽等《敦煌變文集校議》，收入《郭在貽文集》卷 2，中華書局 2002 年版，第 215 頁。

〔註 898〕張涌泉《敦煌經部文獻合集》第 7 冊《字寶》，中華書局 2008 年版，第 3788

所本。宋・宋祁《西園早春》：「野翠欣欣徧，林花撲撲新。」宋・強至《送鎭叔》：「三月將交雨細時，餘花撲撲柳飛飛。」宋・韓維《送謝師直歸馬上作》：「雜花被原野，南盡遠目注。撲撲亂朱紛，濛濛凝白霧。」皆以形容花。亦可形容煙、雲、塵、日光，S.4571《維摩詰經講經文》：「龍惱（腦）氤氳香撲撲，玉爐旋捧色皚皚。」宋・宋祁《宮中春詞》：「撲撲煙花千戶煖，嘈嘈歌吹九門風。」宋・王安石《南澗樓》：「撲撲煙嵐遶四阿，物華終恨未能多。」宋・劉弇《龍雲觀稼》：「黃雲撲撲擁千塍，惡歲噘噘比獨登。」宋・郭祥正《謝淮西吳提舉》：「瘦馬徐行三百里，撲撲黃塵眼雙眯。」又《韶石行》：「日光撲撲散金蘂，蓮花透澈琉璃盤。」又可狀飛行、狀聲色，唐・張籍《江村行》：「水淹手足盡爲瘡，山蟲遶衣飛撲撲。」唐・王建《田家行》：「野蠶作繭人不取，葉間撲撲秋蛾生。」又《荊門行》：「犬聲撲撲寒溪烟，人家燒竹種山田。」唐・杜牧《郡齋獨酌》：「後嶺翠撲撲，前溪碧泱泱。」其中心詞義是繁盛貌、紛亂貌，語源是「菐」，《說文》：「菐，瀆菐也。」《集韻》：「菐，煩也。」段玉裁曰：「瀆、菐疊韻字。瀆，煩瀆也。『菐』如《孟子》書之僕僕。趙云：『煩猥皃。』」〔註 900〕《孟子・萬章下》：「子思以爲鼎肉使己僕僕爾亟拜也。」《說文》：「𡳐，行𡳐𡳐也，讀若僕。」段玉裁曰：「即今俗語僕僕道途之謂。」〔註 901〕字亦作「𦡤𦡤」，唐・孟郊《投所知》：「𦡤𦡤家道路，燦燦吾衣服。」「𦡤𦡤」即「僕僕（𡳐𡳐）」，俗語「風塵僕僕」，正字當作「𡳐𡳐」。明・胡震亨《唐音癸籤》卷 23：「𦡤𦡤，即曄曄。」其說非也。《小爾雅》：「樸，叢也。」《集韻》：「樸，樸屬，叢生皃。」又「䰳，髯鬒皃。」皆同源。蔣禮鴻曰：「《新方言》卷 2：『《方言》㒒、泡竝訓盛，《廣韻》二皆匹交切。浙江謂盛飾刻畫爲花泡。花即華之今字。』按：花泡音轉則爲撲。《西遊記》第 97 回：『花撲撲的滿街鼓樂送行。』」〔註 902〕蔣說亦得，《爾雅》：「樸，枹者。」即以聲爲訓。《文選・西

頁。

〔註 899〕朱鳳玉《敦煌寫本〈碎金〉研究》，文津出版有限公司 1997 年版，第 301 頁。

〔註 900〕段玉裁《說文解字注》，上海古籍出版社 1981 年版，第 103 頁。

〔註 901〕段玉裁《說文解字注》，上海古籍出版社 1981 年版，第 233 頁。

〔註 902〕蔣禮鴻《義府續貂》，收入《蔣禮鴻集》卷 2，浙江教育出版社 2001 年版，

都賦》:「颮颮紛紛。」舊注「颮」音「樸」。李善注:「颮颮紛紛，眾多之貌。」《後漢書》李賢注同。《廣韻》:「颮，匹角切，颮颮紛紛，眾多皃。」《集韻》:「颮，颮颮，眾多貌。」「颮颮」即「撲撲」。黃征曰:「『璞璞』爲『茂盛』、『迷蒙』之義，又作『撲撲』、『摸摸』、『模模』、『漠漠』。」〔註 903〕所說皆是也。而黃氏又曰:「『撲』、『璞』乃是『摸』、『漠』等字的訛字。應是先有『漠漠』一詞，同音而衍化爲『摸摸』，形近而訛作『模模』，再因俗字形近而訛作『撲撲』、『璞璞』、『穙穙』等字。」則大誤。黃氏後來已訂正其形誤之說，云:「考該寫本《碎金》語音系統，有 m、p 聲母混合規律。若道『莫卜反』之『莫』與『樸』字右邊相似而易生歧義，猶有可說；而同卷又有『扒撖：上抹，下截』之例，『抹』字則似無形近易亂之嫌，難以改讀。由此推論，《碎金》所集可能有許多來自六朝古字書、韻書，有着較多南方語音、詞彙特徵。」〔註 904〕然仍未達其語源也。(b) 渣，原卷 P.3350 作「[illegible]」，即「渣」變體，P.3893 作「渣」。其字不當改讀，語源爲「差」，《說文》:「差，貳也，差不相值也。」即參差義，歧出不齊，故云差而不相值也〔註 905〕。指髮之參差，專字則作「鬠」、「髊」，《說文》:「鬠，髮好也。」《廣韻》:「鬠，髮多皃。」髮多、髮好，皆由髮之參差而來，義相因也。俗字作鬠，疊韻雙言則作「查沙」、「鬠髿」、「渣沙」等形〔註 906〕，參差不齊貌。此文「渣」即「鬠」，指鬢髮多而好，下句「鬢髮好」，即其確詁。絕不可校作「遮」，與下句「遮」字犯複。張錫厚曰:「『渣』、『插』音近致誤。」〔註 907〕其說非也，古音不近。(c) P.3893 作「帽或」。蔣禮鴻早年把「帽惑」、「冒或」列入《待質錄》〔註 908〕，後來考證出「帽惑」、「冒或」、「毛惑」即

第 209 頁。

〔註 903〕黃征《唐代俗語詞輯釋（二）》，《唐研究》第 4 卷，1998 年版；又收入《敦煌語言文字學研究》，甘肅教育出版社 2002 年版，第 147～148 頁。下同。

〔註 904〕黃征《敦煌俗字典》，上海教育出版社 2005 年版，第 308 頁。

〔註 905〕參見蕭旭《〈越絕書〉古吳越語例釋》。

〔註 906〕參見蕭旭《漢譯佛經語詞語源例考》，《東亞文獻研究》總第 11 輯，2013 年 6 月出版，第 82 頁。

〔註 907〕張錫厚主編《全敦煌詩》第 9 冊，作家出版社 2006 年版，第 3702 頁。

〔註 908〕蔣禮鴻《變文字義待質錄》，收入《敦煌變文字義通釋》附錄一，中華書局 1960 年版，第 147 頁。

是《玉篇》的「帨幗」，女子覆髮的首飾，並指出「幗」字在《後漢書》中又誤作「薗」〔註909〕。前說是也，李正宇說同〔註910〕，當本於蔣說。但「薗」非誤字，乃借字，在文獻中又作「簂」、「槶」。《廣雅》:「簂謂之帨。」《釋名》:「簂，恢也。恢廓覆髮上也。齊人曰帨，飾形貌也。」帨之言貌也。李緒鑒讀「或（惑）」爲「護」，解「帽惑」爲護耳的帽子〔註911〕，非也。吳慶峰謂「帨幗」、「帽惑」、「冒或」、「毛惑」是「蔛（蔛）胡」、「麻胡」的音轉，得義於「渾無棱角」〔註912〕，其說臆測音轉，顯然與《釋名》取義於「恢廓」、「飾形貌」的記載不合。

（38）一花却去一花新，前花是價（假）後花真（P1183）

按：新，S.5515作「辛」，省借字。價，P.3893、S.5515同，S.11419V作「假」。

（39）假花上有銜花鳥，真花更有彩（採）花人（P1183）

按：假，P.3893作「價」，借字。彩，P.3893、S.5515作「菜」，借字；S.11419V正作「採」字。更，S.11419V作「還」。

（40）山頭寶逕甚昌楊，衫子背後雙鳳凰（P1183）

按：逕，原卷P.3350、P.3893、S.5515作「迳」，即「逕」俗寫字，成96《目連變文》:「聖者來於幽迳。」「幽迳」即「幽逕」，可以比勘，張錫厚誤錄作「迳」〔註913〕；S.9502V作「[illegible]」，即「繼」字，項楚誤錄作「經」，校作「徑」〔註914〕。楊，S.9502V同，P.3893作「陽」，S.5515作「揚」。昌陽，猶言明顯。《說文》:「昌，一曰日光也。《詩》

〔註909〕蔣禮鴻《敦煌變文字義通釋》，收入《蔣禮鴻集》卷1，浙江教育出版社2001年版，第115頁。劉台拱亦曾指出《儀禮》鄭注「薗」爲「簂」誤，字又作「幗」。劉台拱《經傳小記》卷2，收入《續修四庫全書》第173冊，上海古籍出版社2002年版，第234頁。

〔註910〕李正宇《〈下女夫詞〉研究》，《敦煌研究》1987年第2期，第43頁。

〔註911〕李緒鑒《華夏婚俗詩歌賞析》，延邊大學出版社2001年版，第83頁。

〔註912〕吳慶峰《「麻胡」考》，收入《音韻訓詁研究》，齊魯書社2002年版，第149頁。原文「蔛」誤作「蔛」。

〔註913〕張錫厚主編《全敦煌詩》第9冊，作家出版社2006年版，第3704頁。

〔註914〕項楚《敦煌詩歌導論》，巴蜀書社2001年版，第195頁。

曰：『東方昌矣。』」今本《詩・雞鳴》作「明」。《莊子・達生》：「無入而藏，無出而陽。」成玄英疏：「陽，顯也。」「揚」亦顯義，爲「陽」借字。蔣禮鴻把「山頭寶逕」、「昌楊」列入《待質錄》〔註 915〕。逕，讀爲髻，與上面「提」讀爲「停」、「情」讀爲「齊」、「西」讀爲「星」是同一音理。繼亦讀爲髻。或「繼」形誤爲「經」，因誤爲「逕」。「寶逕」即「寶髻」。北魏・王容《大堤女》：「寶髻耀明璫，香羅鳴玉佩。」唐・李白《宮中行樂詞》：「山花插寶髻，石竹繡羅衣。」P.2385：「得親友之衣珠，獲輪王之髻寶。」「山頭」喻指頭頂也。黃征曰：「『山頭寶逕』應是古代婦女的一種化妝樣式。宋・洪咨夔《和黃宰木犀》：『須信小山標致別，從渠塗額學宮妝。』『小山』應與『山頭寶逕』所指同，從詩句看是宮廷中流行的在額上塗抹的化妝樣式，可能形狀像小山頭似的。『昌楊』二字丁卷 P.3893 作『昌陽』，應較優，是鮮明舒展的樣子。」〔註 916〕李緒鑒曰：「此句是寫繡在衣上的花紋圖形，有山頭，有通道和很茂盛的楊柳。」〔註 917〕皆臆說無據。李說尤爲不顧文理，望文生義。應當「昌楊」爲詞，把「甚昌楊」解爲「很茂盛的楊柳」，成何句法乎？

（41）襤襠兩袖雙鵶鳥，羅衣接緤入衣箱（P1183）

潘校：《變文集》校記：「丙、丁二卷『接』作『輒』。」

按：兩袖，S.5515 作「背袖」，S.9502V 作「背後」。鵶鳥，原卷 P.3350 作「亞鳥」，S.5515 作「鵶鳥」，S.9502V 作「鸚鵡」。衣，P.3893 作「依」，借字。緤，原卷 P.3350 作「𢷾」，即「揲」；S.5515 作「緤」，S.9502V 作「牒」，項楚誤錄爲「𢷾」，校爲「摺牒」〔註 918〕。陳治文、張鍚厚校「接緤」爲「摺疊」。緤、揲、牒，並讀爲㦉。接，讀爲摺。輒，P.3893、S.9502V 同〔註 919〕。輒讀爲褶，實亦爲摺。《廣韻》輒、褶

〔註 915〕蔣禮鴻《變文字義待質錄》，收入《蔣禮鴻集》卷 1《敦煌變文字義通釋》附錄一，浙江教育出版社 2001 年版，第 546 頁。

〔註 916〕黃征《〈變文字義待質錄〉考辨》，收入《敦煌語言文字學研究》，甘肅教育出版社 2002 年版，第 68 頁。

〔註 917〕李緒鑒《華夏婚俗詩歌賞析》，延邊大學出版社 2001 年版，第 84 頁。

〔註 918〕項楚《敦煌詩歌導論》，巴蜀書社 2001 年版，第 195 頁。

〔註 919〕張鍚厚 P.3893 誤認作「斬」。張鍚厚主編《全敦煌詩》第 9 冊，作家出版社 2006 年版，第 3705 頁。

同音陟葉切。《廣雅》：「褋、疊、襵、結，詘也。」是「接緤」、「輒緤」即「襵褋」，同義連文。亦作「攝葉」、「攝褋」，《楚辭・哀時命》：「衣攝葉以儲與兮。」洪興祖《補注》：「攝，之葉切，曲折也。」《玉篇》：「褋，《楚辭》云：『衣攝褋以儲與兮。』攝褋，不舒展貌。偞，《字書》褋字。」王念孫曰：「攝音之涉反，與襵通。」〔註 920〕字或作「摺揲」，《廣韻》：「揲，摺揲。」此卷「接揲」即「摺揲」。S.2204《董永變文》：「織得錦成便截下，揲將來，便入箱。」亦作「揲」字。字或作「摺疊」，《廣韻》：「摺，摺疊也。」並與「踥蹀」、「躡蹀」同源，「踥（躡）蹀」訓小步者，亦取屈折爲義。倒言則作「緤襵」，P.3697《捉季布傳文》：「偏切按磨能柔軟，好衣緤襵著春勳（熏）。」亦可單用，《晉書・謝安傳》：「安方對客圍棊，看書既竟，便攝放牀上，了無喜色，棊如故。」徐復曰：「攝爲襵之借字，亦借爲摺。」〔註 921〕《御覽》卷 275 引作「擲放」，臆改之也。P.3697《捉季布傳文》：「典倉牒帋而吮筆，便呈字勢似崩雲。」單用「牒」字〔註 922〕。

（42）**本是楚王宮，今夜得相逢（P1183）**

按：逢，P.3893 作「蓬」，借字。

（43）**暫借牙疏子，筭髮却歸還（P1183）**

潘校：《變文集》校記：「『牙』原作『衙』，據丙、丁二卷改。」

按：暫，S.9502V 同，張鴻勳誤錄作「鏨」〔註 923〕。「牙」、「衙」二字古同音。「疏」即「梳」本字，S.9502V 正作「梳」。牙疏子，即象牙梳子。却，猶即也。筭，P.3893、S.9502V 同，上文「疏頭詩」，S.9502V 作「等髮詩」，張鴻勳謂「等」即「筭」形訛，「筭」爲「弄」之訛，訓戲〔註 924〕。

〔註 920〕王念孫《廣雅疏證》，收入徐復主編《廣雅詁林》，江蘇古籍出版社 1998 年版，第 292 頁。

〔註 921〕徐復《〈晉書〉箋記》，收入《徐復語言文字學晚稿》，江蘇教育出版社 2007 年版，第 231 頁。

〔註 922〕參見徐復《敦煌變文詞語研究》，收入《徐復語言文字學叢稿》，江蘇古籍出版社 1990 年版，第 227 頁。

〔註 923〕張鴻勳《新獲英藏〈下女夫詞〉殘卷校釋》，收入《敦煌俗文學研究》，甘肅教育出版社 2002 年版，第 411 頁。

〔註 924〕張鴻勳《新獲英藏〈下女夫詞〉殘卷校釋》，收入《敦煌俗文學研究》，甘肅教育出版社 2002 年版，第 412 頁。

項楚曰：「『筭髮』即是梳头。」〔註925〕而未考明「筭」字字義。「筭」當即「弄」的增筆俗字，不是「算」的異體字。「弄」不訓戲。「弄髮」即指梳頭。弄爲整理、整治之義〔註926〕，今俗尚謂梳頭爲弄頭髮。S.126《十無常》：「酒席誇打巢云令，行筭影。」「筭」即「弄」，與此卷同。俗字又可加「口」旁作「𠳶」，成96《目連變文》：「身往虛空𠳶日月，傍遊世界遍娑婆。」〔註927〕又可加「扌」旁作「挵」，P.2285《佛說父母恩重經》：「父母懷抱，和和挵聲，含笑未語。」李緒鑒謂「筭」爲「籠」、「攏」之誤，「攏髮」是「用攏子（即梳子）攏頭」〔註928〕，不足信也。

（44）**四畔旁人總遠去，從他夫婦一團新（P1183）**

潘校：丁卷「新」作「春」。

按：丁卷P.3893作「四伴傍人總遠去，從他夫婦一團春」，S.9502V作「四畔諸人具總去，從他夫婦一團春」。項楚誤錄「具」作「其」，張錫厚承其誤〔註929〕。

（45）**宮人玉女自纖纖，娘子恒娥眾裏潛（P1183）**

按：丁卷「女」作「指」。

按：女，S.9502V亦作「指」，是。自，S.9502V、P.3893作「白」。是。P.3350作「帛」，借字。

（46）**微心欲擬觀容貌，蹔請傍人與下簾（P1183）**

按：S.9502V作「微心欲疑觀容貌，思釋恒娥卷却簾」。「疑」爲「擬」省借。

句道興本《搜神記》校補

《新書》所據凡四卷，以中村不折藏本作原卷，校以S.525（甲卷）、S.6022

〔註925〕項楚《敦煌詩歌導論》，巴蜀書社2001年版，第194頁。

〔註926〕唐・溫庭筠《菩薩蠻》：「懶起畫蛾眉，弄粧梳洗遲。」宋・陸游《天彭牡丹譜・風俗記》：「栽接剔治，各有其法，謂之弄花。其俗有『弄花一年，看花十日』之語。」是其例。

〔註927〕上二例錄自黃征《敦煌俗字典》，上海教育出版社2005年版，第295頁。

〔註928〕李緒鑒《華夏婚俗詩歌賞析》，延邊大學出版社2001年版，第83頁。

〔註929〕項楚《敦煌詩歌導論》，巴蜀書社2001年版，第195頁。張錫厚主編《全敦煌詩》第9冊，作家出版社2006年版，第3711頁。

（乙卷）、P.2656（丙卷）、P.5545四個寫卷。竇懷永、張涌泉《敦煌小說合集》亦收錄敦煌本《搜神記》〔註930〕，校以P.5545（甲卷）、P.3156（乙卷）、S.3877（丙卷）、P.2656（丁卷）四個寫卷，省稱作「《合集》」。《合集》後出轉精，已訂正者，不再重複。徐震堮、袁賓、張錫厚、項楚、郭在貽、張涌泉、黃征各有校補〔註931〕，取以參考。

（1）其瘡上復得鯉魚哺之，後得無病，壽命延長（P1213）

《合集》校注：上復，《敦煌變文集校議》疑「上」當讀作「尙」，「復」疑爲「須」字形誤，茲從校。「哺」字當讀爲「傅」，搽敷。（P133）

按：下文「將歸，與母食之，及哺之於瘡上，即得差矣」，「哺」不當取食在口之本訓，當讀爲敷。《外臺秘要方》卷26：「右三味等分研，先以鹽湯洗，拭乾，於瘡上傅。」傅亦敷也。《合集》校注：「上復，《敦煌變文集校議》疑『上』當讀作『尙』，『復』疑爲『須』字形訛，茲從校。『哺』字當讀爲『傅』，搽敷。」其說非也。「瘡上」連文，「復」猶再也。

（2）〔母〕今得患，何時得差（P1213）

潘校：「母」字據丙卷。

按：原卷本有「母」字。P.2656「得」作「德」。時，猶言由〔註932〕。

（3）忽有一道風雲而來到嵩邊，抱嵩置墓東八十步（P1214）

《合集》校注：抱，《通釋》讀作「拋」，拋擲。「置」字丁卷作「至」，義

〔註930〕竇懷永、張涌泉《敦煌小說合集》，浙江文藝出版社2009年版，第110～178頁。

〔註931〕徐震堮《〈敦煌變文集〉校記補正》、《〈敦煌變文集〉校記再補》，《華東師大學報》1958年第1、2期。袁賓《敦煌變文校勘零箚》，《社會科學》1983年第6期。袁賓《敦煌變文校補》，《蘭州大學學報》1986年第2期。張錫厚《敦煌寫本〈搜神記〉考辨》，《文學評論叢刊》第16輯。項楚《敦煌本句道興〈搜神記〉補校》，《文史》第26輯；又收入《項楚敦煌語言文學論集》，上海古籍出版社2011年版。郭在貽、張涌泉、黃征《敦煌變文集校議》，收入《郭在貽文集》卷2，中華書局2002年版。又，劉吉寧、莫豔、周遠軍《敦煌本〈搜神記〉補校札錄》、《敦煌本〈搜神記〉補校》二文，分別載《遼寧工業大學學報》2009年第5期、《樂山師範學院學報》2010年第3期，無甚發明，偶有所得，亦襲自前人成説，茲不取焉。

〔註932〕參見裴學海《古書虛字集釋》，中華書局1954年版，第825～826頁。

長。「步」字丁卷無，或抄脫。（P135）

按：至，讀為置。

（4）父曰：「汝身長嬌能非輕，不可絕其後嗣，汝更勿言。」（P1214）

《合集》校注：此句費解。《石室齊諧》錄「嬌」作「嫡」，謂「長嫡」指長子，可備一說。「輊」字《零拾》及《變文集》、《新書》錄作「輕」，當是。（P136）

按：原卷作「輊」，即「輕」俗字〔註 933〕。當點作「汝身長，嬌能非輕」。身長，謂是長子也。能，讀為態。

（5）比來夢惡，定知不活（P1214）

按：惡，P.2656 誤作「要」。

（6）而不得瓜食之，不經旬日，終須死矣（P1214）

潘校：「而」通「如」。

《合集》校注：而，徐校校讀作「如」。（P136）

按：P.2656「而」作「汝」，是第二人稱代詞。

（7）故語云：「仲冬思苽告焦華。」

按：P.2656 作「仲冬之苽造焦華」。造，讀為告。

（8）昔有焦華……事出《史記》（P1214）

潘校：《變文集》校記：「丙卷『華』作『莘』。」

按：丙卷誤。《御覽》卷 411 引《齊春秋》、《事類賦注》卷 27 引《孝子傳》並言焦華孝親得瓜事。

（9）至六國之時，更有扁鵲。漢末，開腸胰，洗五臟，劈腦出蟲（P1215）

《合集》校注：乙卷作「開腸剢腸胰」，疑後一「腸」字衍。「胰」項校作「胦」，指腹下，是。（P137）

按：扁，原卷作「鶣」，下同。當「胰洗」連文，屬下句。「胰」同「碘」、「洟」、

〔註 933〕參見黃征《敦煌俗字典》，上海教育出版社 2005 年版，第 326 頁。

「甐」、「剌」、「�」，磨洗也〔註 934〕。項楚改「䐗」爲「脥」〔註 935〕，非是。王東明解「腸䐗」爲「腹腔」〔註 936〕，亦無依據。

（10）昔有扁鵲……聞虎（虢）君太子患，死已經八日，扁鵲遂請入見之，還出語人曰：「太子須（雖）死，猶故可活之。」（P1215）

《合集》校注：「故」亦「猶」也。（P138）

按：「還出」爲句，《合集》不誤。還，讀爲旋，猶言隨即。郭在貽等謂「故亦猶也」〔註 937〕，其說是。故，猶且也，尚也〔註 938〕。

（11）若借問於卿（P1216）

按：S.525 作「若即問卿時」。即、借古音相近，已詳《下女夫詞》校補。

（12）其人得酒即飲（P1216）

按：得，S.525 作「把」。

（13）如午時不去，何由態（能）仍酌我酒來（P1216）

《合集》校注：我酌，底卷如此，《零拾》、《變文集》徑乙作「酌我」，近是。（P140）

按：酌我酒來，原卷作「我酌酒來」。S.525 作「因何許時與我酌酒來」。此卷「我」上脫「與」字，「午」當即「許」字脫誤。如許，猶言如此。

（14）合家出後，四合瓦舍，忽然崩落（P1217）

《合集》校注：四合瓦舍，S.525 及八卷本皆作「堂屋」。（P141）

按：S.525 作「出後堂屋忽即崩倒」。《御覽》卷 727 引王隱《晉書》記夏侯藻事相類，云：「家人既集，堂屋五間，捽然暴崩。」《搜神記》卷 3、《晉書・淳于智傳》作「拉然而崩」。「捽」即「拉」形誤，《御覽》卷 909 引王隱《晉書》正作「拉然暴崩」；《冊府元龜》卷 906 又脫誤

〔註 934〕參見蕭旭《「治魚」再考》。

〔註 935〕項楚《敦煌本句道興〈搜神記〉補校》，《文史》第 26 輯；又收入《項楚敦煌語言文學論集》，上海古籍出版社 2011 年版，第 202 頁。

〔註 936〕王東明《搜神記四種》，陝西旅遊出版社 1993 年版，第 883 頁。

〔註 937〕郭在貽等《敦煌變文集校議》，收入《郭在貽文集》卷 2，中華書局 2002 年版，第 492 頁。

〔註 938〕參見蕭旭《古書虛詞旁釋》，廣陵書社 2007 年版，第 126 頁。

作「立然」。拉然，象聲詞，房屋倒塌之聲，狀其疾也。《還冤志》：「鬼厲聲曰：『何敢道我，今當斷汝屋棟。』便聞鋸聲，屑亦隨落，拉然有響，如棟實崩。」專字作「应」，《集韻》：「应，屋聲。」字亦作「擸（獵）」，《文選・洞簫賦》：「獵若枚折。」五臣本作「擸」。劉良注：「擸，木折聲。」「獵若」即「拉然」。《集韻》：「应，《說文》：『石聲也。』或作砬。」又「磖，磖磼，破物聲。」又「雴，雨聲」又「齸，齧聲。」又「殌，朽折也。」並同源。

（15）有一赤物大如屋椽（P1217）

按：原卷「椽」作「椓」，即「椽」省寫。S.5431《開蒙要訓》：「構架椓柱。」亦作此形。

（16）道度糧食乏盡（P1217）

按：原卷「乏」作「之」，當照錄，再出校。S.525 作「乏絕」。

（17）其篋中更有一金枕（P1218）

按：S.525 作「其區（奩）中後有金枕」，「後」爲「復」形誤。郝春文錄作「記其奩中，後有金枕」〔註 939〕，以上句「記」屬下，不成文句。

（18）還遣青衣女子二人，送度出門外（P1218）

潘校：《變文集》校記：「『還』原作『即』，據甲卷改。」

按：「即」字不煩改，《搜神記》卷 16 作「即遣青衣送出門外」。

（19）忽然不見瓦舍，唯見大墳巍巍（P1218）

潘校：《變文集》校記：「『唯見』原作『有』，據甲卷改。」

《合集》校注：「有」字《變文集》據 S.525 校改「唯見」，不必。（P143）

按：舍，原卷作「金」，當照錄，再出校。《搜神記》卷 16 作「不見舍宇，惟有一冢」。是此卷「有」字不必改，其上脫「惟（唯）」字。

（20）度與實言答之（P1218）

按：與，S.525 作「已」，並讀爲以。《搜神記》卷 16 作「度具以告」。

〔註 939〕郝春文主編《英藏敦煌社會歷史文獻釋錄（第三卷）》，社會科學文獻出版社 2003 年版，第 8 頁。

（21）夫人遂即悲泣，哽咽不能〔自〕勝（P1218）

潘校：《變文集》校記：「『自』字據甲卷補。」

按：補「自」是，《搜神記》卷16亦有「自」字。

（22）遂遣兵士開墓發棺看之（P1218）

按：S.525作「遂即赴兵開冢發棺看之」。「赴」當作「起」，字之譌也。

（23）解縛看之，遂有夫婦行禮之處（P1218）

按：S.525作「解纏看之，乃見有夫婦交情之處」，《搜神記》卷16作「解體看之，交情宛若」。解體，言解開秦女之衣著。交情，指辛道度與秦女交接的痕跡。遂，猶果也。

（24）真是我女夫（P1218）

按：眞，S.525誤作「直」。

（25）遂封度為駙馬都尉，勞賜以玉帛車馬侍從，令還本鄉（P1218）

按：原卷無「都」字，「駙」作「附」，「以」作「其」。S.525作「駙馬都慰」，《搜神記》卷16作「駙馬都尉」。

（26）聞有哭聲，不見其形，經餘六十日（P1218）

按：原卷「形」作「刑」，S.525同。當照錄，再出校。經餘六十日，S.525作「如此六十餘日」。此卷「餘」字當乙至「日」前。

（27）侯霍在田刈禾，至暮還家，覺有一人，從霍後行（P1218）

按：覺，S.525作「忽」。

（28）霍得此語，即忍而不言（P1218）

按：忍，S.525作「墜」，同「壓」。

（29）遂至十一月一日，聚集親情眷屬，槌牛釀酒，只道取妻（P1218～1219）

按：原卷「槌」作「搥」。S.525作「至其日，娶親養屬，椇牛觸酒，云欲娶妻」。「娶親養屬」當作「聚親情眷屬」。「椇」字未詳，疑爲「捐」

字之誤。觸，讀爲啜，飲也、嘗也。今吳語謂喫爲「啜嚌」〔註 940〕。「醿」當作「釃」，字之誤也。《後漢書・臧宮傳》、《耿弇傳》、《馬援傳》並有「擊牛釃酒」語，《舊唐書・崔光遠傳》、《李寶臣傳》並有「椎牛釃酒」語，宋・周紫芝《卷雪樓》、宋・楊萬里《林運使墓誌銘》並有「搥牛釃酒」語。李賢注：「釃，猶濾也。」《新唐書・高駢傳》：「椎牛醿酒。」亦誤。郝春文點作「至其日娶親，眷屬損牛觸酒，云欲娶妻」〔註 941〕，未是。

（30）父母兄弟親情怪之，借問，亦不言委由，常在村南候望不住（P1219）

《合集》校注：委由，委曲，緣由。下文「侯光」條：「從靈床上起來，具說委由。」（P144）

按：S.525 作「只在村東候望」。常，猶惟也、但也〔註 942〕。委由，猶言原委。P.2999《太子成道經》：「必須召取相師，則知委由。」胡適藏《降魔變文》：「幸說委由。」《鳩摩羅什法師大義》卷 2：「今未有此經，不可以意分別，是故不得委由相答也。」倒言則作「由委」，《歷代三寶紀》卷 11：「故舉本綱，庶知由委。」《釋門歸敬儀》卷 1：「先備此心，方知由委。」《大唐大慈恩寺三藏法師傳》卷 4：「菩薩自陳由委，聞者驚嗟。」《法苑珠林》卷 26：「善經因奉衣物，具言由委。」

（31）因大風，我漸出來看風，即還家入房中（P1219）

潘校：《變文集》校記：「原作『暫出門看之』，據甲卷改、補。」規按：「漸」當作「暫」，「漸」蓋「蹔」之省，「蹔」亦「暫」字。

按：徐震堮校「漸」作「暫」〔註 943〕，項楚從之〔註 944〕。然非「蹔」之省，潘說非也。敦煌寫卷中「蹔」用作「慚」，P.3826《禮懺文》：「深心蹔愧，不敢覆藏。」《大乘大集地藏十輪經》卷 7：「深心慚愧，發

〔註 940〕參見許寶華、宮田一郎《漢語方言大詞典》記其音作「觸祭」、「觸饑」，中華書局 1999 年版，第 6642 頁。

〔註 941〕郝春文主編《英藏敦煌社會歷史文獻釋錄（第三卷）》，社會科學文獻出版社 2003 年版，第 10 頁。

〔註 942〕參見蕭旭《古書虛詞旁釋》，廣陵書社 2007 年版，第 385～386 頁。

〔註 943〕徐震堮《敦煌變文集校記再補》，《華東師大學報》1958 年第 2 期，第 125 頁。

〔註 944〕項楚《敦煌本句道興〈搜神記〉補校》，《文史》第 26 輯；又收入《項楚敦煌語言文學論集》，上海古籍出版社 2011 年版，第 205 頁。

露懺悔，不敢覆藏。」「漸」乃「慚」之變體，S.4511《醜女緣起》：「賤妾常慚醜質身。」S.2114、P.2945、P.3592 並作「慚」。「漸」亦用作「漸」，S.3880《二十四節氣詩》：「向來鷹祭鳥，漸覺白藏〔深〕。」

（32）遂有一玉版，上有金字，分明云：「天付應合與侯霍為妻。」（P1219）

按：S.525 作「有一玉板，分明而符應與侯雙爲妻」，脫「云」字，「而」當爲「天」形誤。此卷「付」爲「符」省借。郝春文點作：「分明而符：『應與侯雙爲妻。』」〔註 945〕不成文句。

（33）將鍬钁則為埋藏（P1219）

《合集》校注：钁，項校作「鑁」，當是。（P146）

按：「钁」當作「鑁」，字之誤也。P.2578《開蒙要訓》：「鏵鍬钁鑱。」其「钁」字，P.2487、P.2588、P.3610、P.3875、S.5464 同，S.5431 作「鑁」，P.3054 作「鑁」，P.3102、S.705、S.1308 作「钁」。「钁」則「鑁」之省，「鑁」則「鑁」之變體。P.3350《下女夫詞》：「不假用鍬钁。」郭在貽等校「钁」爲「鑁」〔註 946〕，張錫厚引譚蟬雪說同〔註 947〕。

（34）侯光共歡即吃直淨盡（P1220）

按：淨，原卷作「諍」，當照錄，再出校，《合集》不誤。直，副詞，猶言竟。黃幼蓮謂「直」是「完畢、乾淨、清楚」之義〔註 948〕，非也。

（35）形容端正（P1220）

按：形，原卷作「刑」，當照錄，再出校。

（36）即令鬼使檢子京帳壽命，合得九十七（P1222）

《合集》校注：子籍帳，《零拾》及《變文集》徑改錄作「子京帳」，茲據

〔註 945〕郝春文主編《英藏敦煌社會歷史文獻釋錄（第三卷）》，社會科學文獻出版社 2003 年版，第 10 頁。

〔註 946〕郭在貽等《敦煌變文集校議》，收入《郭在貽文集》卷 2，中華書局 2002 年版，第 189、214 頁。

〔註 947〕張錫厚主編《全敦煌詩》第 9 冊，作家出版社 2006 年版，第 3691 頁。

〔註 948〕黃幼蓮《閩南方言與敦煌文獻研究》，《杭州師院學報》1987 年第 1 期，第 45 頁。

以擬補一「京」字「箱」則應是「籍」字形誤。「籍帳」文中指登記生死年月的簿冊。（P149）

按：《合集》說是也。原卷「檢」作「撿」。考下文「李信」條云：「鬼使曰：『檢信母藉（籍）年壽命，合得九十。』」項楚以「壽命」屬下讀〔註949〕，非也。

（37）以子京小來親交，情同魚水（P1222）

《合集》校注：親友，《零拾》及《變文集》錄作「親交」，茲錄正。（P149）

按：友，S.6022作「昵」。情，S.6022作「事」。

（38）子京心情不樂，忽然瀝淚而言曰（P1223）

《合集》校注：下樂，《零拾》及《變文集》徑改錄作「不樂」，茲從校。（P150）

按：原卷作「下」，S.6022作「不」。忽然，S.6022作「愡然」，誤。

（39）方來歸舍檢校（P1223）

按：檢校，原卷作「撿挍」。

（40）故曰：「為力不同科。」此之是也（P1223）

按：S.6022作「故曰：『爲不周量。』可以哉」。

（41）遂殺劉寄，抛屍靈在東園〔枯井〕裏埋之（P1225）

《合集》校注：屍靈，屍體。S.6022作「屍骸」，義同。（P153）

按：S.525、6022殘存「捉屍骼（骸）埋著東」六字，S.525「屍靈」作「屍骸」。原卷「抛」作「枕」，即「枕」字，《合集》亦誤錄作「抛」。S.2073《廬山遠公話》：「夜臥床枕。」Φ096《雙恩記》：「月色添光斗枕欄。」S.1624V：「黑石枕叁，摩睺羅壹。」S.343：「伏枕累夕，未能起居。」皆是其證也。S.2832：「則橫枕白玉。」黃征認「枕」作「抛」〔註950〕，誤。

〔註949〕項楚《敦煌本句道興〈搜神記〉補校》，《文史》第26輯；又收入《項楚敦煌語言文學論集》，上海古籍出版社2011年版，第209頁。

〔註950〕黃征《敦煌俗字典》，上海教育出版社2005年版，第300頁。

（42）事出《南妖皇（異？）記》（P1225）

《合集》校注：[illegible]，當是「華」的缺筆字。（P153）

按：原卷「南」下有「[illegible]」字。或是「無」字省書。S.2448：「悟生死之[illegible]餘。」「[illegible]餘」即「無餘」，亦省寫四點。碑別字中多有省作「[illegible]」形的例子〔註 951〕。S.525 作「南妖皇記」，無此字。蓋中村本以習語「南無」而致衍。

（43）昔有周宣王，信讒言，枉殺忠臣杜伯（P1225）

按：讒，S.6022 作「僭」。下文「王曲取讒佞之言」，S.6022「讒」作「譖」。「僭」爲「譖」借字，《玉篇》：「譖，讒也。」

（44）今死矣，無罪知復何言，如其當先天下（P1225）

潘校：《變文集》校記：「十五字據甲、乙卷補。」

按：先，S.525、S.6022 作「告」。「告」字是。

（45）經三年，必殺王（P1225）

《合集》校注：逕猶經也。（P154）

按：經三年，S.525 同，原卷作「不逕三年」，S.6022 作「不經三年」。不逕，猶言不至、不出。《墨子・明鬼下》載此事，作：「不出三年，必使吾君知之。」是此卷所本。S.525 脫「不」字。下文「王子珍」條：「不逕周年，學問得達。」S.525 作「不至一周」。

（46）王知之大怒曰（P1225）

按：原卷「怒」作「恕」，乃「怒」之誤。

（47）手執弓箭，當路向宣王射之（P1226）

按：執，原卷作「報」。《合集》校「報」作「執」。報，讀爲抱。P.4062《他鄉亡》：「望得抱慶還鄉。」此則讀抱爲報。S.6022 作「執失（矢）」。

（48）〔王〕走退無路，百寮已下，咸而見之（P1226）

潘校：「而」與「如」通。《變文集》改「而」爲「面」，似非。

〔註 951〕參見羅振鋆輯《碑別字》卷 1，食舊堂叢書版；又參見秦公《碑別字新編》，文物出版社 1985 年版，第 212 頁。

按：S.525 作「感（咸）皆見之」。《墨子・明鬼下》作「周人從者莫不見」。而，猶盡也、皆也〔註 952〕。《戰國縱横家書》：「則莫若遙伯齊而厚尊之，使使盟於周室，而焚天下之秦符。」《戰國策・燕策一》「而焚」作「盡焚」。《大戴禮記・保傅》：「胡越之人，生而同聲。」又《勸學》：「於越、戎貉之子，生而同聲。」《淮南子・齊俗篇》作「生皆同聲」。《說苑・反質》：「靡財殫幣，而腐之於地下。」《漢紀》卷 26「而」作「盡」。P.3697《捉季布傳文》：「聖德巍巍而偃武，皇恩蕩蕩盡修文。」而、盡互文。袁賓校「而」爲「不」〔註 953〕，郭在貽等謂原校作「面」是〔註 954〕。皆未得。

（49）狄知克（已）醉（P1226）

《合集》校注：「尅」同「剋」，必定。《變文集》校作「已」，非是。（P155）

按：項楚曰：「克即必之義，下文『若不發看，後克富貴』，謂必富貴也。亦作尅。」〔註 955〕是也。原卷「克」作「尅」，同「剋」。《廣韻》：「剋，必也。」

（50）卿若曉起時，將被覆我頭面，若欲送食至床前，閉門而去，自取食之（P1227）

《合集》校注：至，項校校作「致」，放置之義。八卷本作「致我床前」，可參。（P157）

按：原卷「曉」上有「至」字。若，原卷寫「送」，復又圈去，應不錄。《合集》亦誤錄。

（51）其婦驚懼（P1227）

《合集》校注：怇，《變文集》錄作「懼」。《字彙》：「怇，恐也。」「怇」或即「懼」的改換聲旁俗字。（P157）

〔註 952〕參見蕭旭《古書虛詞旁釋》，廣陵書社 2007 年版，第 253 頁。這裏有所補充。
〔註 953〕袁賓《敦煌變文校補》，《蘭州大學學報》1986 年第 2 期，第 22 頁。
〔註 954〕郭在貽等《敦煌變文集校議》，收入《郭在貽文集》卷 2，中華書局 2002 年版，第 500 頁。
〔註 955〕項楚《敦煌本句道興〈搜神記〉補校》，《文史》第 26 輯；又收入《項楚敦煌語言文學論集》，上海古籍出版社 2011 年版，第 212 頁。

按：原卷「懼」作「怇」，當即「懼」字異體字。《後漢書・梁鴻傳》：「嗟怇怇兮誰留。」李賢注：「怇怇，恐也。」方以智曰：「怇本恇之訛。」〔註 956〕方說非也。元・虞集《題蕭氏家世事狀》：「或怇怯退巽。」P.2721：「懭怇學寡又無才。」「懭怇」即「悸懼」。P.2178：「然後四生離苦，六趣休怇。」亦同「懼」。《通鑑》卷 147：「九年，吳承伯反，奄至吳興，吏民怇擾。」〔註 957〕史炤《釋文》：「怇，音巨，恐擾也。」

（52）有一鬼變作生人，復如此樹下止息（P1228）

按：郭在貽等讀「如」爲「於」〔註 958〕，原卷即作「於」字。S.525 作「見一鬼化作生人，來於樹下，與子珍同歇息」。見，猶有也〔註 959〕。下文「今見異事」，S.525「見」作「有」。

（53）子珍信為生人，不知是鬼（P1228）

《合集》校注：言爲，以爲，當作。《零拾》、《變文集》臆改作「信爲」，不妥。S.525 作「謂言」，義同。（P158）

按：言，猶以爲也〔註 960〕。

（54）直將酒脯于交道祭我（P1229）

按：直，S.525 作「宜」。直，猶宜也，當也〔註 961〕。

（55）其天女遂吐實情，向昆崙道：「天女當共三個姊妹，出來暫于池中遊戲，被池主見之。」（P1230）

《合集》校注：當，當初，當時。（P162）

按：原卷「道」下有「是」字，當「向昆崙道是天女」爲句，不加引號。《合集》「是天女」三字句，置於引號內，亦非。當，讀爲嘗。

〔註 956〕方以智《通雅》卷 7，《方以智全書》第 1 冊，上海古籍出版社 1988 年版，第 273 頁。

〔註 957〕胡三省本「怇」作「恇」，茲所不從。

〔註 958〕郭在貽等《敦煌變文集校議》，收入《郭在貽文集》卷 2，中華書局 2002 年版，第 503 頁。

〔註 959〕參見徐仁甫《廣釋詞》，四川人民出版社 1981 年版，第 209 頁。

〔註 960〕參見蕭旭《古書虛詞旁釋》，廣陵書社 2007 年版，第 187 頁。

〔註 961〕參見蕭旭《古書虛詞旁釋》，廣陵書社 2007 年版，第 233 頁。

（56）母實喜歡，即造設席，聚諸情親眷屬之言日呼新婦（P1231）

按：原卷「日」作「曰」，「諸情親眷」作「諸親情眷」。當點作：「聚諸親情眷，屬之言，曰：『呼新婦。』」屬，讀爲囑。言囑其親眷，稱天女爲新婦也。新婦，指兒媳，今吳語猶然。《合集》錄文不誤，但點作「聚諸親情眷屬，之言曰呼新婦」，則非是，故不得其解，《校注》：「此句文字有誤。」（P162）

（57）天衣向何處藏之，時得安穩（P1231）

按：穩，原卷作「隱」。時，猶而也〔註962〕。當11字作一句讀。《合集》錄文不誤，但點作「天衣向何處藏之時，得安隱」，則非是。

（58）語阿婆曰：「暫借天衣着看。」（P1231）

按：當乙作「看着」。

（59）儻若入朝，惟須慎語（P1232）

潘校：P.5545「慎語」作「謹愼」。

按：原卷「惟」作「唯」；P.5545「儻」作「償」，「惟」作「維」。償，讀爲儻、倘。

（60）田章答曰：「昔有秦胡亥是皇帝之子，當為昔魯家鬥戰，被損落一板齒，不知所在。」（P1233）

潘校：「胡亥」原作「故彥」，據P.5545改。

按：《御覽》卷378引《博物志》：「陳章答曰：『昔秦胡充一舉渡海，與齊魯交戰，傷折版齒。昔李子敖於鳴鵠嗉中游，長三寸三分。』」「田章」即「陳章」。《神異經》：「陳章對齊桓公小蟲是也〔註963〕，此蟲常春生，以季夏藏于鹿耳中，名嬰蜺，亦細小也。」亦作「陳章」。項楚曰：「彼云『陳章』，此云『田章』者，以其爲田昆侖之子，故改姓田也。」〔註964〕「陳」、「田」一音之轉耳，項氏未達音轉之指，斷爲

〔註962〕參見裴學海《古書虛字集釋》，中華書局1954年版，第824頁。
〔註963〕《太平廣記》卷480引《神異錄》「小蟲」作「小人」。
〔註964〕項楚《敦煌本句道興〈搜神記〉本事考》，《敦煌學輯刊》1990年第2期，第54頁。

二橛。寫卷誤「胡充」為「胡亥」，因而補充說是「皇帝之子」。當，讀為嘗。為，猶與也。「昔」為「齊」之訛。

（61）小鳥者無過鷦鷯之鳥，其鳥常在蚊子角上養七子，猶嫌土廣人稀（P1233）

按：猶，原卷作「由」。P.5545「角上」下有「春」字，下殘。

（62）孫元覺者，陳留人也（P1233）

潘校：P.5545「覺」作「穀」，後同。

按：《御覽》卷 519 引《孝子傳》「原穀」事與此同，「原穀」即「元穀」。此卷作「覺」者，音古岳切，與「穀」音之轉也。

（63）鄭弘仁義，與車馬衣物讓弟（P1234）

按：原卷「義」作「儀」，「弟」作「苐」。P.5545 作「仁義」。與，讀為以。

（64）至於農月，與轆車推父于田頭樹蔭下，與人客作（P1235）

潘校：P.5545「轆」作「鹿」。

《合集》校注：徐震堮曰：「『與』通『以』，『轆』同『鹿』。」按：甲卷正作「以」、「鹿」。「轆」當是「鹿」的類化增旁俗字。鹿車，古代的一種小車。《御覽》卷 775 引《風俗通》：「鹿車，窄小裁容一鹿也。」（P172）

按：P.5545 作「以鹿車推父于田頭樹蔭下」，P.2621 作「永以鹿車推父至於畔上」。徐震堮曰：「『與』通『以』，『轆』同『鹿』。《方言》謂之『轣轆車』，故亦寫作『轆車』。」〔註 965〕「鹿（轆）車」即「轆轤車」或「轣轆車」的省稱〔註 966〕。引《風俗通》，未得其語源。

（65）語主人曰：「後無錢還主人時，求與歿身主人為奴一世常（償）力。」（P1235）

按：原卷「求」作「永」，「歿」作「沒」。P.5545「永」作「求」。「永」即董永自稱。沒身，猶言終身。

〔註 965〕徐震堮《敦煌變文集校記再補》，《華東師大學報》1958 年第 2 期，第 125 頁。
〔註 966〕參見蕭旭《「鹿車」名義考》。

（66）主人曰：「本期一人，今二人來，何也？」（P1235）

《合集》校注：期，甲卷作「取」。（P173）

按：期，P.5545 誤作「取」。期，猶言約定，P.2621《孝子傳》、《御覽》卷 411 引劉向《孝子圖》作「言」，義合。

（67）抽心恨怨，不出其口（P1235）

按：怨，P.5545 誤作「悲」。

（68）王身體腥臭（P1235）

按：臭，P.5545 作「臰」，俗字。

（69）遂遣人入割卻其鼻（P1235）

按：P.5545 無「入」字，「割」作「劓」。「入」字涉「人」形誤而衍。

（70）遂即與鋤琢之兩段（P1235）

潘校：「與」通「以」。

《合集》校注：「與」字徐校校讀作「以」；甲卷作「引鋤」。「琢」徐校作「斲」，《石室齊諧》又校作「斫」。按「琢」、「斲」、「斫」三字音近義通，而就其與「鋤」連用而言，以作「斲」爲長。（P174）

按：琢，原卷作「琢」，P.5545 同，即「琢」字省書。琢，讀爲豛、椓，《說文》：「豛，擊也。」又「椓，擊也。」段玉裁注：「椓與豛音義皆同。」〔註 967〕字或作㧻、毅，《廣韻》：「㧻，擊也。」《集韻》：「毅，椎擊物也。」徐震堮說未是。

（71）仕（士）曰：「臣是昔有（者）斷纓之人也。當見王赦罪，每思報君恩也。」（P1236）

《合集》校注：昔有，甲卷作「昔日」，茲從校。當，當初。（P175）

按：當，讀爲嘗。

（72）黃金已藏，五馬與絆，滯貨已盡（P1236）

潘校：P.5545「與」作「已」。

〔註 967〕段玉裁《說文解字注》，上海古籍出版社 1981 年版，第 268 頁。

按：絆，P.5545 作「伴」，下同，借字。

（73）其夫問妻曰：「卿魯市上得何消息？」（P1237）

《合集》校注：甲卷作「卿向魯市得何逍（消）息」。（P177）

按：此卷脫「向」，上文「卿向魯市上唱聲大喚」，亦有「向」字。

《孝子傳》校補

《新書》所據凡五卷，以 P.2621 作原卷，校以 S.5776（甲卷）、S.389V（乙卷）、P.3536V（丙卷）、P.3860V（丁卷）四個寫卷。竇懷永、張涌泉《敦煌小說合集》亦收錄敦煌本《孝子傳》〔註 968〕，省稱作「《合集》」。徐震堮、王三慶、項楚、蔣冀騁、郭在貽、張涌泉、黃征各有校正，茲取作參考。

（1）叟用妻言，遣舜泥知母意，手持雙笠上舍（P1257）

潘校：《變文集》校記：「『舜泥』下有脫文。」

按：遣，原卷 P.2621 作「遣」，即「遣」字。王三慶校錄作「遣舜泥，〔舜〕知母意」〔註 969〕，甚確。原卷承上省一「舜」字，並無脫文。《史記·五帝本紀》：「使舜上塗廩，瞽叟從下縱火焚廩，舜乃以兩笠自扞而下，去。」《列女傳》卷 1 亦云「瞽瞍與象謀殺舜，使塗廩」。「遣」即「使」，「泥」即指「塗廩」。

（2）父母見銀錢，淨（爭）頭競投覓，如此往返，銀錢已盡（P1257）

潘校：原卷「頭競」作「競頭」。

按：原卷不誤。「爭競」同義連文。王三慶校錄作「爭競頭（投）覓」〔註 970〕，甚確。頭，讀爲投，猶言跳入。言其父母爭競跳下井中尋覓銀錢，覓得即送出，復跳下再尋覓，故云「如此往返」也。郭在貽等讀「頭」

〔註 968〕竇懷永、張涌泉《敦煌小說合集》，浙江文藝出版社 2009 年版，第 49～56 頁。

〔註 969〕王三慶《〈敦煌變文集〉中的〈孝子傳〉新探》，《敦煌學》第 14 輯，1989 年版，第 206 頁。又見王三慶《敦煌類書》，麗文文化事業股份有限公司 1993 年版，第 239 頁。

〔註 970〕王三慶《〈敦煌變文集〉中的〈孝子傳〉新探》，《敦煌學》第 14 輯，1989 年版，第 206 頁。又見王三慶《敦煌類書》，麗文文化事業股份有限公司 1993 年版，第 239 頁。

爲「投」，是「到、臨」之義〔註 971〕，蔣冀騁謂「投」是「搜」形誤〔註 972〕，皆未得其誼。

（3）澈東家井出（P1258）

按：項楚謂「澈」當作「徹」〔註 973〕，檢原卷 S.389V 即作「徹」。

（4）孝順父母感于天，舜子濤井得銀錢（P1258）

按：原卷 S.389V「于」作「與」，當照錄，再出校。

（5）母好食江水（P1258）

按：食，《後漢書・列女傳》作「飲」，《類聚》卷 8 引《列女傳》、《御覽》卷 389、411 引《東觀漢記》亦作「飲」。「食」爲「飲」脫誤。

（6）於是舍傍忽生涌泉，味如江水，水中并口口口口魚，母得食之（P1258）

按：核查圖版，缺字容三字位置，王三慶補「出雙鯉」三字〔註 974〕，甚確。《後漢書・列女傳》作「舍側忽有涌泉，味如江水，每旦輒出雙鯉魚，常以供二母之膳」，《御覽》卷 411 引《東觀漢記》作「井旦出雙鯉魚」。

（7）王奔（莽）末，天下饑荒，緣桑擿椹（椹），赤黑易器盛之（P1259）

按：徐震堮曰：「『易器』當作『異器』。」〔註 975〕易，讀爲異，不必以爲誤。《類聚》卷 88 引《東觀漢記》、《御覽》卷 973 引《汝南先賢傳》並作「取桑椹赤黑異器」。謂所取桑椹，赤色者黑色者放在不同的器具中也。

（8）順母曾至婚家，飲酒過度，嘔吐顛到（倒）（P1259）

按：嘔吐，《初學記》卷 17、《御覽》卷 414 引《汝南先賢傳》作「變吐」。

〔註 971〕郭在貽等《敦煌變文集校議》，收入《郭在貽文集》卷 2，中華書局 2002 年版，第 511 頁。

〔註 972〕蔣冀騁《敦煌文獻研究》，湖南師範大學出版社 2005 年版，第 163 頁。

〔註 973〕項楚《敦煌本〈孝子傳〉補校》，《敦煌研究》1985 年第 3 期，第 74 頁；收入《敦煌語言文學論集》，上海古籍出版社 2011 年版，第 223 頁。

〔註 974〕王三慶《〈敦煌變文集〉中的〈孝子傳〉新探》，《敦煌學》第 14 輯，1989 年版，第 207 頁。

〔註 975〕徐震堮《敦煌變文集校記再補》，《華東師大學報》1958 年第 2 期，第 125 頁。

變，趙家棟讀爲疲，亦吐也。《玉篇》：「疲，吐疲也。」S.6176《箋注本切韻》：「疲，吐。」趙君並指出字亦作嗙、𡄓〔註 976〕，皆是也。字又作㤓、卞〔註 977〕。《玉篇》：「㤓，芳萬切，惡心也，急性也。」《廣韻》：「㤓，急性。」《集韻》：「疲，心惡病。」其本字爲「氾」，《說文》：「氾，濫也。」指水上湧。《玉篇》：「訉，多言。」故心惡（急性）爲㤓，腹惡爲疲，多言爲訉，各製專字以別之。要皆同源。俗作「泛」，民國《定海縣志》：「俗謂吐曰疲，通作泛。」今吳語尚有「心裏作泛」、「泛酸」、「泛水（即『泛酸』）」之語。「嘔吐」義之後起本字，當作「㤓」或「疲」。

（9）太守韓置用順為南閣祭酒（P1259）

按：《後漢書・蔡順傳》作「太守韓崇召爲東閣祭酒」，《玉海》卷 114 亦云：「太守所辟，若韓崇召蔡順爲東閣祭酒」。《眞誥》卷 12：「昔用韓崇以居之。崇字長季，吳郡毗陵人也……汝南太守韓崇清苦。」寫卷誤。

（10）至於母前為兒童之戲（P1259）

按：兒童，原卷 P.2621 作「童兒」。

（11）跌化（仆）地作嬰兒之啼（P1259）

潘校：「化」蓋「仆」字之誤。

按：潘說是也，《類聚》卷 20 引《列女傳》：「（老萊子）嘗取漿上堂，跌仆，因臥地爲小兒啼。」正作「仆」字。寫卷「地」上蓋脫「臥」字。

（12）母以社日亡，白秋鄰里會，循（脩）憶念其母，哀墓（慕）號絕，鄰里為之罷社（P1259）

按：白秋鄰里會，《三國志・王脩傳》作「來歲，鄰里社」。憶念，《三國志》作「感念」。墓，原卷 P.2621 作「㙵」，增旁俗字。

（13）銜得果者，實中不自食，抱持皈家，以獻老親（P1259）

〔註 976〕趙家棟《「變」有「嘔吐」義探因》，《貴州師範大學學報》2010 年第 6 期，第 15 頁。

〔註 977〕參見王念孫《廣雅疏證》，收入徐復主編《廣雅詁林》，江蘇古籍出版社 1992 年版，第 278 頁。

按：項楚乙作「街得果實者，中（終）不自食」〔註 978〕，是也。食，原卷 P.2621 作「喰」，《干祿字書》、《龍龕手鑑》謂「喰」是「餐」的異體字。

（14）子路常孝，為親百里外負米。後於父母前，乞遊行楚國尊官，願欲負米為親，不可得也（P1260）

按：行，原卷 P.2621 作「到」。當點作「後於父母前乞遊，到楚國，尊官，願欲負米爲親，不可得也」。典出《家語・致思》：「昔者由也事二親之時，常食藜藿之實，爲親負米百里之外。親歿之後，南遊於楚，從車百乘，積粟萬鍾，累茵而坐，列鼎而食，願欲食藜藿，爲親負米，不可復得也。」《說苑・建本》同。王三慶校作「後於父母前，乞遊到楚國〔爲〕尊官」〔註 979〕，未洽；項楚謂「乞遊行」屬上句〔註 980〕，非也。

（15）母在〔一〕子寒，母去三子單（P1260）

按：補「一」是也，《御覽》卷 34 引《孝子傳》正有「一」字。

（16）名列孔子之從（P1260）

按：「從」當作「後」。王三慶錄作「徒」〔註 981〕，項楚則校「從」爲「徒」〔註 982〕。

（17）董永，千乘人也。少失其母，獨養于父（P1260）

按：原卷 P.2621 無「失」、「養」二字。所補是也，然當加說明。下文「少失其父，獨養老母」，文例同。《御覽》卷 411 引劉向《孝子圖》：「（董永）少失母，獨養父。」敦煌本《搜神記》引劉向《孝子圖》：「（董永）小失其母，獨養老父。」

〔註 978〕項楚《敦煌本〈孝子傳〉補校》，《敦煌研究》1985 年第 3 期，第 75 頁；收入《敦煌語言文學論集》，上海古籍出版社 2011 年版，第 225 頁。

〔註 979〕王三慶《〈敦煌變文集〉中的〈孝子傳〉新探》，《敦煌學》第 14 輯，1989 年版，第 210 頁。又見王三慶《敦煌類書》，麗文文化事業股份有限公司 1993 年版，第 240 頁。

〔註 980〕項楚《敦煌本〈孝子傳〉補校》，《敦煌研究》1985 年第 3 期，第 76 頁；收入《敦煌語言文學論集》，上海古籍出版社 2011 年版，第 226 頁。

〔註 981〕王三慶《敦煌類書》，麗文文化事業股份有限公司 1993 年版，第 240 頁。

〔註 982〕項楚《敦煌本〈孝子傳〉補校》，《敦煌研究》1985 年第 3 期，第 76 頁；收入《敦煌語言文學論集》，上海古籍出版社 2011 年版，第 227 頁。

（18）**永曰：「買一得二，何怪也？」**（P1260）

按：怪，讀爲乖。《御覽》卷 411 引劉向《孝子圖》作「言一得二，於理乖乎」。言不違背道理也。

（19）**有何所解也**（P1260）

按：解，能也。《搜神記》卷 1 作「婦人何能」，《御覽》卷 411 引劉向《孝子圖》作「問永妻曰何能」。

（20）**董[illegible]，字孝理，會越州勾章人也**（P1261）

潘校：《變文集》校記：「『會』即『會稽』。」

按：[illegible]，原卷 P.2621 作「[illegible]」，下文「寄母謂[illegible]母曰」，原卷如此，皆當即「黶」字俗書。《類聚》卷 33、《御覽》卷 482 引《會稽典錄》作「董黯」，古字同音通用〔註 983〕。孝理，《御覽》卷 482 引《會稽典錄》作「孝治」，寫卷蓋避唐諱而改；宋·羅濬《寶慶四明志》卷 8、宋·陳思《寶刻叢編》卷 13 并云「字叔達」，宋·樓鑰《慈溪縣董孝子廟記》：「黯字叔達，一字孝治。」未知何據。寫卷「會」下脫「稽」字。

（21）**形容羸瘦**（P1261）

按：原卷 P.2621「形」作「刑」，「瘦」作「廋」，當照錄，再出校。

（22）**薛苞，不得字孟常，汝南人也**（P1261）

潘校：《變文集》校記：「『不得』二字衍文。」

按：《後漢紀》卷 11、《御覽》卷 491 引《東觀漢記》並云：「汝南薛苞，字孟嘗。」《後漢書》卷 69：「汝南薛包，〔字〕孟嘗。」苞、包，嘗、常，並通借字。

（23）**至於夏日，踰垣𥨊（竊）入門內，灑掃而去**（P1261）

按：校「𥨊」爲「竊」，本於《變文集》王慶菽原校，王三慶亦從之〔註 984〕，

〔註 983〕參見蕭旭《「揞」字音義考》，《中國文字研究》第 16 輯，2012 年 8 月出版，第 96 頁。

〔註 984〕王三慶《〈敦煌變文集〉中的〈孝子傳〉新探》，《敦煌學》第 14 輯，1989 年版，第 213 頁。又見王三慶《敦煌類書》，麗文文化事業股份有限公司 1993 年版，第 241 頁。

《漢語大字典》、《中華字海》、《難字大字典》並從王說〔註 985〕。其說無有理據。「𥨊」即「揚」俗字，《說文》：「揚，飛舉也。」踰垣𥨊入，猶言踰牆躍入也。

（24）郭巨字文舉，河內人也。家〔貧〕，養〔母〕至孝（P1261）

按：所補二字是也，中村藏本、P.5545《搜神記》「文舉」作「文氣」，正有「貧」、「母」二字。項楚、蔣冀騁謂「氣」是「悉（舉）」之誤〔註 986〕，余則謂「氣」是「舉」音轉，唐代西北方言中 i 與 u 常相通假〔註 987〕。

（25）供養孝母，猶不充飽，更被嬰孩（孩）分母飲食（P1261）

潘校：孝，疑當作「老」。

按：敦煌本《搜神記》作「供懃孝養，恐不安存」。「孝」即孝敬、畜養義，其字不誤。

（26）巨自執鍫，妻乃抱兒來入後園。後令妻殺子，巨即掘地（P1261）

按：後園後，原卷 P.2621 作「薗從後」，當是改「從」爲「後」，而忘加刪除符號。此卷寫作「園後」，當乙作「後園」。中村不折藏本《搜神記》作「其妻抱子往向後園樹下，欲致子命」。

（27）巨連（速）招妻，妻曰：「抱兒則至。」（P1261）

按：項楚謂「連招」猶言頻招〔註 988〕，是也。則，猶適也，口語曰「剛」〔註 989〕。王三慶刪一「妻」字〔註 990〕，非也。

〔註 985〕《漢語大字典》（第二版），崇文書局、四川辭書出版社 2010 年版，第 2934 頁。《中華字海》，中國友誼出版公司 2000 年第 2 版，第 1138 頁。《難字大字典》，西南師範大學出版社 1995 年版，第 291 頁。

〔註 986〕項楚《敦煌本〈孝子傳〉補校》，《敦煌研究》1985 年第 3 期，第 76 頁；收入《敦煌語言文學論集》，上海古籍出版社 2011 年版，第 228 頁。蔣冀騁《敦煌文獻研究》，湖南師範大學出版社 2005 年版，第 115 頁。

〔註 987〕例證參見蕭旭《「首鼠兩端」解詁》。

〔註 988〕項楚《敦煌本〈孝子傳〉補校》，《敦煌研究》1985 年第 3 期，第 76 頁；收入《敦煌語言文學論集》，上海古籍出版社 2011 年版，第 229 頁。

〔註 989〕參見蕭旭《古書虛詞旁釋》，廣陵書社 2007 年版，第 268 頁。

〔註 990〕王三慶《敦煌類書》，麗文文化事業股份有限公司 1993 年版，第 682 頁。

（28）每至吃食，盛飲將歸，留餧老母（P1262）

按：項楚謂「至」當作「致」，「飲」當作「飯」〔註 991〕。檢原卷 S.389「飲」即作「飯」，「盛」作「咸」。王三慶校作「咸（盛）飯將歸」〔註 992〕，是也。郝春文、《合集》錄文不誤，而乙作「咸將飯歸」〔註 993〕，非是。

（29）巨自將鍬鑃穿地三尺（P1262）

按：郭在貽、蔣冀騁「鑃」錄作「鑃」，未確；而校作「钁」則得之〔註 994〕。《合集》謂「鑃」即「钁」字俗訛。郝春文錄作「钁」〔註 995〕，誤。另詳《搜神記》校補。

（30）江革字次翁，齊國臨淄人也。老母年邁，次載母不使牛馬，乃自居轅中，挽車令不動搖，恐母不安（P1262）

按：王三慶以「挽車」二字屬上句〔註 996〕，是也。《後漢書·江革傳》：「革以母老不欲搖動，自在轅中輓車，不用牛馬。」

（31）鮑出字交才，京兆人也（P1262）

按：「交」當作「文」，字之誤也。《三國志·閻溫傳》裴松之注引《魏略·勇俠傳》、《白帖》卷 30、《御覽》卷 357、646 引魚豢《魏略》並云「鮑出字文才」。王三慶已校正作「文」，惟誤《魏略》爲裴氏之注文〔註 997〕。

〔註 991〕項楚《敦煌本〈孝子傳〉補校》，《敦煌研究》1985 年第 3 期，第 77 頁；收入《敦煌語言文學論集》，上海古籍出版社 2011 年版，第 225 頁。

〔註 992〕王三慶《〈敦煌變文集〉中的〈孝子傳〉新探》，《敦煌學》第 14 輯，1989 年版，第 196 頁。

〔註 993〕郝春文主編《英藏敦煌社會歷史文獻釋錄（第二卷）》，社會科學文獻出版社 2003 年版，第 255 頁。

〔註 994〕郭在貽等《敦煌變文集校議》，收入《郭在貽文集》卷 2，中華書局 2002 年版，第 516 頁。蔣冀騁《敦煌文獻研究》，湖南師範大學出版社 2005 年版，第 115 頁。

〔註 995〕郝春文主編《英藏敦煌社會歷史文獻釋錄（第二卷）》，社會科學文獻出版社 2003 年版，第 253 頁。

〔註 996〕王三慶《〈敦煌變文集〉中的〈孝子傳〉新探》，《敦煌學》第 14 輯，1989 年版，第 214 頁。又見王三慶《敦煌類書》，麗文文化事業股份有限公司 1993 年版，第 242 頁。

〔註 997〕王三慶《〈敦煌變文集〉中的〈孝子傳〉新探》，《敦煌學》第 14 輯，1989 年

（32）弟見惶懼（P1262）

按：原卷 P.2621「惶」旁有刪除符號。

（33）北鄰有一婦人亦落賊中，婦人遙叫頭向，出知其意，回更斬賊（P1262）

按：項楚據《三國志・閻溫傳》裴松之注引《魏略・勇俠傳》作「比舍嫗獨不解」，疑「北」爲「比」之誤〔註 998〕。其說是也，S.5776 殘存「出比舍婦人」五字，正作「比」字。「遙叫頭向」不辭，王三慶校錄作「婦人遙叩頭向出，〔出〕知其意」〔註 999〕，是也。S.5776 殘存「出叩頭」三字。郭在貽等校錄作「婦人遙叫，頭向出，〔出〕知其意」〔註 1000〕，未確。

（34）不畏險阻（P1263）

按：畏，原卷 P.2621 作「避」。

（35）妻以母前叱孔狗，永責非禮，便即遣之（P1263）

潘校：《變文集》校改「以」爲「於」。規按：不改亦通。《變文集》校改「孔」爲「喝」。疑「孔」當爲「吼」。

按：邵榮芬亦謂「孔」當是「吼」形誤〔註 1001〕。《後漢書・鮑永傳》：「妻嘗於母前叱狗，而永即去之。」「以」讀爲「於」。「孔」疑涉「叱」形誤而衍。郭在貽等曰：「以者，因也。」〔註 1002〕非是。

（36）祥心知之，口終不言，色養無殆（P1263）

潘校：《變文集》校記：「甲卷『殆』作『倦』。」

版，第 215 頁。

〔註 998〕項楚《敦煌本〈孝子傳〉補校》，《敦煌研究》1985 年第 3 期，第 77 頁；收入《敦煌語言文學論集》，上海古籍出版社 2011 年版，第 230 頁。

〔註 999〕王三慶《〈敦煌變文集〉中的〈孝子傳〉新探》，《敦煌學》第 14 輯，1989 年版，第 214 頁。

〔註 1000〕郭在貽等《敦煌變文集校議》，收入《郭在貽文集》卷 2，中華書局 2002 年版，第 517 頁。

〔註 1001〕邵榮芬《敦煌俗文學中的別字異文和唐五代西北方音》，《中國》語文 1963 年第 3 期，又收入項楚、張涌泉主編《中國敦煌學百年文庫・語言文學卷（一）》，甘肅文化出版社 1999 年版，第 120 頁。

〔註 1002〕郭在貽等《敦煌變文集校議》，收入《郭在貽文集》卷 2，中華書局 2002 年版，第 517 頁。

按：殆，王三慶校作「怠」〔註 1003〕，是也。《類聚》卷 9 引孫盛《雜語》正作「怠」字。

（37）褒父名滯淚所沾著之樹，樹色慘以（與）語（餘）樹不同（P1263）

按：文有脫誤，不可通讀。S.5776 作「廬前有柏樹，褒涕泣，所著之樹，樹色慘悴，與餘樹不同」。《類聚》卷 88 引王隱《晉書》記此事云：「王裒痛父不以命終，絕世不仕，立屋墓側，旦夕常至墓前朝拜，輒悲號斷絕，墓前一柏樹，裒常所攀，涕泣所著，樹色與凡樹不同。」滯，讀爲啼，泣也。

（38）褒痛不已（P1263）

按：原卷 S.5776「痛」下有「父」字。

（39）晉初人，出《口陽春秋記》（P1263）

按：缺字補「漢」字，「記」衍文。

（40）時有董貞秉國政，將璧兩雙，雜彩千疋，奴婢百人，求欲娶之（P1264）

按：原卷 P.2621「將」上有「遂」字，「國政」作「政國」，當照錄，再出校。

（41）及至重耳歸晉，立為文公（P1264）

按：及，原卷 P.2621 作「汲」，當照錄，再出校。

（42）以往使未士達

按：未士達，《變文集》原校作「未達」，是也。《說郛》卷 12 引佚名《釋常談》卷下：「札以遠使未達。」

（43）不受劍于徐君之墓去（P1264）

按：王三慶校作「不受（授）劍，〔掛〕于徐君之墓，去」〔註 1004〕。「受」

〔註 1003〕王三慶《〈敦煌變文集〉中的〈孝子傳〉新探》，《敦煌學》第 14 輯，1989 年版，第 215 頁。

〔註 1004〕王三慶《〈敦煌變文集〉中的〈孝子傳〉新探》，《敦煌學》第 14 輯，1989 年版，第 220 頁。又見王三慶《敦煌類書》，麗文文化事業股份有限公司 1993 年版，第 243 頁。

當作「愛」。「不愛劍」爲句，「於」上亦可補「繫」或「懸」等字，「去」上脫「而」字。《史記・吳太伯世家》：「於是乃解其寶劍，繫之徐君冢樹而去。」

（44）明達載母遂（逐）農糧，每被孩兒奪剁將（P1265）

按：剁，原卷 S.389V 作「𥝮」，郝春文、《合集》錄作「料」〔註 1005〕，字形皆不合。此字疑爲「科」，P.3494：「約金𥝮而表（去）濫，佩玉印以全眞。」〔註 1006〕「金𥝮」即「金科」。中村不折藏《搜神記》：「爲力不同𥝮。」「同𥝮」即「同科」。皆可以比勘。此卷科讀爲扣，扣減也。

（45）供承老母，未常離側（P1265）

按：常，讀爲嘗。

（46）母終之後，讓乃誓身不仕，毀形坯墳（P1265）

按：坯，徐震堮、王三慶校作「培」〔註 1007〕，是也。下文「助讓培墳」，正作「培」字。中村不折藏《搜神記》：「於墓所三年親自負土倍墳。」P.2656 作「坯」。「倍」亦借字。

（47）天子聞之，遂與金帛，禮躬為相，讓終退辭不就（P1265）

按：原卷 S.389V 作「讓退，終辭不就」，《合集》錄文不誤。

（48）乃至阿娘亡歿後，能令鳥獸助倍墳（P1265）

潘校：「倍」通「陪」。

按：原卷 S.389V「歿」作「沒」，「倍」作「培」。郝春文、《合集》錄文不誤〔註 1008〕。

〔註 1005〕郝春文主編《英藏敦煌社會歷史文獻釋錄（第二卷）》，社會科學文獻出版社 2003 年版，第 253 頁。

〔註 1006〕「表」字當據 Φ342V、P.2867V 校作「去」。

〔註 1007〕徐震堮《敦煌變文集校記補正》，《華東師大學報》1958 年第 1 期，第 46 頁。王三慶《〈敦煌變文集〉中的〈孝子傳〉新探》，《敦煌學》第 14 輯，1989 年版，第 198 頁。

〔註 1008〕郝春文主編《英藏敦煌社會歷史文獻釋錄（第二卷）》，社會科學文獻出版社 2003 年版，第 255 頁。